BABY

ぴったりの名前が必ず見つかる！

赤ちゃんに贈る

男の子
女の子
の

すこやか名前事典

赤ちゃんとママ社
編集部 編

NAMES BOOK

赤ちゃんとママ社

巻頭特集

日本の美しい言葉から名づける

豊かな表現で風情を感じる言葉が、日本にはたくさんあります。ここでは、名づけの際に手がかりになりそうな日本の美しい言葉と、その漢字を使った名前の例を紹介します。

和歌

日本で初めて編まれた和歌集である万葉集の時代からたくさんの人々に親しまれている詩歌。五音と七音を基調に情緒あふれる景色や心情を歌った和歌は、耳にも心地よく、目を閉じても情景が目に浮かんでくるようです。

「新しき年の始めの初春の
今日降る雪のいや重《し》け吉事《よごと》」

大伴家持『万葉集』

新しい年のはじめの初春の日に積もったこの雪のように良いことよ、もっと重なれ

「熟田津《にきたつ》に
船乗りせむと月待てば
潮もかなひぬ今は漕ぎ出でな」

額田王『万葉集』

熟田津で船を出そうと時を待っていると、潮の流れに乗れそうだ。さあ、いまこそ漕ぎ出そう。

「石ばしる垂水《たるみ》の上のさ蕨《わらび》の
萌え出づる春に
なりにけるかも」

志貴皇子『万葉集』

岩を打つ滝のほとりのさワラビが芽を出してくる春になったのだなあ。

「あまの原ふりさけみれば
春日《かすが》なるみかさの
山にいでし月かも」

安倍仲麿『古今和歌集』

はるかな天を眺めると見える月は、春日の三笠山に昇っていたのと同じ月なのだなあ

「あさぼらけありあけの
月と見るまでに
吉野のさとにふれる白雪」

坂上是則『古今和歌集』

夜がほのぼのと明ける頃、有明の月かと思うほど明るく、吉野の里に白い雪が降っていることよ

男の子

重9吉6	しげよし	15
潮15	うしお	15
朝12日4	あさひ	16
春9磨16	はるま	25

女の子

萌11	もえ	11
芽8衣6子3	めいこ	17
春9香9	はるか	18
和8歌14	わか	22

巻頭特集には常用・人名用漢字以外も含まれています。

七十二候《しちじゅうにこう》

一年を半月ごとにわけた二十四節気を、
さらに約五日ずつにわけ
季節の移り変わりを
表現したものが七十二候。
美しい日本語で紡がれた言葉は、
名づけにぴったりの漢字の宝庫です。

2月4日頃 ［立春《りっしゅん》］

梅の蕾がほころび始め、
春の訪れを感じられる
ようになります。

- 2月4日頃〜 東風解凍 とおふうこおりをとく
- 2月9日頃〜 黄鶯睍睆 こうおうけんかんす
- 2月14日頃〜 魚上氷 うおこおりにのぼる

2月19日頃 ［雨水《うすい》］

雪が雨へと変わる時季。
雪解けが始まり田畑を潤します。

- 2月19日頃〜 土脉潤起 どみゃくうるおいおこる
- 2月24日頃〜 霞始靆 かすみはじめてたなびく
- 3月1日頃〜 草木萌動 そうもくきざしうごく

3月6日頃 ［啓蟄《けいちつ》］

土の中で冬眠していた生物が
だんだんと目覚めます。

- 3月6日頃〜 蟄虫啓戸 ちつちゅうこをひらく
- 3月11日頃〜 桃始笑 ももはじめてわらう
- 3月16日頃〜 菜虫化蝶 なむしちょうとけす

3月21日頃 ［春分《しゅんぶん》］

昼と夜の長さがほぼ同じになります。
また、自然を称える日でもあります。

- 3月21日頃〜 雀始巣 すずめはじめてすくう
- 3月26日頃〜 桜始開 さくらはじめてひらく
- 3月31日頃〜 雷乃発声 らいすなわちこえをはっす

祝日・行事など

2月4日頃 立春
2月11日 建国記念の日
2月14日 バレンタインデー
3月3日 桃の節句
3月14日 ホワイトデー
3月21日頃 春分の日

男の子

啓11戸4 けいと 15
潤15起10 じゅんき 25

女の子

桃10笑10 ももえ 20
萌11 めぐみ 11

4月5日頃

清明《せいめい》

清明とは、万物が清らかで美しいことを指す「清浄明潔」という語からできた言葉。

4月5日頃～　玄鳥至　げんちょういたる
4月10日頃～　鴻雁北　こうがんきたす
4月15日頃～　虹始見　にじはじめてあらわる

4月20日頃

穀雨《こくう》

穀物を育てる恵みの雨が大地に降り注ぎます。

4月20日頃～　葭始生　よしはじめてしょうず
4月25日頃～　霜止出苗　しもやんでなえいず
4月30日頃～　牡丹華　ぼたんはなさく

5月5日頃

立夏《りっか》

夏の始まり。一年でもっとも過ごしやすい時季となります。

5月5日頃～　蛙始鳴　かえるはじめてなく
5月10日頃～　蚯蚓出　きゅういんいずる
5月15日頃～　竹笋生　ちくかんしょうず

5月21日頃

小満《しょうまん》

太陽の光を浴び、あらゆる生命が精気にあふれ成長していく頃です。

5月21日頃～　蚕起食桑　かいこおこってくわをくらう
5月26日頃～　紅花栄　こうかさかう
5月31日頃～　麦秋至　ばくしゅういたる

6月6日頃

芒種《ぼうしゅ》

稲や麦など、芒《のぎ》（穂先にある突起）のある植物の種を蒔く時季。紫陽花が街を彩ります。

- 6月6日頃～ 蟷螂生 とうろうしょうず
- 6月11日頃～ 腐草為螢 ふそうほたるとなる
- 6月16日頃～ 梅子黄 うめのみきなり

6月21日頃

夏至《げし》

一年で最も昼が長い日。日増しに気温が上がっていきます。

- 6月21日頃～ 乃東枯 だいとうかるる
- 6月27日頃～ 菖蒲華 しょうぶはなさく
- 7月2日頃～ 半夏生 はんげしょうず

7月7日頃

小暑《しょうしょ》

梅雨が明け、いよいよ夏本番といった時季。この日から「暑中」に入り暑さが加わります。

- 7月7日頃～ 温風至 おんぷういたる
- 7月12日頃～ 蓮始華 はすはじめてはなさく
- 7月17日頃～ 鷹乃学習 たかすなわちがくしゅうす

7月23日頃

大暑《たいしょ》

本格的な夏の到来。鰻を食べる「土用の丑」もこの時季に行われます。

- 7月23日頃～ 桐始結花 きりはじめてはなをむすぶ
- 7月29日頃～ 土潤溽暑 つちうるおいてじゅくしょす
- 8月3日頃～ 大雨時行 たいうときどきおこなう

祝日・行事など

7月1日頃 山開き・海開き
7月7日 七夕
7月第3月曜日 海の日

男の子

夏生（10・5） なつき 15
蓮始（13・8） れんし 21

女の子

桐花（10・7） きりか 17
菖蒲（11・13） あやめ 24

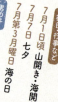

祝日・行事など

8月11日 山の日
8月15日頃 旧盆
9月第3月曜日 敬老の日
9月23日頃 秋分の日

男の子

登 12 のぼる 12
涼 11 秋 9 すずあき 20
露 21 白 5 ろはく 26

女の子

禾 5 乃 2 かの 7

8月7日頃

［立秋《りっしゅう》］

まだまだ暑い時季ですが、地域によっては深い霧が立ち始めるところも。

8月7日頃～ 涼風至 りょうふういたる
8月13日頃～ 寒蝉鳴 ひぐらしなく
8月18日頃～ 蒙霧升降 もうむしょうごう

8月23日頃

［処暑《しょしょ》］

厳しい暑さは影をひそめ、朝夕には心地よい風を感じます。

8月23日頃～ 綿柎開 めんぷひらく
8月28日頃～ 天地始粛 てんちはじめてしゅくす
9月2日頃～ 禾乃登 くわすなわちみのる

9月8日頃

［白露《はくろ》］

露が多くみられることから白露と呼ばれます。美しい月が眺められる時季。

9月8日頃～ 草露白 そうろしろし
9月13日頃～ 鶺鴒鳴 せきれいなく
9月18日頃～ 玄鳥去 げんちょうさる

9月23日頃

［秋分《しゅうぶん》］

昼と夜の長さがほぼ同じとなります。この日を境に夜が長くなり、「秋の夜長」が実感されます。

9月23日頃～ 雷乃収声 らいすなわちこえをおさむ
9月28日頃～ 蟄虫坏戸 ちつちゅうこをはいす
10月3日頃～ 水始涸 みずはじめてかる

10月8日頃

寒露《かんろ》

露が冷たく感じられることから寒露と呼びます。空気が澄み、秋晴れの過ごしやすい時季となります。

10月8日頃〜 鴻雁来 こうがんきたる

10月13日頃〜 菊花開 きくかひらく

10月18日頃〜 蟋蟀在戸 しつそくこにあり

祝日・行事など

10月第2月曜日 体育の日

11月3日 文化の日

11月23日 勤労感謝の日

男の子

朔 10 さく 10

虹蔵 9 15 こうぞう 24

女の子

小雪 3 11 こゆき 14

菊花 11 7 きくか 18

10月23日頃

霜降《そうこう》

朝晩の冷え込みが厳しくなり、山里では霜が降り始めます。

10月23日頃〜 霜始降 しもはじめてふる

10月28日頃〜 霎時施 しぐれときどきほどこす

11月2日頃〜 楓蔦黄 ふうかつきなり

11月7日頃

立冬《りっとう》

立冬とは、冬の始まりのこと。気圧配置も西高東低の冬型に移ります。

11月7日頃〜 山茶始開 さんちゃはじめてひらく

11月12日頃〜 地始凍 ちはじめてこおる

11月17日頃〜 金盞香 きんせんこうばし

11月22日頃

小雪《しょうせつ》

厳しい寒さは感じられませんが、北国や山岳地帯では雪が降る地域も。

11月22日頃〜 虹蔵不見 にじかくれてみえず

11月27日頃〜 朔風払葉 さくふうはをはらふ

12月2日頃〜 橘始黄 たちばなはじめてきなり

12月7日頃
［大雪《たいせつ》］

山だけでなく平野にも雪が降り積もり、本格的な冬の到来です。

- 12月7日頃〜 閉塞成冬 へいそくしてふゆとなる
- 12月12日頃〜 熊蟄穴 くまあなにちつす
- 12月17日頃〜 鱖魚群 けつぎょむらがる

12月22日頃
［冬至《とうじ》］

一年で、最も昼が短い日。日ごとに気温が下がっていきます。

- 12月22日頃〜 乃東生 だいとうしょうず
- 12月27日頃〜 麋角解 びかくげす
- 1月1日頃〜 雪下出麦 せつかむぎをいだす

1月5日頃
［小寒《しょうかん》］

この日から「寒の入り」に。さらに寒さは厳しくなり、冬本番を迎えます。

- 1月5日頃〜 芹乃栄 せりすなわちさかう
- 1月10日頃〜 水泉動 すいせんうごく
- 1月15日頃〜 雉始雊 ちはじめてなく

祝日・行事など

- 12月23日 天皇誕生日
- 12月25日 クリスマス
- 12月31日 大晦日
- 1月1日 元旦
- 1月第2日曜日 成人の日
- 2月3日頃 節分

男の子

冬成	とうせい	11
泉水	いずみ	13

女の子

芹乃	せりの	9
冬華	ふゆか	15

1月20日頃
［大寒《だいかん》］

一年を通し最も寒さが厳しい時季。暖かい地方では、梅の知らせが届きます。

- 1月20日頃〜 款冬華 かんとうはなさく
- 1月25日頃〜 水沢腹堅 すいたくふくけん
- 1月30日頃〜 鶏始乳 にわとりはじめてにゅうす

伝統色

日本に古くから伝わる伝統色には、四季の移ろいが繊細に映し出されています。雅やかで趣のある伝統色の中でも、名づけにふさわしい漢字が使われている色と、名前の例を紹介します。

男の子

木(4)壱(7)	きいち	11
紅(9)太(4)	こうた	13
碧(14)衣(6)	あおい	20
藤(18)央(5)	ふじお	23
琥(12)鉄(13)	こてつ	25

女の子

小(3)梅(10)	こうめ	13
碧(14)	みどり	14
紅(9)香(9)	べにか	18
萌(11)葉(12)	もえは	23
藤(18)絵(12)	ふじえ	30

① 紅碧色

「べにみどり」

かすかに赤をふくんだ薄めの青紫色。「碧」は「碧玉」（緑の宝石）などでも使われますが、ここでは空色のことです。

② 萌木色
「もえぎいろ」

木の葉が芽吹いて萌え出るという意味で「萌木」。春先に萌え出る黄みの色ということで「萌黄」と書く場合も。

③ 京藤色
「きょうふじいろ」

紅がかった濃い藤色で、明るく渋い紅紫色のことです。特に江戸時代の後期に人気のあった色だそうです。

④ 紅梅色
「こうばいいろ」

かすかに紫みをふくんだ淡い紅色です。王朝文学でも美しい色の代表としてしばしば登場します。

⑤ 琥珀色
「こはくいろ」

琥珀とは太古の樹脂類が土の中で石化したもの。欧州では早くから貴重な装飾品の材料として使われていました。

日本の自然

日本の四季を彩る花や風、山など自然のものの名称を集めました。その中でも美しい響きをもつ言葉を厳選して紹介します。

三十日月《みそかづき》
下弦の月《かげんのつき》
更待月《ふけまちづき》
十六夜《いざよい》
十五夜《じゅうごや》
満月《まんげつ》

山

富士山《ふじさん》
奥穂高岳《おくほだかだけ》
水晶岳《すいしょうだけ》
白馬岳《しろうまだけ》
鷲羽岳《わしばだけ》
龍王岳《りゅうおうだけ》
旭岳《あさひだけ》
真砂岳《まさごだけ》
鳳凰山《ほうおうざん》
蓮華岳《れんげだけ》
高嶺山《たかねやま》

花

藤《ふじ》
小手毬《こでまり》
文目《あやめ》
菖蒲《しょうぶ》
皐月《さつき》
立葵《たちあおい》
紫陽花《あじさい》
百合《ゆり》
桔梗《ききょう》
芙蓉《ふよう》
柊《ひいらぎ》
向日葵《ひまわり》
秋桜《こすもす》
満作《まんさく》
福寿草《ふくじゅそう》
蕗《ふき》
鈴蘭《すずらん》
木蓮《もくれん》
花梨《かりん》
蓮華草《れんげそう》
春紫苑《はるじおん》
月桂樹《げっけいじゅ》

光

十四日月《じゅうよっかづき》
小望月《こもちづき》
上弦の月《じょうげんのつき》
弓張月《ゆみはりづき》
三日月《みかづき》
眉月《まゆつき》
新月《しんげつ》
朔《さく》

黎明《れいめい》
暁《あかつき》
東雲《しののめ》
曙《あけぼの》
朝ぼらけ《あさぼらけ》
薄明《はくめい》
日出《にっしゅつ》
黄昏《たそがれ》
夕暮れ《ゆうぐれ》
薄暮《はくぼ》

風

花信風《かしんふう》
青嵐《あおあらし・せいらん》
光風《こうふう》
恵風《けいふう》
佐保風《さおかぜ》
順風《じゅんぷう》
涼風《すずかぜ・りょうふう》
微風《そよかぜ》

南風《はえ》
初風《はつかぜ》
疾風《はやて》
春嵐《はるあらし・しゅんらん》
春一番《はるいちばん》
春風《はるかぜ》
八重の潮風《やえのしおかぜ》
若葉風《わかばかぜ》
和風《かふう》

海・湖・川・浜

太平洋《たいへいよう》
摩周湖《ましゅうこ》
一碧湖《いっぺきこ》
最上川《もがみがわ》
四万十川《しまんとがわ》
百合ヶ浜《ゆりがはま》
水晶浜《すいしょうはま》

男の子

名前	画数	読み	総画
春一	9・1	はるいち	10
太洋	4・9	たいよう	13
満作	12・7	まんさく	19
福寿	13・7	ふくひさ	20

女の子

名前	画数	読み	総画
そよ香	3・3・9	そよか	15
花梨	7・11	かりん	18
若葉	8・12	わかば	20
高嶺	10・17	たかね	27

美しい日本の言葉

先人の教えを受け継ぐことわざや故事成語、豊かな表現力を持つ慣用句、俳句などで季節を表すために用いられる季語など、日本には、まだまだたくさんの美しい言葉があります。

四字熟語

天真爛漫《てんしんらんまん》
素直であかるく、純真で無邪気

英姿颯爽《えいしさっそう》
立派な姿できびきびしている

一望千里《いちぼうせんり》
見渡す限りどこまでも広い

真実一路《しんじついちろ》
うそ偽りなく、まじめ一筋で貫くこと

博学多才《はくがくたさい》
ひろく学問に通じていて、才能が豊富なこと

敬天愛人《けいてんあいじん》
天をうやまい、人を愛する

忠孝仁義《ちゅうこうじんぎ》
忠義と親孝行、博愛と正義

寛仁大度《かんじんたいど》
ゆったりとして心がひろく情深いこと

慣用句

異彩《いさい》を放《はな》つ
多くの人の中で、才能などがすぐれている

板《いた》につく
経験を積んで、しっくり合うようになる

打《う》てばひびく
働きかけにすぐに適切な反応をすること

心《こころ》をつくす
心の全てをこめて、できる限りのことをする

三拍子《さんびょうし》そろう
必要な要素がすべてそろうこと

竹《たけ》を割《わ》ったよう
さっぱりとした性質

玉《たま》をころがすよう
非常に高くすんだ美しい声のたとえ

堂《どう》に入《い》る
学問や技芸にすぐれて、すっかり身についている

影《かげ》になり日向《ひなた》になり
裏方になったり、表に立ったりしながら支える

音《おと》に聞《き》く
うわさに聞く。有名で、評判が高い

心《こころ》を奪《うば》われる
心を強く惹きつけられ、夢中になる

ことわざ・故事成語

梅《ばい》花《か》は蕾《つぼ》めるに香《か》あり
将来有望な人は、小さいころからその素質が見られる

待《ま》てば海路《かいろ》の日和《ひより》あり
今がつらくても辛抱強く待っていれば、必ずいいチャンスが巡ってくる

笑《わら》う門《かど》には福来《ふくき》たる
いつも笑っている人の家には幸福がやって来る

天馬空《てんばくう》を行《ゆ》く
天馬が空を自由に駆けるように考え方が自由奔放である

陰徳《いんとく》あれば陽報《ようほう》あり
人知れずよい行いをすれば、必ずよい報いがある

勝《か》って兜《かぶと》の緒《お》を締《し》めよ
成功しても油断せずさらに気を引き締めろ

朝虹《あさにじ》は雨《あめ》、夕虹《ゆうにじ》は晴《は》れ
朝虹が出ると雨に、夕虹が出ると晴れる

一輪《いちりん》咲《さ》いても花《はな》は花《はな》
小さく目立たないものも本質は変わらない

蟻《あり》の思《おも》いも天《てん》に昇《のぼ》る
弱小者でも、努力して願えば希望を叶えられる

季語

春

時候・天文 春めく／仲春／春暁／春の朝／春の宵／麗《うらら》か／花冷え／花時／行く春／春の日／春光／朧月／東風《こち》／風光る／初雷／霞／陽炎／花曇

生活 野焼き／耕／畑打《はたうち》／種蒔／苗木植う／梅見／花見／花守／花疲れ／風車／石鹸玉／春眠／春の夢

動物 仔馬／猫の恋／仔猫／亀鳴く／蛙／百千鳥《ももちどり》／鶯／雉／松毟鳥《まつむしり》／麦鶉／鷽／燕／引鶴

植物 桜桃の花／満天星《どうだん》の花／山樝子の花／雪柳／こでまりの花／木蓮《もくれん》／藤／山吹／梨の花／林檎の花／桃の花／木の芽／若草／柳の芽／山椒の芽

夏

時候・天文 夏めく／短夜／盛夏／暑し／大暑夏の果／雲の峰／青嵐／風薫る／朝凪／夕凪／喜雨／雲海／虹／雷／朝曇／日盛《ひざかり》／炎天

生活 夏帽子／夏手袋／夏足袋／白靴／夏料理／筍飯／豆飯／麦飯／鮨／水飯／日焼／昼寝／寝冷え／暑気中り／霍乱

動物 鹿の子／蝙蝠／亀の子／蛇／青蛙／雨蛙／河鹿／山椒魚／ゐもり／守宮／蛇衣《へびきぬ》を脱ぐ／羽抜鳥／時鳥／閑古鳥／筒鳥／雷鳥／燕の子／鳥の子／翡翠《ひすい》／水鶏／白鷺

植物 お花畑／薔薇／紫陽花／百日紅／燕子花《かきつばた》／夕顔／昼顔／月見草／水芭蕉／水葵／酢漿《かたばみ》の花／石楠花《しゃくなげ》／夏蜜柑

秋

時候・天文 秋晴れ／天高し／鰯雲／名月／良夜／十六夜／立待月／宵闇／星月夜／天の川／流星／秋風／初嵐／秋時雨／富士の初雪／稲妻／霧／露／秋の霜

生活 豊年／夜なべ／種採《たねとり》／菜種蒔く／牡丹植う／月見／月見豆／菊人形／虫籠／茸狩／紅葉狩／秋思《しゅうし》

動物 渡り鳥／色鳥／燕帰る／稲雀／鵯《ひよどり》／連雀／啄木鳥《きつつき》／雁／鶴来る／鯊／秋鯖／鰯／秋刀魚／蟋蟀《こおろぎ》／鈴虫／松虫／きりぎりす

植物 椿の実／蘇芳《すおう》の実／藤の実／満天星《どうだん》紅葉／紅葉／桃／梨／柿／林檎／葡萄／無花果《いちじく》／胡桃《くるみ》／柚子／檸檬《れもん》

冬

時候・天文 年惜しむ／寒の入／小寒／大寒／寒／日脚伸びる／冬晴／冬銀河／冬凪／北風／空風《からかぜ》／時雨／霰《あられ》／霙《みぞれ》／霧氷／雨氷／初霜／霜

生活 年の市／羽子板市／歳暮／餅／餅米洗ふ／門松立つ／注連飾《しめかざ》る／年忘／御用納

動物 梟《ふくろう》／木菟《みみずく》／水鳥／鴨《かも》／鴛鴦《をしどり》／千鳥／都鳥《みやこどり》／冬鴎／白鳥／鮪《まぐろ》／鱈《たら》／鰤《ぶり》／河豚《ふぐ》／氷下魚《こまい》／潤目鰯《うるめいわし》／いさざ

植物 寒梅／早梅／帰り花／冬桜／冬薔薇／寒椿／侘助／山茶花／蜜柑／冬林檎／枇杷の花／冬紅葉／紅葉散る／木の葉／落葉／枯葉／寒林／雪折／冬苺／柊の花／水仙／寒牡丹／千両／万両／冬菜／白菜／冬草／南天の実

はじめに

季節ごとに景色が移ろい、
そのときどきの花や行事に彩られる日本。
動物や植物、目に見えない風や空気、
その一つひとつにぴったりと当てはまる言葉があります。
脈々と受け継がれてきた言葉の意味をかみしめながら、
誕生の喜びや、未来への願いを名前にこめましょう。
そのうえで、親の想いだけでなく、
子ども自身がその名前を愛せるか、
社会に出たときに周囲からの呼び方で困ることはないか、
あらゆる場面を視野に入れながら名前を決めます。
無限の可能性を秘めた未来に向かっていく子どもたちが、
堂々と人生を歩んでいけるように、
最高の名前をつけてあげたいですね。
本書では、「音の響きから」「イメージから」「漢字から」の
3つの観点から、名づけのためのヒントをまとめました。
祝福されて生まれたお子さまに素敵な名前をつけるための、
お手伝いができれば
これほど嬉しいことはありません。

編集部一同

Contents
もくじ

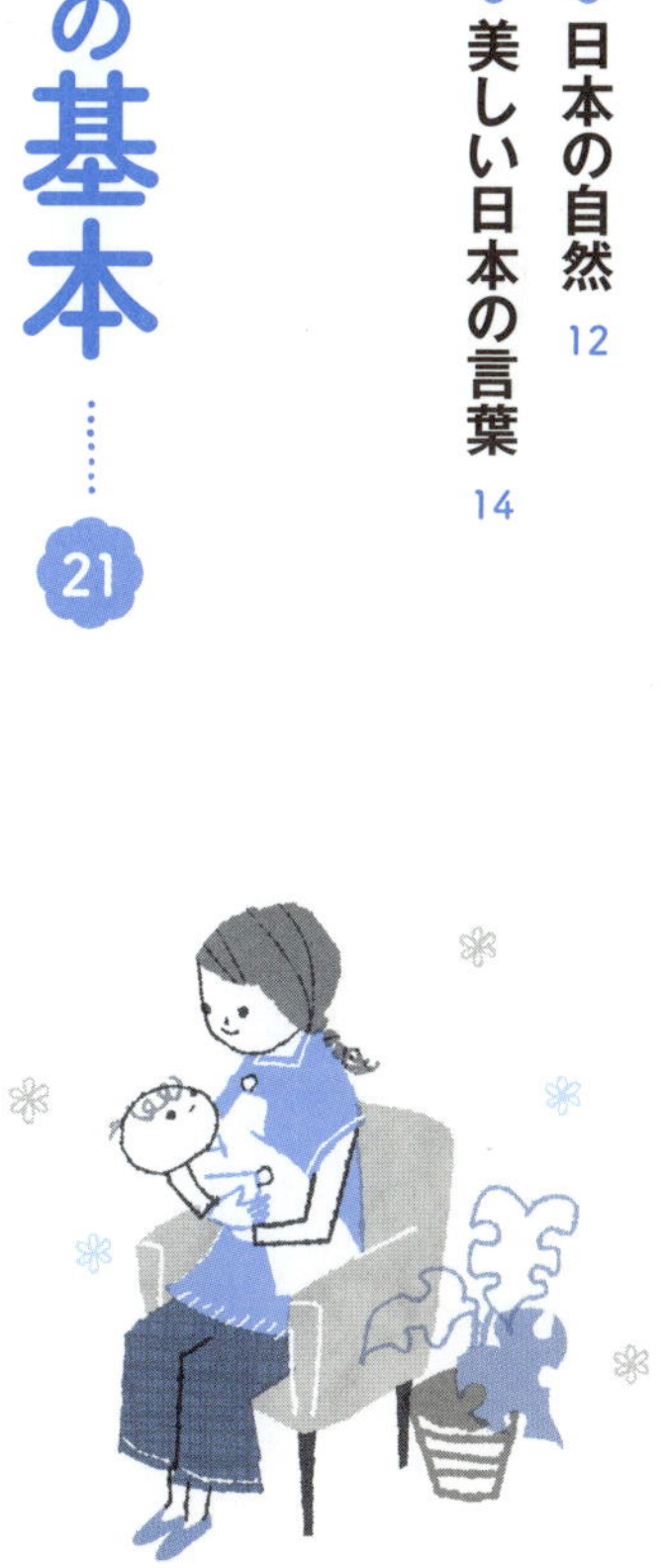

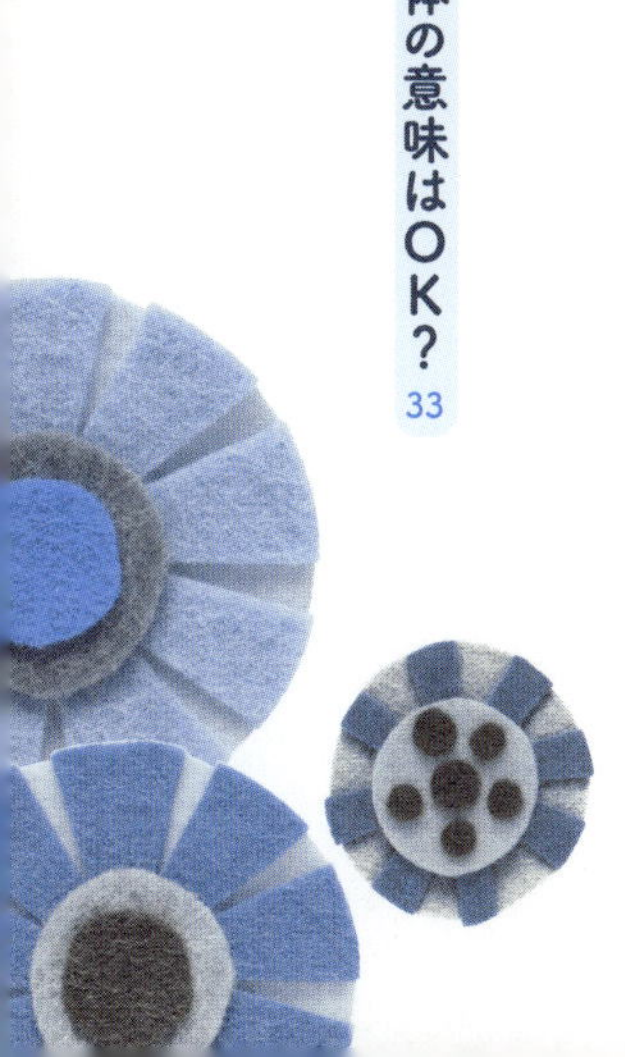

PART 2

Contents

Contents

PART 5

赤ちゃんが生まれたら……309

Column

PART 1

名づけ方の基本

名前を決めるときに何から考えればよいのか分からない…。
そんな方のために、名づけの上で大切なポイント、考える手順、
名づけをした方の実例などを紹介します。
章の最後にあるチェックリストで見直すことも忘れずに。

赤ちゃんへの初めてのプレゼント

名前は両親から赤ちゃんへ、人生最初の贈り物。基本的なルールを理解したうえで、素敵な名前をつけてあげましょう

両親からわが子へ最高の名前を贈ろう

赤ちゃんの誕生は、人生で最大の喜びのひとつ。両親の最初の大仕事は、わが子に名前をプレゼントすることです。夫婦で意見が食い違うこともあるかもしれませんが、我が子が一生使うものです。十分話しながら名づけをしましょう。

名前はその人を表す「顔」であり、イメージまで左右してしまいます。一生のうちに数多く呼ばれ、書かなくてはならない名前は、わかりやすいことが基本。また響きや漢字の意味がよい上で、親が気に入り、赤ちゃんが将来親しんでくれる名前がベストといえます。自分たちにあった方法で最高の名前を見つけてください。

名づけの基本的なルールを知ろう

名づけには戸籍を管轄する法務省が決めている法的なルールが2つあります。

1つは名前に使える文字の制限です。ひらがな、カタカナ、常用漢字と人名漢字のほか、記号がいくつか使え、アルファベットや算用数字などは使用できません。文字の読みや長さは法律上は自由です。

2つめは「出生届」です。出生届とは、生まれた赤ちゃんを戸籍に記載するための手続きのことで、生後14日以内に役所に提出しなければなりません。提出後の改名はよほどのことがない限りできないので、後悔のないよう慎重に行いましょう。

名づけの決まりごと

最初におさえておきたい名づけの基本ルールは5つ。名前に使用できる文字や決まりごと、出生届の期限を頭に置いてじっくり考えましょう

生後14日以内に出生届を提出しよう

赤ちゃんの名前が決まったら「出生届」を書いて、役所に提出しなければなりません。提出期限は、生まれた日を含めて14日以内。遅れると処罰の対象になるので注意しましょう。出生届けを提出することで赤ちゃんは戸籍を取得し、憲法でうたわれている基本的な権利が保障されます。

文字の読み方や長さは自由

漢字の読み方や長さは法律上、決まりはありません。「海」を「まりん」、「宇宙」を「こすも」などと読ませるあて字もOKですし、名前の長さも自由です。ただ、あまりに難しい読みや長い名前だと子どもに負担がかかってしまうので、常識の範囲で考えてあげましょう。

一度つけた名前は変えられない

一度出生届を提出したら、よほどの事情がない限り改名はできません。「正当な事由」がある場合には改名が認められることもありますが、家庭裁判所の許可を得る必要があります。名づけは一度きりと考え、よく検討してから提出しましょう。

名前に使える文字をチェックしよう

名前に使える文字は戸籍法で定められた、常用漢字2136字＋人名用漢字862字、ひらがな、カタカナ、繰り返し記号（々など）、長音記号（―）を加えた3170字です。人名に使える文字には制限があるので、使いたい文字が決まったら届出の前に必ず確認をしましょう。

名前に使えない文字を確認しよう

アルファベット、漢数字以外の数字、記号（!、?、@など）、句読点などは使用することができません。名前に使える文字かどうかは、法務省のホームページにある「戸籍統一文字情報」を使って調べることができます。

URL http://kosekimoji.moj.go.jp

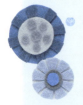

3つのポイントで考えよう

本書では音の響き、イメージ、漢字の3つのヒントから、名づけの発想法やつけ方のポイントを紹介。夫婦で相談し、名づけを楽しみましょう

好きな手がかりから名づけの方法を選ぼう

いい名前をつけてあげたいけど、どうしていいかわからないときは まず、名づけでこだわりたい要素は何かというところから考え始めてみましょう。自分たちの重視したいゆずれない部分が決まったら、それをきっかけにイメージをふくらませます。

本書では「音の響き」「イメージ」「漢字」の3つのヒントから、名づけの方法を紹介しています。候補があがったら名前を書き出し、それぞれの音、イメージ、漢字を確認します。いろいろな名前を調べていくうちに納得のいく名前が見つかるはずです。あなたに合った方法で、よい名前を見つけてください。

自分にあった名づけ方法は？

- ○の音で終わるなど、お気に入りの響きを取り入れたい
- 「○○ちゃん」など、呼びたい愛称がある

↓

1 音の響きから

- 「○○な子に育ってほしい」という願いを子どもに託したい
- 生まれ月を連想させるような名前にしたい

↓

2 イメージから

- 「あの漢字を使いたい」と思う好きな漢字がある
- パパやママの名前の1字を使いたい

↓

3 漢字から

1

音の響きから

P37へ

呼んだときの印象や音の響きにこだわる

「わが子をこう呼びたい」「兄弟で同じ響きを取り入れたい」などという方におすすめの名づけ法です。まず音の響き（呼び名）を考えて、漢字などを当てていきます。

音の持つイメージは、その人の印象や性格にも影響するといわれています。名前は、人から呼ばれることのほうが多いため、呼ばれたときの音の響きは、大切なポイントになります。ある言葉がもつ印象を「語感」といいますが、語感は脳の奥深くに働きかけ、その人のイメージを決定づける力があります。声に出してみて印象のいい、音のよい名前を見つけたいものです。

名前の候補を声に出し気になる音を見つけましょう

音にこだわって名前を決める際は、名前や愛称を実際に声に出したり、紙に書き出したりして候補をあげていき、気になる響きを見つけます。

まず好きな響きの名前をリストアップします。例えば姉妹で同じ「な」という響きを取り入れたいという場合は、「ひな」「ゆな」と思い浮かぶ名前を挙げていきます。思い浮かばないときは名前の例を見るほか、50音順に考えてみるなどして、気になるものを見つけましょう。

次に決まった読みに合う漢字を当てはめ、組合せを考えます。漢字の意味や読み方、全体のバランスもチェックしましょう。

名づけエピソード

兄弟で同じ響きをそろえて名づけました

子どもの呼び名が、上から順にかーくん、まーくんだったので、響き的に次は「あーくんだね」と産婦人科の先生に言われ、響きがよかったので「あ」から始まる言葉に決めました。／上の子2人の名前の真ん中に「う」がついていたので、3人目もそろえました。

2 イメージから

➡P141へ

親の好きなことやわが子への願いから

「好きな花にちなんで」「強い人になってほしい」など、両親の好きなものや、子どもへの願いをヒントに想像力を働かせ、名前を決めていく方法です。

季節や自然、動植物、スポーツ、学問など自分たちの好きなことや趣味、両親の思い出の場所など、あらゆることを参考にし、自由にイメージをふくらませて名前を考えていきます。わが子への願いのキーワードを具体的に決めて、名前に取り入れていくのもよいでしょう。

イメージをもとに名づけた場合、子どもが成長したときにはっきりと由来が説明でき、親の思いが伝わりやすくなります。

イメージを表す言葉を具体的に挙げていこう

イメージから名づける際、子どもに込めたい思いや、生まれた季節、両親の好きなものなどから想像力をふくらませます。

例えば誠実な子に育ってほしい場合は「礼」「誠」、8月生まれの場合は「夏」「葉」「海」などと、イメージを表す言葉を具体的に挙げていきます。

次に気に入ったイメージの漢字の意味や読み方を確認します。音読み、訓読みなどを調べ、その中で、気に入った読みを使って名前を考えていきます。

尊敬する作家やスポーツ選手、歴史上の人物の名前にあやかって名づける時などは、音から選んで漢字を探す場合もあります。

名づけエピソード

尊敬する人や趣味にちなんで

作家の村上龍が好きだったので、龍介という名前になりました。／夫がサッカーの三浦知良選手を尊敬していて、「カズ」と呼びたいということで長男はカズマになりました。次男の篤人も、サッカー選手つながりから内田篤人選手の名前を使わせてもらいました。

3 漢字から

P157へ

使いたい漢字の意味や印象を大切にしましょう

使いたい漢字から考える名づけ法です。漢字の意味や見た目の印象を大切にし、名前に入れたい文字を選びます。表意《ひょうい》(意味を表す)文字である漢字の特徴を活かしましょう。

漢字は1字でも、組み合わせることでも、様々な個性を表現できます。漢字1字を家族で共有するケース、親の願いを漢字に託すケースも多いようです。

名前の発想を広げるために、漢和辞典や国語辞典などを使用するのがおすすめです。また漢字には古くから名前に限り使われてきた読み方である※「名のり」があります。名のりを上手に活かすと候補が広がるでしょう。

好きな漢字を組み合わせて読みを決めていきましょう

好きな漢字、使いたい漢字などを組み合わせて文字数を決め、読みを決めていく方法です。

まず使いたい漢字の候補を考えます。漢字をたくさん見て、想像力を働かせましょう。また、漢字の意味を調べましょう。

次に組み合わせる漢字や音を決めます。同じ漢字でも読み方で印象が変わります。語感も確認しましょう。

最後にフルネームを紙に書き出して、見た目の印象をチェックします。全体のバランスが悪い場合は、止め字や当て字などで調整してみると印象が変わります。漢字が人名に使用できるかどうかも確認しましょう。

名づけエピソード

両親の名前から1文字取りました

パパとママの名前から一文字ずつ取りたいと思い、いくつか候補を声に出していたら、その中の1つをパパが気に入り決まりました。／男の子なので夫の字を1つ入れました。「晴」という字を使いましたが、出産日も快晴、その後も晴れ男で名前がしっくりきています。

※名のり…漢字には音・訓読みのほかに、名前だけに使われる「名のり」があります。「淳」の場合、「あつし」という読みは名のりです。

実例で見る名づけのヒント10

先輩パパ&ママの名づけエピソードを大公開!
名前が決まるまでのいきさつや、決め手になったことなど、
名づけ例を紹介します

1 姉妹で「奈」を入れかわいらしい名前に統一

長女はかわいらしい名前がいいなと思い、10個ぐらい私が考えて、最後はその中から夫が「里奈」に決めました。漢字は画数がよいものをセレクト。次女は長女と同じ「奈」の字と、「ここちゃん」と呼びたかったので「心」を入れ「心奈」となりました。画数は無視です(笑)。

(Nさん・東京都)

2 候補をいくつか決めておいて顔を見てから最終決定

夫婦で一つずつつけたい名前を挙げて、生まれた顔を見てから最終決定に至りました。(Mさん・神奈川県)／ふたりで名前の候補を5つ挙げた状態で出産。顔を見て決定しようということにしていました。産後、ふたりで「せーの!」でつけたい名前を指したら同じ名前でした。(Yさん・福岡県)

3 わが子への願いを漢字1字に託して

今は珍しくなった女の子の名前につける「子」という字。子は一と了の組合せで、始めから終わりまで自分の人生を全うできるという意味があるので、どうしてもつけてあげたくて、お腹の赤ちゃんが女の子と判明した時から、子のつく名前で考えていました。

(Oさん・京都府)

4 使いたい漢字を使用。義母のアドバイスも参考に

名前に「柚」という漢字を使いたいと思っていました。読み方も「ゆず」にしようと思っていましたが、義母から濁る名前はあまりよくないと言われました。なので「柚月」と名づけましたが、名前の読み方を「ゆずき」ではなく「ゆつき」とすることにしました。

(Aさん・青森県)

5 両親のこだわりを取り入れて読み方で調整

私は外国でも伝わりやすい名前にしたかったのですが、夫は画数を重視。夫が画数がいいので彩聖（あやせ）にしたいと言いましたが、私は反対。結果「聖」を「み」と読ませて「あみ」という名前になりました。

（Tさん・兵庫県）

6 画数など姓名判断を重視しました

姓名判断を気にする私は、大吉になる名前を全て検索し、本に書き込み、いいものだけを絞り選びました。（Kさん・東京都）／姓名判断（画数、五行など）を重視するので、とにかくこだわりました。1人目はすんなりと決まりましたが、2人目は期限ギリギリまで時間がかかりました。（Sさん・鹿児島県）

7 1文字ネームに絞り生まれた顔を見て決定

苗字が3文字で難しい漢字も入っているので、名前は簡潔に1文字にしようと思い、響きの好きなものをいくつか挙げ、漢字の意味や画数を調べました。出産前に3つ程候補を絞っておいて、生まれた顔を見て直感で決定。ちなみに夫はあまり関与せず、私が決めました（笑）。（Oさん・千葉県）

8 両親の名前から読み方を変えて1字ずつとりました

長女には、夫の名前・勝（まさる）→「優」と、私の名前・かおり→「香」から、読み方を変えて1字ずつ取って「優香」と名づけました。長男の「勝太」も夫から一字取りましたが、読みが同じだとあだ名が「まーくん」で、一緒になってしまうので、読み方を変えました。

（Mさん・大阪府）

9 「暁」という字に両親の願いを込めて

強くたくましく育って欲しいという願いを込め、日本男児らしい「克暁《かつあき》」とづけました。これから太陽が昇って明るくなっていく「暁」の字が、未来への様々な可能性を感じられて主人も私も好きだったのと、生まれたのが明け方ということもあり、しっくりきています。

（Kさん・福井都）

10 生まれた月からイメージをふくらませて

男の子だったら夫が名前を決めることになっていたため、夫が試行錯誤で決定。8月生まれだったので、「夏」をイメージする言葉から「葉月」を選び、そこから漢字の意味、画数を考えて「初樹」と名づけました。間違えて読まれないように、読み方には気をつけました。

（Gさん・大分県）

気をつけたいこと

名前の候補が決まったら、名字とのバランス、読みにくさ、全体の意味など、あらゆる視点から徹底的にチェックしましょう!

いろいろな角度から見直そう

名前の候補が絞られたら、決定する前に今一度、見直しましょう。

こだわりすぎて、将来子どもが日常生活において不都合が生じる名前になっていませんか? 難しい旧字体は、パソコン入力のときに手間がかかるうえ、機器によっては字形が表示されないこともあります。また名前を口頭で伝える際、難しい漢字の名前やすんなり読めない読み方、似た漢字の多い名前だと、相手に伝わらないことがあります。名前はわかりやすいことが大切ですので、個性的な名前を考えている場合は、マイナス面もよく理解しなければなりません。

「いい名前が見つかった」といって安心せずに音、イメージ、漢字、名づけの決まりごとなど色々な角度から確認してみましょう。改めてフルネームを書いたり、読んだりするとおかしな点が見つかるかもしれません。周囲の意見を聞くこともおすすめします。36ページのチェックリストを利用し、最終確認をしましょう。

PART 1
名づけ方の基本
▼ 気をつけたいこと

1 名字とのバランスは？

名づけの際は名前にばかり意識がいってしまいがちですが、注意したいのが名字とのバランスです。名前と名字を組み合わせると、全体のバランスが悪くなっていることがあります。漢字は文字それぞれが意味を持つ表意文字なので、組合せによっては意味が違いすぎるなど支障がでてくることも。

決定前にはフルネームを紙に書いたり、声に出したりして確認してみます。紙に書くときは、縦書きと横書きをそれぞれで試してみます。下の実例をチェックしながら、バランスのよい名前を考えましょう。

こんな所をチェック！

ケース	例	改善例	ポイント
3文字姓の場合	小野寺 翔太郎	小野寺 翔太	1字か2字の名前に
1文字姓の場合	濱 葵	濱 あおい	2、3字の名前に
姓と名の構成文字がだぶっている	池澤 湊汰	池澤 蒼太	部首の異なる漢字を使う
画数が多く、難しい	瀧澤 優鞠	瀧澤 祐真	画数の少ない簡単な文字を入れる
姓と名でイメージが違いすぎる	秋川 春斗	秋川 陽斗	意味がぶつからない漢字に
姓名がタテ割れ※1になる	野沢 陽那	野沢 陽菜	タテ割れしない止め字※2を使う

※1 タテ割れ…漢字がすべて偏とつくりにわかれてしまうこと。左右バラバラな印象になってしまいます。
※2 止め字…名前の最後の文字のこと。

2 読みやすいか？

画数が多い、長すぎる、難しい当て字が使われている、濁音が多く入っている名前は、読みにくいので注意が必要です。別の読み方からつけられる、変なあだ名にも気をつけたいですね。

それ以外にも、似た響きが多い名前は呼び間違いが多くなります。「しょうた」と「そうた」、「せいあ」と「せいや」などのように同じ母音を持っている名前は、呼んだときに聞き取りづらいことがあります。

また、「ふじさわ さわこ」「かわかみ みなと」のように、姓と名の音がだぶると発音しにくくなります。名前が決まったら声に出してチェックしましょう。

画数が多い、長すぎる

名前と姓の画数が多かったり、長すぎたりすると、重い印象になり、書くのにも苦労します。姓名の画数は40画以内に抑えるのが無難です。

例
- 画数が多い名前 ➡ 画数が少ない名前に
  鍛冶屋 瑠璃子 ➡ 鍛冶屋 るり子
- 長すぎる名前 ➡ 短めの名前に
  二ノ宮 悠次郎 ➡ 二ノ宮 悠人

漢字の当て字はほどほどに

極端な当て字にすると、周囲の人が振り仮名なしだと読めない名前になってしまいます。当て字は誰でも推測できる程度にとどめましょう。

例
- 一二三（わるつ） ●宇宙（こすも）

濁音が多い

濁音が名前に多すぎると、濁った音になり発音しにくい原因になります。濁音は姓名で合わせて2音程度におさえておきましょう。

例
- 馬場園　大悟（ばばぞの だいご）
  ➡ 馬場園 大和（ばばぞの やまと）
- 段田 珠樹（だんだ じゅじゅ）
  ➡ 段田 樹（だんだ いつき）

別の読み方がおかしくないか

漢字の別の読み方などから、おかしなあだ名をつけられることがあります。変な熟語になっていることもあるので注意しましょう。

例
礼典（あやのり） ➡「0点」を連想させる
海月（みつき） ➡「クラゲ」という熟語

3 全体の意味はOK?

英語になったとき、姓と名のイメージ、イニシャルなど、名前全体の意味も確認しましょう。

ほかに、名前を呼ぶと「くぼ たくみ」は「くぼた くみ」と聞こえるなど、姓と名の区切りがわかりづらい場合、偏やつくりなど構成文字の要素がそろいすぎている場合なども注意が必要です。

英語になったときの意味を確認しよう

日本では一般的な名前でも、外国ではよくない意味になってしまうことがあります。英語の意味は念のため、調べておきましょう。

例
- 雄大（ユウダイ）
  「You die」は死ねという意味
- 綺羅（キラ）
  「killer」は殺し屋、殺人の意味

全体を見たときに変な意味にならないか

姓と名のイメージがかけ離れていたり、意味がそろいすぎていたりしても違和感があります。名字の持つイメージを考慮しましょう。

例
- 旭日 昇（あさひ のぼる）
  姓と名の意味がそろいすぎている
- 北川 南（きたがわ みなみ）
  姓と名の意味が正反対

意外と盲点 イニシャルはOK?

イニシャルにしたときに、おかしな意味がある場合、いじめやからかいの対象になる可能性があります。念のためチェックが必要です

例
- 千葉 渉（ちば わたる）
  ➡ W.C（トイレ）
- 後藤 七海（ごとう ななみ）
  ➡ N.G（よくない）

ほかにも

それ以外にも、男女の性別がわかりづらい名前になっていないかどうかも、気をつけたいポイントですが「あおい」「そら」「ゆう」のように中性的な名前は、最近増える傾向にあります。
また、止め字が「美」の男の子、止め字が「一」の女の子などは、文字の印象から、特に幼いころは性別を間違われる可能性があります。「太」や「龍」は男の子、「愛」や「花」は女の子のように、漢字には性別をイメージさせる字があります。性別がわかりにくい名前をつける場合は、「男らしい」または「女らしい」漢字と組み合わせるのも1つの方法です。

名づけのスケジュール

**後悔のないベストな名前をつけるためには、あせりは禁物。
名づけのスケジュールを参考に、
計画的に進めてみましょう**

誕生前に候補を絞り顔を見て決定しましょう

「生まれるまでに、まだまだ時間があるし」と思っていても、意外なほど早く時間はすぎてしまいます。赤ちゃん誕生後、期限ギリギリにあわてるより、ゆとりをもって考えましょう。

　名づけは、妊娠初期に名前のイメージをふくらませ、安定期に入ったら本格的にスタート。誕生前に男女ごとの候補を絞り、赤ちゃんの顔を見て最終決定したいですね。「お七夜」までに名前が決まっていれば、命名書を書いてお祝いしてあげましょう。

　出生届の提出期限は誕生から14日以内です。夫婦で話し合い、名づけを成功させましょう。

1 妊娠初期～中期

名前を考え始めよう

ママになることの喜びに胸を躍らせる妊娠初期ですが、同時につわりなどの体調不良や、気持ちが不安定になることもあります。ママの体調管理を優先しながら、少しずつ名前のイメージをふくらませてみましょう。

2 妊娠中期～後期

候補を書き出しリスト化

安定期に入り、ママの体調が安定してきたら、名づけを本格的にスタート！ 胎動を感じ始めると、さらにイメージが湧きやすくなります。夫婦でお互いのイメージを話し合い、複数の候補を書き出してリストにしましょう。

3 妊娠後期

候補を絞り、男女の名前を考案

音、イメージ、漢字などいろいろな角度から検討し、名前の候補を絞ります。決まったら、祖父母など周囲の意見を聞いてみましょう。性別がわかる時期ですが、念のため男女両方の名前を2、3個ずつ用意しておくと安心です。

4 出産～7日目

子どもの顔を見て決定！

赤ちゃんの顔を見て、絞り込んだ候補のなかから、直感で最終決定するという人も多いよう。誕生から7日目の「お七夜」は、退院する時期でもあるので、名前が決まっていたら、命名書を書いてお祝いをしてあげましょう。

5 8日目～産後14日目

出生届を提出しよう

誕生日を1日目と数えて14日以内が、出生届の提出期限です。名前に使用できる字かどうかを始め、漢字の読みや長さなどを最終チェックしましょう。印鑑、母子健康手帳を持参し、市区町村の役所に出生届を提出します。

チェックリスト

つけたい名前が決まったら、このチェックリストを活用して
もう一度いろんな角度から見直してみましょう

- ☑ 名前に使えない文字が入っていないか
- ☑ 文字の読み方や長さはOK?
- ☑ 名字と名前のバランスはとれているか
- ☑ 画数が多かったり、長すぎたりしていないか
- ☑ 極端な当て字になっていないか
- ☑ よくないニックネームがつけられないか
- ☑ 英語になったときの意味は?
- ☑ 全体を見たときに変な意味にならないか
- ☑ イニシャルはOK?
- ☑ 濁音が入りすぎていないか

これ以外にも、ご家庭のルールで名前を確認し、後悔のない名前に決めましょう

PART 2

音の響きから名づける

声に出すことが多い名前だからこそ、響きは大切にしたいもの。
両親のお気に入りの響きを見つけたら、
素敵な意味を持つ漢字をあてはめ、名前をつけてあげましょう。
音の響きが持つ印象も、あわせて紹介しています。

introduction

音の響きから名づける

**名前は書くことよりも呼び合うことが多いもの。
それだけに、まずは音、つまり声に出して呼んだときの響きから考え、
そこに漢字をあてはめて名づける方法です。**

〝語感〟にはそれぞれイメージがあります

「女の子ならサ行で始まる名前にしたい」「男の子なら遥斗のように〝と〟で終わる響きがいい」など、声に出したときの響きを重視する人も多いでしょう。

実際に女の子の名前では、かわいらしさや優しさ、やわらかさを感じられる語感が人気で、男の子では力強さや誠実さ、知性を感じられる語感が好まれています。

たとえば「あ」は明朗快活、「い」は一生懸命、といったように、それぞれの音には聞いたときのイメージがあります。一生涯にわたって繰り返し呼ばれる名前ですから、周りの人も発音しやすく、呼ばれた本人も心地よい響きの名前を選んであげたいものです。

まずはひらがなで書いてみましょう

言葉のイメージを作り出すのは「発音体感」です。これは言葉の意味とは関係なく、音そのものが潜在的に脳に与える感覚的なイメージのことで、舌や歯にかからずに発音する母音のア行は主に「語感」の印象に、舌や歯にかかって母音の影響を受けながら発音するカ行〜ワ行の子音は、「質感」のイメージに関わり

ます。

たとえば、カ・サ・タ行の音は硬く、シャープな印象を受けるのに対して、母音の影響を強く受けるナ・マ・ヤ・ラ行にはやわらかさや優しい感じを受けます。

注意したいのは「が」「じ」など濁音が入る場合。濁音が多いと重くゴツゴツした印象を与えるため、「ばんどう」など姓に濁音が入るときは名前に使うのを控えるなど、濁音は入りすぎないように気をつけましょう。

響きから名前を考えるときは、まずは使いたい言葉や気に入った呼び名をひらがなで紙に書き出してください。ここで最も大切なのは先頭字。発音の体勢を長くとるため、最も印象が強く、名前全体のイメージに関わる主役です。

次に大事なのが最後に余韻として残る止め字。その他の字も印象を左右しますが、この2つで印象の大部分が決まります。

たとえば「ゆりか」の先頭字「ゆ」を「ま」に変えて「まりか」にした場合、優美な印象から可愛らしい印象に変わります。また、止め字の「か」を「の」に変えて「ゆりの」にすると、快活なイメージから穏やかな癒し系に。

一文字変えるだけで印象が変わるため、書き出した候補は実際に声に出して呼んでみてください。

姓名合わせて発音しやすく、名前として違和感がなければ、そこに漢字をあてはめていきます。

語感を知ろう

50音にも発音や、その文字を使った言葉から、それぞれ違ったイメージがあります。

う

控え目ながら個性を感じる

うきょう、うしお、うみ、うらら…「う」から始まる名前は、日本らしい控えめな響きを残しながらも個性的な印象を受けます。さりげなく個性を出したいなら、「う」のつく名前に。

え

ひらめきや発想力に優れた芸術家タイプ

「絵」「選ぶ」「描く」「演じる」など発想力が必要な言葉につくことが多い文字です。えいじ、えいた、えみ、えり…「え」のつく名前はどこか前衛的な印象になります。

お

成功する資質を備え懐が深く大らか

「大らか」「おだやか」「おいしい」「おもしろい」。「お」のつく言葉は、包容力を感じさせ、周囲に安心感を与えます。自分の思いもしっかり持った「大物」になる可能性も。

あ

いつも自然で人を和ませる存在

口を大きく広げて発音する「あ」。「あ」から始まる名前は、あかり、あかね、あきらなど、自然でほがらかな印象。周りをリラックスさせられる存在になりそう!?

い

周囲を巻き込むほど一途で一生懸命

いちか、いちろう、いつこなどなど…「い」のつく名前は、1つのことに打ち込む一生懸命なイメージに。何事にも前向きに取り組む姿に、周囲もついていきたくなります。

あ a 行

か行

ka

か

行動力・判断力に優れたクールな都会派

「かしこさ」や「かっこいい」印象を感じられるのが、かいと、かのんなど「か」のつく名前。都会的なクールさで、周囲にはシャープな印象を与えます。

き

キラリと光る突出した個性アリ

きいち、きらなど、際立って個性的な印象になりやすい「き」のつく名前。個性を生かした人目をひくパフォーマンスで、ほしいものを手にいれる人になれそう!

く

一目置かれる気品と外交的な雰囲気が同居

くにひろ、くうや、くみ、くにこなど、気品を感じる名前になる「く」。一方で、「来る」「国」など、外交的な雰囲気の印象も。社交的ながら、一目置かれる存在になりそう。

け

何事にも執着しないドライさが魅力

「潔白」「決断」など、潔《いさぎよ》さをもった言葉の印象がつよい「け」の文字。恨みや妬み、欲とは無縁だと感じさせるドライさが魅力で、何かを根に持つこともほとんどなさそう。

こ

若々しくキュートな愛されキャラ

「ことり」「こねこ」「こいぬ」…。動物の赤ちゃんの与える印象のようにキュートな「愛されキャラ」の雰囲気。決して派手派手しくなく、穏やかで堅実、かわいい印象に。

さ行 sa

さ
清々しい性格で独立心が旺盛

「さわやか」に代表されるように、「さ」のイメージはどこか凛とした印象。独立心が旺盛だったり、高い向上心を持った人というイメージになります。

し
人目をひく華やかさは生まれながらのもの

しんいち、しゅん、しんや、しょうこ、しずか…マンガの主人公やタレントにも多い名前で、華やかさやリーダー性も感じられます。スター性のある印象に。

す
頼まれごとを断れないやさしい性格

「すなお」「すき」「すずしい」。物腰がやわらかく、頼まれたらNOと言えないような何事も受け入れてくれそうな印象に。控えめながら、誰からも愛される存在になりそう。

せ
シャープな頭脳と繊細なハートの持ち主

「責任」「政治」などの固いイメージから、頭脳明晰でシャープな印象を与える一方で、「繊細」という言葉から、こまやかさも感じさせます。せいじ、せいな、せいとなどの名前があります。

そ
争いごとを好まず人と仲良くなるのが得意

「聡明」「相談」「創造」「草原」「空」。自由さがありながら、誰に対してもわけ隔てなく接するやさしさを持ち合わせています。包み込むようなやさしさで、人に好かれます。

語感を知ろう

た行 ta

た
高い志《こころざし》を持ったチャレンジャー

「高い」「助ける」「たたかう」「大切」など、どことなく正義感やチャレンジ精神を感じさせる「た」。障壁に負けず困難に立ち向かっていくような、たくましさを持った印象に。

ち
衰え知らずの探究心で鍛錬し続ける努力家

知識や知恵という言葉から、博識の印象を。また「血」のイメージからは、若々しさと生命力に溢れた印象を受けます。探究心にあふれ、多くの知識を身につけて活躍できそう。

つ
内向的な印象と裏腹に実は芯が強くてタフ

つかさ、つぼみ、つよし、つばさ。「つ」のつく名前はつつましやかな雰囲気のなかに、芯が強さを感じさせます。困難を乗り越えるタフさも持ち合わせています。

て
人間関係の構築と周囲の牽引はお手の物

「て」は「手」の印象が強く、明るさと、みんなを引っ張る統率力を持ち合わせた行動派のイメージに。人間関係を良好に保ち、誰にでもやさしく親和的だという印象を抱かれます。

と
どっしり構えて挑み高い目標を達成

「永久《とわ》」「時」「遠い」…など「と」のつく言葉のイメージもあって、とうや、ともや、としえ…などちょっとやそっとでは動じることがない、落ち着きのある印象です。

な行 na

な
人が大好きで積極的に友好関係を築く

なおと、なつみ、ななみ…「な」のつく名前は「なおくん」「なっちゃん」と思わず呼びたくなるニックネームで、初対面でも親しみを感じてもらえる人懐っこい印象に。

に
大切な人を支える縁の下の力持ち

「人気」「人間」「似る」…人を想い、人を支える才能に秀でたイメージです。「にいな」「にな」「にの」など、グローバルなイメージを持った名前がつけやすいのも特徴です。

ぬ
おっとりマイペース自分をもった子に

「ぬ」のもつイメージは、穏やかでのんびりマイペース。また、「ぬ」から始まる名前は珍しく、同名に出会いにくいでしょう。自分らしさを貫く子になりそう。

ね
上からは引き立てられ仲間からは信頼される

「ねぇ」と呼びかけるときにも使われる、「ね」は協調性があり誰からも好かれる印象。また、「お姉ちゃん」という言葉の印象もあり、グループの中心的人物になりそう。

の
包容力があり人を安心させる

「のびのび」「野原」「登る」…と何となく広々と大きなものを思わせる「の」。情が深く、人を包み込むようなやさしさを有した印象に。ゆったりさと自由さをほどよく兼ね備えています。

語感を知ろう

は行 ha

は
華やかさと可憐さが同居

「羽」「花」「葉」「春」などあたたかみを感じられる愛らしいイメージの言葉につく「は」。発音するときに、息の抜ける音の「は」は、基本的にやわらかい印象になります。

ひ
発想力のある行動派 それでいて安心感も

「ひらく」「ひらめく」「広い」「日々」。行動力や発想力を感じさせる言葉のイメージのある「ひ」。ひろし、ひろみ、などの名前は定番で人気があり、安心感も感じられます。

ふ
周囲を包む ふんわり癒し系

ふわふわと柔らかいイメージになる「ふ」。周囲をほっこり温かい気持ちにさせるような、癒し系の雰囲気を出したいなら、ふうた、ふうか、など「ふ」の印象を残した名前に。

へ
堅実で嘘が嫌い! 信頼される人

「へいすけ」など男の子の名前に使われることが多い「へ」。「平」の字のイメージが強く、割り切りがよく、ぐずぐずしたり根回ししたりしない、率直で周囲からの信頼も厚い印象です。

ほ
自分も周りも 緊張感がやわらぐ

「ほっ」と息をつくときにも使う「ほ」。名前を呼ぶときも呼ばれるときも、ほどよく緊張感が抜けて、取り囲む環境がリラックスしたムードに。ほなみ、ほのか、など女の子に使いやすい字。

ま行 ma

ま

誠実な心をもった知的な印象に

まこと、まさと、まおなど、実直で知的な印象を与える名前が多い「ま」。「真」のイメージが強く、うそ偽りのない、心の美しさやしっかりと地に足をつけた印象です。

み

明るく太陽のように周囲を照らす

みか、みきや、みずき…「み」のつく名前は、明るい印象に聞こえませんか? いかなる場所にいるときも、太陽のように明るく周囲を照らす存在になれそうです。

む

謙虚で家族想い特定分野の達人となる人も

「む」には堅実で謙虚なイメージがあります。また、夢中にコツコツと1つのことをやり続けるイメージも。1つの分野を極める、何かの達人となるかも…。

め

明るくポジティブ愛情いっぱい

めい、めぐみ、など、女の子の名前に多い「め」。愛でる、目立つ、めずらしい、など、愛情にあふれ、華やかでいつも前向きな、明るく元気な印象の響きになります。

も

人付き合いがうまく友好的な印象

もりお、もとゆき、ももこ、もえ…「も」は音の響きもやわらかく、丸みがあり、友好的な印象を与えます。女の子はかわいらしさを強調でき、男の子は安心感を与えられます。

や《ya》行

や

まっすぐで芯が強く古風なイメージに

やすゆき、やえ、など。矢のようにまっすぐな芯の強い印象や、古風な印象も与える「や」のつく名前。男の子なら止め字を「や」にすると、スッキリとかっこいい印象に。

ゆ

ゆったりのびのび優しい印象に

ゆうき、ゆきと、ゆう、ゆか…。悠々とのびやかな印象を受けるのが「ゆ」のつく名前。ゆったりとしていて、思慮深く、優しさにあふれたイメージになります。

よ

いつも人に囲まれてにぎやかな人生に

ようた、よういち、ようこなど、「よ」から始まる名前は、世話好きで頼れる存在の人をイメージしませんか？ 自然と周りに人が集まる、そんな人物になれるかもしれません。

わ《wa》行

わ

温和で協調性もある人間関係の調整役

わお、わかこなど、「わ」から始まる名前は、おおらかで心優しい響きになります。「和」のイメージの通り、バランス感覚に優れ、人間関係では苦労しない人生が送れそう。

ん

リズムをつけて楽しく朗らか

けんた、しゅんすけ、りんこなど、名前の間に「ん」が入ることで、スキップをしたようなリズミカルで楽しい印象に。おしゃべり上手で、いつでも明るい人気者になれそう!

ら行

ra

ら

クレバー＆煌びやか 華やかさはピカイチ

「ら」の響きは、華やかでいて、賢さも持っている印象になります。らん、らいと…と、「ら」を使った名前もとりわけ華やか。その雰囲気に、惹かれる人も多そうです。

り

りりしくハキハキ 自分を持った子に！

りょう、りん、りよ、りこ…など、きりっとしていて、しなやかなイメージをうけるのが「り」。自分の考えに自信を持って、意見をはっきり言える子になれそう。

る

安泰を好む堅実派 人間関係も良好

るい、るり、るみこなど、「る」から始まる名前は、控えめでかわいらしい響きになります。穏やかな性格で年配から好かれ、上下関係には苦労しなさそう。

れ

華やかでセンス抜群 流行をつくる存在に

れん、れいこ、れおななど、「れ」から始まる名前は、洗練され、優雅でおしゃれな印象を受けます。独特のカリスマ性でファッションリーダーになれるかも!?

ろ

自分で道を切り拓く パワフルな人に

ろん、ろあなど、「ろ」から始まる名前は、パワフルで安定感のあるイメージ。また、「ろ」から始まる名前はあまり多くないため、エキゾチックな印象も与えられます。

だ《da》行

堂々とした立ち振る舞いで人を安心させる素質あり

だいき、だいち、どうこ…などどっしりとして、そばにいるだけで深い安らぎを覚えさせてくれる印象です。堂々とした立ち居振る舞いや物言いで、周囲をほっと安心させてくれる存在に。

ば《ba》・ぱ《pa》行

パワフルで快活! 頼りがいあるリーダー

パンチ、バンドなど、パワフルなイメージを与える「ぱ行」「ば行」。べに、ぶんたなど、人間的魅力に溢れ、誰からも慕われるリーダー的存在の印象になります。

が《ga》行

ダイナミックかつチャーミング

げんき、がくとなど、が行の名前は周囲を圧倒する迫力と、相反するキュートさの両方を併せ持っています。クラスのムードメーカー的存在としてみんなの記憶に残るタイプかも。

ざ《za》行

品のあるオーラや気品ある振る舞いが魅力

たとえさばさばと振る舞っても、生まれ持った品のよさのため、周囲は育ちのよさを感じ取るでしょう。じゅん、じゅんいち、じゅり…などザ行の名前はそんな気品を感じます。

ヘボン式ローマ字一覧

パスポートにも使われているヘボン式。名づけの際には念のため、
ローマ字の表記も確かめておきたいですね。

50音

ん N（M）	わ WA	ら RA	や YA	ま MA	は HA	な NA	た TA	さ SA	か KA	あ A
	ゐ I	り RI		み MI	ひ HI	に NI	ち CHI	し SHI	き KI	い I
		る RU	ゆ YU	む MU	ふ FU	ぬ NU	つ TSU	す SU	く KU	う U
	ゑ E	れ RE		め ME	へ HE	ね NE	て TE	せ SE	け KE	え E
	を O	ろ RO	よ YO	も MO	ほ HO	の NO	と TO	そ SO	こ KO	お O

拗音

みゃ MYA	ひゃ HYA	にゃ NYA	ちゃ CHA	しゃ SHA	きゃ KYA
みゅ MYU	ひゅ HYU	にゅ NYU	ちゅ CHU	しゅ SHU	きゅ KYU
みょ MYO	ひょ KYA	にょ NYO	ちょ CHO	しょ SHO	きょ KYO
	ぴゃ PYA	びゃ BYA	じゃ JA	ぎゃ GYA	りゃ RYA
	ぴゅ PYU	びゅ BYU	じゅ JU	ぎゅ GYU	りゅ RYU
	ぴょ PYO	びょ BYO	じょ JO	ぎょ GYO	りょ RYO

濁音・半濁音

ぱ PA	ば BA	だ DA	ざ ZA	が GA
ぴ PI	び BI	ぢ JI	じ JI	ぎ GI
ぷ PU	ぶ BU	づ ZU	ず ZU	ぐ GU
ぺ PE	べ BE	で DE	ぜ ZE	げ GE
ぽ PO	ぼ BO	ど DO	ぞ ZO	ご GO

ヘボン式ローマ字表記の注意事項

- 「ん」は「N」で表記　（例）　かんな→KANNA　ぶんた→BUNTA
  B・M・Pの前では「M」で表記（例）じゅんま→JUMMA さんぺい→SAMPEI
- 「っ」は子音を重ねる　（例）いっさ→ISSA
- 長音の「O」や「U」は記入しない　（例）そうた→SOTA　ゆうこ→YUKO

ひらがな、カタカナの画数一覧

ひらがな、カタカナの画数の数え方には諸説ありますが、
占いでよく用いられている画数を紹介します。

ひらがな

ゝ 1	わ 3	ら 3	や 3	ま 4	は 4	な 5	た 4	さ 3	か 3	あ 3
ゞ 3	ゐ 3	り 2		み 3	ひ 2	に 3	ち 3	し 1	き 4	い 2
。 1	ゑ 5	る 3	ゆ 3	む 4	ふ 4	ぬ 4	つ 1	す 3	く 1	う 2
゛ 2	を 4	れ 3		め 2	へ 1	ね 4	て 2	せ 3	け 3	え 3
々 3	ん 2	ろ 2	よ 3	も 3	ほ 5	の 1	と 2	そ 3	こ 2	お 4

カタカナ

｜ 1	ワ 2	ラ 2	ヤ 2	マ 2	ハ 2	ナ 2	タ 3	サ 3	カ 2	ア 2
	ヰ 4	リ 2		ミ 3	ヒ 2	ニ 2	チ 3	シ 3	キ 3	イ 2
	ヱ 3	ル 2	ユ 2	ム 2	フ 1	ヌ 2	ツ 3	ス 2	ク 2	ウ 3
。 1	ヲ 3	レ 1		メ 2	ヘ 1	ネ 4	テ 3	セ 2	ケ 3	エ 3
゛ 2	ン 2	ロ 3	ヨ 3	モ 3	ホ 4	ノ 1	ト 2	ソ 2	コ 2	オ 3

- 濁音の場合は、「゛」の2画を足してください。例）が→5画　ガ→4画
- 半濁音の「゜」は1画を足してください。例）ぱ→5画　パ→3画
- 旧かなづかい（ゐゑヰヱ）は人名に使用できます。
- 「々」はくり返しを表す記号です。

音の響きから名づける

おすすめ名前リスト

おすすめの呼び名と、それぞれの呼び名にふさわしい漢字や仮名を五十音順に掲載しています。

表の見方

ヘボン式ローマ字表記　名前の呼び名　名前の例（50音順に掲載）

Aiichiro

あいいちろう

藍18	藍18	愛13	愛13	逢11
壱7	一1	市5	一1	一1
朗10	郎9	朗10	郎9	郎9
35	28	28	23	21

逢11　一1　郎9　…画数

21　…総画数

こんなときどうする!? 名づけQ&A

Q ミドルネームはつけられるの？

A 法律上、日本ではミドルネームをつけることは認められていません。しかし、ミドルネーム風の名前にすることは可能です。たとえば「鈴木メアリー香織」という名前を、名字を「鈴木」、名前を「メアリー香織」と戸籍に登録することは問題ありません。しかし、長い名前は本人だけでなく周りの人にとっても大きな負担なので、事前によく考えてからつけるようにしましょう。

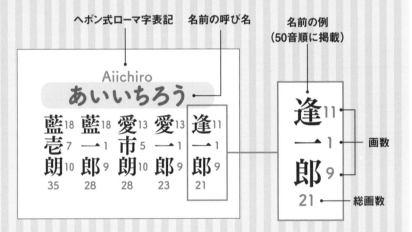

男の子の名前

あ

Akihisa
あきひさ

顕18 久3	晃10 寿7	明8 尚8	章11 久3	昌8 久3
21	17	16	14	11

Akihide
あきひで

朗10 英8	晃10 英8	秋9 秀7	昌8 秀7	旦5 英8
18	18	16	15	13

Akihiro
あきひろ

耀20 広5	秋9 景12	明8 洋9	昭9 宏7	昌8 弘5
25	21	17	16	13

Akifumi
あきふみ

顕18 史5	章11 詞12	昭9 文4	秋9 文4	明8 史5
23	23	13	13	13

Akimasa
あきまさ

章11 将10	明8 征8	彬11 公4	昭9 正5	昌8 正5
21	16	15	14	13

Akiyoshi
あきよし

秋9 慶15	昭9 善12	明8 佳8	秋9 由5	明8 好6
24	21	16	14	14

Akira
あきら

顕18	章11	晃10	明8	旭6
18	11	10	8	6

Akitaka
あきたか

章11 貴12	彰14 孝7	昭9 貴12	秋9 考6	明8 孝7
23	21	21	15	15

Akito
あきと

晶12 登12	耀20 人2	明8 都11	秋9 斗4	明8 人2
24	22	19	13	10

Akitomo
あきとも

彰14 知8	晃10 朝12	明8 智12	秋9 朋8	昭9 友4
22	22	20	17	13

Akinari
あきなり

章11 誠13	彬11 斉8	秋9 成6	晃10 也3	明8 也3
24	19	15	13	11

Akinobu
あきのぶ

顕18 宣9	暉13 喜12	章11 信9	秋9 伸7	昌8 之3
27	25	20	16	11

Akinori
あきのり

昭9 徳14	彰14 紀9	彬11 宜8	秋9 則9	明8 紀9
23	23	19	18	17

Akihiko
あきひこ

亜7 紀9 彦9	彰14 彦9	昭9 彦9	秋9 彦9	明8 彦9
25	23	18	18	17

Aiichiro
あいいちろう

藍18 壱7 朗10	藍18 一1 郎9	愛13 市5 朗10	愛13 一1 郎9	逢11 一1 郎9
35	28	28	23	21

Aoi
あおい

亜7 央5 唯11	碧14 泉9	蒼13 依8	青8 惟11	蒼13
23	23	21	19	13

Akio
あきお

照13 雄12	亜7 紀9 央5	秋9 雄12	晃10 生5	旭6 生5
25	21	21	15	11

Akikazu
あきかず

顕18 一1	昭9 和8	秋9 一1	明8 一1
19	17	10	9

Aguri
あぐり

安6 久3 里7	16
亜7 久3 吏6	16
亜7 久3 里7	17
安6 久3 理11	20

Asato
あさと

麻11 人2	13
旭6 門8	14
麻11 斗4	15
朝12 斗4	16
旭6 登12	18

Azuma
あずま

東8	8
春9	9
雷13	13
梓11 真10	21
亜7 杜7 麻11	25

Atsuo
あつお

温12 大3	15
敦12 夫4	16
淳11 男7	18
惇11 雄12	23
篤16 男7	23

Atsushi
あつし

惇11	11
淳11	11
敦12	12
篤16	16
篤16 志7	23

Atsurou
あつろう

孝7 朗10	17
厚9 郎9	18
淳11 朗10	21
敦12 郎9	21
篤16 郎9	25

Amane
あまね

周8	8
天4 音9	13
天4 峰10	14
海9 音9	18

Amon
あもん

安6 文4	10
亜7 文4	11
吾7 文4	11
亜7 門8	15
阿8 門8	16

Ayumu
あゆむ

歩8	8
歩8 武8	16
歩8 陸11	19
歩8 夢13	21
吾7 由5 夢13	25

Arata
あらた

新13	13
新13 太4	17
新13 多6	19
亜7 良7 汰7	21
阿8 良7 多6	21

Ango
あんご

安6 吾7	13
按9 伍6	15
安6 悟10	16
庵11 伍6	17
鞍15 呉7	22

い

Iori
いおり

庵11	11
伊6 央5 里7	18
伊6 織18	24
衣6 織18	24
維14 織18	32

Ikuo
いくお

育8 生5	13
育8 央5	13
郁9 夫4	13
幾12 央5	17
郁9 雄12	21

Ikuto
いくと

育8 人2	10
郁9 人2	11
征8 斗4	12
郁9 斗4	13
幾12 音9	21

Ikuma
いくま

郁9 茉8	17
育8 真10	18
幾12 馬10	22
郁9 摩15	24
伊6 玖7 磨16	29

Ikumi
いくみ

郁9 巳3	12
育8 臣7	15
育8 実8	16
郁9 弥8	17
幾12 海9	21

Ikuya
いくや

育8 也3	11
行6 矢5	11
幾12 也3	15
育8 弥8	16
征8 哉9	17

Isao
いさお

功5	5
勇9	9
勇9 夫4	13
勲15	15
伊6 佐7 夫4	17

Isamu
いさむ

武8	8
勇9	9
偉12	12
功5 武8	13
伊6 佐7 武8	21

Izumi
いずみ

出5 巳3	8
泉9	9
泉9 巳3	12
衣6 泉9	15
和8 泉9	17

えいいち (Eiichi)

英 8	瑛 12	詠 12	映 9	永 5
市 5	一 1	一 1	一 1	一 1
13	13	13	10	6

えいいちろう (Eiichiro)

衛 16	詠 12	英 8	永 5	永 5
市 5	一 1	一 1	一 1	一 1
朗 10	郎 9	郎 9	朗 10	郎 9
31	22	18	16	15

えいき (Eiki)

英 8	栄 9	永 5	永 5	英 8
樹 16	貴 12	暉 13	喜 12	希 7
24	21	18	17	15

えいきち (Eikichi)

瑛 12	詠 12	栄 9	映 9	永 5
吉 6	吉 6	吉 6	吉 6	吉 6
18	18	15	15	11

えいご (Eigo)

叡 16	瑛 12	栄 9	栄 9	永 5
吾 7	悟 10	吾 7	伍 6	悟 10
23	22	16	15	15

えいじ (Eiji)

詠 12	英 8	瑛 12	栄 9	永 5
嗣 13	慈 13	次 6	治 8	二 2
25	21	18	17	7

えいすけ (Eisuke)

栄 9	詠 12	栄 9	英 8	永 5
輔 14	亮 9	助 7	介 4	佑 7
23	21	16	12	12

いっぺい (Ippei)

逸 11	逸 11	一 1
兵 7	平 5	平 5
18	16	6

いぶき (Ibuki)

伊 6
吹 7
13

いわお (Iwao)

岩 8	岩 8	岩 8
雄 12	男 7	夫 4
20	15	12

う

うきょう (Ukyo)

宇 6	右 5	有 6	右 5	宇 6
郷 11	梗 11	恭 10	京 8	匡 6
17	16	16	13	12

うしお (Ushio)

羽 6	宇 6	宇 6	潮 15	右 5
潮 15	潮 15	志 7		汐 6
		央 5		
21	21	18	15	11

え

いずる (Izuru)

依 8	出 5	出 5	一 1	出 5
津 9	琉 11	留 10	琉 11	
瑠 14				
31	16	15	12	5

いたる (Itaru)

到 8	達 12	周 8	到 8	至 6
流 10				
18	12	8	8	6

いちろう (Ichiro)

伊 6	壱 7	壱 7	市 5	一 1
千 3	朗 10	郎 9	郎 9	郎 9
郎 9				
18	17	16	14	10

いっけい (Ikkei)

一 1	一 1	一 1	一 1	一 1
慧 15	敬 12	桂 10	恵 10	圭 6
16	13	11	11	7

いっこう (Ikko)

壱 7	一 1	一 1	一 1	一 1
光 6	航 10	孝 7	巧 5	公 4
13	11	8	6	5

いっせい (Issei)

一 1	一 1	一 1	一 1	一 1
誠 13	惺 12	晴 12	星 9	成 6
14	13	13	10	7

いってつ (Ittetsu)

逸 11	壱 7	一 1	一 1	一 1
徹 15	哲 10	徹 15	鉄 13	哲 10
26	17	16	14	11

Eita えいた

名前	画数	総画
詠太	12・4	16
瑛太	12・4	16
栄太	9・4	13
英太	8・4	12
永多	5・6	11

Etsushi えつし

名前	画数	総画
越司	12・5	17
悦史	10・5	15
悦司	10・5	15
越士	12・3	15
悦士	10・3	13

Etsuji えつじ

名前	画数	総画
恵津次	10・9・6	25
越慈	12・13	25
悦嗣	10・13	23
悦治	10・8	18
悦二	10・2	12

Etsuya えつや

名前	画数	総画
越哉	12・9	21
悦弥	10・8	18
越也	12・3	15
悦矢	10・5	15
悦也	10・3	13

Etsuro えつろう

名前	画数	総画
詠津朗	12・9・10	31
永津朗	5・9・10	24
越郎	12・9	21
悦郎	10・9	19

お

Oichiro おういちろう

名前	画数	総画
鷹一朗	24・1・10	35
凰一郎	11・1・9	21
桜一朗	10・1・10	21
央一朗	5・1・10	16
王一朗	4・1・10	15

Osuke おうすけ

名前	画数	総画
皇亮	9・9	18
桜助	10・7	17
欧介	8・4	12
央丞	5・6	11
王佐	4・7	11

Osamu おさむ

名前	画数	総画
理	11	11
脩	11	11
修	10	10
治	8	8
一	1	1

Otohiko おとひこ

名前	画数	総画
音彦	9・9	18
音比己	9・4・3	16
吟彦	7・9	16
乙彦	1・9	10

Otofumi おとふみ

名前	画数	総画
韻史	19・5	24
律文	9・4	13
音文	9・4	13
乙史	1・5	6

Otoya おとや

名前	画数	総画
律哉	9・9	18
音耶	9・9	18
音矢	9・5	14
乙哉	1・9	10
乙夜	1・8	9

か

Kai かい

名前	画数	総画
櫂	18	18
甲斐	5・12	17
楷	13	13
開	12	12
快	7	7

Kaiji かいじ

名前	画数	総画
櫂二	18・2	20
桧治	10・8	18
魁二	14・2	16
海児	9・7	16
海二	9・2	11

Kaisei かいせい

名前	画数	総画
魁政	14・9	23
諧生	16・5	21
快晴	7・12	19
海星	9・9	18
桧生	10・5	15

Kaita かいた

名前	画数	総画
諧汰	16・7	23
開太	12・4	16
海太	9・4	13
快多	7・6	13
介太	4・4	8

Kaito かいと

名前	画数	総画
櫂斗	18・4	22
諧人	16・2	18
魁斗	14・4	18
桧人	10・2	12
快斗	7・4	11

Kaoru かおる

名前	画数	総画
芳織	7・18	25
馨	20	20
薫	16	16
郁	9	9
芳	7	7

Gaku がく

名前	画数	総画
我駆	7・14	21
雅久	13・3	16
楽	13	13
岳	8	8
学	8	8

Gakuto がくと

名前	画数	総画
岳登	8・12	20
楽斗	13・4	17
学杜	8・7	15
楽人	13・2	15
学人	8・2	10

Kazunori
かずのり

和8紀9	17
和8則9	17
一1徳14	15
一1倫10	11
一1利7	8

Kazuharu
かずはる

和8晴12	20
和8春9	17
知8治8	16
一1晴12	13
一1春9	10

Kazuhiko
かずひこ

数13彦9	22
知8彦9	17
和8彦9	17
寿7彦9	16
一1彦9	10

Kazuhide
かずひで

和8英8	16
和8秀7	15
寿7英8	15
一1秀7	8
一1次6	7

Kazuhito
かずひと

数13仁4	17
寿7人2	9
一1壱7	8
一1史5	6
一1仁4	5

Kazuhiro
かずひろ

和8洋9	17
和8広5	13
一1博12	13
一1浩10	11
一1弘5	6

Kazufumi
かずふみ

和8史5	13
一1詞12	13
寿7文4	11
一1史5	6

Kazutaka
かずたか

和8貴12	20
寿7崇11	18
和8孝7	15
一1隆11	12
一1孝7	8

Kazutada
かずただ

数13惟11	24
和8忠8	16
一1唯11	12
一1忠8	9
一1匡6	7

Kazuto
かずと

和8門8	16
和8杜7	15
一1翔12	13
和8人2	10
一1斗4	5

Kazutoshi
かずとし

和8敏10	18
寿7敏10	17
一1敏10	11
一1利7	8
一1寿7	8

Kazutomo
かずとも

数13知8	21
和8朋8	16
一1智12	13
一1伴7	8
一1友4	5

Kazunari
かずなり

和8也3	11
一1亨7	8
一1成6	7
一1也3	4

Kazunobu
かずのぶ

和8暢14	22
和8宣9	17
知8信9	17
一1展10	11
一1伸7	8

Kageki
かげき

景12樹16	28
景12喜12	24
景12生5	17
景12己3	15

Kakeru
かける

駆14琉11	25
駈15	15
駆14	14
翔12	12

Kazuaki
かずあき

和8晃10	18
和8明8	16
一1彰14	15
一1晶12	13
千3秋9	12

Kazuo
かずお

和8雄12	20
加5津9夫4	18
和8男7	15
一1雄12	13
一1央5	6

Kazuki
かずき

和8樹16	24
一1輝15	16
一1喜12	13
和8己3	11
一1希7	8

Kazushi
かずし

和8嗣13	21
一1嗣13	14
和8司5	13
和8士3	11
一1志7	8

Kazushige
かずしげ

一1繁16	17
和8重9	17
和8成6	14
一1茂8	9
一1成6	7

Katsunori
かつのり

勝12	宣9	21
勝12	則9	21
桂10	規11	21
克7	徳14	21
克7	典8	15

Katsuhiko
かつひこ

葛12	彦9	21
勝12	彦9	21
活9	彦9	18
克7	彦9	16
克7	比4 己3	14

Katsuhisa
かつひさ

克7	尚8	15
葛12	久3	15
勝12	久3	15
克7	寿7	14
克7	久3	10

Katsuhito
かつひと

勝12	仁4	16
桂10	史5	15
克7	仁4	11
克7	人2	9
克7	一1	8

Katsuhiro
かつひろ

勝12	博12	24
勝12	広5	17
桂10	宏7	17
克7	浩10	17
克7	洋9	16

Katsumi
かつみ

勝12	美9	21
克7	美9	16
勝12	巳3	15
克7	実8	15
克7	巳3	10

Katsuya
かつや

葛12	哉9	21
勝12	哉9	21
勝12	也3	15
克7	弥8	15
克7	也3	10

Katsuaki
かつあき

勝12	晶12	24
勝12	昭9	21
桂10	昌8	18
克7	朗10	17
克7	明8	15

Katsuki
かつき

克7	樹16	23
勝12	生5	17
勝12	己3	15
克7	季8	15
克7	己3	10

Katsushige
かつしげ

勝12	盛11	23
勝12	重9	21
勝12	茂8	20
克7	重9	16
克7	茂8	15

Katsutaka
かつたか

勝12	崇11	23
勝12	考6	18
克7	隆11	18
克7	高10	17
克7	考6	13

Katsuto
かつと

勝12	登12	24
葛12	斗4	16
勝12	斗4	16
克7	斗4	11
克7	人2	9

Katsutoshi
かつとし

勝12	俊9	21
勝12	寿7	19
勝12	利7	19
克7	敏10	17
克7	俊9	16

Katsunobu
かつのぶ

勝12	展10	22
勝12	信9	21
克7	延8	15
克7	伸7	14
克7	亘6	13

Kazuma
かずま

和8	真10	18
和8	馬10	18
一1	磨16	17
一1	馬10	11
一1	真10	11

Kazumasa
かずまさ

数13	征8	21
和8	雅13	21
和8	正5	13
一1	将10	11
一1	正5	6

Kazumi
かずみ

和8	弥8	16
和8	実8	16
和8	巳3	11
一1	将10	11
一1	心4	5

Kazumichi
かずみち

和8	満12	20
和8	充6	14
一1	路13	14
一1	道12	13

Kazuya
かずや

寿7	弥8	15
和8	也3	11
一1	哉9	10
一1	治7	8
一1	矢5	6

Kazuyuki
かずゆき

和8	幸8	16
数13	之3	16
寿7	幸8	15
和8	之3	11
一1	幸8	9

Kazuyoshi
かずよし

和8	義13	21
知8	良7	15
一1	嘉14	15
和8	良7	15
一1	由5	6

Katsuyuki
かつゆき

勝12	勝12	勝12	克7	克7
志7	行6	之3	幸8	之3
19	18	15	15	10

Kaname
かなめ

奏9	哉9	要9
芽8	芽8	
17	17	9

Kaneaki
かねあき

謙17	兼10	兼10	兼10	兼10
明8	彬11	章11	秋9	昌8
25	21	21	19	18

Kanetsugu
かねつぐ

鉄13	謙17	兼10	兼10
嗣13	次6	嗣13	次6
26	23	23	16

Kaneto
かねと

謙17	謙17	兼10	鉄13	兼10
門8	斗4	門8	人2	人2
25	21	18	15	12

Kan
かん

環17	寛13	幹13	貫11	完7
17	13	13	11	7

Kanji
かんじ

寛13	柑9	完7	完7	寛13
治8	滋12	爾14	嗣13	二2
21	21	21	20	15

Kanta
かんた

環17	寛13	幹13	柑9	完7
太4	太4	太4	多6	汰7
21	17	17	15	14

Kantaro
かんたろう

寛13	幹13	貫11	冠9	完7
太4	太4	太4	太4	太4
朗10	郎9	郎9	朗10	朗10
27	26	24	23	21

き

Kiichi
きいち

樹16	幾12	毅15	輝15	喜12
一1	市5	一1	一1	一1
17	17	16	16	13

Kiichiro
きいちろう

樹16	喜12
市5	一1
朗10	朗10
31	23

Kisuke
きすけ

輝15	希7	喜12	希7	紀9
祐9	輔14	丞6	祐9	介4
24	21	18	16	13

Kimiaki
きみあき

公4	君7	君7	公4	公4
耀20	亮9	昭9	章11	明8
24	16	16	15	12

Kimitaka
きみたか

喜12	公4	公4	君7	公4
美9	崇11	啓11	考6	孝7
隆11				
32	15	15	13	11

Kiyoaki
きよあき

澄15	潔15	清11	紀9	清11
秋9	昭9	照13	世5	晃10
			秋9	
24	24	24	23	21

Kyoichi
きょういち

喬12	享8	恭10	亨7	匡6
一1	市5	一1	一1	一1
13	13	11	8	7

Kyogo
きょうご

強11	京8	恭10	匡6	亨7
吾7	胡9	吾7	悟10	伍6
18	17	17	16	13

Kyoshiro
きょうしろう

喬12	梗11	恭10	京8	匡6
士3	史5	士3	史5	志7
朗10	郎9	朗10	朗10	郎9
25	25	23	23	22

Kyosuke
きょうすけ

京8	恭10	恭10	匡6	京8
輔14	丞6	介4	佑7	介4
22	16	14	13	12

Kyota
きょうた

喬12	郷11	亨7	匡6	亨7
太4	太4	多6	汰7	太4
16	15	13	13	11

く

Kuniaki
くにあき

國11	国8	国8	邦7	邦7
彰14	晃10	明8	秋9	明8
25	18	16	16	15

Kunio
くにお

邦7	晋10	国8	邦7	邦7
雄12	臣7	生5	夫4	乙1
19	17	13	11	8

Kunikazu
くにかず

国8	国8	洲9	国8	邦7
和8	寿7	一1	一1	一1
16	15	10	9	8

Kunishige
くにしげ

邦7	晋10	国8	邦7	州6
繁16	茂8	茂8	茂8	重9
23	18	16	15	15

Kunitada
くにただ

洲9	邦7	州6	国8	邦7
直8	忠8	是9	正5	匡6
17	15	15	13	13

Kunihiko
くにひこ

洲9	国8	邦7	州6	邦7
彦9	彦9	彦9	彦9	比4
				己3
18	17	16	15	14

Kiyoto
きよと

潔15	清11	澄15	潔15	清11
門8	登12	杜7	人2	人2
23	23	22	17	13

Kiyohiko
きよひこ

喜12	紀9	静14	聖13	清11
世5	世5	彦9	彦9	彦9
彦9	彦9			
26	23	23	22	20

Kiyohiro
きよひろ

澄15	清11	清11	聖13	清11
洋9	博12	宏7	大3	広5
24	23	18	16	16

Kiyofumi
きよふみ

聖13	聖13	希7	清11	清11
詞12	史5	世5	史5	文4
		史5		
25	18	17	16	15

Kiyomasa
きよまさ

潔15	清11	聖13	清11	清11
政9	雅13	匡6	征8	正5
24	24	19	19	16

Kinji
きんじ

錦16	欽12	欣8	芹7	欣8
治8	司5	治8	次6	二2
24	17	16	13	10

Kinya
きんや

錦16	芹7	欽12	欣8	欣8
弥8	哉9	也3	乎5	也3
24	16	15	13	11

Kyotaro
きょうたろう

響20	亨7	亨7	京8	匡6
汰7	汰7	多6	太4	太4
朗10	郎9	朗10	郎9	郎9
37	23	23	21	19

Kyohei
きょうへい

喬12	恭10	京8	亨7	匡6
平7	平5	平5	平5	平5
19	15	13	12	11

Kiyokazu
きよかず

澄15	清11	喜12	潔15	清11
和8	和8	与3	一1	一1
		一1		
23	19	16	16	12

Kiyoshi
きよし

潔15	喜12	清11	潔15	清11
士3	好6	志7		
18	18	18	15	11

Kiyoshiro
きよしろう

清11	潔15	澄15	清11	聖13
詞12	史5	士3	志7	士3
郎9	郎9	郎9	郎9	朗10
32	29	27	27	26

Kiyotaka
きよたか

聖13	清11	清11	潔15	清11
尊12	貴12	隆11	考6	高10
25	23	22	21	21

Kiyotada
きよただ

澄15	聖13	潔15	清11	清11
唯11	忠8	正5	匡6	正5
26	21	20	17	16

Ken
けん

謙17	賢16	憲16	健11	研9
17	16	16	11	9

Gen
げん

源13	絃11	弦8	玄5	元4
13	11	8	5	4

Kenichi
けんいち

賢16	堅12	拳10	剣10	研9
一1	一1	一1	一1	一1
17	13	11	11	10

Genki
げんき

源13	舷11	拳10	弦8	元4
喜12	希7	己3	生5	気6
25	18	13	13	10

Kengo
けんご

賢16	堅12	健11	玄5	研9
悟10	伍6	吾7	梧11	吾7
26	18	18	16	16

Kensaku
けんさく

憲16	兼10	拳10	建9
作7	作7	作7	作7
23	17	17	16

Kenzo
けんぞう

賢16	堅12	健11	賢16	健11
蔵15	造10	造10	三3	三3
31	22	21	19	14

Keiichiro
けいいちろう

慶15	渓11	啓11	京8	圭6
一1	一1	一1	一1	一1
郎9	朗10	郎9	郎9	郎9
25	22	21	18	16

Keigo
けいご

蛍11	京8	啓11	桂10	圭6
吾7	悟10	吾7	伍6	吾7
18	18	18	16	13

Keiji
けいじ

慶15	恵10	桂10	敬12	圭6
路13	治8	次6	二2	児7
28	18	16	14	13

Keisuke
けいすけ

慶15	桂10	京8	啓11	圭6
将10	輔14	佑7	介4	祐9
25	24	15	15	15

Keita
けいた

敬12	景12	京8	渓11	圭6
太4	太4	汰7	太4	太4
16	16	15	15	10

Keitaro
けいたろう

慶15	恵10	敬12	桂10	圭6
汰7	多6	太4	太4	太4
郎9	朗10	郎9	郎9	郎9
31	26	25	23	19

Keito
けいと

敬12	京8	蛍11	渓11	圭6
斗4	杜7	斗4	人2	人2
16	15	15	13	8

Kunihiro
くにひろ

邦7	国8	邦7	国8	国8
浩10	拓8	洋9	宏7	広5
17	16	16	15	13

Kuniyasu
くにやす

邦7	国8	洲9	邦7	邦7
靖13	康11	保9	恭10	保9
20	19	18	17	16

Kuniyuki
くにゆき

邦7	邦7	邦7	洲9	国8
透10	征8	幸8	行6	之3
17	15	15	15	11

Kumpei
くんぺい

薫16	薫16	勲15	訓10	君7
兵7	平5	平5	平5	平5
23	21	20	15	12

け

Kei
けい

慧15	憬15	桂10	恵10	圭6
15	15	10	10	6

Keiichi
けいいち

慶15	恵10	敬12	桂10	圭6
壱7	市5	一1	一1	一1
22	15	13	11	7

Kozo
こうぞう

考6	耕10	工3	弘5	幸8
蔵15	造10	蔵15	造10	三3
21	20	18	15	11

Kota
こうた

晃10	港12	光6	宏7	孝7
汰7	太4	汰7	太4	太4
17	16	13	11	11

Gota
ごうた

轟21	豪14	豪14	剛10	郷11
太4	汰7	太4	汰7	太4
25	21	18	17	15

Kodai
こうだい

煌13	耕10	浩10	恒9	昴9
大3	大3	大3	大3	大3
16	13	13	12	12

Kotaro
こうたろう

耕10	航10	光6	幸8	広5
太4	太4	汰7	太4	太4
朗10	郎9	朗10	郎9	郎9
24	23	23	21	18

Kohei
こうへい

耕10	航10	幸8	考6	光6
平5	平5	平5	平5	平5
15	15	13	11	11

Koyo
こうよう

光6	航10	広5	公4	光6
耀20	洋9	遥12	陽12	洋9
26	19	17	16	15

Go
ごう

轟21	豪14	郷11	強11	剛10
21	14	11	11	10

Koichi
こういち

浩10	幸8	洸9	広5	公4
市5	市5	一1	一1	一1
15	13	10	6	5

Koichiro
こういちろう

浩10	航10	孝7	光6	公4
市5	一1	一1	一1	一1
朗10	朗10	郎9	郎9	郎9
25	21	17	16	14

Koki
こうき

恒9	幸8	晃10	公4	光6
輝15	喜12	季8	貴12	希7
24	20	18	16	13

Koji
こうじ

紘10	幸8	公4	幸8	孝7
路13	嗣13	慈13	治8	次6
23	21	17	16	13

Kojiro
こうじろう

興16	幸8	孝7	弘5	公4
次6	司5	次6	二2	二2
郎9	朗10	郎9	郎9	郎9
31	23	22	16	15

Kosuke
こうすけ

幸8	光6	恒9	公4
亮9	祐9	介4	助7
17	15	13	11

Kenta
けんた

賢16	謙17	堅12	絢12	健11
汰7	太4	太4	太4	太4
23	21	16	16	15

Genta
げんた

厳17	舷11	源13	弦8	元4
汰7	汰7	太4	太4	汰7
24	18	17	12	11

Kentaro
けんたろう

謙17	賢16	健11	倹10	研9
太4	太4	太4	太4	太4
朗10	郎9	郎9	郎9	朗10
31	29	24	23	23

Kento
けんと

賢16	絢12	拳10	健11	建9
人2	斗4	斗4	人2	人2
18	16	14	13	11

Kenya
けんや

賢16	憲16	権15	兼10	健11
弥8	也3	也3	弥8	矢5
24	19	18	18	16

Ko
こう

煌13	晃10	耕10	幸8	孝7
13	10	10	8	7

Kojiro
こじろう

鼓13	虎8	小3	虎8	小3
次6	治8	慈13	次6	次6
朗10	郎9	郎9	郎9	郎9
29	25	25	23	18

Kotaro
こたろう

琥12	胡9	児7	小3
太4	太4	太4	太4
郎9	朗10	郎9	郎9
25	23	20	16

Goro
ごろう

梧11	悟10	呉7	吾7	伍6
朗10	郎9	郎9	郎9	郎9
21	19	16	16	15

さ

Sakyo
さきょう

紗10	紗10	沙7	佐7	左5
恭10	京8	梗11	京8	京8
20	18	18	15	13

Sakuji
さくじ

作7	索10	朔10	咲9
爾14	治8	次6	二2
21	18	16	11

Sakutaro
さくたろう

索10	咲9	朔10	作7
太4	太4	太4	太4
朗10	朗10	郎9	朗10
24	23	23	21

Sakon
さこん

皐11	紗10	沙7	佐7	左5
近7	近7	欣8	欣8	近7
18	17	15	15	12

Sadaharu
さだはる

定8	貞9	定8	貞9	定8
晴12	栄9	春9	治8	治8
20	18	17	17	16

Sadayuki
さだゆき

貞9	禎13	定8	定8
幸8	之3	幸8	行6
17	16	16	14

Sadayoshi
さだよし

禎13	貞9	定8	定8
美9	良7	芳7	良7
22	16	15	15

Sachio
さちお

佐7	倖10	幸8	幸8	幸8
智12	臣7	男7	央5	生5
夫4				
23	17	15	13	13

Satoshi
さとし

聡14	智12	諭16	慧15	聡14
志7	史5			
21	17	16	15	14

Satomi
さとみ

慧15	郷11	聡14	里7
生5	美9	巳3	海9
20	20	17	16

Satoru
さとる

慧15	悟10	哲10	学8	了2
15	10	10	8	2

Saburo
さぶろう

佐7	左5	三3	三3
武8	武8	朗10	郎9
郎9	朗10		
24	23	13	12

Samon
さもん

沙7	佐7	左5	沙7	佐7
門8	門8	門8	文4	文4
15	15	13	11	11

Sayato
さやと

爽11	清11	爽11	清11
登12	杜7	斗4	人2
23	18	15	13

Sanshiro
さんしろう

讃22	山3	山3	三3	三3
志7	司5	史5	四5	士3
郎9	朗10	郎9	郎9	朗10
38	18	17	17	16

し

Shion
しおん

思9	梓11	始8	史5
穏16	遠13	音9	音9
25	24	17	14

Shu
しゅう

修10	周8	宗8	秀7	州6
10	8	8	7	6

Shuichi
しゅういち

鷲23	宗8	修10	周8	秀7
一1	市5	一1	一1	一1
24	13	11	9	8

Shugo
しゅうご

柊9	宗8	修10	周8	秀7
胡9	悟10	伍6	吾7	吾7
18	18	16	15	14

Shusaku
しゅうさく

脩11	秋9	宗8	修10	周8
作7	咲9	朔10	作7	作7
18	18	18	17	15

Shuji
しゅうじ

崇11	修10	秀7	秀7	周8
治8	治8	治8	次6	二2
19	18	15	13	10

Shusuke
しゅうすけ

宗8	修10	秋9	周8	秀7
輔14	佑7	助7	佑7	介4
22	17	16	15	11

Shuzo
しゅうぞう

秋9	崇11	修10	秀7
蔵15	造10	三3	三3
24	21	13	10

Shigeyuki
しげゆき

滋12	繁16	茂8	重9	茂8
幸8	之3	幸8	行6	之3
20	19	16	15	11

Shigeru
しげる

繁16	滋12	盛11	茂8	成6
16	12	11	8	6

Shizuo
しずお

静14	穏16	静14	志7	静14
雄12	男7	郎9	津9	夫4
			夫4	
26	23	23	20	18

Shizuya
しずや

静16	穏14	静14	静14	静14
哉8	弥9	弥8	矢5	也3
24	23	22	19	17

Shido
しどう

獅13	嗣13	志7	司5	士3
童12	道12	堂11	道12	道12
25	25	18	17	15

Shinobu
しのぶ

思9	志7	忍7	偲11	忍7
暢14	信9	武8		
23	16	15	11	7

Shimon
しもん

獅13	嗣13	志7	思9	史5
紋10	文4	門8	文4	門8
23	17	15	13	13

Shigeaki
しげあき

繁16	繁16	茂8	成6	重9
秋9	昌8	晃10	章11	明8
25	24	18	17	17

Shigeo
しげお

滋12	重9	繁16	茂8	茂8
巌20	雄12	夫4	雄12	男7
32	21	20	20	15

Shigeki
しげき

茂8	滋12	成6	茂8
樹16	紀9	喜12	生5
24	21	18	13

Shigeto
しげと

繁16	成6	盛11	茂8	茂8
人2	登12	斗4	杜7	人2
18	18	15	15	10

Shigenori
しげのり

繁16	重9	茂8	成6	成6
範15	徳14	則9	紀9	典8
31	23	17	15	14

Shigeharu
しげはる

繁16	重9	茂8	成6
治8	治8	春9	明8
24	17	17	14

Shigehiko
しげひこ

繁16	盛11	滋12	重9	茂8
彦9	彦9	比4	彦9	彦9
		己3		
25	20	19	18	17

Junnosuke
じゅんのすけ

潤15	準13	淳11	淳11	洵9
之3	之3	之3	之3	之3
輔14	助7	佑7	介4	介4
32	23	21	18	16

Shumpei
しゅんぺい

瞬18	駿17	俊9	春9	旬6
平5	平5	平5	平5	平5
23	22	14	14	11

Jumpei
じゅんぺい

駿17	楯13	順12	春9	純10
也3	平5	平5	弥8	平5
20	18	17	17	15

Shunya
しゅんや

駿17	瞬18	駿17	春9	俊9
弥8	矢5	也3	弥8	也3
25	23	20	17	12

Junya
じゅんや

純10	絢12	準13	巡6	淳11
弥8	乎5	也3	哉9	也3
18	17	16	15	14

Sho
しょう

翔12	章11	渉11	将10
12	11	11	10

Jo
じょう

譲20	穣18	定8	丞6	丈3
20	18	8	6	3

Shungo
しゅんご

瞬18	駿17	春9	旬6	俊9
吾7	伍6	悟10	悟10	吾7
25	23	19	16	16

Shunji
しゅんじ

駿17	瞬18	峻10	俊9	俊9
児7	次6	治8	次6	二2
24	24	18	15	11

Junji
じゅんじ

純10	淳11	純10	順12	惇11
治8	次6	次6	二2	二2
18	17	16	14	13

Shunsuke
しゅんすけ

瞬18	俊9	駿17	舜13	俊9
助7	輔14	介4	介4	介4
25	23	21	17	13

Shunta
しゅんた

瞬18	駿17	竣12	俊9	春9
汰7	太4	太4	太4	太4
25	21	16	13	13

Junta
じゅんた

潤15	準13	惇11	順12	淳11
太4	太4	多6	太4	太4
19	17	17	16	15

Shuntaro
しゅんたろう

瞬18	駿17	峻10	春9	俊9
太4	太4	太4	太4	太4
郎9	郎9	郎9	朗10	郎9
31	30	23	23	22

Shuta
しゅうた

周8	修10	柊9	宗8	秀7
汰7	太4	太4	太4	太4
15	14	13	12	11

Shuto
しゅうと

宗8	柊9	秋9	秀7	秀7
杜7	斗4	人2	斗4	人2
15	13	11	11	9

Shuhei
しゅうへい

修10	宗8	周8	秀7	舟6
平5	平5	平5	平5	平5
15	13	13	12	11

Shun
しゅん

瞬18	駿17	舜13	俊9	旬6
18	17	13	9	6

Jun
じゅん

潤15	詢13	絢12	淳11	純10
15	13	12	11	10

Syunichi
しゅんいち

瞬18	駿17	峻10	竣12	俊9
一1	一1	壱7	一1	一1
19	18	17	13	10

Junichi
じゅんいち

絢12	潤15	順12	隼10	純10
市5	一1	一1	一1	一1
17	16	13	11	11

Shinichi
しんいち

進11	森12	真10	信9	伸7
市5	一1	一1	一1	一1
16	13	11	10	8

Shingo
しんご

新13	慎13	新13	伸7	辰7
梧11	吾7	伍6	梧11	伍6
24	20	19	18	13

Shinsaku
しんさく

慎13	森12	紳11	晋10	伸7
作7	作7	作7	作7	作7
20	19	18	17	14

Shinji
しんじ

真10	信9	慎13	伸7	津9
嗣13	治8	二2	次6	二2
23	17	15	13	11

Shinsuke
しんすけ

森12	慎13	真10	伸7	信9
輔14	介4	丞6	祐9	介4
26	17	16	16	13

Shinta
しんた

慎13	深11	信9	信9	伸7
太4	太4	多6	太4	太4
17	15	15	13	11

Shintaro
しんたろう

新13	慎13	進11	晋10	真10
太4	太4	太4	太4	太4
郎9	郎9	郎9	郎9	郎9
26	26	24	23	23

Shotaro
しょうたろう

勝12	章11	松8	昇8	正5
太4	太4	太4	太4	太4
郎9	郎9	郎9	郎9	郎9
25	24	21	21	18

Shohei
しょうへい

翔12	勝12	昌8	昇8	匠6
平5	平5	平5	平5	平5
17	17	13	13	11

Shoma
しょうま

聖13	翔12	正5	将10	昇8
真10	馬10	磨16	真10	馬10
23	22	21	20	18

Shiro
しろう

志7	司5	史5	四5	士3
郎9	朗10	朗10	郎9	朗10
16	15	15	14	13

Jiro
じろう

嗣13	滋12	治8	次6	二2
郎9	朗10	郎9	郎9	郎9
22	22	17	15	11

Shin
しん

新13	真10	信9	伸7	心4
13	10	9	7	4

Jin
じん

尋12	臣7	迅6	尽6	仁4
12	7	6	6	4

Shoichi
しょういち

正5	昭9	昌8	匠6	正5
壱7	一1	一1	一1	一1
12	10	9	7	6

Shoichiro
しょういちろう

翔12	将10	昇8	正5
一1	一1	一1	一1
朗10	朗10	郎9	郎9
23	21	18	15

Shoei
しょうえい

晶12	章11	翔12	昇8	正5
詠12	瑛12	栄9	栄9	英8
24	23	21	17	13

Shogo
しょうご

照13	将10	省9	正5	尚8
伍6	吾7	吾7	悟10	吾7
19	17	16	15	15

Shoji
しょうじ

聖13	正5	尚8	章11	祥10
治8	嗣13	治8	二2	二2
21	18	16	13	12

Joji
じょうじ

穣18	定8	譲20	定8	丈3
治8	爾14	二2	治8	二2
26	22	22	16	5

Shota
しょうた

翔12	勝12	章11	昭9	昇8
太4	太4	太4	太4	太4
16	16	15	13	12

Shinnosuke
しんのすけ

森12 之3 亮9	新13 之3 介4	慎13 之3 介4	辰7 之3 助7	伸7 之3 助7
24	20	20	17	17

Shimpei
しんぺい

新13 平5	慎13 平5	晋10 平5	信9 平5	心4 平5
18	18	15	14	9

Shinya
しんや

信9 弥8	慎13 也3	伸7 哉9	真10 矢5	真10 也3
17	16	16	15	13

す

Suguru
すぐる

賢16	逸11	俊9	卓8	克7
16	11	9	8	7

Suzuto
すずと

涼11 杜7	涼11 斗4	鈴13 人2	紗10 斗4	涼11 人2
18	15	15	14	13

Susumu
すすむ

進11	晋10	歩8	享8	亨7
11	10	8	8	7

Sunao
すなお

素10 直8	順12	淳11	直8	忠8
18	12	11	8	8

Subaru
すばる

昴9	ス2 バ4 ル2
9	8

Sumito
すみと

澄15 斗4	寿7 弥8 斗4	澄15 人2	純10 斗4	純10 人2
19	19	17	14	12

Sumiya
すみや

澄15 弥8	寿7 美9 也3	澄15 也3	純10 弥8	純10 也3
23	19	18	18	13

せ

Sei
せい

整16	誠13	聖13	清11	正5
16	13	13	11	5

Seiichi
せいいち

政9 壱7	誓14 一1	誠13 一1	成6 一1	正5 一1
16	15	14	7	6

Seiichiro
せいいちろう

誓14 一1 朗10	誠13 一1 郎9	清11 一1 郎9	政9 一1 郎9	正5 一1 朗10
25	23	21	19	16

Seiko
せいこう

晴12 孝7	静14 公4	誠13 功5	成6 功5	正5 考6
19	18	18	11	11

Seiji
せいじ

正5 嗣13	晴12 次6	静14 二2	征8 司5	正5 治8
18	18	16	13	13

Seishiro
せいしろう

誠13 士3 郎9	清11 司5 郎9	政9 司5 郎9	征8 史5 郎9	成6 志7 郎9
25	25	23	22	22

Seita
せいた

誠13 大3	清11 太4	征8 汰7	政9 太4	斉8 太4
16	15	15	13	12

Seitaro
せいたろう

清11 太4 郎9	盛11 太4 郎9	政9 太4 朗10	征8 太4 郎9	正5 太4 郎9
24	24	23	21	18

Seiya
せいや

星9 弥8	清11 矢5	誠13 也3	正5 弥8	斉8 也3
17	16	16	13	11

Seiryu
せいりゅう

聖13	晴12	星9	青8	斉8
琉11	隆11	流10	竜10	柳9
24	23	19	18	17

Senichi
せんいち

亘6	泉9	千3	亘6	仙5
市5	一1	壱7	一1	一1
11	10	10	7	6

Sentaro
せんたろう

泉9	宣9	亘6	仙5	千3
太4	太4	汰7	太4	太4
朗10	朗10	朗10	郎9	朗10
23	23	23	18	17

Senri
せんり

泉9	宣9	千3	仙5	千3
李7	吏6	莉10	吏6	里7
16	15	13	11	10

そ

So
そう

想13	蒼13	創12	爽11	宗8
13	13	12	11	8

Soichiro
そういちろう

聡14	惣12	宗8	壮6
一1	一1	一1	一1
郎9	郎9	朗10	郎9
24	22	19	16

Sogo
そうご

颯14	聡14	宗8	壮6	宋7
梧11	吾7	悟10	吾7	伍6
25	21	18	13	13

Soshi
そうし

宗8	総14	惣12	壮6
嗣13	司5	士3	志7
21	19	15	13

Soji
そうじ

想13	蒼13	聡14	宗8	壮6
嗣13	治8	二2	治8	二2
26	21	16	16	8

Sosuke
そうすけ

想13	惣12	宗8	宗8	惣12
輔14	丞6	祐9	亮9	介4
27	18	17	17	16

Sota
そうた

颯14	聡14	爽11	惣12	草9
太4	太4	多6	太4	太4
18	18	17	16	13

Sohei
そうへい

颯14	創12	湊12	奏9	宗8
平5	平5	平5	平5	平5
19	17	17	14	13

Soma
そうま

聡14	颯14	想13	爽11	宗8
磨16	馬10	真10	真10	馬10
30	24	23	21	18

Sorato
そらと

空8	宙8	空8	空8
都11	杜7	斗4	人2
19	15	12	10

た

Dai
だい

那7	那7	醍16	大3
維14	唯11		
21	18	16	3

Taiga
たいが

泰10	大3	汰7	太4	大3
雅13	雅13	牙4	我7	河8
23	16	11	11	11

Taiki
たいき

泰10	大3	大3	太4	大3
喜12	樹16	喜12	基11	季8
22	19	15	15	11

Daiki
だいき

大3	大3	大3	大3	大3
樹16	輝15	貴12	希7	己3
19	18	15	10	6

Daigo
だいご

醍16	大3	醍16	大3	大3
醐16	護20	吾7	悟10	吾7
32	23	23	13	10

Takashi
たかし

貴12 志7	隆11	岳8	孝7
19	11	8	7

Takato
たかと

高10 豊13	岳8 登12	貴12 斗4	隆11 斗4	孝7 人2
23	20	16	15	9

Takatoshi
たかとし

尊12 淑11	敬12 俊9	貴12 寿7	孝7 敏10	孝7 俊9
23	21	19	17	16

Takanori
たかのり

貴12 憲16	隆11 範15	崇11 範15	隆11 則9	孝7 規11
28	26	26	20	18

Takaharu
たかはる

貴12 晴12	隆11 晴12	高10 晴12	貴12 春9	孝7 治8
24	23	22	21	15

Takahiko
たかひこ

鷹24 彦9	貴12 彦9	隆11 彦9	崇11 彦9	孝7 彦9
33	21	20	20	16

Takaya
たかや

貴12 哉9	宣9 哉9	貴12 也3	隆11 也3	孝7 也3
21	18	15	14	10

Taito
たいと

大3 豊13	汰7 杜7	泰10 斗4	泰10 人2	大3 斗4
16	14	14	12	7

Daimon
だいもん

醍16 門8	醍16 文4	大3 門8	大3 文4
24	20	11	7

Taiyo
たいよう

泰10 遥12	泰10 庸11	太4 葉12	太4 陽12	太4 洋9
22	21	16	16	13

Takaaki
たかあき

貴12 昭9	隆11 晃10	崇11 秋9	高10 明8	孝7 明8
21	21	20	18	15

Takao
たかお

貴12 男7	考6 雄12	貴12 夫4	隆11 央5	孝7 夫4
19	18	16	16	11

Takaomi
たかおみ

嵩13 臣7	貴12 臣7	隆11 臣7	崇11 臣7	孝7 臣7
20	19	18	18	14

Takaki
たかき

孝7 樹16	貴12 紀9	孝7 喜12	隆11 生5	孝7 生5
23	21	19	16	12

Daisaku
だいさく

大3 策12	大3 朔10	大3 咲9	大3 作7
15	13	12	10

Daijiro
だいじろう

醍16 治8 郎9	大3 嗣13 郎9	大3 治8 朗10	大3 次6 郎9	大3 二2 郎9
33	25	21	18	14

Taisuke
たいすけ

太4 輔14	泰10 助7	汰7 亮9	泰10 介4	太4 介4
18	17	16	14	8

Daisuke
だいすけ

大3 輔14	大3 将10	代5 丞6	大3 助7	大3 介4
17	13	11	10	7

Taisei
たいせい

泰10 斉8	太4 誠13	大3 晴12	太4 生5	大3 成6
18	17	15	9	9

Taichi
たいち

太4 智12	大3 知8	太4 地6	汰7 一1	太4 一1
16	11	10	8	5

Daichi
だいち

醍16 治8	醍16 地6	大3 知8	大3 治8	大3 地6
24	22	11	11	9

Tasuku
たすく

輔14	奨13	佑7	匡6	丞6
14	13	7	6	6

Tadashi
ただし

惟11	忠8	将10	忠8	直8
思9	司5			
20	13	10	8	8

Tadanobu
ただのぶ

正5	直8	忠8	忠8	匡6
暢14	宣9	信9	伸7	宣9
19	17	17	15	15

Tatsuo
たつお

樹16	達12	竜10	健11	辰7
音9	雄12	雄12	央5	男7
25	24	22	16	14

Tatsuki
たつき

達12	達12	辰7	樹16	辰7
輝15	喜12	樹16		己3
27	24	23	16	10

Tatsushi
たつし

達12	達12	立5	立5	立5
志7	司5	志7	史5	司5
19	17	12	10	10

Tatsuji
たつじ

達12	立5	龍16	辰7	達12
治8	嗣13	二2	治8	二2
20	18	18	15	14

Takeaki
たけあき

剛10	健11	健11	岳8	壮6
彰14	章11	明8	晃10	明8
24	22	19	18	14

Takeo
たけお

健11	武8	岳8	毅15	健11
雄12	雄12	雄12	夫4	生5
23	20	20	19	16

Takeshi
たけし

猛11	健11	剛10	武8	壮6
11	11	10	8	6

Taketo
たけと

武8	豪14	剛10	健11	武8
登12	人2	斗4	人2	人2
20	16	14	13	10

Takehiko
たけひこ

健11	剛10	武8	岳8	丈3
彦9	彦9	彦9	彦9	彦9
20	19	17	17	12

Takehiro
たけひろ

武8	健11	剛10	岳8	岳8
博12	大3	大3	弘5	大3
20	14	13	13	11

Takeyuki
たけゆき

健11	竹6	剛10	武8	岳8
之3	幸8	之3	之3	之3
14	14	13	11	11

Takayuki
たかゆき

貴12	嵩13	貴12	孝7	隆11
幸8	之3	之3	幸8	之3
20	16	15	15	14

Taku
たく

櫂18	擢17	琢11	拓8	卓8
18	17	11	8	8

Takuto
たくと

擢17	琢11	拓8	卓8	托6
斗4	人2	人2	人2	斗4
21	13	10	10	10

Takuma
たくま

琢11	拓8	卓8	拓8	卓8
磨16	磨16	磨16	真10	馬10
27	24	24	18	18

Takumi
たくみ

拓8	卓8	拓8	匠6	巧5
海9	実8	実8		
17	16	16	6	5

Takuya
たくや

拓8	卓8	拓8	卓8	拓8
哉9	哉9	矢5	也3	也3
17	17	13	11	11

Takuro
たくろう

琢11	拓8	卓8	拓8	托6
朗10	朗10	郎9	郎9	郎9
21	18	17	17	15

Chikashi
ちかし

親16 司5	21
誓14 志7	21
親16 士3	19
睦13 士3	16
知8 史5	13

Chikara
ちから

力2 羅19	21
主5 税12	17
知8 良7	15
周8 良7	15
力2	2

Chihaya
ちはや

千3 駿17	20
知8 隼10	18
智12 早6	18
千3 隼10	13
千3 早6	9

Chihiro
ちひろ

智12 洋9	21
千3 博12	15
知8 広5	13
千3 汜5	8
千3 弘5	8

Tamon
たもん

汰7 門8	15
多6 門8	14
太4 門8	12
汰7 文4	11
太4 文4	8

Taro
たろう

太4 瀧19	23
汰7 郎9	16
多6 朗10	16
太4 朗10	14
太4 郎9	13

ち

Chiaki
ちあき

知8 彰14	22
智12 秋9	21
智12 昭9	21
千3 晶12	15
千3 秋9	12

Tatsuto
たつと

立5 登12	17
達12 斗4	16
達12 人2	14
立5 斗4	9
立5 人2	7

Tatsuhiko
たつひこ

達12 彦9	21
健11 彦9	20
竜10 彦9	19
辰7 彦9	16

Tatsumi
たつみ

達12 実8	20
建9 海9	18
立5 海9	14
巽12	12
辰7 巳3	10

Tatsuya
たつや

達12 哉9	21
達12 也3	15
立5 哉9	14
立5 矢5	10
立5 也3	8

Tatsuro
たつろう

達12 郎9	21
竜10 郎9	19
建9 郎9	18
辰7 朗10	17
立5 郎9	14

Tamio
たみお

多6 実8 男7	21
民5 雄12	17
民5 央5	10
民5 夫4	9

Tamotsu
たもつ

保9 津9	18
保9	9
寿7	7
完7	7
有6	6

Column 01
人気お笑い芸人と大ヒット漫画の法則？

「ダウンタウン」「とんねるず」「ナインティナイン」「ウッチャンナンチャン」「爆笑問題」など、人気のお笑い芸人コンビに共通するのは名前に「ん」があること。実はこの法則は漫画にも当てはまります。「スラムダンク」「ドラゴンボール」「美味しんぼ」「るろうに剣心」「進撃の巨人」など、タイトルに「ん」のつく大ヒット作品がたくさん。人を楽しませることを考えるときは、この法則を参考にしてみては？

Chuya
ちゅうや

忠8	沖7	忠8	宙8	仲6
哉9	弥8	也3	也3	也3
17	15	11	11	9

Choji
ちょうじ

澄15	朝12	長8	重9	重9
治8	次6	治8	次6	二2
23	18	16	15	11

つ

Tsukasa
つかさ

宰10	吏6	司5	士3
10	6	5	3

Tsuguo
つぐお

嗣13	継13	次6	次6
央5	夫4	央5	夫4
18	17	11	10

Tsugutoshi
つぐとし

継13	嗣13	次6	次6	次6
峻10	年6	敏10	俊9	寿7
23	19	16	15	13

Tsuguharu
つぐはる

嗣13	嗣13	継13	次6	次6
温12	治8	治8	晴12	春9
25	21	21	18	15

Tsuguyoshi
つぐよし

継13	嗣13	次6	継13	次6
喜12	芳7	義13	之3	良7
25	20	19	16	13

Tsutomu
つとむ

務11	勉10	孜7	励7	努7
11	10	7	7	7

Tsuneo
つねお

常11	恒9	恒9	庸11	恒9
雄12	雄12	男7	夫4	夫4
23	21	16	15	13

Tsunehiko
つねひこ

継13	経11	常11	則9	恒9
彦9	彦9	彦9	彦9	彦9
22	20	20	18	18

Tsubasa
つばさ

翼17
17

Tsuyoshi
つよし

毅15	剛10	健11	強11	剛10
	士3			
15	13	11	11	10

て

Teiji
ていじ

定8	禎13	定8	貞9	貞9
嗣13	次6	治8	次6	二2
21	19	16	15	11

Tetsu
てつ

徹15	鉄13	哲10
15	13	10

Tetsuo
てつお

哲10	徹15	徹15	鉄13	哲10
雄12	央5	夫4	央5	男7
22	20	19	18	17

Tetsuji
てつじ

徹15	徹15	哲10	鉄13	哲10
治8	次6	治8	二2	二2
23	21	18	15	12

Tetsuta
てつた

徹15	綴14	鉄13	哲10	哲10
太4	太4	太4	汰7	太4
19	18	17	17	14

Tetsutaro
てつたろう

徹15	鉄13	哲10
太4	太4	太4
郎9	郎9	郎9
28	26	23

Teppei
てっぺい

徹15	鉄13	哲10	哲10
平5	平5	兵7	平5
20	18	17	15

Toma
とうま
- 藤18 馬10 　28
- 統12 真10 　22
- 冬5 真10 　15
- 冬5 馬10 　15
- 斗4 真10 　14

Toya
とうや
- 藤18 弥8 　26
- 透10 哉9 　19
- 登12 也3 　15
- 桐10 也3 　13
- 冬5 也3 　8

Toru
とおる
- 徹15 　15
- 澄15 　15
- 透10 　10
- 亨7 　7
- 亘6 　6

Tokio
ときお
- 時10 雄12 　22
- 十2 喜12 男7 　21
- 時10 男7 　17
- 時10 生5 　15
- 季8 央5 　13

Tokuo
とくお
- 徳14 雄12 　26
- 篤16 臣7 　23
- 篤16 央5 　21
- 徳14 男7 　21
- 徳14 夫4 　18

Tokuji
とくじ
- 徳14 嗣13 　27
- 篤16 治8 　24
- 徳14 次6 　20
- 篤16 二2 　18
- 徳14 二2 　16

Tokuma
とくま
- 徳14 磨16 　30
- 篤16 真10 　26
- 篤16 馬10 　26
- 徳14 馬10 　24
- 徳14 真10 　24

Teruhiko
てるひこ
- 耀20 彦9 　29
- 輝15 彦9 　24
- 照13 彦9 　22
- 光6 彦9 　15

Teruhito
てるひと
- 輝15 仁4 　19
- 輝15 人2 　17
- 照13 仁4 　17
- 光6 人2 　8

Terumichi
てるみち
- 輝15 満12 　27
- 輝15 道12 　27
- 耀20 充6 　26
- 照13 道12 　25
- 光6 道12 　18

Teruyuki
てるゆき
- 輝15 幸8 　23
- 照13 幸8 　21
- 輝15 之3 　18
- 照13 之3 　16
- 光6 行6 　12

Temma
てんま
- 典8 磨16 　24
- 天4 磨16 　20
- 典8 真10 　18
- 天4 馬10 　14
- 天4 真10 　14

と

Togo
とうご
- 藤18 吾7 　25
- 登12 吾7 　19
- 桐10 伍6 　16
- 冬5 悟10 　15
- 東8 吾7 　15

Tetsunori
てつのり
- 徹15 範15 　30
- 鉄13 宜8 　21
- 哲10 規11 　21
- 哲10 倫10 　20
- 哲10 紀9 　19

Tetsuya
てつや
- 哲10 哉9 　19
- 徹15 也3 　18
- 鉄13 矢5 　18
- 鉄13 也3 　16
- 哲10 也3 　13

Tetsuro
てつろう
- 徹15 朗10 　25
- 徹15 郎9 　24
- 鉄13 郎9 　22
- 哲10 朗10 　20
- 哲10 郎9 　19

Teruaki
てるあき
- 輝15 晶12 　27
- 輝15 章11 　26
- 輝15 晃10 　25
- 照13 章11 　24
- 輝15 明8 　23

Teruki
てるき
- 照13 樹16 　29
- 輝15 喜12 　27
- 耀20 生5 　25
- 晃10 生5 　15
- 光6 希7 　13

Terutaka
てるたか
- 輝15 嵩13 　28
- 輝15 崇11 　26
- 輝15 隆11 　26
- 照13 高10 　23
- 晴12 天4 　16

Terutada
てるただ
- 照13 惟11 　24
- 輝15 忠8 　23
- 照13 匡6 　19
- 光6 忠8 　14

Tomoo
ともお

智12	知8	友4	朋8	友4
雄12	雄12	雄12	生5	夫4
24	20	16	13	8

Tomokazu
ともかず

智12	智12	友4	友4	知8
万3	一1	和8	寿7	一1
15	13	12	11	9

Tomoki
ともき

朋8	知8	智12	友4	友4
輝15	輝15	季8	喜12	貴12
23	23	20	16	16

Tomonori
とものり

智12	朝12	倫10	友4	友4
徳14	紀9	典8	徳14	則9
26	21	18	18	13

Tomoharu
ともはる

智12	知8	伴7	友4	友4
治8	春9	春9	春9	栄9
20	17	16	13	13

Tomohisa
ともひさ

智12	知8	朋8	知8	友4
久3	永5	久3	久3	久3
15	13	11	11	7

Tomomichi
ともみち

智12	知8	伴7	友4	友4
道12	道12	満12	道12	倫10
24	20	19	16	14

Toshihiro
としひろ

俊9	年6	利7	敏10	俊9
博12	寛13	汎6	大3	大3
21	19	13	13	12

Toshimasa
としまさ

俊9	俊9	隼10	利7	寿7
優17	雅13	将10	昌8	正5
26	22	20	15	12

Toshimichi
としみち

駿17	俊9	寿7	利7	俊9
行6	道12	倫10	通10	充6
23	21	17	17	15

Toshiya
としや

利7	稔13	俊9	隼10	俊9
哉9	也3	矢5	也3	也3
16	16	14	13	12

Toshiyuki
としゆき

敏10	俊9	稔13	敏10	俊9
征8	幸8	之3	之3	之3
18	17	16	13	12

Toshiro
としろう

敏10	隼10	俊9	寿7	利7
郎9	郎9	郎9	朗10	朗10
19	19	18	17	17

Tomoaki
ともあき

智12	朋8	知8	伴7	友4
明8	秋9	明8	明8	昭9
20	17	16	15	13

Toshiaki
としあき

駿17	淑11	俊9	寿7	利7
明8	昌8	明8	明8	明8
25	19	17	15	15

Toshio
としお

淑11	俊9	利7	敏10	俊9
雄12	雄12	雄12	男7	夫4
23	21	19	17	13

Toshikazu
としかず

隼10	敏10	俊9	利7	敏10
和8	寿7	和8	和8	一1
18	17	17	15	11

Toshiki
としき

俊9	利7	利7	俊9	敏10
樹16	喜12	紀9	希7	生5
25	19	16	16	15

Toshinori
としのり

俊9	稔13	敏10	俊9	俊9
範15	典8	紀9	宣9	則9
24	21	19	18	18

Toshiharu
としはる

繁16	俊9	敏10	利7	寿7
春9	晴12	治8	春9	治8
25	21	18	16	15

Toshihiko
としひこ

稔13	逸11	敏10	俊9	利7
彦9	彦9	彦9	彦9	彦9
22	20	19	18	16

Naofumi なおふみ

脩11詞12	尚8郁9	脩11文4	直8史5	尚8文4
23	17	15	13	12

Naomasa なおまさ

脩11勝12	尚8雅13	直8将10	直8政9	尚8征8
23	21	18	17	16

Naoya なおや

尚8耶9	尚8哉9	直8哉9	脩11也3	直8也3
17	17	17	14	11

Naoyuki なおゆき

直8幸8	脩11介4	尚8行6	尚8之3	直8之3
16	15	14	11	11

Natsuo なつお

南9津9央5	夏10雄12	夏10央5	夏10生5	夏10夫4
23	22	15	15	14

Natsuki なつき

夏10樹16	夏10希7	捺11生5	夏10己3	那7月4
26	17	16	13	11

Natsuhiko なつひこ

南9津9彦9	那7津9彦9	夏10彦9
27	25	19

Nao なお

那7央5	脩11	直8	尚8	巨5
12	11	8	8	5

Naoaki なおあき

尚8彰14	直8晶12	尚8晃10	直8明8	尚8明8
22	20	18	16	16

Naoki なおき

直8樹16	尚8輝15	直8紀9	尚8生5	直8己3
24	23	17	13	11

Naoshi なおし

脩11嗣13	尚8志7	直8志7	直8史5	尚8司5
24	15	15	13	13

Naoto なおと

尚8登12	脩11斗4	直8斗4	尚8人2	直8人2
20	15	12	10	10

Naohito なおひと

脩11史5	脩11仁4	直8仁4	尚8人2	直8一1
16	15	12	10	9

Naohiro なおひろ

尚8洋9	直8拓8	直8汜5	尚8弘5	直8大3
17	16	13	13	11

Tomoya ともや

智12弥8	知8哉9	智12也3	友4哉9	友4也3
20	17	15	13	7

Tomoyasu ともやす

智12靖13	朝12安6	知8泰10	友4康11	友4保9
25	18	18	15	13

Tomoyuki ともゆき

智12行6	知8征8	知8幸8	智12之3	伴7行6
18	16	16	15	13

Toyoaki とよあき

登12世5明8	豊13章11	豊13晃10	豊13昭9	豊13明8
25	24	23	22	21

Toyokazu とよかず

豊13知8	豊13和8	富12和8	豊13一1
21	21	20	14

Toranosuke とらのすけ

寅11之3輔14	彪11之3介4	寅11之3介4	虎8之3助7	虎8之3介4
28	18	18	18	15

な

Nariaki
なりあき

成6 晃10		16
斉8 昭9		17
斉8 彬11		19
成6 彰14		20
成6 顕18		24

Narihito
なりひと

也3 仁4	7
成6 一1	7
成6 史5	11
斉8 士3	11
斉8 史5	13

に

Nishiki
にしき

西6 希7	13
錦16	16
西6 貴12	18
仁4 織18	22
西6 樹16	22

の

Nozomu
のぞむ

望11	11
望11 夢13	24

Nobuaki
のぶあき

伸7 明8	15
宣9 秋9	18
延8 晃10	18
展10 昌8	18
暢14 亮9	23

Nobuo
のぶお

伸7 央5	12
信9 男7	16
亘6 雄12	18
暢14 夫4	18
伸7 雄12	19

Nobuki
のぶき

暢14 生5	19
伸7 貴12	19
伸7 樹16	23
延8 輝15	23
信9 樹16	25

Nobutaka
のぶたか

伸7 孝7	14
亘6 剛10	16
伸7 崇11	18
信9 隆11	20
伸7 嵩13	20

Nobuto
のぶと

伸7 人2	9
信9 人2	11
延8 斗4	12
信9 斗4	13
暢14 人2	16

Nobuhiko
のぶひこ

伸7 彦9	16
延8 彦9	17
信9 彦9	18
宣9 彦9	18
暢14 彦9	23

Nobuhiro
のぶひろ

信9 弘5	14
伸7 宏7	14
宣9 洋9	18
信9 博12	21
暢14 紘10	24

Nobuya
のぶや

伸7 也3	10
延8 也3	11
伸7 哉9	16
暢14 也3	17
信9 哉9	18

Nobuyasu
のぶやす

伸7 泰10	17
延8 保9	17
信9 康11	20
伸7 靖13	20
宜8 靖13	21

Nobuyuki
のぶゆき

伸7 之3	10
信9 之3	12
宣9 之3	12
伸7 行6	13
信9 幸8	17

Nobuyoshi
のぶよし

伸7 好6	13
伸7 良7	14
延8 芳7	15
信9 義13	22
暢14 宣9	23

Noriaki
のりあき

宜8 秋9	17
紀9 明8	17
典8 章11	19
憲16 明8	24
範15 晶12	27

Norio
のりお

則9 夫4	13
紀9 央5	14
則9 雄12	21
範15 雄12	27
憲16 雄12	28

Norikazu
のりかず

忠8 寿7	15
典8 和8	16
範15 一1	16
宣9 和8	17
倫10 数13	23

Noritaka
のりたか

典8 孝7	15
紀9 隆11	20
徳14 孝7	21
寛13 敬12	25
範15 崇11	26

は

Noritake
のりたけ

徳14	紀9	則9	宣9	典8
健11	武8	武8	岳8	丈3
25	17	17	17	11

Norihisa
のりひさ

範15	徳14	則9	紀9	宣9
尚8	寿7	久3	久3	久3
23	21	12	12	12

Norimichi
のりみち

徳14	紀9	則9	典8	法8
道12	道12	道12	道12	倫10
26	21	21	20	18

Noriyuki
のりゆき

徳14	紀9	紀9	則9	典8
雪11	幸8	之3	之3	之3
25	17	12	12	11

Hakuto
はくと

拍8	博12	拍8	珀9	伯7
登12	人2	斗4	人2	斗4
20	14	12	11	11

Hajime
はじめ

創12	基11	始8	元4	一1
12	11	8	4	1

Hayao
はやお

隼10	迅6	駿17	隼10	迅6
雄12	雄12		央5	央5
22	18	17	15	11

Hayata
はやた

駿17	速10	隼10	迅6	早6
汰7	汰7	太4	太4	太4
24	17	14	10	10

Hayato
はやと

駿17	隼10	隼10	隼10	早6
斗4	斗4	人2		人2
21	14	12	10	8

Haruaki
はるあき

陽12	晴12	晴12	春9	春9
彰14	彬11	秋9	尭8	明8
26	23	21	17	17

Haruo
はるお

陽12	晴12	晴12	春9	治8
雄12	郎9	生5	男7	夫4
24	21	17	16	12

Haruki
はるき

晴12	春9	陽12	陽12	遥12
輝15	樹16	喜12	季8	希7
27	25	24	20	19

Haruto
はると

晴12	陽12	晴12	温12	春9
登12	斗4	人2	人2	人2
24	16	14	14	11

Harunobu
はるのぶ

晴12	陽12	春9	春9	治8
延8	伸7	信9	伸7	之3
20	19	18	16	11

Haruhiko
はるひこ

遥12	陽12	晴12	春9	治8
彦9	彦9	彦9	彦9	彦9
21	21	21	18	17

Haruhisa
はるひさ

晴12	遥12	陽12	晴12	春9
尚8	寿7	久3	久3	久3
20	19	15	15	12

Haruyoshi
はるよし

晴12	晴12	晴12	陽12	治8
慶15	義13	芳7	良7	由5
27	25	19	19	13

ひ

Hikari
ひかり

光6	景12	光6
璃15		
21	12	6

Hikaru
ひかる

輝15	晃10	光6	玄5
15	10	6	5

Hidemasa
ひでまさ

英8 雅13	英8 将10	秀7 昌8	秀7 昌8	秀7 匡6
21	18	15	15	13

Hidemi
ひでみ

秀7 深11	英8 海9	英8 臣7	秀7 弥8	秀7 巳3
18	17	15	15	10

Hidemichi
ひでみち

英8 道12	秀7 満12	秀7 道12	英8 通10	英8 充6
20	19	19	18	14

Hideya
ひでや

英8 耶9	秀7 哉9	秀7 弥8	英8 也3	秀7 也3
17	16	15	11	10

Hitoshi
ひとし

整16	任6 志7	等12	斉8	均7
16	13	12	8	7

Hibiki
ひびき

響20 稀12	響20 生5	日4 々3 樹16	響20 己3	響20
32	25	23	23	20

Hiroaki
ひろあき

寛13 彰14	裕12 章11	宏7 明8	弘5 明8	広5 明8
27	23	15	13	13

Hideo
ひでお

英8 雄12	日4 出5 男7	英8 男7	秀7 央5	秀7 夫4
20	16	15	12	11

Hidekazu
ひでかず

秀7 憲16	英8 和8	秀7 和8	英8 一1	秀7 一1
23	16	15	9	8

Hideki
ひでき

英8 樹16	秀7 樹16	秀7 喜12	秀7 紀9	英8 己3
24	23	19	16	11

Hidetaka
ひでたか

英8 喬12	秀7 嵩13	秀7 貴12	秀7 隆11	英8 孝7
20	20	19	18	15

Hidetada
ひでただ

英8 唯11	英8 直8	秀7 忠8	秀7 忠8	秀7 正5
19	16	15	15	12

Hideto
ひでと

秀7 登12	秀7 斗4	英8 刀2	英8 人2	秀7 人2
19	11	10	10	9

Hidenori
ひでのり

秀7 憲16	英8 範15	秀7 徳14	秀7 則9	秀7 典8
23	23	21	16	15

Hisaaki
ひさあき

寿7 章11	尚8 明8	久3 晶12	久3 晃10	久3 明8
18	16	15	13	11

Hisao
ひさお

悠11 雄12	寿7 郎9	久3 雄12	尚8 男7	久3 夫4
23	16	15	15	7

Hisashi
ひさし

久3 史5	尚8	寿7	永5	久3
8	8	7	5	3

Hisato
ひさと

尚8 登12	泰10 斗4	寿7 斗4	久3 斗4	久3 人2
20	14	11	7	5

Hisanori
ひさのり

悠11 範15	寿7 徳14	久3 憲16	久3 則9	久3 典8
26	21	19	12	11

Hisaya
ひさや

恒9 哉9	玖7 耶9	尚8 也3	久3 弥8	久3 也3
18	16	11	11	6

Hideaki
ひであき

秀7 彰14	英8 晃10	英8 明8	秀7 昭9	秀7 明8
21	18	16	16	15

Hiroyoshi
ひろよし

弘5 慶15	博12 良7	裕12 由5	大3 義13	宏7 好6
20	19	17	16	13

ふ

Futa
ふうた

楓13 多6	楓13 太4	風9 汰7	冨11 太4	風9 太4
19	17	16	15	13

Fujio
ふじお

藤18 雄12	富12 路13 夫4	藤18 央5	冨11 二2 男7	不4 二2 雄12
30	29	23	20	18

Fumio
ふみお

芙7 美9 男7	郁9 雄12	文4 雄12	史5 夫4	文4 夫4
23	21	16	9	8

Fumitaka
ふみたか

郁9 嵩13	文4 貴12	文4 崇11	文4 隆11	史5 孝7
22	16	15	15	12

Fuminori
ふみのり

郁9 範15	文4 範15	史5 則9	史5 紀9	文4 紀9
24	19	14	14	13

Hirohiko
ひろひこ

寛13 彦9	裕12 彦9	紘10 彦9	洋9 彦9	弘5 彦9
22	21	19	18	14

Hiromi
ひろみ

浩10 弥8	博12 未5	洋9 実8	宏7 実8	紘10 巳3
18	17	17	15	13

Hiromichi
ひろみち

博12 満12	博12 道12	汎5 路13	弘5 道12	弘5 倫10
24	24	18	17	15

Hiromu
ひろむ

裕12 夢13	博12 武8	宏7 陸11	弘5 夢13	汎5 武8
25	20	18	18	13

Hiroya
ひろや

博12 哉9	寛13 矢5	裕12 也3	浩10 也3	広5 弥8
21	18	15	13	13

Hiroyasu
ひろやす

博12 康11	博12 泰10	裕12 保9	弘5 靖13	弘5 康11
23	22	21	18	16

Hiroyuki
ひろゆき

寛13 之3	博12 之3	弘5 幸8	弘5 行6	広5 之3
16	15	13	11	8

Hirokazu
ひろかず

寛13 和8	博12 和8	弘5 和8	博12 一1	汎5 一1
21	20	13	13	6

Hiroki
ひろき

弘5 樹16	裕12 紀9	広5 樹16	弘5 毅15	広5 輝15
21	21	21	20	20

Hiroshi
ひろし

寛13	浩10	宏7	弘5	広5
13	10	7	5	5

Hirotaka
ひろたか

裕12 貴12	博12 隆11	浩10 高10	弘5 嵩13	広5 孝7
24	23	20	18	12

Hiroto
ひろと

寛13 人2	博12 人2	広5 斗4	弘5 人2	広5 人2
15	14	9	7	7

Hirotoshi
ひろとし

寛13 峻10	博12 俊9	浩10 敏10	裕12 利7	広5 俊9
23	21	20	19	14

Hironori
ひろのり

博12 憲16	寛13 紀9	弘5 詞12	広5 宜8	弘5 典8
28	22	17	13	13

Fumihiko ふみひこ

文4 彦9	13
史5 彦9	14
郁9 彦9	18
詞12 彦9	21
富12 美9 彦9	30

Fumiya ふみや

文4 也3	7
史5 矢5	10
文4 哉9	13
文4 耶9	13
郁9 弥8	17

Fuyuki ふゆき

冬5 希7	12
冬5 暉13	18
冬5 樹16	21
冬5 騎18	23
冨11 由5 貴12	28

Fuyuto ふゆと

冬5 人2	7
冬5 刀2	7
冬5 斗4	9
冬5 都11	16
冨11 由5 登12	28

Bungo ぶんご

文4 伍6	10
文4 吾7	11
文4 呉7	11
文4 悟10	14
文4 梧11	15

へ

Heisuke へいすけ

平5 介4	9
平5 佑7	12
平5 助7	12
平5 祐9	14
兵7 輔14	21

Heita へいた

平5 大3	8
平5 太4	9
平5 多6	11
兵7 太4	11
坪8 汰7	15

ほ

Hokuto ほくと

北5 斗4	9
北5 杜7	12
北5 都11	16
北5 登12	17
北5 豊13	18

Hoshiki ほしき

星9 希7	16
星9 輝15	24
星9 樹16	25
保9 志7 輝15	31

Hoshihiko ほしひこ

星9 比4 己3	16
星9 彦9	18
保9 志7 彦9	25

Hozumi ほずみ

歩8 純10	18
帆6 澄15	21
甫7 澄15	22
保9 澄15	24

Hodaka ほだか

帆6 高10	16
歩8 岳8	16
歩8 高10	18
歩8 貴12	20
穂15 高10	25

Homare ほまれ

誉13	13
帆6 希7	13
保9 希7	16
甫7 稀12	19
歩8 稀12	20

ま

Makio まきお

牧8 郎9	17
槙14 央5	19
牧8 雄12	20
蒔13 雄12	25
真10 樹16 夫4	30

Makiya まきや

牧8 也3	11
蒔13 矢5	18
真10 紀9 也3	22
槙14 哉9	23
真10 樹16 也3	29

Makoto まこと

信9	9
真10	10
惇11	11
誠13	13
慎13	13

Masaaki まさあき

正5 章11	16
政9 明8	17
雅13 明8	21
将10 章11	21
雅13 彰14	27

Masao まさお

正5 夫4	9
昌8 生5	13
政9 男7	16
将10 雄12	22
雅13 雄12	25

Masahiko

まさひこ

雅13	真10	征8	昌8	正5
彦9	彦9	彦9	彦9	彦9
22	19	17	17	14

Masahide

まさひで

雅13	昌8	正5	正5
秀7	秀7	英8	秀7
20	15	13	12

Masahito

まさひと

真10	政9	昌8	昌8	正5
仁4	仁4	仁4	人2	人2
14	13	12	10	7

Masahiro

まさひろ

雅13	正5	真10	将10	正5
弘5	浩10	広5	大3	広5
18	15	15	13	10

Masafumi

まさふみ

昌8	雅13	政9	匡6	正5
郁9	文4	史5	史5	文4
17	17	14	11	9

Masami

まさみ

雅13	政9	将10	正5	昌8
実8	美9	巳3	実8	巳3
21	18	13	13	11

Masamichi

まさみち

雅13	誠13	将10	政9	正5
道12	倫10	道12	路13	道12
25	23	22	22	17

Masatsugu

まさつぐ

勝12	雅13	昌8	政9	匡6
継13	貢10	嗣13	次6	次6
25	23	21	15	12

Masato

まさと

雅13	将10	昌8	匡6	正5
人2	人2	斗4	人2	人2
15	12	12	8	7

Masatoshi

まさとし

雅13	将10	真10	政9	将10
俊9	隼10	俊9	俊9	利7
22	20	19	18	17

Masanao

まさなお

誠13	雅13	雅13	真10	政9
直8	尚8	直8	直8	直8
21	21	21	18	17

Masanobu

まさのぶ

政9	雅13	昌8	将10	正5
暢14	宜8	信9	伸7	信9
23	21	17	17	14

Masanori

まさのり

将10	正5	政9	政9	昌8
徳14	憲16	則9	典8	紀9
24	21	18	17	17

Masaharu

まさはる

雅13	真10	正5	正5	正5
晴12	治8	晴12	春9	治8
25	18	17	14	13

Masaomi

まさおみ

雅13	将10	柾9	匡6	正5
臣7	臣7	臣7	臣7	臣7
20	17	16	13	12

Masakazu

まさかず

雅13	将10	政9	昌8	雅13
和8	和8	知8	和8	一1
21	18	17	16	14

Masaki

まさき

政9	雅13	正5	大3	正5
樹16	貴12	樹16	輝15	貴12
25	25	21	18	17

Masakuni

まさくに

雅13	将10	柾9	匡6	正5
邦7	国8	国8	邦7	邦7
20	18	17	13	12

Masashi

まさし

正5	将10	雅13	昌8	匡6
嗣13	司5			
18	15	13	8	6

Masashige

まさしげ

昌8	政9	昌8	匡6	正5
繁16	重9	茂8	茂8	成6
24	18	16	14	11

Masataka

まさたか

雅13	政9	昌8	将10	正5
貴12	隆11	崇11	孝7	崇11
25	20	19	17	16

Mizuho みずほ

瑞13輔14	瑞13歩8	瑞13秀7	瑞13甫7	瑞13帆6
27	21	20	20	19

Michiaki みちあき

道12彰14	満12昭9	道12明8	通10明8	充6秋9
26	21	20	18	15

Michio みちお

美9智12雄12	道12雄12	充6雄12	倫10央5	通10生5
33	24	18	15	15

Michinobu みちのぶ

通10暢14	道12信9	道12伸7	倫10延8	通10伸7
24	21	19	18	17

Michiharu みちはる

道12陽12	道12晴12	路13治8	道12春9	三3千3春9
24	24	21	21	15

Michihiko みちひこ

満12彦9	道12彦9	迪8彦9	三3千3彦9	充6彦9
21	21	17	15	15

Michiya みちや

美9智12也3	路13弥8	道12哉9	道12也3	充6哉9
24	21	21	15	15

Mamoru まもる

護20	衛16	保9	守6
20	16	9	6

み

Mikio みきお

未5樹16男7	樹16雄12	幹13雄12	樹16生5	幹13夫4
28	28	25	21	17

Mikito みきと

美9喜12斗4	樹16斗4	樹16人2	幹13斗4	幹13人2
25	20	18	17	15

Mikinari みきなり

三3樹16成6	巳3喜12成6	樹16也3	幹13成6
25	21	19	19

Mikiya みきや

樹16哉9	美9貴12也3	幹13弥8	幹13矢5	幹13也3
25	24	21	18	16

Mizuki みずき

瑞13樹16	瑞13喜12	瑞13貴12	瑞13季8	瑞13己3
29	25	25	21	16

Masaya まさや

将10哉9	雅13矢5	昌8哉9	勝12也3	昌8也3
19	18	17	15	11

Masayuki まさゆき

優17幸8	昌8行6	真10之3	正5幸8	正5之8
25	14	13	13	13

Masayoshi まさよし

雅13義13	将10良7	匡6祥10	昌8好6	正5宜8
26	17	16	14	13

Masaru まさる

優17	勝12	将10	昌8	大3
17	12	10	8	3

Mashu ましゅう

磨16周8	磨16秀7	真10柊9	麻11秀7	真10周8
24	23	19	18	18

Masumi ますみ

磨16純10	真10澄15	真10純10	益10実8	万3純10
26	25	20	18	13

Manabu まなぶ

愛13歩8	真10武8	学8武8	学8歩8	学8
21	18	16	16	8

Mutsuo
むつお

睦13	睦13	睦13	睦13	六4
朗10	旺8	生5	央5	雄12
23	21	18	18	16

Mutsuki
むつき

武8	睦13	夢13	睦13	睦13
槻15	希7	月4	月4	己3
23	20	17	17	16

Mutsumi
むつみ

夢13	睦13	睦13	陸13	睦13
積16	海9	実8	充6	巳3
29	22	21	19	16

Muneaki
むねあき

宗8	梁11	宗8	宗8
晶12	明8	秋9	明8
20	19	17	16

Munetaka
むねたか

宗8	宗8	宗8	志7	宗8
嵩13	貴12	隆11	隆11	孝7
21	20	19	18	15

Munetada
むねただ

志7	至6	梁11	宗8	宗8
惟11	唯11	正5	忠8	正5
18	17	16	16	13

Muneto
むねと

宗8	志7	宗8	志7	宗8
豊13	門8	斗4	斗4	人2
21	15	12	11	10

Mineo
みねお

嶺17	峯10	嶺17	峯10	峰10
郎9	雄12	夫4	生5	央5
26	22	21	15	15

Minetoshi
みねとし

嶺17	峰10	峯10	峰10	峯10
敏10	稔13	利7	利7	寿7
27	23	17	17	17

Mineyuki
みねゆき

嶺17	峰10	峰10	峯10	峰10
幸8	雪11	幸8	行6	之3
25	21	18	16	13

Minori
みのり

深11	実8	実8	稔13	実8
徳14	憲16	利7		
25	24	15	13	8

Minoru
みのる

稔13	穣18	稔13	実8	秀7
留10				
23	18	13	8	7

Miharu
みはる

美9	海9	海9	深11	弥8
晴12	遥12	晴12	治8	春9
21	21	21	19	17

む

Michiru
みちる

路13	道12	満12	充6	満12
瑠14	瑠14	琉11	留10	
27	26	23	16	12

Mitsuo
みつお

美9	満12	光6	充6	満12
津9	雄12	雄12	雄12	夫4
男7				
25	24	18	18	16

Mitsuki
みつき

充6	光6	充6	深11	充6
毅15	輝15	喜12	月4	希7
21	21	18	15	13

Mitsuhiko
みつひこ

満12	貢10	充6	光6	三3
彦9	彦9	彦9	彦9	彦9
21	19	15	15	12

Mitsuya
みつや

貢10	光6	光6	三3	充6
哉9	耶9	弥8	耶9	矢5
19	15	14	12	11

Mitsuru
みつる

実8	実8	満12	充6	光6
津9	弦8			
留10				
27	16	12	6	6

Minato
みなと

南9	皆9	湊12	皆9	南9
翔12	斗4		人2	人2
21	13	12	11	11

Motonari
もとなり

素10	哉9	19
基11	成6	17
源13	也3	16
元4	弥8	12
元4	也3	7

Motonobu
もとのぶ

基11	信9	20
基11	伸7	18
元4	信9	13
元4	伸7	11

Motonori
もとのり

基11	憲16	27
基11	範15	26
基11	則9	20
元4	則9	13
元4	法8	12

Motoharu
もとはる

基11	陽12	23
素10	治8	18
元4	遥12	16
元4	晴12	16
元4	春9	13

Motohiko
もとひこ

源13	彦9	22
基11	彦9	20
素10	彦9	19
雅13	人2	15
元4	彦9	13

Motohiro
もとひろ

素10	博12	22
素10	拓8	18
基11	宏7	18
元4	尋12	16
元4	洋9	13

Motofumi
もとふみ

基11	郁9	20
源13	文4	17
基11	文4	15
元4	史5	9
元4	文4	8

Motokazu
もとかず

基11	数13	24
源13	和8	21
素10	和8	18
幹13	一1	14
元4	一1	5

Motoki
もとき

基11	樹16	27
基11	喜12	23
基11	生5	16
元4	基11	15
元4	希7	11

Motokuni
もとくに

基11	国8	19
基11	邦7	18
元4	国8	12
元4	邦7	11

Mototaka
もとたか

素10	嵩13	23
基11	孝7	18
元4	貴12	16
元4	崇11	15
元4	隆11	15

Mototada
もとただ

基11	忠8	19
元4	惟11	15
元4	忠8	12
元4	匡6	10

Mototsugu
もとつぐ

基11	嗣13	24
素10	嗣13	23
基11	次6	17
元4	嗣13	17
元4	次6	10

Motonao
もとなお

基11	直8	19
基11	尚8	19
素10	直8	18
元4	直8	12
元4	尚8	12

Munehiro
むねひろ

宗8	博12	20
統12	宏7	19
宗8	洋9	17
宗8	拓8	16
宗8	広5	13

Muneyasu
むねやす

宗8	靖13	21
宗8	泰10	18
志7	康11	18
梁11	安6	17
宗8	保9	17

Muneyuki
むねゆき

志7	雪11	18
宗8	幸8	16
志7	幸8	15
梁11	之3	14
宗8	之3	11

Muneyoshi
むねよし

宗8	義13	21
宗8	佳8	16
宗8	良7	15
宗8	好6	14
宗8	由5	13

も

Motoaki
もとあき

源13	章11	24
基11	暁12	23
規11	昭9	20
元4	彰14	18
元4	秋9	13

Motoi
もとい

基11	伊6	17
素10	伊6	16
基11	以5	16
元4	以5	9

Motomasa
もとまさ

源13 雅13	基11 将10	基11 昌8	元4 雅13	元4 昌8
26	21	19	17	12

Motomu
もとむ

求7 夢13	基11 武8	元4 夢13	本5 武8	求7
20	19	17	13	7

Motoya
もとや

素10 弥8	源13 也3	元4 埜11	元4 哉9	元4 也3
18	16	15	13	7

Motoyuki
もとゆき

資13 幸8	幹13 幸8	源13 行6	基11 之3	元4 之3
21	21	19	14	7

Morio
もりお

護20 央5	衛16 夫4	盛11 生5	杜7 夫4	守6 央5
25	20	16	11	11

Moritada
もりただ

盛11 惟11	盛11 忠8	盛11 匡6	杜7 忠8	守6 忠8
22	19	17	15	14

Moritsugu
もりつぐ

盛11 嗣13	杜7 嗣13	森12 次6	盛11 次6	杜7 次6
24	20	18	17	13

Morihiko
もりひこ

護20 彦9	衛16 彦9	森12 彦9	杜7 彦9	守6 彦9
29	25	21	16	15

Morihito
もりひと

護20 仁4	衛16 仁4	盛11 仁4	守6 仁4	杜7 人2
24	20	15	10	9

Morihiro
もりひろ

衛16 浩10	杜7 拓8	杜7 宙8	守6 洋9	守6 央5
26	15	15	15	11

Moriyasu
もりやす

護20 泰10	盛11 靖13	盛11 康11	盛11 泰10	守6 靖13
30	24	22	21	19

Moriyuki
もりゆき

護20 幸8	盛11 幸8	杜7 幸8	盛11 之3	杜7 之3
28	19	15	14	10

Moriyoshi
もりよし

盛11 義13	衛16 由5	杜7 義13	盛11 吉6	守6 芳7
24	21	20	17	13

や

Yaichiro
やいちろう

弥8 一1 朗10	弥8 一1 郎9	矢5 一1 朗10	矢5 一1 郎9
19	18	16	15

Yakumo
やくも

夜8 雲12	八2 雲12
20	14

Yasuaki
やすあき

恭10 晶12	靖13 明8	泰10 明8	保9 秋9	安6 昭9
22	21	18	18	15

Yasuo
やすお

保9 雄12	靖13 夫4	康11 夫4	恭10 生5	泰10 央5
21	17	15	15	15

Yasuomi
やすおみ

靖13 臣7	康11 臣7	泰10 臣7	恭10 臣7	保9 臣7
20	18	17	17	16

Yasukazu
やすかず

靖13 和8	康11 和8	泰10 和8	康11 一1	保9 一1
21	19	18	12	10

Yasushi
やすし

泰10 志7	靖13	康11	恭10	安6
17	13	11	10	6

Yasuhisa
やすひさ

恭10	保9	康11	泰10	安6
寿7	尚8	央5	久3	寿7
17	17	16	13	13

Yasuhide
やすひで

靖13	康11	恭10	保9	安6
英8	秀7	秀7	英8	秀7
21	18	17	17	13

Yasuhito
やすひと

寧14	康11	泰10	康11	泰10
仁4	仁4	仁4	人2	人2
18	15	14	13	12

Yasuhiro
やすひろ

安6	寧14	康11	保9	泰10
博12	大3	広5	宏7	弘5
18	17	16	16	15

Yasufumi
やすふみ

靖13	保9	裕12	康11	泰10
史5	郁9	文4	文4	史5
18	18	16	15	15

Yasuma
やすま

保9	靖13	康11	泰10	安6
磨16	馬10	馬10	真10	真10
25	23	21	20	16

Yasumasa
やすまさ

泰10	靖13	泰10	靖13	康11
雅13	正5	昌8	大3	正5
23	18	18	16	16

Yasutomo
やすとも

靖13	康11	安6	裕12	康11
知8	伴7	智12	友4	友4
21	18	18	16	15

Yasunao
やすなお

靖13	康11	泰10	保9	保9
尚8	直8	直8	尚8	直8
21	19	18	17	17

Yasunari
やすなり

康11	靖13	恭10	保9	泰10
成6	也3	成6	成6	也3
17	16	16	15	13

Yasunobu
やすのぶ

康11	靖13	泰10	保9	安6
暢14	延8	信9	伸7	信9
25	21	19	16	15

Yasunori
やすのり

恭10	泰10	安6	泰10	保9
憲16	範15	徳14	紀9	則9
26	25	20	19	18

Yasuharu
やすはる

靖13	恭10	康11	泰10	安6
遥12	陽12	春9	治8	晴12
25	22	20	18	18

Yasuhiko
やすひこ

康11	泰10	恭10	保9	安6
彦9	彦9	彦9	彦9	彦9
20	19	19	18	15

Yasuji
やすじ

康11	康11	安6	康11	保9
治8	司5	治8	二2	二2
19	16	14	13	11

Yasushige
やすしげ

保9	康11	靖13	保9	安6
繁16	滋12	茂8	茂8	成6
25	23	21	17	12

Yasutaka
やすたか

靖13	康11	保9	康11	安6
高10	隆11	貴12	孝7	高10
23	22	21	18	16

Yasutake
やすたけ

泰10	泰10	安6	保9	靖13
剛10	武8	崇11	岳8	丈3
20	18	17	17	16

Yasuchika
やすちか

康11	靖13	恭10	保9	安6
親16	慈13	親16	睦13	親16
27	26	26	22	22

Yasuto
やすと

泰10	靖13	康11	康11	安6
登12	斗4	斗4	人2	人2
22	17	15	13	8

Yasutoshi
やすとし

靖13	恭10	恭10	保9	安6
隼10	淑11	寿7	利7	敏10
23	21	17	16	16

Yusaku
ゆうさく

優17	勇9	侑8	友4	佑7
作7	作7	作7	朔10	作7
24	16	15	14	14

Yushi
ゆうし

優17	雄12	悠11	祐9	湧12
志7	史5	司5	至6	士3
24	17	16	15	15

Yuji
ゆうじ

優17	雄12	勇9	悠11	友4
治8	次6	治8	二2	二2
25	18	17	13	6

Yujiro
ゆうじろう

雄12	優17	裕12	勇9	友4
治8	二2	次6	次6	治8
朗10	郎9	郎9	郎9	郎9
30	28	27	24	21

Yujin
ゆうじん

優17	勇9	悠11	祐9	由5
臣7	甚9	人2	仁4	人2
24	18	13	13	7

Yusuke
ゆうすけ

悠11	優17	勇9	悠11	友4
輔14	介4	祐9	助7	介4
25	21	18	18	8

Yusei
ゆうせい

優17	裕12	雄12	由5	有6
征8	聖13	生5	晴12	生5
25	25	17	17	11

ゆ

Yu
ゆう

悠11	勇9	侑8	佑7	由5
11	9	8	7	5

Yuichi
ゆういち

優17	祐9	裕12	雄12	悠11
市5	壱7	一1	一1	一1
22	16	13	13	12

Yuichiro
ゆういちろう

佑7	悠11	勇9	侑8	由5
市5	一1	一1	一1	一1
郎9	郎9	郎9	郎9	朗10
21	21	19	18	16

Yuki
ゆうき

祐9	由5	侑8	勇9	有6
輝15	樹16	紀9	気6	希7
24	21	17	15	13

Yugo
ゆうご

優17	悠11	侑8	有6	友4
吾7	梧11	悟10	吾7	伍6
24	22	18	13	10

Yuko
ゆうこう

優17	優17	勇9	祐9	悠11
孝7	功5	倖10	幸8	広5
24	22	19	17	16

Yasumichi
やすみち

靖13	康11	恭10	保9	泰10
道12	路13	満12	道12	充6
25	24	22	21	16

Yasumitsu
やすみつ

泰10	靖13	安6	康11	保9
満12	充6	満12	光6	充6
22	19	18	17	15

Yasumori
やすもり

康11	泰10	靖13	康11	保9
盛11	盛11	守6	杜7	守6
22	21	19	18	15

Yasuyuki
やすゆき

靖13	保9	康11	靖13	泰10
幸8	幸8	行6	之3	之3
21	17	17	16	13

Yasuyoshi
やすよし

康11	恭10	靖13	泰10	安6
慶15	義13	好6	良7	芳7
26	23	19	17	13

Yataro
やたろう

弥8	矢5	弥8	矢5
多6	汰7	太4	太4
朗10	朗10	郎9	郎9
24	22	21	18

Yamato
やまと

矢5	山3	大3	倭10
真10	都11	和8	
人2			
17	14	11	10

Yukitoshi
ゆきとし

由5 紀9 利7	雪11 敏10	征8 峻10	行6 俊9	之3 俊9
21	21	18	15	12

Yukinari
ゆきなり

由5 樹16 也3	順12 成6	雪11 成6	幸8 也3
24	18	17	11

Yukinori
ゆきのり

征8 徳14	行6 憲16	雪11 紀9	幸8 則9	行6 典8
22	22	20	17	14

Yukiharu
ゆきはる

雪11 晴12	行6 陽12	征8 春9	幸8 春9	幸8 治8
23	18	17	17	16

Yukihiko
ゆきひこ

由5 紀9 彦9	友4 紀9 彦9	雪11 彦9	幸8 彦9	行6 彦9
23	22	20	17	15

Yukihide
ゆきひで

雪11 秀7	幸8 英8	征8 英8	幸8 秀7	行6 秀7
18	16	16	15	13

Yukihiro
ゆきひろ

征8 寛13	雪11 弘5	行6 宏7	幸8 広5	幸8 大3
21	16	13	13	11

Yuma
ゆうま

勇9 磨16	佑7 摩15	有6 真10	由5 馬10	友4 麻11
25	22	16	15	15

Yuya
ゆうや

優17 弥8	勇9 哉9	悠11 矢5	裕12 也3	佑7 弥8
25	18	16	15	15

Yuri
ゆうり

優17 里7	裕12 浬10	悠11 里7	勇9 李7	由5 理11
24	22	18	16	16

Yukio
ゆきお

雪11 雄12	由5 紀9 夫4	行6 雄12	幸8 生5	幸8 夫4
23	18	18	13	12

Yukitaka
ゆきたか

雪11 高10	征8 貴12	行6 隆11	幸8 孝7	之3 隆11
21	20	17	15	14

Yukitada
ゆきただ

倖10 唯11	雪11 忠8	行6 忠8	幸8 正5	之3 忠8
21	19	14	13	11

Yukito
ゆきと

悠11 紀9 斗4	由5 紀9 人2	雪11 斗4	幸8 人2	之3 人2
24	16	15	10	5

Yuta
ゆうた

雄12 太4	悠11 太4	祐9 太4	佑7 太4	友4 太4
16	15	13	11	8

Yudai
ゆうだい

佑7 醍16	優17 大3	雄12 大3	遊12 大3	悠11 大3
23	20	15	15	14

Yutaro
ゆうたろう

優17 太4 郎9	裕12 太4 朗10	悠11 太4 郎9	勇9 太4 郎9	友4 太4 郎9
30	26	24	22	17

Yuto
ゆうと

悠11 登12	優17 斗4	勇9 人2	柚9 人2	佑7 人2
23	21	11	11	9

Yunosuke
ゆうのすけ

勇9 之3 輔14	優17 之3 介4	有6 之3 輔14	遊12 之3 助7	雄12 之3 介4
26	24	23	22	19

Yuhi
ゆうひ

裕12 陽12	悠11 陽12	雄12 飛9	雄12 枇8	勇9 飛9
24	23	21	20	18

Yuhei
ゆうへい

裕12 平5	雄12 平5	悠11 平5	侑8 平5	有6 平5
17	17	16	13	11

Yukimasa
ゆきまさ

征8将10	18
幸8真10	18
征8昌8	16
幸8正5	13
行6正5	11

Yukiya
ゆきや

有6起10哉9	25
行6埜11	17
幸8哉9	17
雪11矢5	16
行6哉9	15

Yukiyasu
ゆきやす

雪11恭10	21
行6靖13	19
幸8康11	19
征8泰10	18
幸8安6	14

Yuzuru
ゆずる

柚9瑠14	23
譲20	20
柚9流10	19
謙17	17

Yutaka
ゆたか

祐9隆11	20
悠11孝7	18
優17	17
豊13	13
裕12	12

Yuzuki
ゆづき

優17月4	21
悠11月4	15
祐9月4	13
弓3月4	7

Yura
ゆら

有6羅19	25
悠11良7	18
唯11良7	18
柚9良7	16
有6良7	13

よ

Yoichi
よいち

世5壱7	12
宵10一1	11
与3壱7	10
与3市5	8
与3一1	4

Yo
よう

瑶13	13
陽12	12
庸11	11
要9	9
洋9	9

Yoichi
よういち

曜18一1	19
陽12一1	13
庸11一1	12
容10一1	11
洋9一1	10

Yoichiro
よういちろう

洋9市5朗10	24
葉12一1郎9	22
陽12一1郎9	22
庸11一1郎9	21
洋9一1郎9	19

Yoga
ようが

耀20雅13	33
揺12駕15	27
遥12河8	20
陽12芽8	20
洋9牙4	13

Yoki
ようき

耀20希7	27
洋9輝15	24
陽12紀9	21
遥12希7	19
陽12気6	18

Yoko
ようこう

耀20弘5	25
遥12晃10	22
陽12広5	17
洋9幸8	17
洋9行6	15

Yosaku
ようさく

瑶13策12	25
陽12朔10	22
瑶13作7	20
要9朔10	19
陽12作7	19

Yoji
ようじ

陽12滋12	24
遥12司5	17
要9次6	15
庸11二2	13
洋9二2	11

Yojiro
ようじろう

耀20次6郎9	35
陽12治8郎9	29
洋9次6朗10	25
遥12二2郎9	23
洋9二2郎9	20

Yosuke
ようすけ

要9輔14	23
洋9輔14	23
庸11助7	18
陽12介4	16
洋9介4	13

Yota
ようた

曜18汰7	25
瑶13太4	17
陽12太4	16
洋9太4	13

Yodai
ようだい

耀20大3	23
曜18大3	21
瑶13大3	16
陽12大3	15
洋9大3	12

Yoshizumi
よしずみ

善12	義13	良7	佳8	良7
澄15	純10	澄15	清11	純10
27	23	22	19	17

Yoshiteru
よしてる

善12	能10	美9	吉6	由5
照13	輝15	輝15	輝15	照13
25	25	24	21	18

Yoshito
よしと

吉6	嘉14	義13	良7	芳7
登12	人2	人2	斗4	人2
18	16	15	11	9

Yoshinao
よしなお

慶15	嘉14	義13	義13	祥10
直8	直8	尚8	直8	尚8
23	22	21	21	18

Yoshinobu
よしのぶ

義13	良7	吉6	芳7	芳7
信9	信9	宣9	伸7	伸7
22	16	15	14	14

Yoshinori
よしのり

嘉14	慶15	義13	能10	良7
教11	則9	則9	典8	紀9
25	24	22	18	16

Yoshiharu
よしはる

義13	善12	良7	好6	由5
治8	春9	晴12	晴12	治8
21	21	19	18	13

Yoshio
よしお

義13	嘉14	吉6	佳8	良7
雄12	男7	雄12	生5	夫4
25	21	18	13	11

Yoshiomi
よしおみ

嘉14	義13	佳8	良7
臣7	臣7	臣7	臣7
21	20	15	14

Yoshikage
よしかげ

義13	善12	佳8	芳7	良7
景12	景12	景12	景12	景12
25	24	20	19	19

Yoshikazu
よしかず

義13	能10	嘉14	芳7	好6
和8	和8	一1	和8	一1
21	18	15	15	7

Yoshikaze
よしかぜ

嘉14	善12	佳8	良7
風9	風9	風9	風9
23	21	17	16

Yoshikatsu
よしかつ

義13	好6	佳8	吉6	由5
克7	勝12	克7	克7	克7
20	18	15	13	12

Yoshiki
よしき

善12	良7	由5	吉6	芳7
貴12	樹16	貴12	紀9	季8
24	23	17	15	15

Yotaro
ようたろう

耀20	曜18	瑶13	陽12	洋9
太4	太4	汰7	太4	太4
朗10	朗10	朗10	郎9	郎9
34	32	30	25	22

Yoto
ようと

耀20	遥12	瑶13	陽12	洋9
斗4	都11	人2	人2	斗4
24	23	15	14	13

Yonosuke
ようのすけ

要9	揚12	庸11	陽12	洋9
ノ1	之3	之3	之3	之3
輔14	丞6	助7	介4	介4
24	21	21	19	16

Yohei
ようへい

曜18	瑶13	庸11	要9	洋9
平5	平5	平5	平5	平5
23	18	16	14	14

Yoma
ようま

耀20	鷹24	瑶13	陽12	洋9
磨16	眞10	馬10	真10	真10
36	34	23	22	19

Yomei
ようめい

鷹24	耀20	瑶13	陽12
明8	明8	明8	明8
32	28	21	20

Yoshiaki
よしあき

義13	義13	良7	好6	芳7
章11	明8	昭9	秋9	明8
24	21	16	15	15

Yoshiro
よしろう

慶15	義13	芳7	好6	吉6
郎9	郎9	郎9	朗10	郎9
24	22	16	16	15

Yoshimi
よしみ

義13	良7	嘉14	佳8	芳7
巳3	実8		巳3	巳3
16	15	14	11	10

Yoshiya
よしや

慶15	芳7	好6	能10	芳7
也3	弥8	哉9	也3	也3
18	15	15	13	10

Yoshiyasu
よしやす

慶15	慶15	義13	能10	良7
泰10	保9	康11	康11	靖13
25	24	24	21	20

Yoshiyuki
よしゆき

好6	良7	芳7	良7	佳8
雪11	幸8	行6	行6	之3
17	15	13	13	11

Yoshihiko
よしひこ

慶15	良7	吉6	圭6	由5
彦9	彦9	彦9	彦9	彦9
24	16	15	15	14

Yoshihisa
よしひさ

慶15	嘉14	善12	良7	圭6
寿7	久3	久3	尚8	久3
22	17	15	15	9

Yoshihide
よしひで

嘉14	義13	佳8	良7	吉6
秀7	英8	秀7	英8	秀7
21	21	15	15	13

Yoshihiro
よしひろ

嘉14	由5	芳7	佳8	吉6
博12	寛13	洋9	宏7	弘5
26	18	16	15	11

Yoshifumi
よしふみ

義13	嘉14	吉6	良7	芳7
史5	文4	郁9	史5	文4
18	18	15	12	11

Yoshiho
よしほ

慶15	佳8	芳7	芳7	吉6
穂15	穂15	穂15	保9	歩8
30	23	22	16	14

Yoshimasa
よしまさ

義13	慶15	祥10	吉6	佳8
雅13	昌8	真10	将10	正5
26	23	20	16	13

ら

Raita
らいた

蕾16	雷13	礼5	礼5	来7
多6	太4	汰7	多6	太4
22	17	12	11	11

Raito
らいと

蕾16	来7	頼16	雷13	来7
斗4	渡12	人2	斗4	斗4
20	19	18	17	11

column 02
意外と知られていない有名企業の名前の由来

キヤノン：観音様の慈悲にあやかって世界で最高のカメラを創る夢を実現したい、との願いを込め、初の試作機の名前を「KWANON（カンノン）」に。

スタジオジブリ：「Ghibli」はイタリア語でサハラ砂漠に吹く熱風。日本のアニメ界に熱風を起こしたいという思いから。

カルビー：カルシウムの「カル」とビタミンB1の「ビー」を合わせた造語。

ダスキン：「株式会社ぞうきん」が社員から大反対され、英語でホコリを意味する「ダスト」と「ぞうきん」を組み合わせた。

り

Riichi りいち

利7 一1	8
李7 一1	8
莉10 一1	11
吏6 市5	11
理11 一1	12

Riichiro りいちろう

吏6 一1 郎9	16
李7 一1 郎9	17
利7 一1 朗10	18
理11 一1 郎9	21
莉10 市5 朗10	25

Riki りき

力2	2
利7 貴12	19
利7 輝15	22
里7 樹16	23
理11 樹16	27

Rikiya りきや

力2 也3	5
力2 矢5	7
力2 哉9	11
力2 埜11	13
理11 季8 哉9	28

Riku りく

里7 久3	10
陸11	11
吏6 玖7	13
璃15 久3	18
理11 駆14	25

Rikuta りくた

利7 久3 太4	14
陸11 太4	15
陸11 汰7	18
理11 玖7 太4	22
利7 駆14 太4	25

Rikuto りくと

陸11 人2	13
陸11 斗4	15
里7 玖7 人2	16
浬10 久3 斗4	17
陸11 渡12	23

Rikuma りくま

陸11 馬10	21
陸11 真10	21
理11 久3 真10	24
利7 玖7 馬10	24
理11 玖7 眞10	28

Rikuya りくや

陸11 也3	14
陸11 矢5	16
理11 久3 也3	17
利7 玖7 矢5	19
陸11 弥8	19

Rikuro りくろう

陸11 郎9	20
陸11 朗10	21
利7 玖7 郎9	23
理11 玖7 郎9	27
利7 駆14 朗10	31

Ritsuo りつお

律9 夫4	13
律9 生5	14
立5 朗10	15
律9 男7	16
立5 雄12	17

Ritsuta りつた

立5 太4	9
立5 汰7	12
律9 太4	13
律9 多6	15
律9 汰7	16

Ritsuya りつや

立5 也3	8
立5 弥8	13
立5 埜11	16
律9 弥8	17
律9 哉9	18

Rihito りひと

利7 人2	9
利7 仁4	11
理11 人2	13
理11 仁4	15

Rihei りへい

利7 平5	12
利7 兵7	14
理11 平5	16

Ryu りゅう

柳9	9
竜10	10
隆11	11
笠11	11
龍16	16

Ryuichi りゅういち

柳9 一1	10
竜10 一1	11
隆11 一1	12
琉11 一1	12
龍16 一1	17

Ryuichiro りゅういちろう

立5 一1 郎9	15
柳9 一1 郎9	19
流10 一1 郎9	20
竜10 一1 郎9	20
隆11 一1 郎9	21

Ryuei りゅうえい

竜10 英8	18
琉11 英8	19
隆11 栄9	20
琉11 栄9	20
竜10 瑛12	22

Ryuji りゅうじ

柳9 二2	11
隆11 二2	13
琉11 司5	16
龍16 二2	18
瑠14 治8	22

Ryogo
りょうご

諒	15	吾	7	22
亮	9	悟	10	19
良	7	悟	10	17
亮	9	吾	7	16
良	7	吾	7	14

Ryoji
りょうじ

稜	13	治	8	21
涼	11	次	6	17
僚	14	二	2	16
良	7	治	8	15
良	7	二	2	9

Ryosuke
りょうすけ

良	7	輔	14	21
稜	13	佑	7	20
涼	11	介	4	15
良	7	助	7	14
了	2	亮	9	11

Ryota
りょうた

涼	11	汰	7	18
梁	11	太	4	15
亮	9	太	4	13
良	7	太	4	11
了	2	太	4	6

Ryodai
りょうだい

遼	15	大	3	18
涼	11	大	3	14
亮	9	大	3	12
伶	7	大	3	10
良	7	大	3	10

Ryotaro
りょうたろう

諒	15	太	4	郎	9	28
遼	15	太	4	郎	9	28
凌	10	太	4	郎	9	23
良	7	太	4	朗	10	21
了	2	太	4	郎	9	15

Ryohei
りょうへい

瞭	17	平	5	22
梁	11	平	5	16
亮	9	兵	7	16
涼	11	平	5	16
良	7	平	5	12

Ryuto
りゅうと

竜	10	登	12	22
琉	11	斗	4	15
竜	10	斗	4	14
琉	11	人	2	13
竜	10	人	2	12

Ryunosuke
りゅうのすけ

琉	11	之	3	輔	14	28
龍	16	之	3	介	4	23
竜	10	之	3	助	7	20
竜	10	之	3	介	4	17

Ryuhei
りゅうへい

龍	16	平	5	21
隆	11	平	5	16
琉	11	平	5	16
竜	10	平	5	15
柳	9	平	5	14

Ryuma
りゅうま

琉	11	磨	16	27
琉	11	真	10	21
琉	11	馬	10	21
竜	10	真	10	20
竜	10	馬	10	20

Ryuya
りゅうや

龍	16	弥	8	24
隆	11	哉	9	20
柳	9	耶	9	18
竜	10	也	3	13
立	5	也	3	8

Ryo
りょう

遼	15	15
涼	11	11
亮	9	9
伶	7	7
良	7	7

Ryoichi
りょういち

瞭	17	一	1	18
諒	15	一	1	16
稜	13	一	1	14
良	7	一	1	8
了	2	一	1	3

Ryujiro
りゅうじろう

竜	10	治	8	郎	9	27
琉	11	次	6	郎	9	26
隆	11	次	6	郎	9	26
琉	11	二	2	郎	9	22
竜	10	二	2	郎	9	21

Ryusuke
りゅうすけ

龍	16	介	4	20
琉	11	助	7	18
竜	10	佑	7	17
隆	11	介	4	15
柳	9	丞	6	15

Ryusei
りゅうせい

隆	11	聖	13	24
龍	16	征	8	24
劉	15	成	6	21
琉	11	星	9	20
隆	11	正	5	16

Ryuzo
りゅうぞう

琉	11	蔵	15	26
柳	9	蔵	15	24
隆	11	造	10	21
立	5	造	10	15
隆	11	三	3	14

Ryuta
りゅうた

龍	16	多	6	22
龍	16	太	4	20
琉	11	汰	7	18
隆	11	太	4	15
竜	10	太	4	14

Ryudai
りゅうだい

隆	11	大	3	14
琉	11	大	3	14
竜	10	大	3	13

Ryutaro
りゅうたろう

龍	16	太	4	郎	9	29
竜	10	多	6	朗	10	26
隆	11	太	4	朗	10	25
竜	10	太	4	郎	9	23
柳	9	太	4	郎	9	22

Ryoma
りょうま
龍16 馬10	諒15 馬10	僚14 馬10	涼11 真10	竜10 馬10
26	25	24	21	20

Ryoya
りょうや
涼11 弥8	遼15 也3	亮9 也3	伶7 矢5	良7 也3
19	18	12	12	10

Ryoyu
りょうゆう
遼15 優17	涼11 勇9	涼11 佑7	良7 悠11	亮9 友4
32	20	18	18	13

Rin
りん
凜15	鈴13	琳12	倫10
15	13	12	10

Rinta
りんた
凜15 汰7	琳12 汰7	倫10 太4	林8 太4
22	19	14	12

Rintaro
りんたろう
凜15 汰7 朗10	琳12 太4 朗10	倫10 太4 郎9	林8 太4 郎9
32	26	23	21

Rinya
りんや
凜15 矢5	琳12 也3	倫10 矢5	林8 也3
20	15	15	11

る

Rui
るい
琉11 偉12	流10 唯11	留10 依8	琉11 以5	塁12
23	21	18	16	12

れ

Rei
れい
玲9	怜8	励7	礼5	令5
9	8	7	5	5

Reiichi
れいいち
嶺17 一1	黎15 一1	怜8 一1	励7 一1	礼5 一1
18	16	9	8	6

Reiichiro
れいいちろう
嶺17 一1 郎9	黎15 一1 郎9	怜8 一1 郎9	励7 一1 郎9	礼5 一1 郎9
27	25	18	17	15

Reisaku
れいさく
玲9 作7	怜8 作7	励7 作7	礼5 作7	令5 作7
16	15	14	12	12

Reiji
れいじ
鈴13 治8	怜8 嗣13	礼5 治8	礼5 二2	令5 二2
21	21	13	7	7

Reisuke
れいすけ
令5 輔14	怜8 助7	玲9 介4	励7 介4	礼5 介4
19	15	13	11	9

Reita
れいた
澪16 汰7	怜8 汰7	玲9 太4	励7 太4	伶7 太4
23	15	13	11	11

Reito
れいと
澪16 斗4	怜8 登12	玲9 人2	励7 斗4	伶7 人2
20	20	11	11	9

Reiya
れいや
澪16 也3	玲9 矢5	伶7 矢5	怜8 也3	励7 也3
19	14	12	11	10

Reo
れお
玲9 央5	怜8 央5	礼5 央5
14	13	10

Reoto
れおと
玲9 央5 登12	怜8 央5 斗4	怜8 央5 人2	礼5 央5 斗4	礼5 央5 人2
26	17	15	14	12

Ren
れん

漣14	蓮13	廉13	連10	怜8
14	13	13	10	8

Renshi
れんし

蓮13 志7	蓮13 司5	連10 志7	廉13 士3	怜8 士3
20	18	17	16	11

Renji
れんじ

蓮13 次6	廉13 次6	連10 次6	蓮13 二2	廉13 二2
19	19	16	15	15

Renshiro
れんしろう

蓮13 志7 朗10	蓮13 司5 郎9	連10 志7 郎9	廉13 士3 郎9	怜8 士3 郎9
30	27	26	25	20

Renjiro
れんじろう

蓮13 次6 郎9	廉13 次6 郎9	連10 次6 郎9	蓮13 二2 郎9	廉13 二2 郎9
28	28	25	24	24

Renta
れんた

蓮13 汰7	蓮13 多6	蓮13 太4	廉13 太4	連10 太4
20	19	17	17	14

Rentaro
れんたろう

漣14 太4 朗10	練14 太4 郎9	蓮13 太4 朗10	廉13 太4 郎9	連10 太4 郎9
28	27	27	26	23

Rento
れんと

蓮13 登12	蓮13 斗4	廉13 斗4	蓮13 人2	連10 斗4
25	17	17	15	14

Remma
れんま

蓮13 磨16	連10 磨16	蓮13 真10	蓮13 馬10	廉13 真10
29	26	23	23	23

Renya
れんや

錬16 也3	蓮13 矢5	蓮13 也3	廉13 也3	連10 矢5
19	18	16	16	15

ろ

Rokuro
ろくろう

緑14 朗10	呂7 玖7 郎9	禄12 郎9	六4 朗10	六4 郎9
24	23	21	14	13

わ

Wajiro
わじろう

輪15 次6 郎9	和8 治8 郎9	和8 次6 朗10	和8 次6 郎9	和8 二2 郎9
30	25	24	23	19

Wataru
わたる

渡12	渉11	航10	恒9	亘6
12	11	10	9	6

Wahei
わへい

環17 平5	倭10 平5	和8 平5	我7 平5	羽6 平5
22	15	13	12	11

女の子の名前

あ

Ai
あい

亜7 惟11	亜7 唯11	藍18	亜7 依8	愛13
18	18	18	15	13

Aika
あいか

藍18 花7	愛13 華10	亜7 衣6 香9	愛13 花7	娃9 花7
25	23	22	20	16

Aiko
あいこ

藍18 子3	亜7 依8 子3	阿8 衣6 子3	愛13 子3	娃9 子3
21	18	17	16	12

Aina
あいな

藍18 奈8	藍18 那7	愛13 菜11	亜7 衣6 奈8	愛13 奈8
26	25	24	21	21

Aimi
あいみ

藍18 海9	藍18 美9	愛13 実8	愛13 未5	愛13 心4
27	27	21	18	17

Airi
あいり

藍18 李7	藍18 里7	愛13 理11	愛13 梨11	愛13 莉10
25	25	24	24	23

Aoi
あおい

亜7 緒14 衣6	蒼13 依8	青8 泉9	蒼13	葵12
27	21	17	13	12

Akane
あかね

愛13 香9 音9	亜7 架9 音9	紅9 音9	朱6 音9	茜9
31	25	18	15	9

Akari
あかり

緋14 里7	紅9 里7	朱6 莉10	朱6 里7	明8
21	16	16	13	8

Aki
あき

亜7 紀9	阿8 希7	亜7 希7	安6 希7	秋9
16	15	14	13	9

Akie
あきえ

亜7 紀9 恵10	晶12 絵12	明8 恵10	秋9 枝8	章11 江6
26	24	18	17	17

Akiko
あきこ

安6 紀9 子3	亜7 希7 子3	晶12 子3	秋9 子3	明8 子3
18	17	15	12	11

Akina
あきな

亜7 希7 菜11	秋9 菜11	明8 菜11	秋9 奈8	明8 奈8
25	20	19	17	16

Akino
あきの

秋9 野11	陽12 乃2	章11 乃2	昭9 乃2	秋9 乃2
20	14	13	11	11

Akiho
あきほ

晶12 穂15	安6 紀9 保9	秋9 穂15	陽12 歩8	明8 歩8
27	24	24	20	16

Akimi
あきみ

愛13 希7 未5	亜7 希7 美9	明8 美9	秋9 実8	明8 実8
25	23	17	17	16

Akiyo
あきよ

安6 希7 代5	晶12 代5	秋9 夜8	昭9 代5	明8 代5
18	17	17	14	13

Akira
あきら

翠14	晶12	爽11	明8	光6
14	12	11	8	6

Ayaka
あやか

文4 花7	11
彩11 花7	18
彩11 華10	21
綾14 香9	23
綾14 夏10	24

Ayako
あやこ

文4 子3	7
絢12 子3	15
亜7 矢5 子3	15
綾14 子3	17
亜7 弥8 子3	18

Ayane
あやね

文4 音9	13
朱6 音9	15
彩11 音9	20
絢12 音9	21

Ayano
あやの

文4 乃2	6
彩11 乃2	13
綾14 乃2	16
絢12 野11	23
綾14 野11	25

Ayame
あやめ

菖11	11
文4 芽8	12
文4 萌11	15
彩11 芽8	19
絢12 萌11	23

Ayuka
あゆか

歩8 花7	15
歩8 香9	17
鮎16 香9	25
愛13 由5 花7	25
亜7 柚9 香9	25

Ayuko
あゆこ

歩8 子3	11
亜7 友4 子3	14
安6 由5 子3	14
亜7 柚9 子3	19
鮎16 子3	19

Azusa
あずさ

梓11	11
安6 寿7 沙7	20
亜7 津9 紗10	26
愛13 津9 沙7	29

Asuna
あすな

あ3 す3 な5	11
明8 日4 奈8	20
明8 日4 菜11	23
安6 寿7 菜11	24
亜7 洲9 奈8	24

Azumi
あずみ

あ3 ず5 み3	11
有6 純10	16
安6 純10	16
亜7 純10	17
亜7 寿7 実8	22

Atsuko
あつこ

温12 子3	15
敦12 子3	15
安6 津9 子3	18
亜7 津9 子3	19
篤16 子3	19

Atsumi
あつみ

淳11 美9	20
渥12 美9	21
温12 海9	21
亜7 津9 実8	24
篤16 実8	24

Ami
あみ

あ3 み3	6
亜7 水4	11
亜7 美9	16
愛13 海9	22
愛13 美9	22

Aya
あや

文4	4
彩11	11
絢12	12
綾14	14
亜7 弥8	15

Aguri
あぐり

あ3 ぐ3 り2	8
安6 久3 里7	16
阿8 久3 李7	18
亜7 玖7 莉10	24
愛13 玖7 璃15	35

Akemi
あけみ

朱6 美9	15
明8 実8	16
明8 美9	17
緋14 巳3	17

Ako
あこ

亜7 子3	10
阿8 子3	11
亜7 胡9	16
阿8 胡9	17

Asaka
あさか

麻11 加5	16
麻11 花7	18
朝12 花7	19
麻11 華10	21
朝12 香9	21

Asako
あさこ

麻11 子3	14
朝12 子3	15
阿8 早6 子3	17
阿8 佐7 子3	18
愛13 咲9 子3	25

Asami
あさみ

麻11 美9	20
朝12 実8	20
朝12 海9	21
亜7 沙7 美9	23
阿8 佐7 実8	23

Asuka
あすか

飛9 鳥11	20
明8 日4 香9	21
亜7 栖10 加5	22
明8 寿7 香9	24
有6 須12 花7	25

あゆみ
Ayumi

歩8	8
歩8 弓3	11
歩8 美9	17
亜7 柚9 実8	24
鮎16 美9	25

あゆむ
Ayumu

歩8	8
あ3 ゆ3 む4	10
歩8 夢13	21
亜7 由5 夢13	25

ありか
Arika

有6 花7	13
亜7 里7 花7	21
安6 里7 香9	22
亜7 里7 香9	23
亜7 莉10 花7	24

ありさ
Arisa

有6 沙7	13
有6 紗10	16
亜7 里7 紗10	24
亜7 梨11 沙7	25
安6 莉10 紗10	26

ありす
Arisu

あ3 り2 す3	8
有6 須12	18
亜7 李7 寿7	21
阿8 莉10 須12	30
愛13 梨11 須12	36

あん
An

あ3 ん2	5
安6	6
杏7	7
晏10	10

あんじゅ
Anju

安6 寿7	13
安6 珠10	16
杏7 珠10	17
安6 樹16	22
杏7 樹16	23

あんな
Anna

安6 那7	13
杏7 那7	14
杏7 奈8	15
安6 菜11	17
杏7 菜11	18

あんり
Anri

安6 里7	13
杏7 里7	14
安6 莉10	16
杏7 梨11	18
杏7 理11	18

い

いおり
Iori

衣6 央5 里7	18
伊6 織18	24
衣6 織18	24
依8 央5 梨11	24
依8 緒14 莉10	32

いく
Iku

育8	8
郁9	9
衣6 紅9	15
伊6 紅9	15

いくえ
Ikue

生5 江6	11
郁9 江6	15
育8 枝8	16
郁9 恵10	19
幾12 恵10	22

いくこ
Ikuko

生5 子3	8
育8 子3	11
郁9 子3	12
伊6 久3 子3	12
衣6 紅9 子3	18

いくの
Ikuno

生5 乃2	7
育8 乃2	10
郁9 乃2	11
生5 野11	16
幾12 野11	23

いくみ
Ikumi

育8 実8	16
育8 美9	17
郁9 弥8	17
郁9 美9	18
伊6 久3 美9	18

いくよ
Ikuyo

育8 代5	13
育8 世5	13
郁9 代5	14
幾12 代5	17
幾12 世5	17

いさこ
Isako

伊6 佐7 子3	16
伊6 沙7 子3	16
伊6 咲9 子3	18
衣6 爽11 子3	20
唯11 紗10 子3	24

いすず
Isuzu

依8 寿7 々3	18
衣6 鈴13	19
伊6 鈴13	19
唯11 鈴13	24

いずみ
Izumi

泉9	9
伊6 泉9	15
衣6 純10	16
和8 泉9	17
泉9 美9	18

いちか
Ichika

一1 花7	8
一1 香9	10
一1 夏10	11
市5 香9	14
一1 歌14	15

Utako
うたこ

名前	画数
有(6)多(6)子(3)	15
宇(6)多(6)子(3)	15
詠(12)子(3)	15
詩(13)子(3)	16
歌(14)子(3)	17

Utano
うたの

名前	画数
唱(11)乃(2)	13
詩(13)乃(2)	15
歌(14)乃(2)	16
謡(16)乃(2)	18
詠(12)野(11)	23

Uno
うの

名前	画数
卯(5)乃(2)	7
羽(6)乃(2)	8
有(6)乃(2)	8
宇(6)乃(2)	8
羽(6)野(11)	17

Umi
うみ

名前	画数
う(2)み(3)	5
海(9)	9
宇(6)美(9)	15
宇(6)海(9)	15
羽(6)美(9)	15

Umika
うみか

名前	画数
海(9)可(5)	14
海(9)歌(14)	23
宇(6)美(9)佳(8)	23
羽(6)美(9)香(9)	24

Umeno
うめの

名前	画数
梅(10)乃(2)	12
宇(6)芽(8)乃(2)	16
宇(6)萌(11)乃(2)	19
梅(10)野(11)	21

Urara
うらら

名前	画数
う(2)ら(3)ら(3)	8
有(6)良(7)々(3)	16
麗(19)	19
有(6)楽(13)良(7)	26

Ibuki
いぶき

名前	画数
伊(6)吹(7)	13
衣(6)吹(7)	13
依(8)吹(7)	15
泉(9)吹(7)	16
唯(11)歩(8)希(7)	26

Imari
いまり

名前	画数
伊(6)万(3)里(7)	16
伊(6)毬(11)	17
伊(6)鞠(17)	23
依(8)鞠(17)	25
衣(6)麻(11)莉(10)	27

Iyo
いよ

名前	画数
伊(6)予(4)	10
伊(6)代(5)	11
衣(6)世(5)	11
衣(6)代(5)	11
惟(11)世(5)	16

う

Ushio
うしお

名前	画数
汐(6)	6
羽(6)汐(6)	12
雨(8)汐(6)	14
潮(15)	15
宇(6)潮(15)	21

Uta
うた

名前	画数
う(2)た(4)	6
唱(11)	11
詩(13)	13
歌(14)	14
謡(16)	16

Utae
うたえ

名前	画数
詠(12)江(6)	18
詩(13)依(8)	21
歌(14)恵(10)	24
詩(13)詠(12)	25
謡(16)絵(12)	28

Ichiko
いちこ

名前	画数
一(1)子(3)	4
市(5)子(3)	8
壱(7)子(3)	10
伊(6)知(8)子(3)	17
衣(6)智(12)子(3)	21

Itsuki
いつき

名前	画数
一(1)希(7)	8
衣(6)月(4)	10
樹(16)	16
乙(1)樹(16)	17
逸(11)希(7)	18

Itsuko
いつこ

名前	画数
逸(11)子(3)	14
稜(13)子(3)	16
伊(6)津(9)子(3)	18
以(5)都(11)子(3)	19
依(8)鶴(21)子(3)	32

Itsumi
いつみ

名前	画数
乙(1)実(8)	9
一(1)美(9)	10
逸(11)見(7)	18
逸(11)美(9)	20
伊(6)津(9)美(9)	24

Izumi
いづみ

名前	画数
伊(6)津(9)美(9)	24
衣(6)都(11)見(7)	24
依(8)津(9)実(8)	25
伊(6)都(11)実(8)	25
依(8)鶴(21)美(9)	38

Ito
いと

名前	画数
糸(6)	6
弦(8)	8
紘(11)	11
伊(6)都(11)	17
衣(6)都(11)	17

Itoe
いとえ

名前	画数
弦(8)衣(6)	14
糸(6)重(9)	15
糸(6)恵(10)	16
紘(11)江(6)	17
弦(8)恵(10)	18

え

Eiko
えいこ

英子	8・3	11
栄子	9・3	12
瑛子	12・3	15
詠子	12・3	15
枝衣子	8・6・3	17

Eimi
えいみ

英美	8・9	17
栄美	9・9	18
詠実	12・8	20
瑛実	12・8	20
瑛美	12・9	21

Etsuko
えつこ

悦子	10・3	13
恵津子	10・9・3	22
絵津子	12・9・3	24
詠都子	12・11・3	26
枝鶴子	8・21・3	32

Ena
えな

江那	6・7	13
枝奈	8・8	16
英奈	8・8	16
枝菜	8・11	19
詠奈	12・8	20

Ema
えま

枝茉	8・8	16
衣麻	6・11	17
英真	8・10	18
恵真	10・10	20
瑛茉	12・8	20

Emi
えみ

恵美	10・9	19
笑美	10・9	19
絵実	12・8	20
絵美	12・9	21
詠美	12・9	21

Emika
えみか

笑花	10・7	17
恵実花	10・8・7	25
絵実花	12・8・7	27
恵美香	10・9・9	28
栄美華	9・9・10	28

Emiko
えみこ

永海子	5・9・3	17
江美子	6・9・3	18
恵実子	10・8・3	21
恵美子	10・9・3	22
笑美子	10・9・3	22

Emiri
えみり

英美里	8・9・7	24
笑美里	10・9・7	26
恵美莉	10・9・10	29
絵実莉	12・8・10	30
詠美梨	12・9・11	32

Eri
えり

江里	6・7	13
枝李	8・7	15
絵里	12・7	19
恵理	10・11	21
絵梨	12・11	23

Erika
えりか

エリカ	3・2・2	7
江梨花	6・11・7	24
恵里花	10・7・7	24
江莉香	6・10・9	25
絵里香	12・7・9	28

Eriko
えりこ

江里子	6・7・3	16
枝李子	8・7・3	18
恵理子	10・11・3	24
絵莉子	12・10・3	25
詠理子	12・11・3	26

Erisa
えりさ

えりさ	3・2・3	8
枝莉沙	8・10・7	25
詠李紗	12・7・10	29
絵里紗	12・7・10	29
絵梨沙	12・11・7	30

Erina
えりな

江里菜	6・7・11	24
恵里奈	10・7・8	25
枝李菜	8・7・11	26
絵理奈	12・11・8	31
恵梨菜	10・11・11	32

お

Oka
おうか

央花	5・7	12
央香	5・9	14
央夏	5・10	15
桜花	10・7	17
桜香	10・9	19

Oto
おと

乙	1	1
律	9	9
音	9	9
音斗	9・4	13
緒都	14・11	25

Otoe
おとえ

乙江	1・6	7
乙絵	1・12	13
音枝	9・8	17
音恵	9・10	19
小都依	3・11・8	22

Otone
おとね

乙音	1・9	10
小都音	3・11・9	23
緒都音	14・11・9	34

Otoha
おとは

乙羽	1・6	7
乙杷	1・8	9
乙葉	1・12	13
音羽	9・6	15
音芭	9・7	16

Otome
おとめ

乙1 女3	4
乙1 芽8	9
音9 女3	12
音9 芽8	17
小3 都11 女3	17

Orie
おりえ

小3 里7 江6	16
織18 江6	24
織18 恵10	28
織18 絵12	30
緒14 里7 恵10	31

か

Kaede
かえで

か3 え3 で4	10
カ2 エ3 デ5	10
楓13	13

Kao
かお

佳8 央5	13
夏10 央5	15
歌14 音9	23
華10 緒14	24
歌14 緒14	28

Kaori
かおり

香9	9
薫16	16
花7 織18	25
佳8 織18	26
香9 織18	27

Kaoru
かおる

芳7	7
香9	9
薫16	16
夏10 織18	28
華10 織18	28

Kaoruko
かおるこ

香9 子3	12
薫16 子3	19
夏10 織18 子3	31
華10 織18 子3	31
歌14 織18 子3	35

Kako
かこ

加5 子3	8
花7 子3	10
佳8 子3	11
香9 子3	12
夏10 子3	13

Kazue
かずえ

一1 恵10	11
一1 絵12	13
和8 江6	14
和8 恵10	18
香9 津9 江6	24

Kazuki
かずき

一1 妃6	7
和8 希7	15
香9 津9 季8	26

Kazuko
かずこ

一1 子3	4
和8 子3	11
香9 寿7 子3	19
花7 津9 子3	19

Kazune
かずね

一1 音9	10
和8 音9	17
香9 寿7 音9	25
香9 津9 音9	27

Kasumi
かすみ

花7 純10	17
香9 純10	19
香9 澄15	24
夏10 澄15	25
歌14 澄15	29

Kazumi
かずみ

一1 実8	9
一1 美9	10
和8 実8	16
和8 美9	17
佳8 津9 実8	25

Kazuyo
かずよ

一1 世5	6
一1 葉12	13
和8 世5	13
和8 代5	13
佳8 津9 代5	22

Katsuki
かつき

香9 月4	13
架9 月4	13
克7 希7	14
桂10 紀9	19
夏10 津9 希7	26

Kazuki
かづき

香9 月4	13
架9 月4	13
歌14 月4	18
樺14 月4	18
華10 津9 紀9	28

Katsuko
かつこ

克7 子3	10
活9 子3	12
桂10 子3	13
郁9 津9 子3	21
華10 津9 子3	22

Katsumi
かつみ

克7 美9	16
活9 実8	17
桂10 見7	17
桂10 美9	19
花7 摘14	21

Katsuyo
かつよ

克7 代5	12
桂10 代5	15
桂10 世5	15
勝12 代5	17
佳8 津9 世5	22

Kana
かな

花7 菜11	華10 那7	夏10 那7	香9 奈8	果8 奈8
18	17	17	17	16

Kanae
かなえ

華10 那7 恵10	花7 奈8 絵12	香9 苗8	果8 苗8	叶5
27	27	17	16	5

Kanako
かなこ

夏10 菜11 子3	香9 奈8 子3	花7 奈8 子3	加5 奈8 子3	奏9 子3
24	20	18	16	12

Kanami
かなみ

花7 奈8 美9	奏9 美9	果8 南9	叶5 美9	叶5 海9
24	18	17	14	14

Kano
かの

花7 野11	歌14 乃2	香9 乃2	果8 乃2	佳8 乃2
18	16	11	10	10

Kanoko
かのこ

夏10 野11 子3	佳8 野11 子3	華10 乃2 子3	香9 乃2 子3	花7 乃2 子3
24	22	15	14	12

Kanon
かのん

夏10 音9	佳8 音9	花7 音9	か3 の1 ん2	カ2 ノ1 ン2
19	17	16	6	5

Kaho
かほ

果8 穂15	花7 穂15	香9 保9	果8 歩8	夏10 帆6
23	22	18	16	16

Kahori
かほり

香9 穂15 梨11	華10 穂15 里7	夏10 歩8 李7	花7 帆6 莉10	可5 歩8 里7
35	32	25	23	20

Kayako
かやこ

佳8 耶9 子3	伽7 弥8 子3	加5 耶9 子3	香9 也3 子3	花7 矢5 子3
20	18	17	15	15

Kayo
かよ

夏10 世5	香9 代5	佳8 代5	花7 世5	加5 世5
15	14	13	12	10

Kayoko
かよこ

香9 夜8 子3	華10 世5 子3	佳8 代5 子3	可5 代5 子3	加5 代5 子3
20	18	16	13	13

Karina
かりな

華10 梨11 奈8	夏10 里7 菜11	香9 里7 奈8	可5 里7 菜11	花7 李7 奈8
29	28	24	23	22

Karin
かりん

歌14 鈴13	華10 凛15	花7 梨11	果8 林8	加5 倫10
27	25	18	16	15

Karen
かれん

果8 蓮13	花7 蓮13	加5 蓮13	花7 恋10	可5 恋10
21	20	18	17	15

Kanna
かんな

環17 菜11	幹13 菜11	栞10 奈8	柑9 奈8	柑9 那7
28	24	18	17	16

き

Kio
きお

嬉15 音9	紀9 緒14	妃6 緒14	紀9 音9	季8 央5
24	23	20	18	13

Kiku
きく

鞠17	紀9 来7	掬11	菊11	希7 久3
17	16	11	11	10

Kikue
きくえ

菊11 絵12	菊11 恵10	掬11 恵10	菊11 江6	希7 久3 江6
23	21	21	17	16

Kikuko
きくこ

鞠17 子3	希7 玖7 子3	紀9 久3 子3	掬11 子3	菊11 子3
20	17	15	14	14

Kiyo
きよ

澄	15	15
季代	8・5	13
聖	13	13
清	11	11
汐	6	6

Kyoka
きょうか

恭香	10・9	19
京香	8・9	17
杏香	7・9	16
今日花	4・4・7	15
杏花	7・7	14

Kyoko
きょうこ

響子	20・3	23
恭子	10・3	13
今日子	4・4・3	11
京子	8・3	11
叶子	5・3	8

Kyomi
きょうみ

恭見	10・7	17
京美	8・9	17
杏美	7・9	16
叶実	5・8	13
杏巳	7・3	10

Kiyoe
きよえ

澄恵	15・10	25
希世詠	7・5・12	24
紀代恵	9・5・10	24
希代江	7・5・6	18
清江	11・6	17

Kiyoka
きよか

清夏	11・10	21
清香	11・9	20
希代花	7・5・7	19
清花	11・7	18
清禾	11・5	16

Kiyoko
きよこ

喜世子	12・5・3	20
希代子	7・5・3	15
澄子	15・3	18
聖子	13・3	16
清子	11・3	14

Kinuyo
きぬよ

絹夜	13・8	21
絹世	13・5	18
絹代	13・5	18
衣世	6・5	11
衣代	6・5	11

Kino
きの

季野	8・11	19
樹乃	16・2	18
紀乃	9・2	11
希乃	7・2	9
妃乃	6・2	8

Kiho
きほ

樹穂	16・15	31
紀穂	9・15	24
紀保	9・9	18
希歩	7・8	15
希帆	7・6	13

Kimie
きみえ

紀美恵	9・9・10	28
季実恵	8・8・10	26
紀美江	9・9・6	24
希美枝	7・9・8	24
君枝	7・8	15

Kimika
きみか

紀美香	9・9・9	27
希実花	7・8・7	22
君華	7・10	17
公香	4・9	13
公佳	4・8	12

Kimiko
きみこ

稀美子	12・9・3	24
貴美子	12・9・3	24
姫美子	10・9・3	22
君子	7・3	10
公子	4・3	7

Kimiyo
きみよ

輝実世	15・8・5	28
稀美代	12・9・5	26
姫美代	10・9・5	24
君世	7・5	12
公代	4・5	9

Kikuno
きくの

菊野	11・11	22
鞠乃	17・2	19
掬乃	11・2	13
菊乃	11・2	13
希久乃	7・3・2	12

Kiko
きこ

稀子	12・3	15
喜子	12・3	15
紀子	9・3	12
祈子	8・3	11
季子	8・3	11

Kisa
きさ

貴紗	12・10	22
希紗	7・10	17
季咲	8・9	17
紀沙	9・7	16
祈沙	8・7	15

Kisako
きさこ

稀紗子	12・10・3	25
姫爽子	10・11・3	24
希砂子	7・9・3	19
木咲子	4・9・3	16
紀小子	9・3・3	15

Kinu
きぬ

絹	13	13
きぬ	4・4	8
衣	6	6

Kinue
きぬえ

絹絵	13・12	25
絹恵	13・10	23
絹枝	13・8	21
衣恵	6・10	16
衣江	6・6	12

Kinuko
きぬこ

絹湖	13・12	25
絹子	13・3	16
きぬ子	4・4・3	11
衣子	6・3	9

Kiyono
きよの

清11乃2	13
希7世5乃2	14
澄15乃2	17
輝15世5乃2	22
季8代5野11	24

Kiyomi
きよみ

清11実8	19
清11美9	20
紀9代5実8	22
稀12世5美9	26
喜12代5美9	26

Kira
きら

妃6良7	13
季8良7	15
祈8良7	15
紀9良7	16
季8羅19	27

Kiriko
きりこ

希7李7子3	17
季8里7子3	18
紀9莉10子3	22
姫10梨11子3	24
樹16里7子3	26

Kiwako
きわこ

季8羽6子3	17
希7和8子3	18
紀9和8子3	20
貴12和8子3	23

く

Kunie
くにえ

邦7江6	13
久3仁4枝8	15
国8枝8	16
邦7恵10	17
久3仁4恵10	17

Kunika
くにか

邦7花7	14
久3仁4香9	16
国8香9	17
邦7華10	17
都11香9	20

Kuniko
くにこ

久3仁4子3	10
邦7子3	10
国8子3	11
都11子3	14
紅9仁4子3	16

Kuniyo
くによ

久3仁4与3	10
久3仁4代5	12
邦7代5	12
邦7世5	12
国8代5	13

Kumi
くみ

久3実8	11
久3美9	12
玖7美9	16
紅9実8	17
紅9美9	18

Kumie
くみえ

久3実8江6	17
久3美9枝8	20
久3弥8恵10	21
玖7美9枝8	24
紅9末5恵10	24

Kumiko
くみこ

久3末5子3	11
久3美9子3	15
玖7末5子3	15
紅9末5子3	17
紅9見7子3	19

Kurumi
くるみ

く1る3み3	7
来7海9	16
胡9桃10	19
久3留10実8	21
久3瑠14実8	25

Kureha
くれは

紅9羽6	15
紅9芭7	16
紅9華10	19
久3礼5葉12	20
紅9葉12	21

け

Kei
けい

圭6	6
京8	8
恵10	10
蛍11	11
慧15	15

Keika
けいか

圭6花7	13
京8香9	17
恵10佳8	18
桂10夏10	20
慧15香9	24

Keiko
けいこ

恵10子3	13
桂10子3	13
景12子3	15
慶15子3	18
慧15子3	18

こ

Koito
こいと

小3糸6	9
小3弦8	11
子3弦8	11
胡9糸6	15
湖12糸6	18

女の子

PART 2 音の響きから名づける

▼き・く・け・こ・さ

Ko
こう

名前（画数）	総画
光6	6
空8	8
幸8	8
梗11	11
皐11	11

Koko
こうこ

名前（画数）	総画
江6 子3	9
幸8 子3	11
香9 子3	12
晃10 子3	13
縞16 子3	19

Kozue
こずえ

名前（画数）	総画
こ2 ず5 え3	10
梢11	11
梶11	11
槙14	14
こ2 ず5 枝8	15

Kosuzu
こすず

名前（画数）	総画
小3 紗10	13
小3 鈴13	16
子3 鈴13	16
胡9 紗10	19
瑚13 鈴13	26

Koto
こと

名前（画数）	総画
こ2 と2	4
琴12	12
小3 留10	13
胡9 音9	18
瑚13 都11	24

Kotoe
ことえ

名前（画数）	総画
琴12 江6	18
琴12 衣6	18
殊10 枝8	18
琴12 栄9	21
小3 都11 恵10	24

Kotoko
ことこ

名前（画数）	総画
琴12 子3	15
詞12 子3	15
小3 都11 子3	17
胡9 音9 子3	21
瑚13 都11 子3	27

Kotone
ことね

名前（画数）	総画
琴12 音9	21
詞12 音9	21
小3 都11 音9	23

Kotono
ことの

名前（画数）	総画
采8 乃2	10
琴12 乃2	14
詞12 乃2	14
小3 都11 乃2	16
瑚13 都11 野11	35

Kotomi
ことみ

名前（画数）	総画
琴12 実8	20
琴12 美9	21
琴12 海9	21
詞12 美9	21
小3 都11 実8	22

Konatsu
こなつ

名前（画数）	総画
小3 夏10	13
小3 奈8 津9	20
瑚13 夏10	23
瑚13 捺11	24
小3 菜11 都11	25

Konami
こなみ

名前（画数）	総画
小3 波8	11
小3 那7 実8	18
小3 奈8 実8	19
小3 菜11 未5	19
瑚13 奈8 美9	30

Konomi
このみ

名前（画数）	総画
好6 美9	15
好6 海9	15
小3 乃2 珠10	15
木4 乃2 美9	15
胡9 乃2 実8	19

Koharu
こはる

名前（画数）	総画
小3 春9	12
小3 陽12	15
小3 遥12	15
小3 晴12	15
木4 陽12	16

Komaki
こまき

名前（画数）	総画
小3 牧8	11
小3 巻9	12
木4 蒔13	17
小3 麻11 希7	21
小3 真10 紀9	22

Komako
こまこ

名前（画数）	総画
小3 真10 子3	16
駒15 子3	18
木4 麻11 子3	18
瑚13 麻11 子3	27

Koyuki
こゆき

名前（画数）	総画
小3 雪11	14
小3 由5 希7	15
小3 有6 希7	16
小3 由5 紀9	17
来7 雪11	18

さ

Sae
さえ

名前（画数）	総画
冴7	7
沙7 江6	13
沙7 枝8	15
早6 恵10	16
紗10 依8	18

Saeko
さえこ

名前（画数）	総画
冴7 子3	10
早6 江6 子3	15
佐7 英8 子3	18
紗10 江6 子3	19
紗10 枝8 子3	21

Saori
さおり

名前（画数）	総画
小3 織18	21
小3 緒14 里7	24
佐7 織18	25
沙7 織18	25
冴7 織18	25

Satoe さとえ

沙7 都11 絵12	聡14 恵10	里7 恵10	里7 枝8	里7 江6
30	24	17	15	13

Satoko さとこ

紗10 都11 子3	慧15 子3	聡14 子3	郷11 子3	里7 子3
24	18	17	14	10

Satomi さとみ

聡14 美9	智12 美9	利7 美9	里7 美9	里7 実8
23	21	16	16	15

Sana さな

紗10 奈8	早6 菜11	紗10 那7	砂9 那7	沙7 奈8
18	17	17	16	15

Sanae さなえ

紗10 菜11 恵10	沙7 那7 絵12	咲9 苗8	沙7 苗8	早6 苗8
31	26	17	15	14

Saho さほ

紗10 穂15	咲9 穂15	沙7 保9	早6 峰10	早6 帆6
25	24	16	16	12

Sahoko さほこ

早6 穂15 子3	紗10 歩8 子3	佐7 保9 子3	砂9 帆6 子3	小3 保9 子3
24	21	19	18	15

Sachi さち

早6 智12	沙7 知8	紗10 千3	祥10	幸8
18	15	13	10	8

Sachie さちえ

佐7 智12 枝8	早6 智12 江6	早6 千3 恵10	祥10 江6	幸8 江6
27	24	19	16	14

Sachika さちか

沙7 知8 香9	紗10 千3 花7	祥10 果8	幸8 香9	幸8 花7
24	20	18	17	15

Sachiko さちこ

咲9 智12 子3	佐7 知8 子3	倖10 子3	祥10 子3	幸8 子3
24	18	13	13	11

Sachiyo さちよ

早6 智12 世5	咲9 千3 代5	沙7 千3 代5	祥10 代5	幸8 代5
23	17	15	15	13

Satsuki さつき

皐11 月4	冴7 月4	沙7 月4	皐11	五4 月4
15	11	11	11	8

Sato さと

咲9 音9	沙7 都11	智12	利7	里7
18	18	12	7	7

Saki さき

沙7 樹16	紗10 希7	沙7 紀9	早6 紀9	咲9
23	17	16	15	9

Sakie さきえ

早6 紀9 恵10	沙7 希7 恵10	小3 紀9 江6	小3 希7 枝8	咲9 江6
25	24	18	18	15

Sakiko さきこ

佐7 貴12 子3	紗10 季8 子3	早6 紀9 子3	沙7 希7 子3	咲9 子3
22	21	18	17	12

Sagiri さぎり

紗10 伎6 梨11	沙7 霧19	早6 霧19	小3 霧19	さ3 ぎ6 り2
27	26	25	22	11

Sakumi さくみ

沙7 紅9 実8	紗10 久3 美9	朔10 美9	咲9 美9	咲9 実8
24	22	19	18	17

Sakura さくら

咲9 羅19	櫻21	咲9 良7	桜10	さ3 く1 ら3
28	21	16	10	7

Sadako さだこ

禎13 子3	貞9 子3	さ3 だ6 子3	定8 子3	完7 子3
16	12	12	11	10

Shioka
しおか

汐6香9	15
汐6夏10	16
汐6華10	16
潮15香9	24
詩13央5歌14	32

Shione
しおね

汐6音9	15
潮15音9	24
詩13小3音9	25

Shiomi
しおみ

汐6実8	14
汐6海9	15
汐6美9	15
潮15美9	24
史5緒14実8	27

Shiori
しおり

栞10	10
汐6莉10	16
栞10里7	17
詩13織18	31

Shion
しおん

史5音9	14
史5恩10	15
思9音9	18
紫12苑8	20
詩13音9	22

Shigeko
しげこ

成6子3	9
茂8子3	11
滋12子3	15
慈13子3	16
繁16子3	19

Shigeno
しげの

茂8乃2	10
慈13乃2	15
繁16乃2	18
薫16乃2	18
樹16乃2	18

Sayoko
さよこ

さ3よ3こ2	8
小3夜8子3	14
佐7代5子3	15
沙7世5子3	15
紗10代5子3	18

Sayori
さより

さ3よ3り2	8
冴7与3李7	17
小3夜8里7	18
紗10代5莉10	25
沙7夜8梨11	26

Sawa
さわ

佐7和8	15
冴7和8	15
砂9羽6	15
沙7和8	15
紗10和8	18

Sawako
さわこ

早6和8子3	17
佐7和8子3	18
沙7和8子3	18
砂9和8子3	20
紗10和8子3	21

し

Shie
しえ

史5枝8	13
史5絵12	17
志7恵10	17
詩13絵12	25

Shio
しお

汐6	6
詩13央5	18
史5緒14	19
梓11緒14	25
詩13緒14	27

Sahori
さほり

早6帆6里7	19
沙7帆6李7	20
佐7保9里7	23
早6歩8梨11	25
紗10穂15莉10	35

Saya
さや

早6弥8	14
紗10矢5	15
沙7耶9	16
咲9夜8	17
紗10弥8	18

Sayaka
さやか

さ3や3か3	9
沙7也3佳8	18
清11香9	20
咲9弥8花7	24
紗10耶9香9	28

Sayano
さやの

沙7也3乃2	12
紗10也3乃2	15
早6夜8乃2	16
沙7耶9乃2	18
彩11野11乃2	24

Sayuki
さゆき

早6雪11	17
沙7雪11	18
早6由5希7	18
咲9雪11	20
紗10有6紀9	25

Sayuri
さゆり

小3百6合6	15
沙7友4里7	18
沙7百6合6	19
早6夕3梨11	20
紗10由5莉10	25

Sayo
さよ

早6代5	11
佐7代5	12
沙7世5	12
早6夜8	14
紗10世5	15

Shinobu しのぶ

名前	画数	総画数
忍	7	7
しのぶ	1・1・6	8
史乃舞	5・2・15	22
詩乃歩	13・2・8	23
志乃舞	7・2・15	24

Shiho しほ

名前	画数	総画数
史帆	5・6	11
志保	7・9	16
紫帆	12・6	18
枝穂	8・15	23
思穂	9・15	24

Shihoko しほこ

名前	画数	総画数
史帆子	5・6・3	14
志歩子	7・8・3	18
志保子	7・9・3	19
志穂子	7・15・3	25
詩穂子	13・15・3	31

Shihomi しほみ

名前	画数	総画数
志歩巳	7・8・3	18
志保美	7・9・9	25
紫保美	12・9・9	30
詩保美	13・9・9	31
詩穂実	13・15・8	36

Shihori しほり

名前	画数	総画数
史帆里	5・6・7	18
史保理	5・9・11	25
詩歩李	13・8・7	28
紫穂里	12・15・7	34
詩穂莉	13・15・10	38

Shimako しまこ

名前	画数	総画数
嶋子	14・3	17
縞子	16・3	19
志真子	7・10・3	20
志麻子	7・11・3	21
紫麻子	12・11・3	26

Shuko しゅうこ

名前	画数	総画数
秀子	7・3	10
周子	8・3	11
秋子	9・3	12
修子	10・3	13
萩子	12・3	15

Shizu しづ

名前	画数	総画数
史津	5・9	14
志津	7・9	16
史都	5・11	16
子鶴	3・21	24
詩都	13・11	24

Shizue しづえ

名前	画数	総画数
志津江	7・9・6	22
史津枝	5・9・8	22
市津恵	5・9・10	24
枝都絵	8・11・12	31
詩鶴江	13・21・6	40

Shizuka しづか

名前	画数	総画数
志津香	7・9・9	25
紫津花	12・9・7	28
志津歌	7・9・14	30
史鶴香	5・21・9	35
思鶴花	9・21・7	37

Shizuko しづこ

名前	画数	総画数
史津子	5・9・3	17
志津子	7・9・3	19
紫津子	12・9・3	24
詩津子	13・9・3	25
詩鶴子	13・21・3	37

Shizuyo しづよ

名前	画数	総画数
志津世	7・9・5	21
志津代	7・9・5	21
梓津代	11・9・5	25
史鶴世	5・21・5	31
詩鶴代	13・21・5	39

Shinako しなこ

名前	画数	総画数
史奈子	5・8・3	16
枝奈子	8・8・3	19
詩菜子	13・11・3	27
詩奈子	13・8・3	24
梓菜子	11・11・3	25

Shino しの

名前	画数	総画数
史乃	5・2	7
思乃	9・2	11
紫乃	12・2	14
詩乃	13・2	15
志野	7・11	18

Shigemi しげみ

名前	画数	総画数
成巳	6・3	9
茂美	8・9	17
樹未	16・5	21
樹実	16・8	24
繁美	16・9	25

Shigeyo しげよ

名前	画数	総画数
成世	6・5	11
茂代	8・5	13
滋代	12・5	17
薫世	16・5	21

Shizue しずえ

名前	画数	総画数
静江	14・6	20
史津江	5・9・6	20
静枝	14・8	22
静恵	14・10	24
詩津絵	13・9・12	34

Shizuka しずか

名前	画数	総画数
静花	14・7	21
静香	14・9	23
志津花	7・9・7	23
穏香	16・9	25
紫津香	12・9・9	30

Shizuko しずこ

名前	画数	総画数
史寿子	5・7・3	15
静子	14・3	17
市津子	5・9・3	17
枝津子	8・9・3	20

Shizuno しずの

名前	画数	総画数
静乃	14・2	16
史津乃	5・9・2	16
枝寿乃	8・7・2	17
志津乃	7・9・2	18
紫津乃	12・9・2	23

Shizuyo しずよ

名前	画数	総画数
史寿与	5・7・3	15
静与	14・3	17
静世	14・5	19
静代	14・5	19
枝寿代	8・7・5	20

Sunao
すなお

素10 奈8 緒14	須12 奈8 央5	寿7 直8	順12	直8
32	25	15	12	8

Sumako
すまこ

須12 磨16 子3	須12 摩15 子3	素10 麻11 子3	寿7 真10 子3	寿7 万3 子3
31	30	24	20	13

Sumie
すみえ

須12 美9 恵10	澄15 恵10	寿7 美9 枝8	純10 枝8	純10 江6
31	25	24	18	16

Sumika
すみか

須12 美9 華10	澄15 香9	澄15 花7	純10 佳8	純10 花7
31	24	22	18	17

Sumiko
すみこ

諏15 見7 子3	寿7 美9 子3	澄15 子3	栖10 子3	純10 子3
25	19	18	13	13

Sumiyo
すみよ

寿7 美9 代5	澄15 与3	栖10 世5	純10 世5	純10 代5
21	18	15	15	15

Sumire
すみれ

寿7 美9 礼5	純10 礼5	菫11	す3 み3 れ3
21	15	11	9

す

Suzu
すず

鈴13	紗10	寿7 々3	す3 ず5
13	10	10	8

Suzue
すずえ

鈴13 詠12	鈴13 絵12	鈴13 江6	紗10 依8	紗10 江6
25	25	19	18	16

Suzuka
すずか

鈴13 夏10	鈴13 香9	鈴13 花7	紗10 香9	鈴13 禾5
23	22	20	19	18

Suzuko
すずこ

寿7 津9 子3	鈴13 子3	紗10 子3	す3 ず5 子3	す3 ず5 こ2
19	16	13	11	10

Suzune
すずね

鈴13 音9	涼11 音9	紗10 音9	す3 ず5 ね4
22	20	19	12

Suzuno
すずの

紗10 野11	鈴13 乃2	涼11 乃2	紗10 乃2	寿7 々3 乃2
21	15	13	12	12

Shuri
しゅり

珠10 里7	珠10 利7	珠10 李7	朱6 莉10	朱6 里7
17	17	17	16	13

Juri
じゅり

樹16 梨11	樹16 里7	珠10 理11	珠10 李7	寿7 莉10
27	23	21	17	17

Jun
じゅん

潤15	順12	絢12	淳11	純10
15	12	12	11	10

Junko
じゅんこ

潤15 子3	順12 子3	絢12 子3	惇11 子3	純10 子3
18	15	15	14	13

Junna
じゅんな

絢12 菜11	潤15 那7	順12 奈8	惇11 奈8	純10 奈8
23	22	20	19	18

Sho
しょう

晶12	梢11	祥10	昌8	尚8
12	11	10	8	8

Shoko
しょうこ

彰14 子3	晶12 子3	翔12 子3	祥10 子3	昌8 子3
17	15	15	13	11

せ

Sei せい

名前	画数	総画
清	11	11
彗	11	11
聖	13	13
世依	5・8	13
静	14	14

Seika せいか

名前	画数	総画
清禾	11・5	16
星香	9・9	18
清花	11・7	18
清香	11・9	20
静華	14・10	24

Seiko せいこ

名前	画数	総画
晴子	12・3	15
聖子	13・3	16
誠子	13・3	16
誓子	14・3	17
静子	14・3	17

Seina せいな

名前	画数	総画
世那	5・7	12
成奈	6・8	14
星菜	9・11	20
惺奈	12・8	20
聖菜	13・11	24

Setsu せつ

名前	画数	総画
雪	11	11
節	13	13
世津	5・9	14
世都	5・11	16
星津	9・9	18

Setsuko せつこ

名前	画数	総画
節子	13・3	16
摂子	13・3	16
世津子	5・9・3	17
世都子	5・11・3	19
瀬津子	19・9・3	31

Sena せな

名前	画数	総画
世奈	5・8	13
世菜	5・11	16
瀬名	19・6	25
瀬那	19・7	26
瀬菜	19・11	30

Seri せり

名前	画数	総画
芹	7	7
世莉	5・10	15
世梨	5・11	16
瀬里	19・7	26
瀬理	19・11	30

Serina せりな

名前	画数	総画
芹奈	7・8	15
芹菜	7・11	18
世里奈	5・7・8	20
世梨那	5・11・7	23
瀬莉奈	19・10・8	37

Sen せん

名前	画数	総画
千	3	3
仙	5	5
宣	9	9
泉	9	9
茜	9	9

Senri せんり

名前	画数	総画
千浬	3・10	13
泉李	9・7	16
茜里	9・7	16
千璃	3・15	18
泉莉	9・10	19

そ

Sono その

名前	画数	総画
その	3・1	4
苑	8	8
素乃	10・2	12
園	13	13
想乃	13・2	15

Sonoka そのか

名前	画数	総画
苑花	8・7	15
苑香	8・9	17
園香	13・9	22
想乃花	13・2・7	22
園華	13・10	23

Sonoko そのこ

名前	画数	総画
苑子	8・3	11
其子	8・3	11
素乃子	10・2・3	15
園子	13・3	16
曽野子	11・11・3	25

Sonomi そのみ

名前	画数	総画
苑実	8・8	16
苑美	8・9	17
園実	13・8	21
園美	13・9	22
想乃美	13・2・9	24

Someko そめこ

名前	画数	総画
そめこ	3・2・2	7
染子	9・3	12
初芽子	7・8・3	18
想芽子	13・8・3	24
曽萌子	11・11・3	25

Soyoka そよか

名前	画数	総画
そよか	3・3・3	9
そよ花	3・3・7	13
そよ佳	3・3・8	14
そよ歌	3・3・14	20
想世花	13・5・7	25

Sora そら

名前	画数	総画
天	4	4
そら	3・3	6
空	8	8

Sorami そらみ

名前	画数	総画
そらみ	3・3・3	9
天美	4・9	13
そら美	3・3・9	15
空海	8・9	17
空美	8・9	17

た

Tae
たえ

妙	7	7
多江	6・6	12
多英	6・8	14
多恵	6・10	16
多絵	6・12	18

Taeko
たえこ

妙子	7・3	10
多江子	6・6・3	15
多衣子	6・6・3	15
多重子	6・9・3	18
多詠子	6・12・3	21

Takae
たかえ

孝枝	7・8	15
貴江	12・6	18
尚絵	8・12	20
貴恵	12・10	22
多香枝	6・9・8	23

Takako
たかこ

孝子	7・3	10
貴子	12・3	15
敬子	12・3	15
多佳子	6・8・3	17
多香子	6・9・3	18

Takane
たかね

尚音	8・9	17
崇祢	11・9	20
貴音	12・9	21
多香祢	6・9・9	24
多歌音	6・14・9	29

Takami
たかみ

孝美	7・9	16
高実	10・8	18
隆美	11・9	20
貴美	12・9	21
多香美	6・9・9	24

Takayo
たかよ

孝代	7・5	12
孝世	7・5	12
貴代	12・5	17
敬世	12・5	17
多花世	6・7・5	18

Taki
たき

滝	13	13
多希	6・7	13
多紀	6・9	15
多貴	6・12	18
多喜	6・12	18

Takiko
たきこ

滝子	13・3	16
多希子	6・7・3	16
多紀子	6・9・3	18
瀧子	19・3	22

Takino
たきの

滝乃	13・2	15
多岐乃	6・7・2	15
多希乃	6・7・2	15
多姫乃	6・10・2	18
瀧乃	19・2	21

Takumi
たくみ

拓実	8・8	16
拓美	8・9	17
拓海	8・9	17
卓美	8・9	17
多久美	6・3・9	18

Takeno
たけの

丈乃	3・2	5
竹乃	6・2	8
健乃	11・2	13
竹埜	6・11	17
多稀乃	6・12・2	20

Takemi
たけみ

壮美	6・9	15
竹美	6・9	15
竹海	6・9	15
岳実	8・8	16
貴心	12・4	16

Takeyo
たけよ

丈代	3・5	8
竹世	6・5	11
岳代	8・5	13
貴世	12・5	17

Tatsue
たつえ

立枝	5・8	13
起江	10・6	16
達絵	12・12	24
多津恵	6・9・10	25
樹恵	16・10	26

Tatsuko
たつこ

起子	10・3	13
達子	12・3	15
多津子	6・9・3	18
樹子	16・3	19
多都子	6・11・3	20

Tatsuno
たつの

立乃	5・2	7
起乃	10・2	12
多津乃	6・9・2	17
樹乃	16・2	18

Tatsumi
たつみ

立実	5・8	13
立望	5・11	16
多津巳	6・9・3	18
多津美	6・9・9	24
多都実	6・11・8	25

Tamae
たまえ

珠依	10・8	18
珠枝	10・8	18
玲絵	9・12	21
瑞絵	13・12	25
碧詠	14・12	26

Tamao
たまお

珠央	10・5	15
玉緒	5・14	19
珠緒	10・14	24
多麻緒	6・11・14	31
環緒	17・14	31

Tamaki たまき

珠樹	10・16	26
瑞希	13・7	20
玲季	9・8	17
珠希	10・7	17
環	17	17

Tamako たまこ

多麻子	6・11・3	20
碧子	14・3	17
瑶子	13・3	16
瑞子	13・3	16
珠子	10・3	13

Tamami たまみ

多真美	6・10・9	25
珠海	10・9	19
珠弥	10・8	18
玉珠	5・10	15
玉実	5・8	13

Tamayo たまよ

環世	17・5	22
瑶代	13・5	18
瑞世	13・5	18
珠代	10・5	15
玉代	5・5	10

Tami たみ

多美	6・9	15
黎	15	15
多実	6・8	14
たみ	4・3	7
民	5	5

Tamie たみえ

多美恵	6・9・10	25
黎恵	15・10	25
民恵	5・10	15
民枝	5・8	13
民江	5・6	11

Tamiko たみこ

多深子	6・11・3	20
多美子	6・9・3	18
黎子	15・3	18
多実子	6・8・3	17
民子	5・3	8

ち

Chiaki ちあき

智晶	12・12	24
智秋	12・9	21
千晶	3・12	15
千秋	3・9	12
千明	3・8	11

Chiiko ちいこ

智緯子	12・16・3	31
知衣子	8・6・3	17
茅伊子	8・6・3	17
千惟子	3・11・3	17
千泉子	3・9・3	15

Chie ちえ

知恵	8・10	18
智江	12・6	18
千絵	3・12	15
千恵	3・10	13
千枝	3・8	11

Chieko ちえこ

茅枝子	8・8・3	19
千絵子	3・12・3	18
知衣子	8・6・3	17
知江子	8・6・3	17
千恵子	3・10・3	16

Chiemi ちえみ

智恵美	12・10・9	31
茅詠美	8・12・9	29
知枝実	8・8・8	24
千江美	3・6・9	18
千笑	3・10	13

Chieri ちえり

智恵理	12・10・11	33
知枝梨	8・8・11	27
智衣里	12・6・7	25
千栄里	3・9・7	19
千江里	3・6・7	16

Chika ちか

知華	8・10	18
知香	8・9	17
知佳	8・8	16
茅花	8・7	15
千夏	3・10	13

Chikage ちかげ

知花夏	8・7・10	25
智景	12・12	24
茅景	8・12	20
知景	8・12	20
千景	3・12	15

Chikako ちかこ

茅歌子	8・14・3	25
智香子	12・9・3	24
千賀子	3・12・3	18
知花子	8・7・3	18
千加子	3・5・3	11

Chikayo ちかよ

智花世	12・7・5	24
茅華代	8・10・5	23
千夏世	3・10・5	18
千香代	3・9・5	17
千加代	3・5・5	13

Chigusa ちぐさ

茅草	8・9	17
千種	3・14	17
知草	8・9	17
千草	3・9	12
ちぐさ	3・3・3	9

Chiko ちこ

智湖	12・12	24
千湖	3・12	15
智子	12・3	15
茅子	8・3	11
知子	8・3	11

Chisa ちさ

智彩	12・11	23
知咲	8・9	17
茅沙	8・7	15
知佐	8・7	15
千紗	3・10	13

Chisako ちさこ

- 千3佐7子3　13
- 千3沙7子3　13
- 千3紗10子3　16
- 茅8沙7子3　18
- 智12佐7子3　22

Chisato ちさと

- 千3里7　10
- 千3智12　15
- 知8里7　15
- 茅8聡14　22
- 千3紗10都11　24

Chizu ちず

- ち3ず5　8
- 千3寿7　10
- 茅8寿7　15
- 知8津9　17
- 智12寿7　19

Chizuko ちずこ

- 千3寿7子3　13
- 知8寿7子3　18
- 茅8杜7子3　18
- 智12寿7子3　22

Chisuzu ちすず

- 千3寿7々3　13
- 千3紗10　13
- 千3鈴13　16
- 茅8紗10　18
- 知8鈴13　21

Chise ちせ

- ち3せ3　6
- 千3世5　8
- 知8世5　13
- 茅8世5　13
- 智12瀬19　31

Chizu ちづ

- ち3づ3　6
- 千3津9　12
- 茅8津9　17
- 智12津9　21
- 千3鶴21　24

Chizue ちづえ

- ち3づ3恵10　16
- 千3津9江6　18
- 知8津9江6　23
- 智12津9恵10　31
- 千3鶴21絵12　36

Chizuko ちづこ

- 千3津9子3　15
- 知8津9子3　20
- 茅8津9子3　20
- 智12津9子3　24
- 千3鶴21子3　27

Chizuru ちづる

- ち3づ3る3　9
- 千3弦8　11
- 茅8弦8　16
- 千3鶴21　24
- 智12津9留10　31

Chitose ちとせ

- 千3十2世5　10
- 知8年6　14
- 千3歳13　16
- 智12歳13　25
- 千3登12勢13　28

Chidori ちどり

- ち3ど4り2　9
- 千3鳥11　14
- 知8鳥11　19
- 千3登12里7　22
- 稚13鳥11　24

China ちな

- 千3那7　10
- 千3菜11　14
- 茅8那7　15
- 知8奈8　16
- 稚13菜11　24

Chinatsu ちなつ

- 千3夏10　13
- 知8夏10　18
- 茅8夏10　18
- 千3奈8津9　20
- 知8菜11津9　28

Chinami ちなみ

- 千3波8　11
- 知8波8　16
- 千3奈8美9　20
- 稚13波8　21
- 智12菜11美9　32

Chihana ちはな

- 千3花7　10
- 千3華10　13
- 知8花7　15
- 千3芭7奈8　18
- 智12花7　19

Chihaya ちはや

- 千3早6　9
- ち3は4や3　10
- 知8早6　14
- 知8快7　15
- 智12早6　18

Chiharu ちはる

- 千3春9　12
- 千3晴12　15
- 千3遥12　15
- 知8春9　17
- 茅8温12　20

Chihiro ちひろ

- ち3ひ2ろ2　7
- 千3紘10　13
- 千3尋12　15
- 千3裕12　15
- 知8尋12　20

Chifuyu ちふゆ

- 千3冬5　8
- 知8冬5　13
- 智12冬5　17
- 馳13冬5　18

Chiho ちほ

- 千3帆6　9
- 知8保9　17
- 千3穂15　18
- 智12歩8　20
- 智12穂15　27

Tsutae つたえ

つたえ	1・4・3	8
津妙	9・7	16
津多江	9・6・6	21
蔦枝	14・8	22
都多恵	11・6・10	27

Tsuzuko つづこ

津都子	9・11・3	23
都津子	11・9・3	23
津鶴子	9・21・3	33
鶴津子	21・9・3	33
都鶴子	11・21・3	35

Tsuzumi つづみ

つづみ	1・3・3	7
都津実	11・9・8	28
津都美	9・11・9	29
都津美	11・9・9	29
鶴津海	21・9・9	39

Tsuneko つねこ

つね子	1・4・3	8
恒子	9・3	12
常子	11・3	14
経子	11・3	14
津音子	9・9・3	21

Tsuneyo つねよ

恒与	9・3	12
恒代	9・5	14
常世	11・5	16
常代	11・5	16
津音世	9・9・5	23

Tsubaki つばき

つばき	1・6・4	11
椿	13	13
津芭希	9・7・7	23

Tsumugi つむぎ

紡	10	10
つむぎ	1・4・6	11
紬	11	11
津麦	9・7	16
摘麦	14・7	21

Chiriko ちりこ

千里子	3・7・3	13
千莉子	3・10・3	16
知里子	8・7・3	18
知璃子	8・15・3	26
稚梨子	13・11・3	27

つ

Tsukasa つかさ

司	5	5
つかさ	1・3・3	7
典	8	8
束紗	7・10	17
都香沙	11・9・7	27

Tsukie つきえ

月江	4・6	10
月詠	4・12	16
月絵	4・12	16
津紀江	9・9・6	24
槻恵	15・10	25

Tsukiko つきこ

月子	4・3	7
槻子	15・3	18
津妃子	9・6・3	18
津貴子	9・12・3	24
鶴季子	21・8・3	32

Tsukino つきの

月乃	4・2	6
月野	4・11	15
月埜	4・11	15
槻乃	15・2	17
津希乃	9・7・2	18

Tsugumi つぐみ

つぐみ	1・3・3	7
嗣巳	13・3	16
嗣実	13・8	21
嗣美	13・9	22
緒実	14・8	22

Chihoko ちほこ

千帆子	3・6・3	12
知甫子	8・7・3	18
千穂子	3・15・3	21
智保子	12・9・3	24
智穂子	12・15・3	30

Chihori ちほり

ちほり	3・5・2	10
千帆莉	3・6・10	19
千歩梨	3・8・11	22
知保理	8・9・11	28
知穂里	8・15・7	30

Chiyako ちやこ

千弥子	3・8・3	14
智也子	12・3・3	18
知耶子	8・9・3	20
稚哉子	13・9・3	25

Chiyuki ちゆき

ちゆき	3・3・4	10
千雪	3・11	14
知雪	8・11	19
智雪	12・11	23
知有紀	8・6・9	23

Chiyo ちよ

ちよ	3・3	6
千代	3・5	8
千世	3・5	8
知代	8・5	13
智代	12・5	17

Chiyoko ちよこ

千代子	3・5・3	11
千夜子	3・8・3	14
知代子	8・5・3	16
茅代子	8・5・3	16
智代子	12・5・3	20

Chiyomi ちよみ

千代実	3・5・8	16
千代美	3・5・9	17
千世美	3・5・9	17
知世実	8・5・8	21
知世海	8・5・9	22

Tsuyako つやこ

艶19 子3	津9 弥8 子3	都11 也3 子3	津9 矢5 子3	つ1 や3 子3
22	20	17	17	7

Tsuyuko つゆこ

鶴21 優17 子3	露21 子3	津9 有6 子3	都11 夕3 子3	津9 夕3 子3
41	24	18	17	15

て

Teiko ていこ

綴14 子3	禎13 子3	提12 子3	貞9 子3	汀5 子3
17	16	15	12	8

Tetsuko てつこ

徹15 子3	綴14 子3	哲10 子3
18	17	13

Terue てるえ

照13 絵12	輝15 恵10	照13 枝8	光6 恵10	映9 江6
25	25	21	16	15

Teruko てるこ

耀20 子3	輝15 子3	皓12 子3	瑛12 子3	晃10 子3
23	18	15	15	13

Teruna てるな

皓12 菜11	耀20 菜11	照13 奈8	瑛12 奈8	晃10 那7
23	21	21	20	17

Teruho てるほ

照13 穂15	耀20 帆6	輝15 保9	照13 歩8	瑛12 歩8
28	26	24	21	20

Terumi てるみ

輝15 珠10	輝15 美9	耀20 己3	照13 美9	瑛12 海9
25	24	23	22	21

Teruyo てるよ

耀20 夜8	耀20 代5	輝15 世5	照13 代5	晴12 世5
28	25	20	18	17

Tenka てんか

展10 華10	典8 夏10	添11 花7	天4 香9	天4 花7
20	18	18	13	11

と

Toko とうこ

登12 子3	桃10 子3	桐10 子3	東8 子3	冬5 子3
15	13	13	11	8

Tokie ときえ

杜7 季8 恵10	時10 絵12	季8 恵10	旬6 絵12	と2 き4 え3
25	22	18	18	9

Column 03

いくつ読めますか？ 日本の珍しい苗字

通常の読み方では絶対に読めない難読苗字。数字に由来するものを集めてみました。あなたはいくつ読めますか？

九（いちじく）：一字で九（く）だから。

二（したなが）：漢数字で下の棒が長いから。

十（つなし）：ひとつ、ふたつと数えていくと十には「つ」がつかないから。

八月一日（ほづみ）：旧暦の八月に稲穂を刈り取っていたから。

七五三（しめ）：しめ縄の「しめ」。昔は横紐に３本、５本、７本の縄をぶら下げていたため。

※読み方は一例です。

Tomoka
ともか

名前	画数	総画
智華	12・10	22
倫花	10・7	17
朋果	8・8	16
友香	4・9	13
友花	4・7	11

Tomoko
ともこ

名前	画数	総画
智子	12・3	15
倫子	10・3	13
朋子	8・3	11
知子	8・3	11
友子	4・3	7

Tomono
ともの

名前	画数	総画
那野	7・11	18
友埜	4・11	15
知乃	8・2	10
友乃	4・2	6
巴乃	4・2	6

Tomone
ともね

名前	画数	総画
都望音	11・11・9	31
智音	12・9	21
朋音	8・9	17
知音	8・9	17
友音	4・9	13

Tomoha
ともは

名前	画数	総画
朋葉	8・12	20
倫芭	10・7	17
友葉	4・12	16
知羽	8・6	14
巴羽	4・6	10

Tomomi
ともみ

名前	画数	総画
朝海	12・9	21
智実	12・8	20
倫美	10・9	19
朋美	8・9	17
友美	4・9	13

Tomoyo
ともよ

名前	画数	総画
朝世	12・5	17
智与	12・3	15
倫世	10・5	15
朋代	8・5	13
知世	8・5	13

Tomi
とみ

名前	画数	総画
登美	12・9	21
杜珠	7・10	17
登巳	12・3	15
富	12	12
冨	11	11

Tomie
とみえ

名前	画数	総画
登美恵	12・9・10	31
富詠	12・12	24
十美枝	2・9・8	19
富江	12・6	18
冨江	11・6	17

Tomiko
とみこ

名前	画数	総画
豊実子	13・8・3	24
登美子	12・9・3	24
杜海子	7・9・3	19
富子	12・3	15
とみこ	2・3・2	7

Tomino
とみの

名前	画数	総画
登美乃	12・9・2	23
冨野	11・11	22
都己乃	11・3・2	16
富乃	12・2	14
冨乃	11・2	13

Tomiyo
とみよ

名前	画数	総画
豊美世	13・9・5	27
登美代	12・9・5	26
富代	12・5	17
冨世	11・5	16
富与	12・3	15

Tomo
とも

名前	画数	総画
智	12	12
知	8	8
朋	8	8
那	7	7
友	4	4

Tomoe
ともえ

名前	画数	総画
智詠	12・12	24
朝江	12・6	18
朋恵	8・10	18
友絵	4・12	16
友枝	4・8	12

Tokiko
ときこ

名前	画数	総画
杜枝子	7・8・3	18
時子	10・3	13
季子	8・3	11
旬子	6・3	9
世子	5・3	8

Tokue
とくえ

名前	画数	総画
篤慧	16・15	31
篤恵	16・10	26
篤枝	16・8	24
徳栄	14・6	20
徳江	14・6	20

Tokuko
とくこ

名前	画数	総画
杜紅子	7・9・3	19
篤子	16・3	19
都久子	11・3・3	17
徳子	14・3	17
杜久子	7・3・3	13

Toshie
としえ

名前	画数	総画
淑江	11・6	17
寿恵	7・10	17
俊枝	9・8	17
敏江	10・6	16
利江	7・6	13

Toshiko
としこ

名前	画数	総画
稔子	13・3	16
敏子	10・3	13
俊子	9・3	12
英子	8・3	11
世子	5・3	8

Toshimi
としみ

名前	画数	総画
隼海	10・9	19
俊美	9・9	18
俊実	9・8	17
寿弥	7・8	15
才実	3・8	11

Tose
とせ

名前	画数	総画
登瀬	12・19	31
都瀬	11・19	30
十瀬	2・19	21
登世	12・5	17
都世	11・5	16

Nagisa
なぎさ

椰11 沙7	凪6 紗10	凪6 砂9	渚11	汀5
18	16	15	11	5

Nagomi
なごみ

奈8 胡9 実8	那7 胡9 美9	和8 実8	な5 ご4 み3	和8
25	25	16	12	8

Nazuna
なずな

奈8 津9 菜11	那7 津9 奈8	奈8 砂9	な5 ず5 な5
28	24	17	15

Natsu
なつ

菜11 鶴21	奈8 津9	那7 津9	夏10	な5 つ1
32	17	16	10	6

Natsue
なつえ

捺11 絵12	奈8 津9 江6	夏10 恵10	夏10 枝8	夏10 江6
23	23	20	18	16

Natsuo
なつお

奈8 津9 緒14	菜11 津9 央5	夏10 緒14	夏10 央5	夏10 生5
31	25	24	15	15

Natsuka
なつか

奈8 津9 香9	夏10 嘉14	夏10 佳8	夏10 果8	捺11 禾5
26	24	18	18	16

Towako
とわこ

都11 環17 子3	豊13 和8 子3	都11 羽6 子3	十2 和8 子3
31	24	20	13

な

Naeko
なえこ

菜11 絵12 子3	南9 依8 子3	那7 恵10 子3	奈8 江6 子3	苗8 子3
26	20	20	17	11

Nao
なお

奈8 緒14	奈8 央5	那7 央5	直8	尚8
22	13	12	8	8

Naoko
なおこ

奈8 緒14 子3	那7 穂15 子3	南9 央5 子3	奈8 央5 子3	尚8 子3
25	25	17	16	11

Naomi
なおみ

奈8 緒14 美9	菜11 央5 美9	直8 海9	直8 美9	尚8 美9
31	25	17	17	17

Nakako
なかこ

南9 嘉14 子3	菜11 夏10 子3	奈8 花7 子3	那7 佳8 子3	央5 子3
26	24	18	18	8

Toyo
とよ

登12 世5	登12 代5	都11 世5	豊13	杜7 世5
17	17	16	13	12

Toyoe
とよえ

都11 世5 恵10	豊13 絵12	登12 代5 江6	杜7 世5 恵10	豊13 枝8
26	25	23	22	21

Toyoka
とよか

登12 世5 花7	杜7 代5 華10	豊13 香9	豊13 佳8	豊13 花7
24	22	22	21	20

Toyoko
とよこ

杜7 誉13 子3	登12 世5 子3	都11 世5 子3	登12 与3 子3	豊13 子3
23	20	19	18	16

Toyono
とよの

豊13 埜11	豊13 野11	杜7 世5 野11	都11 代5 乃2	豊13 乃2
24	24	23	18	15

Toyomi
とよみ

都11 夜8 弥8	豊13 美9	豊13 海9	豊13 実8	杜7 世5 水4
27	22	22	21	16

Towa
とわ

杜7 環17	永5 遠13	都11 羽6	十2 和8	と2 わ3
24	18	17	10	5

Nahomi なほみ

名前	画数	総画
菜穂美	11・15・9	35
那穂実	7・15・8	30
奈保美	8・9・9	26
奈歩美	8・8・9	25

Nami なみ

名前	画数	総画
菜美	11・9	20
奈海	8・9	17
奈美	8・9	17
那海	7・9	16
奈実	8・8	16

Namie なみえ

名前	画数	総画
菜美絵	11・9・12	32
奈美恵	8・9・10	27
那美恵	7・9・10	26
那海江	7・9・6	22
波江	8・6	14

Namiko なみこ

名前	画数	総画
菜実子	11・8・3	22
奈美子	8・9・3	20
那海子	7・9・3	19
七海子	2・9・3	14
波子	8・3	11

Nayumi なゆみ

名前	画数	総画
菜由美	11・5・9	25
菜由実	11・5・8	24
南友美	9・4・9	22
奈弓	8・3	11
那弓	7・3	10

Narimi なりみ

名前	画数	総画
菜梨美	11・11・9	31
奈里美	8・7・9	24
成美	6・9	15
也美	3・9	12

Narumi なるみ

名前	画数	総画
奈瑠美	8・14・9	31
那瑠海	7・14・9	30
成海	6・9	15
成美	6・9	15
成実	6・8	14

Nanako ななこ

名前	画数	総画
菜奈子	11・8・3	22
奈那子	8・7・3	18
菜々子	11・3・3	17
奈々子	8・3・3	14
那々子	7・3・3	13

Nanase ななせ

名前	画数	総画
奈々瀬	8・3・19	30
七瀬	2・19	21
那奈世	7・8・5	20
菜々世	11・3・5	19
七世	2・5	7

Nanami ななみ

名前	画数	総画
那奈美	7・8・9	24
七奈美	2・8・9	19
南波	9・8	17
七海	2・9	11
七弥	2・8	10

Nanoka なのか

名前	画数	総画
菜野花	11・11・7	29
菜の花	11・1・7	19
奈乃香	8・2・9	19
那乃花	7・2・7	16
七夏	2・10	12

Nanoha なのは

名前	画数	総画
南乃羽	9・2・6	17
那乃芭	7・2・7	16
奈乃羽	8・2・6	16
菜のは	11・1・4	16

Naho なほ

名前	画数	総画
菜穂	11・15	26
菜歩	11・8	19
奈保	8・9	17
南帆	9・6	15
那歩	7・8	15

Nahoko なほこ

名前	画数	総画
菜穂子	11・15・3	29
南歩子	9・8・3	20
奈保子	8・9・3	20
七穂子	2・15・3	20
奈帆子	8・6・3	17

Natsuki なつき

名前	画数	総画
夏樹	10・16	26
奈津希	8・9・7	24
夏希	10・7	17
夏生	10・5	15
菜月	11・4	15

Natsuko なつこ

名前	画数	総画
那鶴子	7・21・3	31
菜都子	11・11・3	25
那津子	7・9・3	19
捺子	11・3	14
夏子	10・3	13

Natsumi なつみ

名前	画数	総画
奈津実	8・9・8	25
那津美	7・9・9	25
菜摘	11・14	25
捺美	11・9	20
夏実	10・8	18

Natsume なつめ

名前	画数	総画
菜都芽	11・11・8	30
奈津萌	8・9・11	28
捺萌	11・11	22
夏芽	10・8	18
なつめ	5・1・2	8

Nana なな

名前	画数	総画
那菜	7・11	18
南奈	9・8	17
南那	9・7	16
那奈	7・8	15
奈々	8・3	11

Nanae ななえ

名前	画数	総画
那奈恵	7・8・10	25
奈々枝	8・3・8	19
七絵	2・12	14
七恵	2・10	12
七江	2・6	8

Nanao ななお

名前	画数	総画
奈々緒	8・3・14	25
那菜央	7・11・5	23
奈々於	8・3・8	19
七緒	2・14	16
七央	2・5	7

Nobuko
のぶこ

伸 7 子 3	10
延 8 子 3	11
信 9 子 3	12
宣 9 子 3	12
暢 14 子 3	17

Nobuyo
のぶよ

延 8 世 5	13
宜 8 代 5	13
信 9 代 5	14
経 11 世 5	16
暢 14 代 5	19

Norie
のりえ

典 8 江 6	14
紀 9 江 6	15
倫 10 枝 8	18
紀 9 恵 10	19
範 15 絵 12	27

Norika
のりか

倫 10 花 7	17
紀 9 香 9	18
乃 2 里 7 香 9	18
紀 9 華 10	19
紀 9 歌 14	23

Noriko
のりこ

典 8 子 3	11
紀 9 子 3	12
徳 14 子 3	17
範 15 子 3	18
憲 16 子 3	19

Norimi
のりみ

法 8 実 8	16
典 8 美 9	17
紀 9 美 9	18
乃 2 里 7 美 9	18
徳 14 美 9	23

Noriyo
のりよ

典 8 世 5	13
典 8 代 5	13
紀 9 代 5	14
徳 14 代 5	19
憲 16 代 5	21

Neneko
ねねこ

ね 4 ね 4 子 3	11
音 9 々 3 子 3	15
寧 14 々 3 子 3	20
寧 14 音 9 子 3	26

の

Nozomi
のぞみ

希 7	7
望 11	11
希 7 実 8	15
希 7 美 9	16
望 11 美 9	20

Nodoka
のどか

の 1 ど 4 か 3	8
和 8	8
閑 12 香 9	21

Nonoka
ののか

の 1 の 1 か 3	5
野 11 乃 2 花 7	20
野 11 乃 2 果 8	21
野 11 乃 2 香 9	22
野 11 々 3 歌 14	28

Nonoko
ののこ

の 1 の 1 子 3	5
乃 2 々 3 子 3	8
乃 2 野 11 子 3	16
埜 11 々 3 子 3	17
野 11 々 3 子 3	17

Nobue
のぶえ

伸 7 江 6	13
延 8 江 6	14
伸 7 枝 8	15
信 9 恵 10	19
暢 14 枝 8	22

に

Niina
にいな

仁 4 依 8 奈 8	20
新 13 奈 8	21
新 13 南 9	22
新 13 菜 11	24
似 7 衣 6 菜 11	24

Nijiho
にじほ

虹 9 帆 6	15
虹 9 歩 8	17
虹 9 保 9	18
虹 9 穂 15	24

Nina
にな

二 2 那 7	9
二 2 奈 8	10
仁 4 奈 8	12
二 2 菜 11	13
弐 6 菜 11	17

Ninako
になこ

二 2 那 7 子 3	12
仁 4 奈 8 子 3	15
弐 6 奈 8 子 3	17
仁 4 菜 11 子 3	18

ね

Nene
ねね

ね 4 ね 4	8
音 9 々 3	12
寧 14 々 3	17
寧 14 音 9	23

は

Haya はや

葉12耶9	羽6耶9	芭7弥8	波8矢5	羽6矢5
21	15	15	13	11

Haru はる

暖13	晴12	春9	花7	は4る3
13	12	9	7	7

Harue はるえ

晴12恵10	春9恵10	晴12江6	陽12衣6	春9江6
22	19	18	18	15

Haruka はるか

晴12香9	陽12香9	春9花7	遥12	悠11
21	21	16	12	11

Haruko はるこ

遥12子3	陽12子3	晴12子3	春9子3	治8子3
15	15	15	12	11

Haruna はるな

榛14菜11	晴12菜11	陽12菜11	春9菜11	春9奈8
25	23	23	20	17

Haruno はるの

芭7瑠14乃2	榛14乃2	暖13乃2	遥12乃2	春9乃2
23	16	15	14	11

Hatsumi はつみ

葉12摘14	羽6津9美9	初7美9	初7実8	初7巳3
26	24	16	15	10

Hana はな

羽6奈8	華10	は4な5	英8	花7
14	10	9	8	7

Hanae はなえ

華10恵10	花7絵12	英8枝8	華10江6	花7枝8
20	19	16	16	15

Hanako はなこ

葉12菜11子3	羽6那7子3	華10子3	英8子3	花7子3
26	16	13	11	10

Hanano はなの

花7野11	花7埜11	華10乃2	英8乃2	花7乃2
18	18	12	10	9

Hanami はなみ

華10実8	英8海9	英8美9	花7美9	花7実8
18	17	17	16	15

Hanayo はなよ

葉12奈8代5	花7葉12	華10世5	華10与3	花7世5
25	19	15	13	12

Hasumi はすみ

葉12澄15	蓮13美9	羽6澄15	羽6純10	芙7美9
27	22	21	16	16

Hatsue はつえ

葉12津9江6	羽6津9恵10	初7恵10	初7枝8	初7江6
27	25	17	15	13

Hazuki はづき

葉12津9紀9	葉12月4	杷8月4	芭7月4	は4づ3き4
30	16	12	11	11

Hatsuko はつこ

葉12津9子3	羽6津9子3	初7胡9	初7子3	は4つ1子3
24	18	16	10	8

Hatsuse はつせ

初7瀬19	葉12津9世5	波8都11世5	羽6都11世5	初7世5
26	26	24	22	12

Hatsune はつね

初7峰10	初7音9	は4つ1ね4
17	16	9

Harumi
はるみ

治8 巳3	11
春9 美9	18
春9 泉9	18
晴12 海9	21
晴12 美9	21

Haruyo
はるよ

治8 代5	13
春9 代5	14
陽12 世5	17
晴12 世5	17
遥12 代5	17

Hanna
はんな

氾5 那7	12
帆6 奈8	14
汎6 奈8	14
帆6 南9	15
絆11 菜11	22

ひ

Hikari
ひかり

光6	6
ひ2 か3 り2	7
景12	12
日4 香9 里7	20

Hikaru
ひかる

光6	6
ひ2 か3 る3	8
晃10	10
輝15	15

Hisae
ひさえ

久3 栄9	12
久3 恵10	13
寿7 江6	13
尚8 恵10	18
尚8 絵12	20

Hisako
ひさこ

久3 子3	6
永5 子3	8
寿7 子3	10
玖7 子3	10
妃6 沙7 子3	16

Hisano
ひさの

久3 乃2	5
永5 乃2	7
玖7 乃2	9
恒9 乃2	11
悠11 乃2	13

Hisayo
ひさよ

久3 代5	8
寿7 与3	10
尚8 代5	13
悠11 世5	16
常11 世5	16

Hizuru
ひづる

日4 都11 瑠14	29
飛9 鶴21	30

Hideka
ひでか

英8 禾5	13
秀7 香9	16
英8 佳8	16
英8 華10	18
秀7 歌14	21

Hideko
ひでこ

ひ2 で4 こ2	8
ひ2 で4 子3	9
秀7 子3	10
英8 子3	11
日4 出5 子3	12

Hideno
ひでの

ひ2 で4 の1	7
秀7 乃2	9
英8 乃2	10
秀7 野11	18
英8 野11	19

Hidemi
ひでみ

秀7 実8	15
秀7 美9	16
英8 美9	17
英8 海9	17
日4 出5 美9	18

Hideyo
ひでよ

英8 与3	11
秀7 世5	12
秀7 代5	12
英8 世5	13
英8 代5	13

Hitomi
ひとみ

ひ2 と2 み3	7
一1 実8	9
仁4 美9	13
瞳17	17
日4 登12 美9	25

Hina
ひな

妃6 奈8	14
日4 菜11	15
雛18	18
陽12 奈8	20
陽12 菜11	23

Hinako
ひなこ

日4 奈8 子3	15
枇8 那7 子3	18
日4 菜11 子3	18
雛18 子3	21
陽12 奈8 子3	23

Hinata
ひなた

日4 向6	10
ひ2 な5 た4	11
日4 奈8 多6	18
枇8 那7 多6	21

Hinano
ひなの

ひ2 な5 の1	8
日4 那7 乃2	13
妃6 奈8 乃2	16
枇8 那7 乃2	17
雛18 乃2	20

Hinami ひなみ

名前	画数	合計
日波	4・8	12
日奈実	4・8・8	20
妃奈美	6・8・9	23
雛美	18・9	27
陽菜美	12・11・9	32

Hifumi ひふみ

名前	画数	合計
ひふみ	2・4・3	9
斐文	12・4	16
比芙美	4・7・9	20
陽冨美	12・11・9	32

Hiyori ひより

名前	画数	合計
ひより	2・3・2	7
日和	4・8	12
日代里	4・5・7	16
陽世里	12・5・7	24
緋世李	14・5・7	26

Hiroe ひろえ

名前	画数	合計
広恵	5・10	15
宏枝	7・8	15
博枝	12・8	20
廣江	15・6	21
裕絵	12・12	24

Hiroka ひろか

名前	画数	合計
弘香	5・9	14
日呂花	4・7・7	18
広嘉	5・14	19
博花	12・7	19
裕香	12・9	21

Hiroko ひろこ

名前	画数	合計
浩子	10・3	13
紘子	10・3	13
博子	12・3	15
裕子	12・3	15
寛子	13・3	16

Hirono ひろの

名前	画数	合計
広乃	5・2	7
弘乃	5・2	7
洋乃	9・2	11
寛乃	13・2	15
嘉乃	14・2	16

Hiromi ひろみ

名前	画数	合計
ひろみ	2・2・3	7
弘美	5・9	14
宏美	7・9	16
比呂美	4・7・9	20
寛美	13・9	22

Hiwako ひわこ

名前	画数	合計
日和子	4・8・3	15
妃和子	6・8・3	17
比琶子	4・12・3	19
緋和子	14・8・3	25
陽環子	12・17・3	32

ふ

Fuka ふうか

名前	画数	合計
風花	9・7	16
風香	9・9	18
富華	12・10	22
楓香	13・9	22
楓歌	13・14	27

Fuko ふうこ

名前	画数	合計
風子	9・3	12
富子	12・3	15
楓子	13・3	16
芙羽子	7・6・3	16
歩羽子	8・6・3	17

Fuki ふき

名前	画数	合計
ふき	4・4	8
布希	5・7	12
芙妃	7・6	13
布貴	5・12	17
富紀	12・9	21

Fukiko ふきこ

名前	画数	合計
芙希子	7・7・3	17
風稀子	9・12・3	24
富紀子	12・9・3	24
楓紀子	13・9・3	25

Fukuko ふくこ

名前	画数	合計
布久子	5・3・3	11
福子	13・3	16
富久子	12・3・3	18
芙紅子	7・9・3	19
楓玖子	13・7・3	23

Fukumi ふくみ

名前	画数	合計
福心	13・4	17
芙久弥	7・3・8	18
福実	13・8	21
福美	13・9	22
富久美	12・3・9	24

Fusa ふさ

名前	画数	合計
ふさ	4・3	7
房	8	8
布紗	5・10	15
吹咲	7・9	16
歩紗	8・10	18

Fusae ふさえ

名前	画数	合計
芙冴	7・7	14
房江	8・6	14
房枝	8・8	16
芙小枝	7・3・8	18
富紗恵	12・10・10	32

Fusako ふさこ

名前	画数	合計
房子	8・3	11
総子	14・3	17
布紗子	5・10・3	18
芙紗子	7・10・3	20
富咲子	12・9・3	24

Fujie ふじえ

名前	画数	合計
藤江	18・6	24
藤衣	18・6	24
富士恵	12・3・10	25
藤枝	18・8	26
藤恵	18・10	28

Fujiko ふじこ

名前	画数	合計
ふじ子	4・3・3	10
冨二子	11・2・3	16
芙治子	7・8・3	18
富士子	12・3・3	18
藤子	18・3	21

Fujino
ふじの

ふ4じ3乃2	9
扶7二2乃2	11
冨11士3乃2	16
富12士3乃2	17
藤18乃2	20

Fujiyo
ふじよ

ふ4じ3代5	12
扶7二2代5	14
藤18代5	23
藤18世5	23
扶7路13代5	25

Futaba
ふたば

二2芭7	9
双4芭7	11
二2葉12	14
ふ4た4ば6	14
双4葉12	16

Fuzuki
ふづき

文4月4	8
布5月4	9
扶7月4	11
風9月4	13
歩8津9希7	24

Fumi
ふみ

文4	4
史5	5
ふ4み3	7
扶7実8	15
芙7美9	16

Fumie
ふみえ

史5江6	11
文4恵10	14
史5恵10	15
芙7美9枝8	24
冨11美9江6	26

Fumio
ふみお

文4緒14	18
史5緒14	19
芙7実8央5	20
芙7美9緒14	30
冨11美9緒14	34

Fumiko
ふみこ

文4子3	7
史5子3	8
扶7美9子3	19
冨11美9子3	23

Fumina
ふみな

史5奈8	13
文4菜11	15
郁9那7	16
風9実8奈8	25
芙7美9菜11	27

Fumino
ふみの

文4乃2	6
史5乃2	7
ふ4み3乃2	9
文4埜11	15
富12美9乃2	23

Fumiyo
ふみよ

文4代5	9
文4世5	9
史5夜8	13
芙7実8代5	20
富12美9世5	26

Fuyu
ふゆ

冬5	5
布5由5	10
芙7友4	11
風9柚9	18
歩8結12	20

Fuyuka
ふゆか

冬5花7	12
冬5香9	14
冬5華10	15
布5友4花7	16
風9柚9花7	25

Fuyuko
ふゆこ

冬5子3	8
扶7由5子3	15
歩8友4子3	15
扶7柚9子3	19
富12有6子3	21

Fuyuno
ふゆの

冬5乃2	7
ふ4ゆ3乃2	9
布5由5乃2	12
扶7友4乃2	13
歩8優17乃2	27

Fuyumi
ふゆみ

芙7弓3	10
冬5実8	13
冬5美9	14
風9由5実8	22
富12由5美9	26

へ

Benio
べにお

紅9乙1	10
紅9央5	14
紅9於8	17
紅9音9	18
紅9緒14	23

Beniko
べにこ

べ3に3こ2	8
紅9子3	12
紅9己3	12
紅9胡9	18
紅9湖12	21

ほ

Hoshika
ほしか

星9花7	16
星9伽7	16
星9佳8	17
星9香9	18
星9夏10	19

Mari まあり

名前	画数
麻(11)亜(7)李(7)	25
真(10)亜(7)里(7)	24
万(3)亜(7)莉(10)	20
真(10)有(6)	16
万(3)有(6)	9

Mai まい

名前	画数
麻(11)維(14)	25
真(10)唯(11)	21
麻(11)衣(6)	17
茉(8)依(8)	16
舞(15)	15

Maika まいか

名前	画数
麻(11)衣(6)果(8)	25
舞(15)香(9)	24
真(10)衣(6)花(7)	23
舞(15)花(7)	22
万(3)衣(6)華(10)	19

Maiko まいこ

名前	画数
麻(11)唯(11)子(3)	25
麻(11)衣(6)子(3)	20
茉(8)依(8)子(3)	19
真(10)以(5)子(3)	18
舞(15)子(3)	18

Maina まいな

名前	画数
真(10)唯(11)奈(8)	29
麻(11)依(8)那(7)	26
舞(15)菜(11)	26
真(10)衣(6)奈(8)	24
ま(4)い(2)奈(8)	14

Maino まいの

名前	画数
真(10)衣(6)埜(11)	27
舞(15)野(11)	26
真(10)依(8)乃(2)	20
万(3)維(14)乃(2)	19
麻(11)衣(6)乃(2)	19

Mao まお

名前	画数
麻(11)緒(14)	25
茉(8)緒(14)	22
万(3)緒(14)	17
麻(11)央(5)	16
真(10)央(5)	15

Honoka ほのか

名前	画数
穂(15)乃(2)果(8)	25
穂(15)乃(2)花(7)	24
歩(8)乃(2)歌(14)	24
歩(8)乃(2)果(8)	18
帆(6)乃(2)夏(10)	18

Honomi ほのみ

名前	画数
穂(15)乃(2)実(8)	25
保(9)乃(2)実(8)	19
歩(8)乃(2)実(8)	18
帆(6)乃(2)美(9)	17
ほ(5)の(1)み(3)	9

Homare ほまれ

名前	画数
穂(15)稀(12)	27
保(9)茉(8)礼(5)	22
帆(6)希(7)	13
誉(13)	13
ほ(5)ま(4)れ(3)	12

ま

Mako まあこ

名前	画数
麻(11)阿(8)子(3)	22
真(10)有(6)子(3)	19
茉(8)阿(8)子(3)	19
茉(8)亜(7)子(3)	18
万(3)亜(7)子(3)	13

Masa まあさ

名前	画数
麻(11)亜(7)紗(10)	28
茉(8)亜(7)紗(10)	25
真(10)亜(7)沙(7)	24
真(10)麻(11)	21
茉(8)麻(11)	19

Maya まあや

名前	画数
麻(11)亜(7)耶(9)	27
真(10)亜(7)矢(5)	22
真(10)綾(14)	24
真(10)彩(11)	21
万(3)綾(14)	17

Hoshina ほしな

名前	画数
保(9)志(7)菜(11)	27
星(9)菜(11)	20
星(9)南(9)	18
星(9)奈(8)	17
星(9)那(7)	16

Hoshino ほしの

名前	画数
穂(15)志(7)乃(2)	24
帆(6)詩(13)乃(2)	21
星(9)埜(11)	20
保(9)志(7)乃(2)	18
星(9)乃(2)	11

Hozumi ほずみ

名前	画数
穂(15)澄(15)	30
穂(15)泉(9)	24
保(9)澄(15)	24
帆(6)澄(15)	21
帆(6)泉(9)	15

Hotaru ほたる

名前	画数
保(9)多(6)瑠(14)	29
帆(6)垂(8)	14
ほ(5)た(4)る(3)	12
蛍(11)	11
ホ(4)タ(3)ル(2)	9

Botan ぼたん

名前	画数
菩(11)丹(4)	15
ぼ(7)た(4)ん(2)	13
牡(7)丹(4)	11

Hozuki ほづき

名前	画数
穂(15)月(4)	19
保(9)月(4)	13
歩(8)月(4)	12
甫(7)月(4)	11
帆(6)月(4)	10

Honami ほなみ

名前	画数
穂(15)奈(8)美(9)	32
保(9)菜(11)実(8)	28
保(9)奈(8)美(9)	26
歩(8)南(9)	17
帆(6)波(8)	14

Masami
まさみ

名前	画数	総画
昌巳	8・3	11
正美	5・9	14
昌美	8・9	17
雅美	13・9	22
真紗美	10・10・9	29

Masayo
まさよ

名前	画数	総画
正代	5・5	10
昌世	8・5	13
雅代	13・5	18
茉沙世	8・7・5	20
万紗葉	3・10・12	25

Mashiro
ましろ

名前	画数	総画
万代	3・5	8
真白	10・5	15
麻代	11・5	16
磨白	16・5	21

Masumi
ますみ

名前	画数	総画
万純	3・10	13
茉純	8・10	18
茉澄	8・15	23
真澄	10・15	25
真須美	10・12・9	31

Masuyo
ますよ

名前	画数	総画
加世	5・5	10
益代	10・5	15
万寿世	3・7・5	15
満代	12・5	17
満寿代	12・7・5	24

Machi
まち

名前	画数	総画
万智	3・12	15
茉茅	8・8	16
麻知	11・8	19
真智	10・12	22

Machie
まちえ

名前	画数	総画
まちえ	4・3・6	13
万智江	3・12・6	21
麻千絵	11・3・12	26
麻知依	11・8・8	27
真茅絵	10・8・12	30

Makiyo
まきよ

名前	画数	総画
牧代	8・5	13
万紀代	3・9・5	17
真希代	10・7・5	22
麻季世	11・8・5	24
茉葵代	8・12・5	25

Mako
まこ

名前	画数	総画
茉己	8・3	11
茉子	8・3	11
真子	10・3	13
眞子	10・3	13
麻子	11・3	14

Makoto
まこと

名前	画数	総画
まこと	4・2・2	8
万琴	3・12	15
茉琴	8・12	20
真琴	10・12	22
真詞	10・12	22

Masae
まさえ

名前	画数	総画
匡江	6・6	12
昌枝	8・8	16
雅恵	13・10	23
真紗恵	10・10・10	30
麻沙絵	11・7・12	30

Masaki
まさき

名前	画数	総画
茉咲	8・9	17
真咲	10・9	19
麻咲	11・9	20
雅姫	13・10	23
真沙希	10・7・7	24

Masako
まさこ

名前	画数	総画
柾子	9・3	12
雅子	13・3	16
真佐子	10・7・3	20
真彩子	10・11・3	24
麻紗子	11・10・3	24

Masano
まさの

名前	画数	総画
昌乃	8・2	10
真乃	10・2	12
雅乃	13・2	15
匡埜	6・11	17
麻沙乃	11・7・2	20

Maoko
まおこ

名前	画数	総画
万央子	3・5・3	11
茉央子	8・5・3	16
真央子	10・5・3	18
麻於子	11・8・3	22
真緒子	10・14・3	27

Maomi
まおみ

名前	画数	総画
まおみ	4・4・3	11
真央実	10・5・8	23
茉於美	8・8・9	25
真緒巳	10・14・3	27
茉緒実	8・14・8	30

Maki
まき

名前	画数	総画
茉季	8・8	16
真希	10・7	17
麻希	11・7	18
真紀	10・9	19
麻樹	11・16	27

Makie
まきえ

名前	画数	総画
茉季江	8・8・6	22
槙恵	14・10	24
麻希江	11・7・6	24
万貴恵	3・12・10	25
真希枝	10・7・8	25

Makiko
まきこ

名前	画数	総画
牧子	8・3	11
万紀子	3・9・3	15
茉希子	8・7・3	18
真紀子	10・9・3	22
麻姫子	11・10・3	24

Makino
まきの

名前	画数	総画
牧乃	8・2	10
槙乃	14・2	16
真季乃	10・8・2	20
真紀乃	10・9・2	21
麻姫乃	11・10・2	23

Makiho
まきほ

名前	画数	総画
牧歩	8・8	16
牧穂	8・15	23
真希歩	10・7・8	25
槙穂	14・15	29
真紀穂	10・9・15	34

Mamika
まみか

麻美華	11・9・10	30
真美香	10・9・9	28
真弥香	10・8・9	27
麻美花	11・9・7	27
真実果	10・8・8	26

Mamiko
まみこ

満美子	12・9・3	24
麻美子	11・9・3	23
茉実子	8・8・3	19
真己子	10・3・3	16
万実子	3・8・3	14

Mamina
まみな

麻美奈	11・9・8	28
真美奈	10・9・8	27
茉美奈	8・9・8	25
万深奈	3・11・8	22
麻皆	11・9	20

Maya
まや

摩耶	15・9	24
麻耶	11・9	20
真夜	10・8	18
茉耶	8・9	17
真矢	10・5	15

Mayako
まやこ

摩耶子	15・9・3	27
真哉子	10・9・3	22
真矢子	10・5・3	18
麻也子	11・3・3	17
万耶子	3・9・3	15

Mayu
まゆ

麻由	11・5	16
麻友	11・4	15
真由	10・5	15
真夕	10・3	13
茉友	8・4	12

Mayuka
まゆか

真柚果	10・9・8	27
真由香	10・5・9	24
真夕夏	10・3・10	23
茉友花	8・4・7	19
万由花	3・5・7	15

Manaka
まなか

真菜夏	10・11・10	31
愛華	13・10	23
茉那花	8・7・7	22
愛花	13・7	20
まなか	4・5・3	12

Manami
まなみ

真菜実	10・11・8	29
麻奈美	11・8・9	28
真奈美	10・8・9	27
愛美	13・9	22
真波	10・8	18

Mano
まの

真埜	10・11	21
茉野	8・11	19
万野	3・11	14
麻乃	11・2	13
真乃	10・2	12

Mahiro
まひろ

麻尋	11・12	23
真尋	10・12	22
真広	10・5	15
茉央	8・5	13
まひろ	4・2・2	8

Maho
まほ

真穂	10・15	25
万穂	3・15	18
真歩	10・8	18
真帆	10・6	16
茉帆	8・6	14

Mahoko
まほこ

真穂子	10・15・3	28
真歩子	10・8・3	21
万穂子	3・15・3	21
茉帆子	8・6・3	17
万保子	3・9・3	15

Mami
まみ

麻美	11・9	20
麻海	11・9	20
真美	10・9	19
真実	10・8	18
茉美	8・9	17

Machika
まちか

真知花	10・8・7	25
麻千夏	11・3・10	24
万智香	3・12・9	24
万千花	3・3・7	13

Machiko
まちこ

眞智子	10・12・3	25
真知子	10・8・3	21
茉茅子	8・8・3	19
万智子	3・12・3	18
麻千子	11・3・3	17

Matsue
まつえ

万津絵	3・9・12	24
松詠	8・12	20
茉恵	8・10	18
松枝	8・8	16
松衣	8・6	14

Matsuko
まつこ

真都子	10・11・3	24
真津子	10・9・3	22
茉都子	8・11・3	22
茉子	8・3	11
松子	8・3	11

Madoka
まどか

窓花	11・7	18
円華	4・10	14
円花	4・7	11
まどか	4・4・3	11
円	4	4

Mana
まな

真菜	10・11	21
真奈	10・8	18
真那	10・7	17
茉奈	8・8	16
愛	13	13

Manae
まなえ

麻那絵	11・7・12	30
茉菜恵	8・11・10	29
愛恵	13・10	23
真苗	10・8	18
茉苗	8・8	16

Marino
まりの

毬乃	11・2	13
茉里乃	8・7・2	17
万璃乃	3・15・2	20
真理乃	10・11・2	23
麻梨乃	11・11・2	24

Mariya
まりや

まりや	4・2・3	9
真里也	10・7・3	20
鞠弥	17・8	25
茉莉弥	8・10・8	26
麻理耶	11・11・9	31

み

Mia
みあ

みあ	3・3	6
実亜	8・7	15
美亜	9・7	16
美阿	9・8	17

Mii
みい

美以	9・5	14
美衣	9・6	15
美伊	9・6	15
未唯	5・11	16
実依	8・8	16

Miiko
みいこ

実衣子	8・6・3	17
美衣子	9・6・3	18
未唯子	5・11・3	19
美唯子	9・11・3	23
深維子	11・14・3	28

Miina
みいな

美衣奈	9・6・8	23
深衣名	11・6・6	23
弥依那	8・8・7	23
実衣菜	8・6・11	25

Mari
まり

まり	4・2	6
茉里	8・7	15
鞠	17	17
万璃	3・15	18
茉莉	8・10	18

Maria
まりあ

マリア	2・2・2	6
まりあ	4・2・3	9
万璃亜	3・15・7	25
真理亜	10・11・7	28
麻梨亜	11・11・7	29

Marie
まりえ

マリエ	2・2・3	7
まりえ	4・2・3	9
万梨恵	3・11・10	24
茉莉枝	8・10・8	26
麻理恵	11・11・10	32

Marika
まりか

真里花	10・7・7	24
万璃花	3・15・7	25
茉莉花	8・10・7	25
茉莉香	8・10・9	27
麻理香	11・11・9	31

Mariko
まりこ

万里子	3・7・3	13
茉里子	8・7・3	18
真梨子	10・11・3	24
真理子	10・11・3	24
麻莉子	11・10・3	24

Marisa
まりさ

まり紗	4・2・10	16
万里砂	3・7・9	19
麻里沙	11・7・7	25
茉莉紗	8・10・10	28
真璃沙	10・15・7	32

Marina
まりな

万利菜	3・7・11	21
真里奈	10・7・8	25
満里奈	12・7・8	27
真莉奈	10・10・8	28
麻梨奈	11・11・8	30

Mayuki
まゆき

万幸	3・8	11
真雪	10・11	21
真友紀	10・4・9	23
茉柚希	8・9・7	24
繭希	18・7	25

Mayuko
まゆこ

真由子	10・5・3	18
繭子	18・3	21
真悠子	10・11・3	24
真結子	10・12・3	25
真優子	10・17・3	30

Mayuna
まゆな

万由奈	3・5・8	16
真由那	10・5・7	22
麻友奈	11・4・8	23
繭奈	18・8	26
麻優奈	11・17・8	36

Mayumi
まゆみ

真弓	10・3	13
檀	17	17
真由美	10・5・9	24
麻由美	11・5・9	25
麻結実	11・12・8	31

Mayuri
まゆり

まゆり	4・3・2	9
万弓里	3・3・7	13
万百合	3・6・6	15
真百合	10・6・6	22
真由莉	10・5・10	25

Mayo
まよ

茉代	8・5	13
真世	10・5	15
麻世	11・5	16
真夜	10・8	18
麻夜	11・8	19

Mayoko
まよこ

万代子	3・5・3	11
万葉子	3・12・3	18
真世子	10・5・3	18
真夜子	10・8・3	21
麻夜子	11・8・3	22

Migiwa
みぎわ

汀	5	5
みぎわ	3 6 3	12
美際	9 14	23
実貴和	8 12 8	28
美紀環	9 9 17	35

Miku
みく

未来	5 7	12
美久	9 3	12
美来	9 7	16
実紅	8 9	17
美紅	9 9	18

Miko
みこ

実子	8 3	11
美子	9 3	12
美己	9 3	12
珠子	10 3	13
美胡	9 9	18

Mikoto
みこと

未琴	5 12	17
実詞	8 12	20
美琴	9 12	21
美己都	9 3 11	23
美古都	9 5 11	25

Misa
みさ

未紗	5 10	15
美沙	9 7	16
美佐	9 7	16
実紗	8 10	18
美咲	9 9	18

Misae
みさえ

美冴	9 7	16
望冴	11 7	18
美紗江	9 10 6	25
美佐恵	9 7 10	26
美咲枝	9 9 8	26

Misao
みさお

操	16	16
実沙央	8 7 5	20
美紗央	9 10 5	24
美咲音	9 9 9	27
美佐緒	9 7 14	30

Mikage
みかげ

みかげ	3 3 5	11
実景	8 12	20
海景	9 12	21
美景	9 12	21
実果夏	8 8 10	26

Mikako
みかこ

実花子	8 7 3	18
美花子	9 7 3	19
美佳子	9 8 3	20
実華子	8 10 3	21
美香子	9 9 3	21

Miki
みき

未来	5 7	12
実季	8 8	16
美希	9 7	16
美紀	9 9	18
美樹	9 16	25

Mikie
みきえ

幹枝	13 8	21
幹恵	13 10	23
美紀江	9 9 6	24
樹恵	16 10	26
美貴恵	9 12 10	31

Mikiko
みきこ

幹子	13 3	16
実季子	8 8 3	19
美紀子	9 9 3	21
美貴子	9 12 3	24
美樹子	9 16 3	28

Mikiho
みきほ

未来歩	5 7 8	20
実希保	8 7 9	24
幹穂	13 15	28
美貴歩	9 12 8	29
美紀穂	9 9 15	33

Mikiyo
みきよ

幹代	13 5	18
幹世	13 5	18
美希代	9 7 5	21
美紀世	9 9 5	23
美姫代	9 10 5	24

Miu
みう

みう	3 2	5
海羽	9 6	15
美羽	9 6	15
美雨	9 8	17
美海	9 9	18

Mie
みえ

美江	9 6	15
実枝	8 8	16
美枝	9 8	17
美恵	9 10	19
美絵	9 12	21

Mio
みお

実央	8 5	13
澪	16	16
美於	9 8	17
美音	9 9	18
美緒	9 14	23

Mioko
みおこ

実央子	8 5 3	16
美央子	9 5 3	17
澪子	16 3	19
実緒子	8 14 3	25
美緒子	9 14 3	26

Miona
みおな

未央奈	5 5 8	18
澪奈	16 8	24
実於奈	8 8 8	24
巳緒奈	3 14 8	25
美緒奈	9 14 8	31

Miori
みおり

実於里	8 8 7	23
美央梨	9 5 11	25
澪理	16 11	27
美織	9 18	27
美緒理	9 14 11	34

Mika
みか

実果	8 8	16
美花	9 7	16
美佳	9 8	17
美香	9 9	18
美夏	9 10	19

Michiko みちこ
- 美(9)智(12)子(3) — 24
- 路(13)子(3) — 16
- 道(12)子(3) — 15
- 美(9)千(3)子(3) — 15
- 倫(10)子(3) — 13

Michiyo みちよ
- 美(9)智(12)予(4) — 25
- 望(11)知(8)世(5) — 24
- 路(13)世(5) — 18
- 実(8)千(3)代(5) — 16
- 倫(10)代(5) — 15

Michiru みちる
- 路(13)瑠(14) — 27
- 美(9)千(3)瑠(14) — 26
- 路(13)琉(11) — 24
- み(3)ち(3)る(3) — 9
- ミ(3)チ(3)ル(2) — 8

Mitsu みつ
- 美(9)鶴(21) — 30
- 美(9)津(9) — 18
- 実(8)津(9) — 17
- 光(6) — 6
- み(3)つ(1) — 4

Mitsue みつえ
- 美(9)津(9)江(6) — 24
- 満(12)江(6) — 18
- 光(6)枝(8) — 14
- み(3)つ(1)恵(10) — 14
- 三(3)恵(10) — 13

Mizuki みづき
- 未(5)都(11)紀(9) — 25
- 美(9)津(9)妃(6) — 24
- 美(9)槻(15) — 24
- 美(9)月(4) — 13
- み(3)づ(3)き(4) — 10

Mitsuyo みつよ
- 美(9)津(9)世(5) — 23
- 光(6)葉(12) — 18
- 満(12)代(5) — 17
- 充(6)世(5) — 11
- 光(6)代(5) — 11

Mizuna みずな
- 実(8)津(9)菜(11) — 28
- 瑞(13)菜(11) — 24
- 瑞(13)奈(8) — 21
- 水(4)梛(11) — 15

Mizuho みずほ
- 瑞(13)穂(15) — 28
- 美(9)津(9)歩(8) — 26
- 瑞(13)歩(8) — 21
- 水(4)穂(15) — 19
- み(3)ず(5)ほ(5) — 13

Misono みその
- 美(9)蘭(16) — 25
- 実(8)蘭(16) — 24
- 美(9)想(13)乃(2) — 24
- 美(9)園(13) — 22
- 美(9)苑(8) — 17

Misora みそら
- 深(11)空(8) — 19
- 美(9)空(8) — 17
- 実(8)空(8) — 16

Michi みち
- 美(9)知(8) — 17
- 実(8)知(8) — 16
- 路(13) — 13
- 美(9)千(3) — 12
- み(3)ち(3) — 6

Michie みちえ
- 美(9)智(12)恵(10) — 31
- 美(9)千(3)絵(12) — 24
- 路(13)江(6) — 19
- 倫(10)枝(8) — 18
- 三(3)千(3)恵(10) — 16

Michika みちか
- 実(8)誓(14) — 22
- 路(13)花(7) — 20
- 実(8)千(3)果(8) — 19
- 通(10)花(7) — 17
- 三(3)千(3)花(7) — 13

Misaki みさき
- 美(9)沙(7)貴(12) — 28
- 美(9)砂(9)紀(9) — 27
- 実(8)紗(10)希(7) — 25
- 美(9)咲(9) — 18
- 岬(8) — 8

Misako みさこ
- 美(9)紗(10)子(3) — 22
- 美(9)砂(9)子(3) — 21
- 美(9)佐(7)子(3) — 19
- 弥(8)沙(7)子(3) — 18
- 実(8)沙(7)子(3) — 18

Misato みさと
- 美(9)沙(7)音(9) — 25
- 美(9)郷(11) — 20
- 深(11)里(7) — 18
- 美(9)里(7) — 16
- 実(8)里(7) — 15

Misayo みさよ
- 美(9)紗(10)世(5) — 24
- 美(9)砂(9)世(5) — 23
- 美(9)佐(7)代(5) — 21
- 実(8)沙(7)世(5) — 20
- 美(9)小(3)代(5) — 17

Mizue みずえ
- 瑞(13)絵(12) — 25
- 美(9)寿(7)枝(8) — 24
- 瑞(13)恵(10) — 23
- 瑞(13)枝(8) — 21
- み(3)ず(5)え(3) — 11

Mizuki みずき
- 美(9)津(9)貴(12) — 30
- 瑞(13)樹(16) — 29
- 瑞(13)貴(12) — 25
- 水(4)樹(16) — 20
- 瑞(13)生(5) — 18

Misuzu みすず
- 美(9)鈴(13) — 22
- 実(8)鈴(13) — 21
- 美(9)寿(7)々(3) — 19
- 未(5)紗(10) — 15
- み(3)す(3)ず(5) — 11

Mitsuru
みつる

光	6	6
みつる	3 1 3	7
満	12	12
美弦	9 8	17
美鶴	9 21	30

Mito
みと

みと	3 2	5
美杜	9 7	16
実都	8 11	19
美都	9 11	20
美登	9 12	21

Mitoki
みとき

実時	8 10	18
実登紀	8 12 9	29
美都貴	9 11 12	32

Midori
みどり

みどり	3 4 2	9
碧	14	14
緑	14	14
翠	14	14
美登里	9 12 7	28

Midoriko
みどりこ

緑子	14 3	17
碧子	14 3	17
翠子	14 3	17
碧湖	14 12	26

Mina
みな

ミナ	3 2	5
みな	3 5	8
三奈	3 8	11
実那	8 7	15
美奈	9 8	17

Minae
みなえ

美苗	9 8	17
実那枝	8 7 8	23
美奈恵	9 8 10	27
美那絵	9 7 12	28
実菜恵	8 11 10	29

Minako
みなこ

皆子	9 3	12
未那子	5 7 3	15
弥那子	8 7 3	18
美奈子	9 8 3	20
珠奈子	10 8 3	21

Minato
みなと

みなと	3 5 2	10
湊	12	12
南都	9 11	20
美水都	9 4 11	24
美奈都	9 8 11	28

Minami
みなみ

南	9	9
みなみ	3 5 3	11
皆実	9 8	17
美波	9 8	17
美那海	9 7 9	25

Minayo
みなよ

皆世	9 5	14
実那世	8 7 5	20
美那世	9 7 5	21
美奈代	9 8 5	22
美菜代	9 11 5	25

Mineko
みねこ

峯子	10 3	13
峰子	10 3	13
実祢子	8 9 3	20
嶺子	17 3	20
美峯子	9 10 3	22

Minori
みのり

みのり	3 1 2	6
実里	8 7	15
美の里	9 1 7	17
美乃里	9 2 7	18
実乃梨	8 2 11	21

Miharu
みはる

みはる	3 4 3	10
三春	3 9	12
美春	9 9	18
美晴	9 12	21
海晴	9 12	21

Mihiro
みひろ

みひろ	3 2 2	7
深弘	11 5	16
実裕	8 12	20
美尋	9 12	21
深尋	11 12	23

Mifuyu
みふゆ

みふゆ	3 4 3	10
実冬	8 5	13
美冬	9 5	14
深冬	11 5	16
美布由	9 5 5	19

Miho
みほ

美帆	9 6	15
海帆	9 6	15
実歩	8 8	16
美保	9 9	18
美穂	9 15	24

Mihoko
みほこ

三保子	3 9 3	15
海帆子	9 6 3	18
美帆子	9 6 3	18
美保子	9 9 3	21
美穂子	9 15 3	27

Mimi
みみ

美々	9 3	12
美心	9 4	13
美実	9 8	17
美海	9 9	18

Mimori
みもり

みもり	3 3 2	8
実杜	8 7	15
美森	9 12	21
深森	11 12	23
美茂里	9 8 7	24

Miya
みや

実也	8 3	11
美矢	9 5	14
美夜	9 8	17
美弥	9 8	17
実椰	8 13	21

Miyako
みやこ

名前	画数	総画数
京	8	8
都	11	11
美也子	9・3・3	15
実弥子	8・8・3	19
美耶子	9・9・3	21

Miyabi
みやび

名前	画数	総画数
みやび	3・3・4	10
雅	13	13
宮美	10・9	19
実也美	8・3・9	20
実弥美	8・8・9	25

Miyu
みゆ

名前	画数	総画数
実弓	8・3	11
美夕	9・3	12
実柚	8・9	17
実結	8・12	20
美優	9・17	26

Miyu
みゆう

名前	画数	総画数
美友	9・4	13
美有	9・6	15
実悠	8・11	19
実優	8・17	25
美優	9・17	26

Miyuki
みゆき

名前	画数	総画数
幸	8	8
美幸	9・8	17
深雪	11・11	22
美由紀	9・5・9	23
美優紀	9・17・9	35

Miyo
みよ

名前	画数	総画数
みよ	3・3	6
実代	8・5	13
美予	9・4	13
弥世	8・5	13
実代	8・5	13

Miyoko
みよこ

名前	画数	総画数
みよ子	3・3・3	9
三代子	3・5・3	11
実代子	8・5・3	16
美世子	9・5・3	17
珠代子	10・5・3	18

Miyoshi
みよし

名前	画数	総画数
みよし	3・3・1	7
美好	9・6	15
実芳	8・7	15
美芳	9・7	16
珠芳	10・7	17

Miri
みり

名前	画数	総画数
みり	3・2	5
実李	8・7	15
美里	9・7	16
弥莉	8・10	18
実梨	8・11	19

Mirei
みれい

名前	画数	総画数
心玲	4・9	13
美礼	9・5	14
美伶	9・7	16
美玲	9・9	18
美麗	9・19	28

Miwa
みわ

名前	画数	総画数
美羽	9・6	15
実和	8・8	16
美和	9・8	17
望羽	11・6	17
美環	9・17	26

Miwako
みわこ

名前	画数	総画数
心和子	4・8・3	15
実羽子	8・6・3	17
美羽子	9・6・3	18
美琶子	9・12・3	24
海環子	9・17・3	29

む

Mutsue
むつえ

名前	画数	総画数
六恵	4・10	14
六絵	4・12	16
陸江	11・6	17
陸栄	11・9	20
夢津絵	13・9・12	34

Mutsuka
むつか

名前	画数	総画数
六花	4・7	11
六香	4・9	13
陸花	11・7	18
夢津香	13・9・9	31

Mutsuki
むつき

名前	画数	総画数
六月	4・4	8
睦月	13・4	17
陸希	11・7	18
陸季	11・8	19
夢都希	13・11・7	31

Mutsuko
むつこ

名前	画数	総画数
むつこ	4・1・2	7
むつ子	4・1・3	8
陸子	11・3	14
睦子	13・3	16
夢津子	13・9・3	25

Mutsumi
むつみ

名前	画数	総画数
睦	13	13
陸美	11・9	20
睦美	13・9	22
睦海	13・9	22
夢都美	13・11・9	33

Mutsuyo
むつよ

名前	画数	総画数
むつ代	4・1・5	10
睦代	13・5	18
睦世	13・5	18
夢都代	13・11・5	29

め

Mei
めい

名前	画数	総画数
メイ	2・2	4
明	8	8
芽生	8・5	13
芽衣	8・6	14
萌衣	11・6	17

Motoka
もとか

心4 香9	13
元4 夏10	14
素10 花7	17
幹13 花7	20
百6 音9 華10	25

Motoko
もとこ

心4 子3	7
元4 子3	7
素10 子3	13
幹13 子3	16
百6 音9 子3	18

Motomi
もとみ

心4 実8	12
心4 美9	13
心4 海9	13
元4 美9	13
百6 音9 美9	24

Motoyo
もとよ

元4 世5	9
素10 代5	15
百6 音9 世5	20
茂8 都11 代5	24
望11 都11 世5	27

Momo
もも

も3 も3	6
百6	6
李7	7
百6 々3	9
桃10	10

Momoe
ももえ

百6 枝8	14
李7 枝8	15
百6 恵10	16
桃10 恵10	20
桃10 絵12	22

Momoka
ももか

も3 も3 か3	9
百6 花7	13
李7 花7	14
百6 果8	14
桃10 花7	17

も

Moe
もえ

萌11	11
茂8 枝8	16
百6 絵12	18
茂8 恵10	18
萌11 絵12	23

Moegi
もえぎ

も3 え3 ぎ6	12
萌11 木4	15
萌11 黄11	22

Moeko
もえこ

萌11 子3	14
百6 枝8 子3	17
茂8 衣6 子3	17
茂8 枝8 子3	19
萌11 絵12 子3	26

Moemi
もえみ

も3 え3 み3	9
萌11 実8	19
萌11 美9	20
茂8 枝8 実8	24
百6 恵10 美9	25

Moto
もと

も3 と2	5
素10	10
基11	11
茂8 都11	19
望11 都11	22

Motoe
もとえ

紀9 江6	15
元4 詠12	16
素10 衣6	16
基11 江6	17
幹13 依8	21

Meiko
めいこ

明8 子3	11
芽8 生5 子3	16
芽8 衣6 子3	17
萌11 衣6 子3	20
芽8 維14 子3	25

Meina
めいな

明8 奈8	16
明8 菜11	19
芽8 生5 奈8	21
明8 衣6 菜11	25
芽8 依8 菜11	27

Meimi
めいみ

明8 美9	17
芽8 生5 実8	21
萌11 生5 美9	25
芽8 依8 美9	25
萌11 維14 実8	33

Megu
めぐ

め2 ぐ3	5
メ2 グ4	6
芽8 久3	11
萌11 久3	14
芽8 玖7	15

Meguna
めぐな

め2 ぐ3 奈8	13
恵10 奈8	18
芽8 久3 奈8	19
萌11 久3 菜11	25
芽8 玖7 菜11	26

Megumi
めぐみ

め2 ぐ3 み3	8
恵10	10
萌11	11
恵10 美9	19

Megumu
めぐむ

め2 ぐ3 む4	9
恵10	10
愛13	13
萌11 夢13	24
芽8 久3 夢13	24

Momoko
ももこ

ももこ	3・3・2	8
李子	7・3	10
百々子	6・3・3	12
桃子	10・3	13
茂々子	8・3・3	14

Momono
ももの

もも乃	3・3・2	8
百乃	6・2	8
李乃	7・2	9
桃乃	10・2	12
百埜	6・11	17

Momoyo
ももよ

百代	6・5	11
李世	7・5	12
百夜	6・8	14
桃代	10・5	15
桃世	10・5	15

Morie
もりえ

杜枝	7・8	15
森恵	12・10	22
茂李枝	8・7・8	23
森絵	12・12	24

Morika
もりか

杜花	7・7	14
森香	12・9	21
茂李花	8・7・7	22
茂里香	8・7・9	24

や

Yae
やえ

やえ	3・3	6
八重	2・9	11
弥栄	8・9	17
矢絵	5・12	17
耶恵	9・10	19

Yaeko
やえこ

八重子	2・9・3	14
也絵子	3・12・3	18
弥栄子	8・9・3	20
野江子	11・6・3	20
夜恵子	8・10・3	21

Yaeno
やえの

やえ乃	3・3・2	8
八重乃	2・9・2	13
弥絵乃	8・12・2	22
弥江埜	8・6・11	25
也絵野	3・12・11	26

Yasue
やすえ

安恵	6・10	16
康江	11・6	17
恭枝	10・8	18
靖衣	13・6	19
寧恵	14・10	24

Yasuka
やすか

恭花	10・7	17
康花	11・7	18
保華	9・10	19
靖香	13・9	22
寧嘉	14・14	28

Yasuko
やすこ

保子	9・3	12
恭子	10・3	13
康子	11・3	14
靖子	13・3	16
寧子	14・3	17

Yasuna
やすな

安奈	6・8	14
保奈	9・8	17
泰奈	10・8	18
靖菜	13・11	24
寧菜	14・11	25

Yasuno
やすの

やすの	3・3・1	7
育乃	8・2	10
保乃	9・2	11
康乃	11・2	13
靖乃	13・2	15

Yasuha
やすは

泰羽	10・6	16
やす葉	3・3・12	18
靖芭	13・7	20
保葉	9・12	21
康葉	11・12	23

Yasuho
やすほ

安帆	6・6	12
恭帆	10・6	16
保歩	9・8	17
靖保	13・9	22
泰穂	10・15	25

Yasuyo
やすよ

安世	6・5	11
恭世	10・5	15
康代	11・5	16
靖代	13・5	18
寧世	14・5	19

Yachiho
やちほ

八千保	2・3・9	14
矢千帆	5・3・6	14
八知帆	2・8・6	16
耶千穂	9・3・15	27
弥智保	8・12・9	29

Yachiyo
やちよ

やちよ	3・3・3	9
八千代	2・3・5	10
弥千世	8・3・5	16
椰千夜	13・3・8	24
耶智代	9・12・5	26

Yayako
ややこ

弥々子	8・3・3	14
哉々子	9・3・3	15
耶々子	9・3・3	15
弥矢子	8・5・3	16
埜々子	11・3・3	17

Yayoi
やよい

やよい	3・3・2	8
弥生	8・5	13
耶宵	9・10	19
弥世唯	8・5・11	24

ゆ

Yukako ゆかこ

優花子	17・7・3	27
由華子	5・10・3	18
由香子	5・9・3	17
友香子	4・9・3	16
夕夏子	3・10・3	16

Yukari ゆかり

優香里	17・9・7	33
由香理	5・9・11	25
由花莉	5・7・10	22
友花梨	4・7・11	22
ゆかり	3・3・2	8

Yuki ゆき

有紀	6・9	15
友希	4・7	11
雪	11	11
幸	8	8
ゆき	3・4	7

Yukie ゆきえ

由紀恵	5・9・10	24
雪絵	11・12	23
有希江	6・7・6	19
幸恵	8・10	18
幸江	8・6	14

Yukiko ゆきこ

悠紀子	11・9・3	23
由貴子	5・12・3	20
有希子	6・7・3	16
雪子	11・3	14
幸子	8・3	11

Yukiji ゆきじ

雪路	11・13	24
倖路	10・13	23
幸路	8・13	21
ゆきじ	3・4・3	10

Yukina ゆきな

優樹菜	17・16・11	44
由紀奈	5・9・8	22
雪奈	11・8	19
雪那	11・7	18
幸奈	8・8	16

Yuki ゆうき

悠樹	11・16	27
優紀	17・9	26
結季	12・8	20
悠希	11・7	18
有希	6・7	13

Yuko ゆうこ

優子	17・3	20
裕子	12・3	15
悠子	11・3	14
柚子	9・3	12
友子	4・3	7

Yuna ゆうな

優奈	17・8	25
結菜	12・11	23
由宇奈	5・6・8	19
悠那	11・7	18
夕奈	3・8	11

Yuhi ゆうひ

裕陽	12・12	24
優日	17・4	21
悠日	11・4	15
佑妃	7・6	13
夕日	3・4	7

Yuho ゆうほ

優穂	17・15	32
悠歩	11・8	19
結帆	12・6	18
佑帆	7・6	13
友歩	4・8	12

Yuri ゆうり

優理	17・11	28
結莉	12・10	22
悠里	11・7	18
有理	6・11	17
侑李	8・7	15

Yuka ゆか

結加	12・5	17
柚花	9・7	16
有香	6・9	15
由香	5・9	14
由花	5・7	12

Yui ゆい

結衣	12・6	18
結以	12・5	17
柚衣	9・6	15
唯	11	11
由衣	5・6	11

Yuika ゆいか

優衣花	17・6・7	30
結衣夏	12・6・10	28
惟衣香	11・6・9	26
柚衣華	9・6・10	25
唯花	11・7	18

Yuiko ゆいこ

優依子	17・8・3	28
柚衣子	9・6・3	18
結子	12・3	15
唯子	11・3	14
由子	5・3	8

Yuina ゆいな

優衣菜	17・6・11	34
柚衣菜	9・6・11	26
結菜	12・11	23
由衣奈	5・6・8	19
唯奈	11・8	19

Yu ゆう

優	17	17
結	12	12
悠	11	11
由宇	5・6	11
友	4	4

Yuka ゆうか

優香	17・9	26
優花	17・7	24
悠花	11・7	18
柚香	9・9	18
友香	4・9	13

Yuna ゆな

優菜	17・11	28
佑菜	7・11	18
夕菜	3・11	14
由奈	5・8	13
友奈	4・8	12

Yuma ゆま

優茉	17・8	25
由麻	5・11	16
友麻	4・11	15
由真	5・10	15
ゆま	3・4	7

Yumi ゆみ

優実	17・8	25
有美	6・9	15
由美	5・9	14
友美	4・9	13
弓美	3・9	12

Yumie ゆみえ

悠実絵	11・8・12	31
由美恵	5・9・10	24
友美恵	4・9・10	23
弓絵	3・12	15
弓依	3・8	11

Yuzuki ゆずき

柚樹	9・16	25
由津紀	5・9・9	23
柚貴	9・12	21
柚季	9・8	17
柚希	9・7	16

Yuzuko ゆずこ

由津子	5・9・3	17
友津子	4・9・3	16
柚子	9・3	12
ゆず子	3・5・3	11

Yuzuna ゆずな

悠津菜	11・9・11	31
ゆず菜	3・5・11	19
柚南	9・9	18
柚奈	9・8	17
ゆずな	3・5・5	13

Yuzuki ゆづき

優月	17・4	21
弓槻	3・15	18
悠月	11・4	15
柚月	9・4	13
弓月	3・4	7

Yukino ゆきの

柚季乃	9・8・2	19
由紀乃	5・9・2	16
雪乃	11・2	13
幸乃	8・2	10
ゆき乃	3・4・2	9

Yukiho ゆきほ

由季穂	5・8・15	28
雪歩	11・8	19
幸保	8・9	17
幸帆	8・6	14
ゆきほ	3・4・5	12

Yukimi ゆきみ

友紀美	4・9・9	22
由紀実	5・9・8	22
雪美	11・9	20
幸海	8・9	17
幸美	8・9	17

Yukiyo ゆきよ

由紀世	5・9・5	19
雪夜	11・8	19
雪代	11・5	16
幸代	8・5	13
幸世	8・5	13

Yusako ゆさこ

優佐子	17・7・3	27
柚沙子	9・7・3	19
由砂子	5・9・3	17
友紗子	4・10・3	17
弓早子	3・6・3	12

Yuzu ゆず

柚寿	9・7	16
柚子	9・3	12
友寿	4・7	11
柚	9	9
ゆず	3・5	8

Yuzuka ゆずか

柚華	9・10	19
柚架	9・9	18
柚香	9・9	18
ゆず香	3・5・9	17
柚花	9・7	16

column 04 どうしてそうなった？ 芸能人の名前の由来

芸能人の名前にはどんな由来があるのでしょうか？　そこで、気になるあの人の名前の由来を調べてみました。

優香：事務所による公募で決定。芸名をインターネットと雑誌で公募し、約 17,000 本のアクセス、及びハガキの中から選ばれました。

松坂桃李：中国のことわざ「桃李不言下自成蹊」（とうりものいわざれども　したおのづからこみちをなす）から、「周りの誰からも慕われ、自然に人が寄ってくる人になってほしい」という思いを込めて、父親がつけた名前。強さも感じられるからという理由で、読み方は「とおり」だそう。

よ

Yo ようく

耀20	蓉13	遥12	陽12	羊6
20	13	12	12	6

Yoko ようこ

曜18 子3	蓉13 子3	陽12 子3	遥12 子3	洋9 子3
21	16	15	15	12

Yoshie よしえ

佳8 絵12	良7 恵10	芳7 恵10	好6 恵10	由5 枝8
20	17	17	16	13

Yoshika よしか

芳7 夏10	良7 華10	芳7 香9	佳8 花7	由5 花7
17	17	16	15	12

Yoshiko よしこ

美9 子3	佳8 子3	良7 子3	芳7 子3	由5 子3
12	11	10	10	8

Yoshino よしの

嬉15 乃2	芳7 乃2	良7 乃2	好6 乃2	吉6 乃2
17	9	9	8	8

Yura ゆら

優17 良7	由5 良7	友4 良7	夕3 良7	ゆ3 ら3
24	12	11	10	6

Yurano ゆらの

優17 良7 乃2	夕3 良7 埜11	由5 良7 乃2	友4 良7 乃2	ゆ3 ら3 乃2
26	21	14	13	8

Yuri ゆり

由5 梨11	百6 合6	由5 里7	友4 里7	ゆ3 り2
16	12	12	11	5

Yurie ゆりえ

由5 梨11 枝8	百6 合6 絵12	百6 合6 恵10	友4 里7 枝8	ゆ3 り2 え3
24	24	22	19	8

Yurika ゆりか

悠11 梨11 花7	由5 理11 香9	百6 合6 華10	由5 里7 花7	百6 合6 花7
29	25	22	19	19

Yurina ゆりな

悠11 里7 菜11	友4 莉10 菜11	百6 合6 奈8	友4 里7 奈8	ゆ3 り2 な5
29	25	20	19	10

Yurino ゆりの

悠11 梨11 乃2	友4 莉10 乃2	百6 合6 乃2	友4 里7 乃2	ゆ3 り2 乃2
24	16	14	13	7

Yumika ゆみか

柚9 美9 香9	由5 美9 香9	由5 実8 香9	弓3 嘉14	弓3 佳8
27	23	22	17	11

Yumiko ゆみこ

優17 美9 子3	裕12 美9 子3	悠11 美9 子3	友4 実8 子3	弓3 子3
29	24	23	15	6

Yumina ゆみな

悠11 美9 那7	由5 実8 菜11	有6 美9 奈8	友4 美9 奈8	弓3 奈8
27	24	23	21	11

Yume ゆめ

優17 芽8	夕3 萌11	由5 芽8	夢13	友4 芽8
25	14	13	13	12

Yumeka ゆめか

夢13 華10	夢13 夏10	夢13 香9	夢13 果8	夢13 花7
23	23	22	21	20

Yumeko ゆめこ

優17 芽8 子3	柚9 萌11 子3	由5 萌11 子3	由5 芽8 子3	夢13 子3
28	23	19	16	16

Yumemi ゆめみ

優17 芽8 美9	柚9 萌11 実8	夢13 美9	夢13 実8	由5 芽8 実8
34	28	22	21	21

Yoshimi よしみ

吉6	良7	芳7	佳8	嘉14
美9	美9	美9	美9	美9
15	16	16	17	23

Yori より

世5	代5	代5	世5	頼16
里7	李7	莉10	梨11	
12	12	15	16	16

Yorie よりえ

よ3	依8	頼16	世5	世5
り2	枝8	江6	梨11	理11
江6			恵10	恵10
11	16	22	26	26

Yoriko よりこ

よ3	よ3	依8	世5	頼16
り2	り2	子3	莉10	子3
こ2	子3		子3	
7	8	11	18	19

ら

Ran らん

ラ2	ら3	藍18	蘭19
ン2	ん2		
4	5	18	19

Ranka らんか

蘭19	藍18	欄20	蘭19
花7	香9	花7	香9
26	27	27	28

Ranko らんこ

藍18	蘭19	欄20	蘭19
子3	子3	子3	胡9
21	22	23	28

り

Rie りえ

里7	里7	梨11	理11	莉10
衣6	枝8	枝8	恵10	絵12
13	15	19	21	22

Rieko りえこ

里7	李7	莉10	理11	莉10
江6	枝8	江6	恵10	瑛12
子3	子3	子3	子3	子3
16	18	19	24	25

Rio りお

り2	莉10	梨11	梨11	理11
お4	生5	央5	緒14	緒14
6	15	16	25	25

Riona りおな

り2	李7	莉10	里7	梨11
お4	央5	央5	緒14	緒14
奈8	那7	菜11	奈8	那7
14	19	26	29	32

Rika りか

里7	莉10	里7	梨11	理11
花7	加5	佳8	花7	香9
14	15	15	18	20

Rikako りかこ

里7	李7	梨11	里7	璃15
加5	花7	香9	歌14	花7
子3	子3	子3	子3	子3
15	17	23	24	25

Rikuko りくこ

り2	陸11	李7	梨11	璃15
く1	子3	玖7	久3	玖7
子3		子3	子3	子3
6	14	17	17	25

Riko りこ

李7	莉10	梨11	理11	璃15
子3	子3	子3	子3	子3
10	13	14	14	18

Risa りさ

里7	里7	李7	梨11	理11
砂9	咲9	紗10	沙7	紗10
16	16	17	18	21

Risako りさこ

李7	里7	梨11	理11	璃15
沙7	砂9	紗10	彩11	沙7
子3	子3	子3	子3	子3
17	19	24	25	25

Rise りせ

吏6	里7	莉10	梨11	璃15
世5	世5	世5	世5	瀬19
11	12	15	16	34

Ritsu りつ

り2	律9	里7	吏6	里7
つ1		津9	都11	都11
3	9	16	17	18

Rinka

りんか

凜15香9	24
倫10夏10	20
琳12花7	19
梨11花7	18
倫10花7	17

Rinko

りんこ

凜15子3	18
綸14子3	17
琳12子3	15
倫10子3	13
林8子3	11

る

Rui

るい

琉11唯11	22
瑠14依8	22
類18	18
留10以5	15
る3い2	5

Ruiko

るいこ

琉11惟11子3	25
琉11唯11子3	25
瑠14依8子3	25
留10衣6子3	19
留10以5子3	18

Rumi

るみ

琉11実8	19
留10海9	19
流10美9	19
留10美9	19
ル2ミ3	5

Rumika

るみか

瑠14美9歌14	37
琉11望11香9	31
瑠14巳3香9	26
留10美9花7	26
ル2ミ3香9	14

Ryo

りょう

遼15	15
綾14	14
涼11	11
良7	7
伶7	7

Ryoko

りょうこ

諒15子3	18
僚14子3	17
稜13子3	16
涼11子3	14
良7子3	10

Ryona

りょうな

僚14菜11	25
諒15那7	22
凌10菜11	21
涼11奈8	19
良7奈8	15

Riyoko

りよこ

梨11世5子3	19
里7世5子3	15
里7代5子3	15
吏6代5子3	14
り2よ3子3	8

Ririka

りりか

璃15々3香9	27
莉10々3香9	22
梨11々3果8	22
梨11々3花7	21
里7々3佳8	18

Ririko

りりこ

璃15里7子3	25
凜15々3子3	21
梨11々3子3	17
里7々3子3	13
り2り2こ2	6

Rin

りん

凜15	15
稟13	13
鈴13	13
倫10	10
り2ん2	4

Ritsuka

りつか

里7都11香9	27
律9香9	18
律9花7	16
立5夏10	15
立5佳8	13

Ritsuko

りつこ

理11都11子3	25
莉10都11子3	24
理11津9子3	23
里7津9子3	19
律9子3	12

Rina

りな

莉10菜11	21
理11那7	18
里7菜11	18
莉10奈8	18
利7奈8	15

Rinako

りなこ

璃15那7子3	25
莉10菜11子3	24
利7奈8子3	18
吏6奈8子3	17
里7名6子3	16

Riho

りほ

里7穂15	22
理11歩8	19
梨11帆6	17
里7歩8	15
里7帆6	13

Rihoko

りほこ

理11穂15子3	29
里7穂15子3	25
李7歩8子3	18
里7帆6子3	16
り2ほ5こ2	9

Riyo

りよ

梨11世5	16
莉10代5	15
里7夜8	15
吏6世5	11
吏6予4	10

Rumiko
るみこ

名前	画数	合計
るみこ	3・3・2	8
ルミ子	2・3・3	8
留美子	10・9・3	22
琉海子	11・9・3	23
瑠望子	14・11・3	28

Rumina
るみな

名前	画数	合計
るみ奈	3・3・8	14
留美奈	10・9・8	27
琉美奈	11・9・8	28
瑠美奈	14・9・8	31
瑠望那	14・11・7	32

Ruri
るり

名前	画数	合計
琉李	11・7	18
瑠里	14・7	21
琉莉	11・10	21
瑠莉	14・10	24
瑠璃	14・15	29

Rurika
るりか

名前	画数	合計
るり花	3・2・7	12
留李香	10・7・9	26
琉璃花	11・15・7	33
瑠理香	14・11・9	34

Ruriko
るりこ

名前	画数	合計
るりこ	3・2・2	7
留莉子	10・10・3	23
留梨子	10・11・3	24
瑠里子	14・7・3	24
瑠璃子	14・15・3	32

れ

Rei
れい

名前	画数	合計
伶	7	7
玲衣	9・6	15
澪	16	16
麗	19	19
麗衣	19・6	25

Reika
れいか

名前	画数	合計
怜花	8・7	15
礼華	5・10	15
玲花	9・7	16
麗香	19・9	28
麗夏	19・10	29

Reiko
れいこ

名前	画数	合計
令子	5・3	8
礼子	5・3	8
怜子	8・3	11
黎子	15・3	18
麗子	19・3	22

Reina
れいな

名前	画数	合計
令菜	5・11	16
玲奈	9・8	17
怜菜	8・11	19
澪奈	16・8	24
麗那	19・7	26

Reimi
れいみ

名前	画数	合計
怜巳	8・3	11
礼実	5・8	13
伶美	7・9	16
玲美	9・9	18
麗美	19・9	28

Rena
れな

名前	画数	合計
礼奈	5・8	13
怜那	8・7	15
玲奈	9・8	17
伶菜	7・11	18
麗奈	19・8	27

Renako
れなこ

名前	画数	合計
れなこ	3・5・3	11
礼奈子	5・8・3	16
玲奈子	9・8・3	20
玲奈胡	9・8・9	26
麗奈子	19・8・3	30

Remi
れみ

名前	画数	合計
レミ	1・3	4
礼実	5・8	13
礼海	5・9	14
怜美	8・9	17
玲美	9・9	18

Ren
れん

名前	画数	合計
れん	3・2	5
恋	10	10
廉	13	13
蓮	13	13
漣	14	14

Renka
れんか

名前	画数	合計
蓮花	13・7	20
蓮佳	13・8	21
蓮華	13・10	23
漣華	14・10	24
漣歌	14・14	28

わ

Waka
わか

名前	画数	合計
わか	3・3	6
和花	8・7	15
和香	8・9	17
和歌	8・14	22
環香	17・9	26

Wakako
わかこ

名前	画数	合計
若子	8・3	11
稚子	13・3	16
和花子	8・7・3	18
琶果子	12・8・3	23
和歌子	8・14・3	25

Wakana
わかな

名前	画数	合計
若奈	8・8	16
若菜	8・11	19
稚奈	13・8	21
和夏那	8・10・7	25
和香奈	8・9・8	25

Wakaba
わかば

名前	画数	合計
わかば	3・3・6	12
和椛	8・11	19
若葉	8・12	20
和樺	8・14	22
和香葉	8・9・12	29

個性が出るひらがなの名前

響きが気に入っても漢字にあてはめにくい場合や、響きを大切にしたいとき、女の子ならやわらかいイメージになるひらがなの名前にするのも一案。書きやすく、読みやすく、記憶に残りやすいのが利点です。

名前	画数	総画
あいか	3・2・3	8
あづみ	3・3・3	9
いちか	2・3・3	8
いづな	2・3・5	10
いぶき	2・6・4	12
うの	2・1	3
うらら	2・3・3	8
えま	3・4	7
かえで	3・3・4	10
かぐら	3・3・3	9
かづみ	3・3・3	9
かをり	3・4・2	9
かをる	3・4・3	10
きい	4・2	6
くるみ	1・3・3	7
こずえ	2・5・3	10
さくら	3・1・3	7
しずか	1・5・3	9
しのぶ	1・1・6	8
すず	3・5	8
すみれ	3・3・3	9
せいな	3・2・5	10
せりな	3・2・5	10
ちあき	3・3・4	10
ちなつ	3・5・1	9
つかさ	1・3・3	7
つぐみ	1・3・3	7
つぼみ	1・7・3	11
なぎさ	5・6・3	14
ななみ	5・5・3	13
のどか	1・4・3	8
ののか	1・1・3	5
はづき	4・3・4	11
はるか	4・3・3	10
はるき	4・3・4	11
ひかり	2・3・2	7
ひかる	2・3・3	8
ふたば	4・4・6	14
ほたる	5・4・3	12
まどか	4・4・3	11
みさき	3・3・4	10
みすず	3・3・5	11
みづえ	3・3・3	9
みづき	3・3・4	10
みゆう	3・3・2	8
もみじ	3・3・3	9
やよい	3・3・2	8
ゆず	3・5	8
わかば	3・3・6	12

漢字まじりの名前

一字だけ漢字にすると、個性的ながら読みやすくなります。

名前	画数	総画
あゆ美	3・3・9	15
いち香	2・3・9	14
こず恵	2・5・10	17
さや香	3・3・9	15
まり奈	4・2・8	14
美どり	9・4・2	15
実のり	8・1・2	11
むつ美	4・1・9	14

PART 3

イメージから名づける

さまざまな言葉からイメージされる漢字をもとに名前をつける方法です。
本章では四季・文化・スポーツ・願い・自然の5つから
イメージされる漢字と名前の例を紹介しています。
両親の、赤ちゃんに対する思いを込めやすい名づけ方といえるでしょう。

introduction

イメージから名づける

両親の好きなものや思い出、わが子の生まれる季節や記念日。あるいは「こんな子に育ってほしい」という願いなど、思い入れのあるものから連想して名づける方法です。

イメージを絞り込み、テーマを決めましょう

「趣味のダイビングで出会ったふたりだから〝海〟や〝洋〟を使いたい」「4月生まれの女の子だから〝桜〟の字を入れたい」など、好きなものや自然にちなんだ名前、あるいは「リーダーシップのある子に育ってほしいから力強いイメージに」という願いを込めて名前を決めるのも主流です。

ふたりの思い出や印象的なエピソードをテーマにしてもよいですし、歴史上の人物や芸能人など憧れの人、感銘を受けた言葉や歌を思い浮かべてもよいでしょう。他にも好きな四季や自然、思想、星座、色彩など、モチーフになりえるものはさまざま。

まずはふたりでイメージのもとになるテーマを決めましょう。

子どもも周りも愛着がもてる名前を

名前のテーマが決まったら、それをもとにキーワードとなる具体的な言葉をどんどんリストアップしていきます。

たとえば自然が好きで、おおらかな男の子に育ってほしいなら、「空」「雄」「悠」「大」などの漢字がよく使われています。

女の子で花をイメージするな

ら「さくら」や「ゆり」「ひまわり」など花の名前から、「咲」や「彩」「香」「美」という漢字も連想できるはず。生まれたのが11月であれば誕生花の「椿」の花言葉〝控えめな優しさ〟や〝慎み深さ〟から「優美」「美優」などが考えられます。テーマに結びつく言葉をできる限り書き出してみましょう。それらの中から気に入った音や響き、漢字を見つけて名前に取り入れていきます。

たとえば自然にちなんで「清」の字を使いたいとします。音読みでは「セイ」、訓読みでは「きよ」ですが、音の響きではどちらがしっくりくるでしょうか。

さらに、漢字1文字にするか、他の漢字と組み合わせるのか、姓と合わせるとどうなるのか……。選ぶべきポイントはたくさんあります。漢字の意味も考慮しながら決めましょう。

名づけは子どもへの愛情や期待の証でもありますが、気をつけたいのが親の過度な思いを名前に託さないこと。「将来は絶対サッカー選手になってほしい」からと強い期待を込めた名前にすると、将来子どもの負担になることもあるので注意しましょう。

また、一般的な読み方ではない「当て字」は、何度も呼び方を尋ねられたり、訂正しなければならず、子どもの負担になります。漢字から連想できる、わかりやすい読みがいいでしょう。

イメージから名づける

おすすめ名前リスト

季節や文化、自然など、それぞれのイメージにあった
漢字と名前例を紹介します。

表の見方

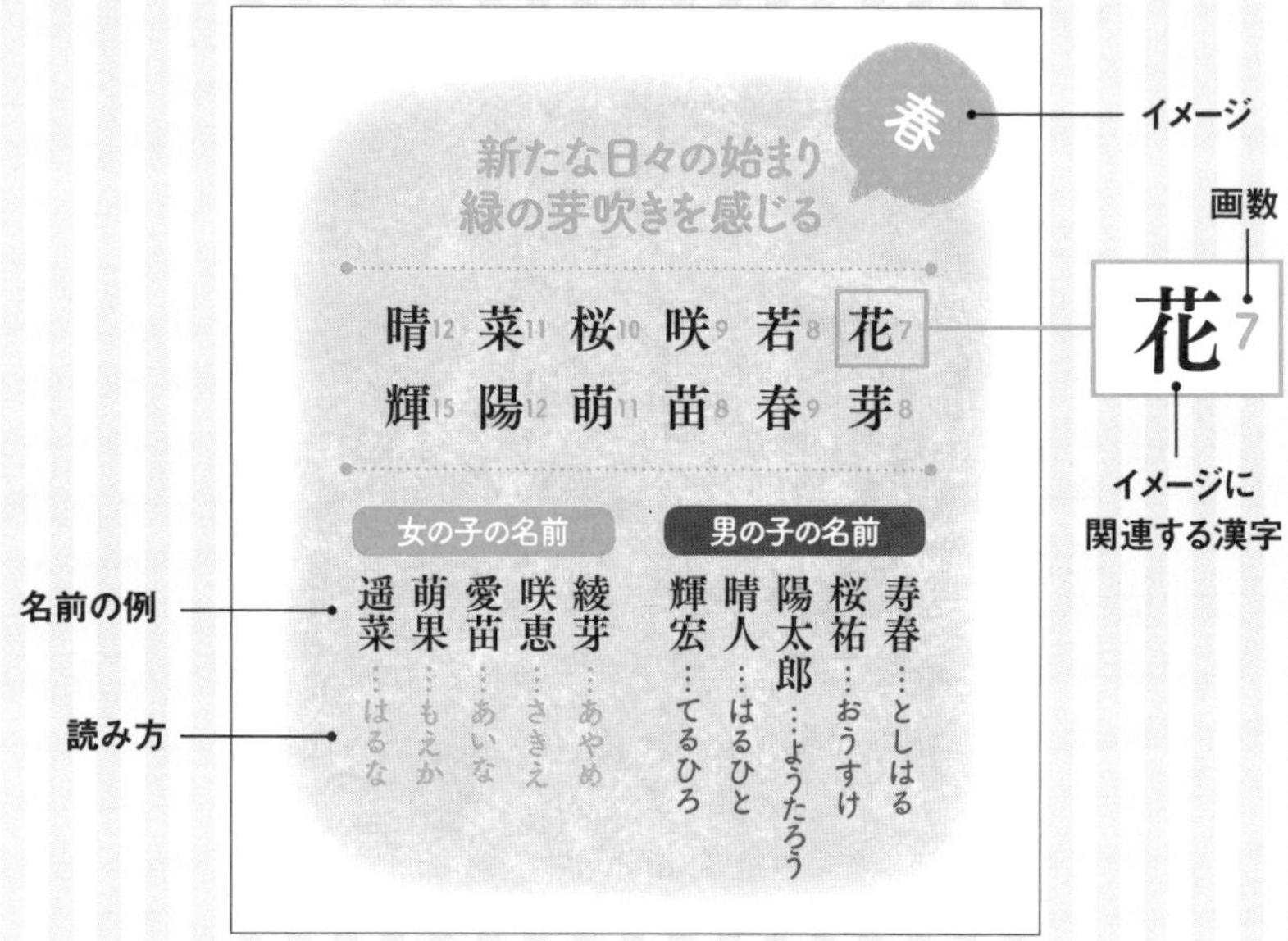

こんなときどうする!? 名づけQ&A

Q つけたい名前と同じ名前の子が親戚にいたらどうすればいいの？

A 親戚だからといって同じ名前をつけてはいけないという決まりはありません。しかし、身近に同じ名前の人がいたら紛らわしいのは事実。どうしてもその名前を使いたい場合は、事前に相手に伝えておくことをおすすめします。何も伝えずに同じ名前をつけて「真似された」と思われないようにしたいですね。

四季から名づける

春
新たな日々の始まり 緑の芽吹きを感じる

晴12	菜11	桜10	咲9	若8	花7
輝15	陽12	萌11	苗8	春9	芽8

女の子の名前

綾芽…あやめ
咲恵…さきえ
愛苗…あいな
萌果…もえか
遥菜…はるな

男の子の名前

寿春…としはる
桜祐…おうすけ
陽太郎…ようたろう
晴人…はるひと
輝宏…てるひろ

夏
きらめく太陽や輝く海 どこまでもまぶしい季節

葵12	蛍11	夏10	南9	汐6	日4
碧14	渚11	晃10	砂9	青8	帆6
潮15	湊12	涼11	海9	洋9	凪6

女の子の名前

和帆…かずほ
汐梨…しおり
佳南子…かなこ
美砂…みさ
逢夏…あいか

男の子の名前

海斗…かいと
淳洋…あつひろ
涼之介…すずのすけ
蛍太…けいた
湊士…そうし

秋
感動的な夕焼けや 豊かな実りのシーズン

澄15	稔13	爽11	紅9	秀7	夕3
藍18	楓13	深11	茜9	実8	月4
穣18	穂15	豊13	菊11	秋9	禾5

女の子の名前

夕妃…ゆうき
詠実…えいみ
奈々穂…ななほ
美澄…みすみ
藍香…あいか

男の子の名前

秀斗…しゅうと
秋隆…あきたか
爽太…そうた
楓真…ふうま
穣一郎…じょういちろう

冬
凜と澄んだ空気や 雪化粧の景色が美しい

聖13	新13	雪11	星9	冴7	一1
銀14	椿13	賀12	透10	柊9	元4
凜15	睦13	皓12	朔10	柚9	冬5

女の子の名前

冬音…ふゆね
柚希…ゆずき
透子…とうこ
深雪…みゆき
凜花…りんか

男の子の名前

一樹…かずき
柊治…しゅうじ
太賀…たいが
皓貴…ひろき
新…あらた

文化・スポーツから名づける

音楽

心に響く旋律をイメージ
感性豊かな印象にも

謡16	琳12	琴12	律9	音9	伶7
響20	歌14	揮12	玲9	奏9	弦8

女の子の名前

美伶…みれい
音羽…おとわ
玲奈…れいな
琴依…ことえ
響子…きょうこ

男の子の名前

奏祐…そうすけ
律人…りつと
玲二…れいじ
大揮…だいき
琳太朗…りんたろう

スポーツ

元気でたくましく
強い心をもった印象に

塁12	健11	飛9	育8	究7	弓3
瞬18	毬11	拳10	武8	志7	充6
躍21	翔12	剣10	郁9	伸7	成6

女の子の名前

真弓…まゆみ
志津…しず
郁代…いくよ
毬菜…まりな
翔子…しょうこ

男の子の名前

智成…ともなり
武志…たけし
剣策…けんさく
健輔…たけすけ
塁…るい

芸術

芸術性をもち
創造力のある子にと願って

舞15	創12	陶11	紡10	紗10	巧5
磨16	綾14	絢12	造10	紋10	匠6
織18	綺14	絵12	紬11	華10	映9

女の子の名前

映美…えいみ
亜紗子…あさこ
野々華…ののか
絢奈…あやな
伊織…いおり

男の子の名前

巧一…こういち
修造…しゅうぞう
創悟…そうご
綾人…あやと
悠磨…ゆうま

願い から名づける

かわいらしい

みんなに愛される
可憐なイメージ

小3 妃6 杏7 花7 李7 風9 桃10 珠10 雫11 愛13 鈴13 雛18

女の子の名前

麻妃…まき
杏奈…あんな
珠里…しゅり
愛実…まなみ
雛乃…ひなの

男の子の名前

小徹…こてつ
李太郎…りたろう
風人…ふうと
桃李…とうり
鈴之介…すずのすけ

華やか

気品も感じさせる
優美な子になるように

芙7 美9 香9 華10 姫10 紳11 貴12 敬12 絢12 媛12 雅13 瑠14 優17 麗19

女の子の名前

芙紀…ふき
華苗…かなえ
媛佳…ひめか
瑠璃子…るりこ
麗美…れいみ

男の子の名前

紳一郎…しんいちろう
貴昭…たかあき
敬史…けいじ
雅治…まさはる
優希…ゆうき

元気

明るく活発
身体も心もすこやかに

力2 丈3 大3 壮6 伸7 育8 若8 虎8 郁9 康11 強11 健11 雄12 豪14 毅15

女の子の名前

伸子…のぶこ
育美…いくみ
若菜…わかな
郁枝…いくえ
康代…やすよ

男の子の名前

力哉…りきや
景虎…かげとら
雄一…ゆういち
豪…ごう
毅彦…たけひこ

幸せ

だれもがそうなりたいと願う
幸福な人生を

吉6 寿7 幸8 佳8 欣8 祥10 泰10 喜12 富12 裕12 豊13 福13 瑞13 嘉14 慶15

女の子の名前

香寿美…かすみ
佳乃…よしの
祥代…さちよ
裕里…ゆうり
嘉那…かな

男の子の名前

欣也…きんや
泰賀…たいが
重喜…しげき
瑞樹…みずき
慶行…よしゆき

清楚

清潔感にあふれ
慎ましやかに育ってほしい

凜15 潔15 淳11 爽11 透10 白5
澄15 颯14 涼11 清11 純10

女の子の名前

真白…ましろ
伽純…かすみ
涼香…すずか
淳美…あつみ
凜々子…りりこ

男の子の名前

透馬…とうま
清和…きよかず
颯亮…そうすけ
潔…きよし
澄明…すみあき

スケールが大きい

小さなことには動じない
器の広い人に

環17 遥12 海9 弘5 久3
寛13 紘10 河8 大3
遼15 悠11 空8 広5

女の子の名前

茉弘…まひろ
七海…ななみ
未紘…みひろ
悠綺…ゆうき
遥果…はるか

男の子の名前

彰久…あきひさ
将大…まさひろ
大河…たいが
朋寛…ともひろ
遼一…りょういち

明るい

周囲を照らす
太陽のように明るい印象

馳13 楽13 彩11 笑10 明8 元4
耀20 照13 陽12 晋10 悦10 光6
勢13 晶12 朗10 晃10 快7

女の子の名前

光稀…みつき
明日香…あすか
笑美里…えみり
彩菜…あやな
晶絵…あきえ

男の子の名前

晃伸…あきのぶ
壮太朗…そうたろう
陽太…ようた
勢次…せいじ
耀平…ようへい

平和

いつも穏やかに
日々を過ごせますように

輪15 鳩13 絆11 昌8 安6 円4
融16 寧14 等12 泰10 和8 平5

女の子の名前

安奈…あんな
紗和…さわ
昌帆…あきほ
泰江…やすえ
寧々…ねね

男の子の名前

安弘…やすひろ
大和…やまと
昌人…まさと
泰輝…たいき
寧之…やすゆき

願い から名づける

愛
多くの人の愛情に恵まれますように

睦13 愛13 真10 和8 友4
誓14 慈13 結12 恋10 好6

女の子の名前
好乃…よしの
果恋…かれん
美結…みゆ
愛梨…あいり
誓子…せいこ

男の子の名前
友規…ともき
寿和…としかず
真悟…しんご
周慈…しゅうじ
頼睦…よりちか

賢い
どんなピンチも切り抜けられる賢さを

顕18 資13 博12 能10 学8 史5
聡14 智12 悟10 卓8 英8
賢16 惺12 敏10 哲10 知8

女の子の名前
史華…ふみか
英恵…はなえ
沙知…さち
美智子…みちこ
美聡…みさと

男の子の名前
学…まなぶ
哲志…てつし
敏之…としゆき
惺也…せいや
賢人…けんと

優しい
人に優しくできる子になってほしい

篤16 暖13 滋12 恵10 円4
優17 靖13 温12 惇11 保9
諄15 想13 敦12 宥9

女の子の名前
眞保…まほ
宥乃…ひろの
好恵…よしえ
諄子…じゅんこ
優実…ゆみ

男の子の名前
保邦…やすくに
惇臣…あつおみ
暖人…はると
尚靖…なおやす
篤志…あつし

願い から名づける

自由

周りにとらわれず のびのびと自分らしく

翼17 遥12 逸11 飛9 希7 由5
翔12 遊12 望11 伸7 羽6

女の子の名前

由紀菜…ゆきな
彩希…さき
望海…のぞみ
遥子…ようこ
翔子…しょうこ

男の子の名前

達希…たつき
望…のぞむ
遊星…ゆうせい
遥登…はると
悠翼…ゆうすけ

友達が多い

多くの人に好かれ 友人に恵まれるように

篤16 信9 佑7 加5 与3
渉11 朋8 共6 友4
親16 皆9 助7 双4

女の子の名前

双葉…ふたば
由加里…ゆかり
朋花…ともか
志信…しのぶ
篤子…あつこ

男の子の名前

友保…ともやす
泰助…たいすけ
亮佑…りょうすけ
渉…わたる
親宣…ちかのぶ

誠実

人に真心をもって 接することのできる人に

優17 徳14 順12 倫10 孝7 心4
範15 誠13 理11 直8 正5
憲16 慎13 善12 実8 礼5

女の子の名前

美礼…みれい
倫世…ともよ
万理…まり
範香…のりか
優実子…ゆみこ

男の子の名前

正太郎…しょうたろう
義孝…よしたか
善行…よしゆき
勇誠…ゆうせい
憲明…のりあき

正義感

正しいことを信じて それを曲げない

儀15 義13 直8 守6 仁4
憲16 誠13 恭10 志7 礼5
徳14 倫10 典8 正5

女の子の名前

久仁子…くにこ
礼果…あやか
美典…みのり
恭世…やすよ
誠美…まさみ

男の子の名前

靖仁…やすひと
正宗…まさむね
政守…まさもり
和義…かずよし
憲吾…けんご

個性的

他の人にはない 自分だけの世界を大切に

樹16 蓮13 遊12 華10 心4
翼17 輝15 聖13 望11 光6
蘭19 凜15 夢13 遥12 沙7

女の子の名前

沙紀…さき
遥香…はるか
麻遊…まゆ
夏凜…かりん
蘭…らん

男の子の名前

光喜…こうき
聖也…せいや
蓮司…れんじ
大樹…だいき
翼…つばさ

未来

可能性に満ちあふれた 将来に希望をもって

瞭17 暁12 進11 昇8 羽6 可5
夢13 創12 拓8 来7 叶5
黎15 開12 飛9 志7 未5

女の子の名前

可南子…かなこ
未央…みお
志織…しおり
夢乃…ゆめの
智瞭…ちあき

男の子の名前

昇平…しょうへい
拓真…たくま
開斗…かいと
智暁…ともあき
黎士…れいじ

豊か

心が豊かになってほしい 豊かに暮らしてほしい

穂15 豊13 裕12 泰10 宝8 寿7
寛13 瑞13 賀12 恵10 幸8
慶15 福13 富12 祥10 佳8

女の子の名前

寿々…すず
瑞希…みずき
福実…ふくみ
慶乃…よしの
穂波…ほなみ

男の子の名前

幸一郎…こういちろう
祥吾…しょうご
泰介…たいすけ
福…ふく
寛治…かんじ

国際的

グローバルに世界中で 活躍できるように

梨11 純10 門8 英8 亜7 仁4
真10 海9 奈8 杏7 衣6
理11 飛9 芽8 志7 伊6

女の子の名前

真理亜…まりあ
英美…えいみ
杏奈…あんな
芽衣…めい
愛梨…あいり

男の子の名前

理仁…りひと
英治…えいじ
志門…しもん
海人…かいと
純…じゅん

願い から名づける

弁護士

平和や人権を守るため法廷で闘う

議20 等12 秤10 定8 弁5 士3

護20 義13 真10 法8 正5 平5

誠13 曹11 律9 言7 司5

女の子の名前

法恵…のりえ
律花…りつか
真理…まり
義枝…よしえ
誠子…せいこ

男の子の名前

明正…あきただ
定道…さだみち
法行…のりゆき
秤太…しょうた
正護…ただもり

医師

人の命と向き合う なくてはならない仕事

衛16 救11 判7 白5 人2

頼16 理11 命8 生5 仁4

護20 慈13 研9 守6 介4

誠13 信9 助7 手4

女の子の名前

仁美…ひとみ
亜生…あき
美命…みめい
信恵…のぶえ
理子…りこ

男の子の名前

明生…あきお
真守…まもる
幸助…こうすけ
命…みこと
衛介…えいすけ

公務員

国民の生活の基盤を支える重要な職務

堅12 務11 直8 実8 安6 仁4

賢16 勤12 厚9 定8 社7 公4

女の子の名前

公子…きみこ
安実…やすみ
実果…みか
定代…さだよ
直恵…なおえ

男の子の名前

直仁…なおじ
公厚…きみあつ
務…つとむ
勤也…きんや
賢人…けんと

教師

教え、導き、成長を見守り 自分も成長していく

童12 教11 典8 伝6 与3

導15 授11 師10 学8 文4

儒16 道12 進11 門8 示5

女の子の名前

文美…あやみ
典華…のりか
教子…きょうこ
道佳…みちか
道世…みちよ

男の子の名前

文明…ふみあき
賢示…けんじ
学…がく
典道…のりみち
進…すすむ

自然から名づける

大地

広々としたイメージが名前にもぴったり

嵩13 峰10 草9 地6 山3
緑14 陸11 高10 岳8 大3
樹16 雄12 原10 岬8 広5

男の子の名前

雄大…ゆうだい
泰地…たいち
有岳…ありたけ
峰也…みねや
陸斗…りくと

女の子の名前

知広…ちひろ
草乃…くさの
美原…みはら
陸奈…りくな
緑子…みどりこ

草花

草花の生命力を感じる生き生きとした印象に

蘭19 蓮13 菜11 華10 茅8 花7
緑14 萌11 桜10 草9 苗8
蕾16 葉12 菊11 咲9 芽8

男の子の名前

栄芽…えいが
草太…そうた
青葉…あおば
蓮斗…れんと
蘭太…らんた

女の子の名前

早苗…さなえ
芽衣子…めいこ
茅乃…かやの
桜子…さくらこ
萌花…もえか

鳥

大空を羽ばたく鳥は男女ともに人気

鷹24 鷗22 雛18 燕16 鳥11 羽6
鷺24 鷲23 鶴21 翼17 雀11 隼10

男の子の名前

羽也斗…はやと
隼平…しゅんぺい
翼…つばさ
鷗太…おうた
鷹也…たかなり

女の子の名前

一羽…いちは
美鳥…みどり
雛子…ひなこ
美鶴…みつる
由鶴…ゆづる

動物

それぞれの動物のもつイメージがそのまま名前に

鯨19 亀11 寅11 馬10 羊6
鷹24 獅13 蛍11 竜10 兎7
蝶15 鹿11 豹10 虎8

男の子の名前

虎太郎…こたろう
優馬…ゆうま
竜太…りゅうた
獅童…しどう
鯨太…けいた

女の子の名前

兎美…うみ
蛍夏…けいか
蛍子…けいこ
鹿乃…かの
蝶子…ちょうこ

自然から名づける

果実

かわいらしさを感じる名前にしたいなら

檎17 梨11 柑9 果8 杏7
萄11 梅10 実8 苺8
橘16 桃10 柚9 枇8

女の子の名前

杏夏…きょうか
果林…かりん
実緒…みお
桃恵…ももえ
梨花子…りかこ

男の子の名前

杏治…あんじ
克実…かつみ
柚琉…ゆずる
柑司…かんじ
橘平…きっぺい

樹木

高く伸びていく樹木はのびのびとした印象

槙14 楓13 梢11 柊9 木4
榎14 楠13 梓11 桧10 松8
樺14 幹13 椿13 桂10 柾9

女の子の名前

柊子…しゅうこ
楓花…ふうか
幹奈…みきな
槙子…まきこ
和樺…わかば

男の子の名前

松也…まつや
柊一…しゅういち
桂太…けいた
幹太…かんた
槙介…まきすけ

海

自然の偉大さを感じる海さわやかなイメージにも

港12 浜10 洋9 岬8 汐6 大3
湊12 船11 海9 波8 帆6 広5
潮15 渚11 航10 岸8 凪6 舟6

女の子の名前

汐音…しおね
帆乃…ほの
洋加…ひろか
奈波…ななみ
愛海…あいみ

男の子の名前

洋大…ようだい
汐路…しおじ
凪仁…なぎひと
船和…ふなかず
湊一…そういち

光

きらめきや明るさ温かみを感じられる

輝15 暁12 映9 灯6 火4
耀20 照13 晃10 明8 旭6
彰14 朝12 昭9 光6

女の子の名前

光瑠…ひかる
明子…あきこ
朝佳…あさか
照美…てるみ
彰子…しょうこ

男の子の名前

光介…こうすけ
陽光…ようこう
明芳…あきよし
照一郎…しょういちろう
光輝…こうき

宇宙

憧れとロマンにあふれ 未知の可能性が無限大

久 3　月 4　天 4　斗 4
宇 6　宙 8　河 8　星 9
昴 9　恒 9　奎 9　流 10
紘 10　彗 11　悠 11　惺 12
銀 14　輝 15　衛 16

女の子の名前

美月…みつき
天音…あまね
宙…そら
星花…せいか
美悠…みゆう

男の子の名前

宙紀…そらき
流星…りゅうせい
昴…すばる
恒生…こうせい
銀太…ぎんた

気象

人智の及ばないもの 日本の古風な 印象も与えられる

雨 8　風 9
虹 9　雪 11
晴 12　雲 12
嵐 12　雷 13
霞 17　霧 19

女の子の名前

雨音…あまね
彩虹…あやこ
虹子…こうこ
雪絵…ゆきえ
霧香…きりか

男の子の名前

広雪…ひろゆき
晴樹…はるき
芳晴…よしはる
早雲…そううん
雷斗…らいと

宝石

キラキラと輝きを放ち 長く大切に扱われるもの

玉 5　石 5　貝 7
珀 9　珠 10　彩 11
晶 12　琥 12　瑛 12
煌 13　瑠 14　碧 14
輝 15　環 17

女の子の名前

真珠…まじゅ
晶子…しょうこ
瑛子…えいこ
瑠璃奈…るりな
愛環…あいわ

男の子の名前

琥珀…こはく
晶…あきら
瑛太…えいた
瑠衣…るい
環吉…かんきち

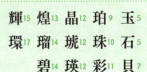

自然から名づける

空

澄んだ青空を想起させ希望に満ちた印象に

陽12 晃10 虹9 空8 天4
翼17 翔12 飛9 昇8 羽6
晴12 航10 昊8 青8

女の子の名前

美羽…みう
青胡…せいこ
空乃…そらの
晴歌…はるか
陽子…ようこ

男の子の名前

天真…てんま
昊輝…こうき
雄飛…ゆうひ
翔哉…しょうや
翼…つばさ

風

さわやかで心地よい軽やかさをもった印象

瞬18 旗14 爽11 吹7 帆6
舞15 涼11 風9 迅6
薫16 颯14 扇10 凪6

女の子の名前

優帆…ゆうほ
凪沙…なぎさ
芽吹…めぶき
風花…ふうか
舞美…まいみ

男の子の名前

爽汰…そうた
涼太…りょうた
颯…はやて
大旗…だいき
瞬太郎…しゅんたろう

湖・泉

清らかな水が湧くような生命力を感じさせる名前

澄15 満12 渡12 清11 泉9 汰7
源13 湧12 渉11 透10 治8

女の子の名前

治世…はるよ
泉…いずみ
満瑠…みちる
美源…みげん
美澄…みすみ

男の子の名前

章汰…しょうた
渉…わたる
湧太…ゆうた
満男…みつお
源太郎…げんたろう

山

何事にも動じない広い心の持ち主に

巌20 嶺17 森12 登12 峰10 岳8
麓19 稜13 景12 渓11 高10

女の子の名前

峰子…みねこ
渓佳…けいか
千景…ちかげ
美森…みもり
嶺美…れいみ

男の子の名前

岳斗…がくと
高志…たかし
悠登…ゆうと
稜吾…りょうご
嶺平…りょうへい

PART 4

漢字から名づける

同じ音の響きの名前も、漢字が違えば印象が変わります。
1文字ごとに意味を持っている漢字ですから、
きちんと意味を理解したうえで使いたいですね。
数あるなかからぴったりの漢字を選びましょう。

introduction

漢字から名づける

漢字は一文字ずつに意味があり、ひと目見れば、名前に込められた思いを読み取ることができます。しかし、すべての漢字が自由に使えるわけではありません。

漢字の意味には二面性があるものも

名前に使える漢字は戸籍法で決められており、日常生活で使われる常用漢字が２１３６字、特に人の名前に使用できる人名用漢字が８６２字で、２０１６年１月現在は２９９８字を名前に使うことができます。

ところが中には名前にはふさわしくないものがあります。「死」「病」「罪」「殺」など、マイナスなイメージを連想させる漢字は名前には向きません。また、多く使われている漢字でも、実はマイナスの意味が含まれていることも。

どの漢字を選ぶのかに制限はありませんが、後悔のないように使いたい漢字の意味は必ずチェックしましょう。

名前に使える漢字は法務省のホームページで確認できます。

組み合わせやバランスにも気をつけて

漢字には音読みと訓読みの他に、人名のみに使える「名のり」とよばれる読み方があり漢字辞典などで確認できます。たとえば「海」であれば音読みは「カイ」、訓読みは「うみ」、名のりでは「あま」「か」「み」と読ませることもできます。一般的には訓読

法務省HP http://kosekimoji.moj.go.jp/

みの方がやわらかな印象になるため、優しいイメージの名前をつけたいときは訓読みを活かしてみると良いでしょう。

漢字を選ぶときにもう1つ大切にしたいのは字の形、字形の美しさです。漢字の成り立ちは、ものの形や様子を描いた絵文字を簡略化したもの。そのため、漢字をパッと見たときに、美しい、かわいい、たくましいなど、さまざまな印象を受けます。

「圭」のように左右対称の文字や、「慶」「慧」のような多画数で黒っぽい文字など表情もいろいろ。新字と旧字の「桜」と「櫻」、「来」と「來」は、同じ意味でも見た目の印象は異なります。

また、2文字以上の漢字を組み合わせる場合は、姓とのバランスにも気をつけましょう。「華」や「薫」という字が良いと思っても、組み合わせると画数が多すぎて重たい印象になったり、単独の漢字には問題がなくても、組み合わせることで意味や印象が変化することもあります。たとえば「抜きんでる」「しのぐ」という意味をもつ「凌」ですが、「凌人」とすると、人をバカにする、見下す、という意味にも受け取れます。

名前を響きやイメージから考え始めたとしても、最後はそれに漢字をあてはめて完成することがほとんど。

漢字を選ぶときは、その意味はもちろん、字形や組み合わせたときの印象など、さまざまな角度からじっくり検討しましょう。

止め字について知ろう

「止め字」とは名前の最後にくる文字。ここでは人気の止め字を紹介します。

男の子の止め字

あ
亜 7　亞 8　阿 8

あき
旭 6　昌 8　明 8　秋 9　昭 9
映 9　亮 9　晃 10　章 11　暁 12
晶 12　陽 12　彰 14　顕 18　耀 20

い
生 5　伊 6　衣 6　唯 11　維 14

いち
一 1　乙 1　市 5　壱 7

お
夫 4　央 5　生 5　男 7　於 8
旺 8　雄 12　緒 14

おみ
匡 6　臣 7

が
牙 4　伽 7　我 7　芽 8　河 8
画 8　賀 12　雅 13　駕 15

かず
一 1　寿 7　和 8　知 8　数 13

き
己 3　生 5　気 6　希 7　来 7
季 8　紀 9　城 9　記 10　起 10
基 11　規 11　喜 12　揮 12　期 12
稀 12　貴 12　綺 14　旗 14　毅 15
輝 15　槻 15　樹 16　機 16　騎 18
麒 19

きち
吉 6

くに
州 6　邦 7　国 8　洲 9　訓 10

ご
午 4　伍 6　呉 7　吾 7　冴 7
悟 10　梧 11　醐 16　護 20

さく
作 7　咲 9　朔 10　索 10

さと
里 7　郷 11　理 11　智 12　聡 14
慧 15　諭 16

し
士 3　仕 5　司 5　史 5　市 5
至 6　志 7　始 8　紫 12　詞 12
嗣 13　資 13　獅 13

じ
二 2　寺 6　次 6　児 7　侍 8
治 8　時 10　慈 13　蒔 13　爾 14

しげ
茂 8　重 9　盛 11　滋 12　繁 16

しん
心 4　芯 7　伸 7　信 9　真 10
晋 10　進 11　紳 11　慎 13　親 16

すけ
介 4　右 5　左 5　丞 6　佐 7
助 7　佑 7　祐 9　亮 9　輔 14

せい
生 5　正 5　成 6　星 9　誠 13

ぞう
三 3　造 10　蔵 15

た
大 3　太 4　多 6　汰 7

だい
乃 2　大 3　太 4　代 5　醍 16

たか　孝(7) 尭(8) 尚(8) 高(10) 崇(11) 隆(11) 貴(12) 敬(12) 嵩(13) 鷹(24)

たけ　丈(3) 岳(8) 武(8) 孟(8) 威(9) 建(9) 剛(10) 赳(10) 猛(11) 健(11)

つぐ　次(6) 貢(10) 継(13) 嗣(13) 続(13)

てつ　哲(10) 鉄(13) 徹(15)

てる　光(6) 晃(10) 照(13) 輝(15) 耀(20)

と　刀(2) 十(2) 仁(4) 斗(4) 杜(7) 徒(10) 途(10) 都(11) 登(12) 翔(12)

とし　仁(4) 年(6) 寿(7) 利(7) 俊(9) 敏(10) 稔(13) 歳(13)

とも　友(4) 共(6) 伴(7) 知(8) 朋(8) 智(12) 朝(12)

なり　也(3) 生(5) 成(6) 斉(8)

のぶ　允(4) 伸(7) 延(8) 信(9) 宣(9)

のり　典(8) 法(8) 紀(9) 則(9) 倫(10) 教(11) 徳(14) 範(15) 憲(16)

はる　治(8) 青(8) 春(9) 温(12) 開(12) 晴(12) 遥(12) 陽(12) 遙(14)

ひこ　彦(9)

ひさ　久(3) 永(5) 寿(7) 尚(8) 悠(11)

ひで　秀(7) 英(8)

ひと　一(1) 人(2) 仁(4)

ひろ　大(3) 央(5) 広(5) 弘(5) 宏(7) 拓(8) 宙(8) 洋(9) 宥(9) 浩(10) 紘(10) 尋(12) 博(12) 裕(12) 寛(13)

ぶ　武(8) 歩(8) 部(11) 舞(15) 蕪(15)

ふみ　文(4) 史(5) 章(11)

へい　丙(5) 平(5) 兵(7) 並(8) 幣(15)

ほ　帆(6) 甫(7) 歩(8) 保(9) 穂(15)

ま　万(3) 茉(8) 真(10) 眞(10) 馬(10) 麻(11) 満(12) 間(12) 摩(15) 磨(16)

まさ　大(3) 正(5) 匡(6) 昌(8) 征(8) 政(9) 柾(9) 将(10) 真(10) 雅(13)

まる　丸(3)

み　己(3) 巳(3) 三(3) 壬(4) 未(5) 見(7) 実(8) 弥(8) 海(9) 深(11)

みち　充(6) 径(8) 迪(8) 通(10) 倫(10) 理(11) 道(12) 満(12) 路(13)

みつ　三(3) 光(6) 充(6) 満(12)

みね　峰(10) 峯(10) 嶺(17)

む　六(4) 武(8) 務(11) 夢(13) 霧(19)

むね　心(4) 宗(8)

もん　文(4) 門(8) 紋(10) 聞(14)

や
八 2　也 3　矢 5　冶 7　弥 8
哉 9　耶 9　野 11　椰 13　彌 17

やす
安 6　保 9　泰 10　康 11　靖 13

ゆき
之 3　行 6　幸 8　雪 11

よし
由 5　吉 6　好 6　芳 7　良 7
佳 8　喜 12　善 12　義 13　嘉 14

る
流 10　留 10　琉 11　瑠 14

ろう
労 7　郎 9　朗 10　浪 10

ろく
六 4　禄 12　緑 14　録 16　麓 19

女の子の止め字

あ
安 6　杏 7　亜 7　阿 8　愛 13

あき
明 8　秋 9　陽 12　晶 12

あや
文 4　礼 5　采 8　紋 10　彩 11
絢 12　斐 12　綾 14　綺 14

い
生 5　以 5　伊 6　衣 6　依 8
委 8　唯 11　惟 11　維 14

う
卯 5　有 6　羽 6　宇 6　雨 8

え
永 5　衣 6　江 6　依 8　英 8
枝 8　映 9　栄 9　重 9　恵 10
笑 10　瑛 12　絵 12　詠 12　慧 15

お
央 5　生 5　於 8　青 8　旺 8
桜 10　緒 14

おり
織 18

おん（のん）
苑 8　音 9　恩 10　温 12　穏 16

か
加 5　可 5　圭 6　伽 7　花 7
佳 8　果 8　河 8　珂 9　迦 9
香 9　架 9　夏 10　華 10　賀 12
嘉 14　樺 14　歌 14　霞 17

かげ
景 12　蔭 14　影 15

き
生 5　伎 6　希 7　芸 7　来 7
岐 7　季 8　祈 8　紀 9　姫 10
記 10　規 11　葵 12　幾 12　稀 12
貴 12　喜 12　暉 13　綺 14　嬉 15
輝 15　槻 15　樹 16　徽 17

く
久 3　玖 7　来 7　空 8　紅 9

こ
己 3　子 3　小 3　古 5
仔 5　胡 9　湖 12　瑚 13　鼓 13

さ
小 3　左 5　早 6　佐 7　沙 7
冴 7　砂 9　咲 9　紗 10　嵯 13

さき
咲 9　崎 11

さと
里 7　怜 8　郷 11　理 11　智 12
聖 13　聡 14　慧 15　諭 16

しゃ
沙 7　砂 9　紗 10

じゅ
朱 6　寿 7　珠 10　樹 16

す（ず）
州 6　寿 7　洲 9　逗 11　瑞 13

すみ（ずみ）
純 10　澄 15

せ
世 5　勢 13　瀬 19

そら
天 4　空 8　宙 8　昊 8　穹 8

ち
千 3　池 6　茅 8　知 8　智 12

つ（づ）
津 9　通 10　都 11　鶴 21

つき（づき）
月 4　槻 15

と
十 2　土 3　斗 4　兎 7　杜 7
音 9　都 11　登 12　渡 12　翔 12

な
七 2　名 6　那 7　奈 8　南 9
菜 11　梛 11

なみ
波 8　南 9　浪 10

ね
子 3　弥 8　音 9　根 10　稲 14
嶺 17　禰 19

の
乃 2　之 3　野 11　埜 11

は（ば）
巴 4　羽 6　芭 7　杷 8　波 8
葉 12　幡 15

ひ
日 4　妃 6　灯 6　飛 9　美 9
陽 12　斐 12　緋 14

ひろ
拓 8　宙 8　洋 9　紘 10　尋 12

ほ
帆 6　甫 7　歩 8　宝 8　保 9
圃 10　哺 10　葡 12　穂 15

ま
万 3　茉 8　真 10　眞 10　馬 10
麻 11　満 12　摩 15　磨 16

み
己 3　三 3　巳 3　弓 3　水 4
未 5　見 7　実 8　弥 8　海 9
泉 9　南 9　美 9　深 11　望 11

む
夢 13　霧 19

め
女 3　芽 8　海 9

も
百 6　茂 8　萌 11　雲 12

や
也 3　矢 5　夜 8　弥 8　哉 9
耶 9　野 11　埜 11　椰 13　彌 17

ゆ
弓 3　夕 3　友 4　右 5　由 5
有 6　佑 7　侑 8　柚 9　裕 12
唯 11　悠 11　結 12　遊 12　優 17

よ
与 3　予 4　世 5　代 5　依 8

ら
良 7　来 7　楽 13

り
吏 6　利 7　李 7　里 7　俐 9
浬 10　莉 10　梨 11　理 11　璃 15

りん
琳 12　鈴 13　綸 14　凜 15

れ（れい）
令 5　礼 5　怜 8　零 13　麗 19

わ
羽 6　和 8　輪 15　琶 12　環 17

一文字・三文字の名前

個性的な雰囲気を出せる、漢字一文字、三文字の名前。
姓とのバランスを考えながらつけましょう。

男の子
女の子
一文字

蒼	あお、そう	13
明	あかり、めい	8
晶	あきら、しょう	12
歩	あゆむ、あゆみ	8
泉	いずみ、きよし	9
樹	いつき、みき	16
海	うみ、かい	9
楓	かえで	13
薫	かおり、かおる	16
叶	かない、きょう	5
景	けい、あきら	12
絃	げん、いと	11
更	さら、あらた	7
忍	しのぶ	7
周	しゅう、あまね	8
純	じゅん	10
心	しん、こころ	4
奏	そう、かなで	9
環	たまき	17
司	つかさ	5
翼	つばさ	17
紡	つむぎ、つむぐ	10
友	とも、ゆう	4
凪	なぎ	6
渚	なぎさ	11
初	はじめ、うい	7
晴	はる、せい	12
温	はる、のどか	12
遥	はるか	12
光	ひかり、ひかる	6
聖	ひじり	13
響	ひびき	20
誉	ほまれ	13
湊	みなと、そう	12
実	みのる、まこと	8
京	みやこ、けい	8
和	やまと、のどか	8
悠	ゆう、はるか	11
優	ゆう、まさる	17
縁	ゆかり、えにし	15
律	りつ、ただし	9
凜	りん	15
倫	りん、みち	10
玲	れい	9

男の子 一文字

漢字	読み	画数
彬	あきら	11
暁	あきら	12
晃	あきら こう	10
彰	あきら しょう	14
旭	あさひ	6
東	あずま	8
敦	あつし	12
篤	あつし	16

漢字	読み	画数
庵	いおり	11
勲	いさお	15
功	いさお こう	5
勇	いさみ ゆう	9
至	いたる	6
栄	えい さかえ	9
修	おさむ しゅう	10
理	おさむ	11
櫂	かい	18
開	かい はるき	12
凱	がい	12
馨	かおる	20

漢字	読み	画数
岳	がく	8
楽	がく	13
学	がく まなぶ	8
駆	かける	14
鑑	かん あきら	23
築	きずく	16
恭	きょう たかし	10
澄	きよし	15
究	きわむ	7
圭	けい	6
啓	けい	11
慶	けい	15

漢字	読み	画数
敬	けい たかし	15
慧	けい さとし	12
拳	けん	10
堅	けん	12
憲	けん	16
玄	げん	5
源	げん	13
言	げん	7
研	けん あき	9
賢	けん さとし	16
健	けん たけし	11
謙	けん ゆずる	17

漢字	読み	画数
元	げん はじめ	4
考	こう	6
耕	こう	10
洸	こう	9
豪	ごう	14
孝	こう たかし	7
巧	こう たくみ	5
浩	こう ひろし	10
康	こう やすし	11
剛	ごう たけし	10
紺	こん	11
朔	さく はじめ	10

漢字	読み	画数
聡	さとし	14
智	さとし さとる	12
総	さとし そう	14
讃	さん	22
燦	さん	17
茂	しげる	8
滋	しげる	12
繁	しげる	16
柊	しゅう	9
鷲	しゅう	23
秀	しゅう ひで	7
俊	しゅん	9
隼	しゅん はやと	10
駿	しゅん	17
旬	しゅん	6
瞬	しゅん	18
竣	しゅん	12
舜	しゅん ひとし	13
淳	じゅん	11
諄	じゅん	15
惇	じゅん	11
祥	しょう	10
翔	しょう かける	12
奨	しょう すすむ	13
尚	しょう ひさし	8
将	しょう まさる	10
穣	じょう みのる	18
渉	しょう わたる	11
伸	しん	7
紳	しん	11
新	しん あらた	13
進	しん すすむ	11
信	しん まこと	9
慎	しん まこと	13
迅	じん	6
仁	じん ひとし	4
逸	すぐる	11
卓	すぐる たく	8
昴	すばる	9
創	そう	12
壮	そう たけし	6
颯	そう はやて	14
空	そら	8
大	だい まさる	3
鷹	たか	24
崇	たかし	11
隆	たかし	11
尊	たかし たける	12
宝	たから	8
拓	たく ひろし	8
匠	たくみ しょう	6
武	たけし	8
猛	たけし	11
丈	たけし じょう	3
毅	たけし つよし	15
輔	たすく	14
佑	たすく ゆう	7
正	ただし	5
直	ただし	8
匡	ただし まさ	6

漢字	読み	画数
保	たもつ	9
暖	だん はる	13
親	ちかし しん	16
努	つとむ	7
勤	つとむ	12
勉	つとむ べん	10
哲	てつ	10
亨	とおる	7
透	とおる	10
徹	とおる てつ	15
知	とも さとし	8
成	なる せい	6
錦	にしき	16
昇	のぼる	8
登	のぼる	12
一	はじめ	1
基	はじめ	11
寿	ひさし	7
広	ひろし	5
博	ひろし	12
寛	ひろし かん	13
裕	ひろし ゆたか	12
洋	ひろし よう	9
真	まこと しん	10
誠	まこと せい	13
雅	まさし みやび	13
勝	まさる しょう	12
守	まもる	6
満	みつる	12
稔	みのる	13
睦	むつみ	13
靖	やすし	13
侑	ゆう	8
祐	ゆう	9
湧	ゆう	12
有	ゆう ある	6
譲	ゆずる じょう	20
豊	ゆたか	13
陽	よう あきら	12
燿	よう あきら	18
嵐	らん あらし	12
力	りき ちから	2
陸	りく	11
竜	りゅう	10
琉	りゅう	11
龍	りゅう りょう	16
凌	りょう	10
涼	りょう	11
稜	りょう	13
了	りょう	2
良	りょう あきら	7
亮	りょう	9
遼	りょう	15
嶺	れい	17
塁	るい	12
蓮	れん	13
簾	れん	19
論	ろん	15
亘	わたる	6
航	わたる こう	10

男の子
三文字

名前	画数	読み	総画数
亜希彦	7・7・9	あきひこ	23
亜貴久	7・12・3	あきひさ	22
亜希由	7・7・5	あきより	19
敦比古	12・4・5	あつひこ	21
亜由夢	7・5・13	あゆむ	25
亜良大	7・7・3	あらた	17
維久都	14・3・11	いくと	28
伊佐海	6・7・9	いさみ	22
伊知朗	6・8・10	いちろう	24
有志央	6・7・5	うしお	18
恵以吾	10・5・7	えいご	22
英五郎	8・4・9	えいごろう	21
英二郎	8・2・9	えいじろう	19
栄太郎	9・4・9	えいたろう	22
旺次郎	8・6・9	おうじろう	23
王太郎	4・4・9	おうたろう	17
可津高	5・9・10	かずたか	24
加瑞彦	5・13・9	かずひこ	27
佳津馬	8・9・10	かずま	27
加寿三	5・7・3	かずみ	15
佳那多	8・7・6	かなた	21
官九郎	8・2・9	かんくろう	19
寛二朗	13・2・10	かんじろう	25
貫太郎	11・4・9	かんたろう	24
喜一郎	12・1・9	きいちろう	22
倉之助	10・3・7	くらのすけ	20
啓一郎	11・1・9	けいいちろう	21
蛍志朗	11・7・10	けいしろう	28
啓太郎	11・4・9	けいたろう	24
健四郎	11・5・9	けんしろう	25
憲二郎	16・2・9	けんじろう	27
賢太郎	16・4・9	けんたろう	29
顕ノ佑	18・1・7	けんのすけ	26
光一郎	6・1・9	こういちろう	16
幸三郎	8・3・9	こうざぶろう	20
光史郎	6・5・9	こうしろう	20
功二郎	5・2・9	こうじろう	16
孝太郎	7・4・9	こうたろう	20
康之介	11・3・4	こうのすけ	18
小次郎	3・6・9	こじろう	18
湖太郎	12・4・9	こたろう	25
朔太郎	10・4・9	さくたろう	23
紗久也	10・3・3	さくや	16
早矢斗	6・5・4	さやと	15
周五郎	8・4・9	しゅうごろう	21
修二郎	10・2・9	しゅうじろう	21
修大朗	10・3・10	しゅうたろう	23
俊太郎	9・4・9	しゅんたろう	22
峻乃佑	10・2・7	しゅんのすけ	19
正一郎	5・1・9	しょういちろう	15
将太郎	10・4・9	しょうたろう	23
庄之助	6・3・7	しょうのすけ	16
誠之介	13・3・4	せいのすけ	20
宗太郎	8・4・9	そうたろう	21
太玖朗	4・7・10	たくろう	21
龍比斗	16・4・4	たつひと	24

女の子 一文字

漢字	読み	画数
藍	あい	18
愛	あい まな	13
葵	あおい	12
碧	あお みどり	14
茜	あかね	9
灯	あかり	6
秋	あき	9
瑛	あきら	12
梓	あずさ	11
天	あま	4
紋	あや	10
彩	あや	11
朱	あや	6
絢	あや じゅん	12
文	あや ふみ	4
章	あや ふみ	11
綾	あや りょう	14
菖	あやめ	11
鮎	あゆ	16
安	あん	6
杏	あん あんず	7
育	いく	8
郁	いく ふみ	9
糸	いと	6
祈	いのり	8
潮	うしお	15
詠	うた	12
詩	うた	13
歌	うた	14
笑	えみ	10
咲	えみ さき	9
香	かおり かおる	9
霞	かすみ	17
茅	かや	8
梢	こずえ	11
琴	こと	12
暦	こよみ	14
冴	さえ	7
早	さき	6
桜	さくら	10
幸	さち ゆき	8
皐	さつき	11
栞	しおり	10
静	しずか	14
雫	しずく	11
潤	じゅん	15
鈴	すず りん	13
菫	すみれ	11
芹	せり	7
苑	その	8
園	その	13
珠	たま	10
綴	つづり	14
椿	つばき	13
蕾	つぼみ	16
紬	つむぎ	11

朋	とも	8
巴	ともえ	4
苗	なえ	8
汀	なぎさ	5
夏	なつ	10
縫	ぬい	16
希	のぞみ	7
望	のぞみ	11
典	のり	8
花	はな	7
華	はな	10
春	はる	9
陽	はる	12
瞳	ひとみ	17
風	ふう かぜ	9
史	ふみ	5
紅	べに こう	9
星	ほし せい	9
蛍	ほたる	11
畔	ほとり	10
舞	まい	15
充	まこと みつ	6
円	まどか	4
繭	まゆ	18
毬	まり	11
鞠	まり	17
稀	まれ	12
澪	みお れい	16
操	みさお	16
岬	みさき さき	8
路	みち	13
翠	みどり	14
緑	みどり	14
南	みなみ	9
麦	むぎ	7
芽	めい	8
恵	めぐみ けい	10
萌	もえ	11
椛	もみじ	11
百	もも	6
桃	もも	10
唯	ゆい ゆう	11
結	ゆう	12
夕	ゆう	3
宥	ゆう	9
由	ゆう ゆい	5
紫	ゆかり	12
雪	ゆき	11
柚	ゆず ゆう	9
弓	ゆみ	3
夢	ゆめ	13
瑶	よう たま	13
蘭	らん	19
琳	りん	12
綸	りん いと	14
累	るい	11
令	れい	5
伶	れい	7
礼	れい あや	5
麗	れい うらら	19

女の子
三文字

亜香里	7	9	7	あかり	23
亜希菜	7	7	11	あきな	25
亜希代	7	7	5	あきよ	19
明日佳	8	4	8	あすか	20
亜里沙	7	7	7	ありさ	21
江美香	6	9	9	えみか	24
恵美里	10	9	7	えみり	26
恵莉子	10	10	3	えりこ	23
江里菜	6	7	11	えりな	24
佳津子	8	9	3	かつこ	20
香奈絵	9	8	12	かなえ	29
加奈美	5	8	9	かなみ	22
喜代子	12	5	3	きよこ	20
樹里子	16	7	3	きりこ	26
久二胡	3	2	9	くにこ	14
久美子	3	9	3	くみこ	15
佐伎子	7	6	3	さきこ	16
紗奈恵	10	8	10	さなえ	28
沙弥香	7	8	9	さやか	24
小百合	3	6	6	さゆり	15
佐和子	7	8	3	さわこ	18
千賀子	3	12	3	ちかこ	18
千紗都	3	10	11	ちさと	24
奈央子	8	5	3	なおこ	16
奈緒美	8	14	9	なおみ	31
奈津季	8	9	8	なつき	25
奈々子	8	3	3	ななこ	14
奈々美	8	3	9	ななみ	20
日奈多	4	8	6	ひなた	18
陽菜乃	12	11	2	ひなの	25
向日葵	6	4	12	ひまわり	22
二三江	2	3	6	ふみえ	11
富美加	12	9	5	ふみか	26
富美子	12	9	3	ふみこ	24
穂乃果	15	2	8	ほのか	25
麻亜砂	11	7	9	まあさ	27
麻衣子	11	6	3	まいこ	20
万岐子	3	7	3	まきこ	13
真知子	10	8	3	まちこ	21
真奈美	10	8	9	まなみ	27
真由子	10	5	3	まゆこ	18
麻里子	11	7	3	まりこ	21
満里奈	12	7	8	まりな	27
未可子	5	5	3	みかこ	13
美佐子	9	7	3	みさこ	19
美寿々	9	7	3	みすず	19
美奈子	9	8	3	みなこ	20
茂恵実	8	10	8	もえみ	26
由紀菜	5	9	11	ゆきな	25
百合恵	6	6	10	ゆりえ	22
由利子	5	7	3	ゆりこ	15
友里菜	4	7	11	ゆりな	22
里佳子	7	8	3	りかこ	18
梨々花	11	3	7	りりか	21
和歌子	8	14	3	わかこ	25
和可菜	8	5	11	わかな	24

漢字から名づける

おすすめ名前リスト

名づけに使える漢字2998字の中から、さらに厳選した漢字と、その漢字を使った名前例を掲載しています。

表の見方

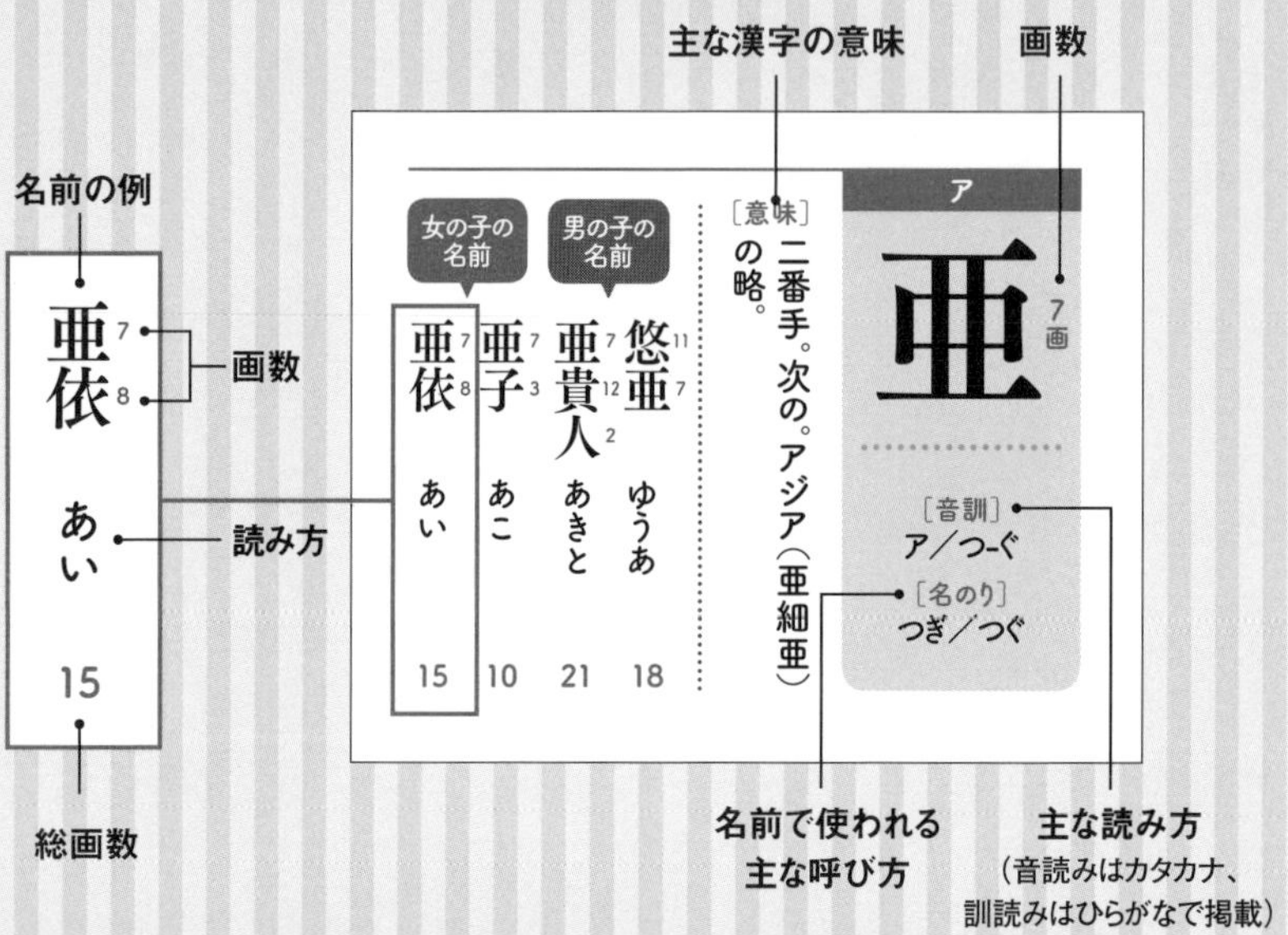

こんなときどうする!? 名づけQ&A

Q 漢字の成り立ちは気にしたほうがいいの?

A たとえば名前によく使われる「賢」という漢字は、実は目（臣）を手（又）で刺すようすを表したもの。しかし、一般的に「賢」という漢字を見て、そのようなイメージを想起する人はあまりいないでしょう。このほかにも、名づけで人気の漢字が実はマイナスイメージの成り立ちである場合は多くあります。あまり気にしすぎないほうがよいでしょう。

読み方 ア

亜（ア）7画

［意味］二番手。次の。アジア（亜細亜）の略。

［音訓］ア／つ-ぐ

［名のり］つぎ／つぐ

男の子の名前

名前	画数	読み	総画
悠亜	11・7	ゆうあ	18
亜貴人	7・12・2	あきと	21

女の子の名前

名前	画数	読み	総画
亜子	7・3	あこ	10
亜依	7・8	あい	15

亞（ア）8画

［意味］次の。準じる。「亜」の旧字体。

［音訓］ア／つ-ぐ

［名のり］つぎ／つぐ

男の子の名前

名前	画数	読み	総画
大亞	3・8	だいあ	11
亞蘭	8・19	あらん	27

女の子の名前

名前	画数	読み	総画
梨亞	11・8	りあ	19
亞瑚	8・13	あこ	21

阿（ア）8画

［意味］山や川のまがって入り組んでいる場所。梵字の一番目の文字。

［音訓］ア／おもね-る・くま

［名のり］ひさ

男の子の名前

名前	画数	読み	総画
世阿	5・8	せいあ	13
阿貴	8・12	あき	20

女の子の名前

名前	画数	読み	総画
阿紗子	8・10・3	あさこ	21
阿澄	8・15	あすみ	23

娃（アイ）9画

［意味］美しい。また、美女。

［音訓］アイ

［名のり］―

女の子の名前

名前	画数	読み	総画
娃子	9・3	あいこ	12
娃花	9・7	あいか	16
娃和	9・8	あいわ	17
娃莉	9・10	あいり	19

愛（アイ）13画

［意味］いとおしむ心。かわいがるさま。好む。

［音訓］アイ／いつく-しむ・め-でる

［名のり］あ／まな／めぐ／よし

男の子の名前

名前	画数	読み	総画
愛信	13・9	よしのぶ	22
愛翔	13・12	まなと	25

女の子の名前

名前	画数	読み	総画
愛奈	13・8	あいな	21
愛理沙	13・11・7	ありさ	31

逢（あ-う）11画

［意味］であう。むかえる。ゆったりしている。

［音訓］ホウ／あ-う

［名のり］あい

男の子の名前

名前	画数	読み	総画
逢斗	11・4	あいと	15
逢介	11・4	ほうすけ	15

女の子の名前

名前	画数	読み	総画
逢美	11・9	あいみ	20
逢香	11・9	あいか	20

青（あお）8画

［意味］色彩の一つ。若々しい。

［音訓］セイ・ショウ／あお

［名のり］じょう／はる

男の子の名前

名前	画数	読み	総画
青人	8・2	あおと	10
雄青	12・8	ゆうせい	20

女の子の名前

名前	画数	読み	総画
青子	8・3	せいこ	11
青海	8・9	あおみ	17

葵 12画

あおい

［音訓］キ／あおい

［名のり］まもる

［意味］観賞用の植物の名。紋どころの名。

男の子の名前

葵	12	まもる	12
大葵	3・12	だいき	15

女の子の名前

葵	12	あおい	12
亜葵	7・12	あき	19

茜 9画

あかね

［音訓］セン／あかね

［名のり］あか

［意味］秋に淡黄色の小花をつける草の名。

男の子の名前

茜一	9・1	せんいち	10
茜也	9・3	せんや	12

女の子の名前

茜花	9・7	せんか	16
茜音	9・9	あかね	18

朝 12画

あさ

［音訓］チョウ／あさ

［名のり］あした／さ／とも／のり／はじめ

［意味］夜明け。政治を行うところ。

男の子の名前

朝典	12・8	とものり	20
朝陽	12・12	あさひ	24

女の子の名前

朝乃	12・2	あさの	14
朝海	12・9	あさみ	21

旭 6画

あさひ

［音訓］キョク／あさひ

［名のり］あき／あきら／あさ／てる

［意味］日の出の太陽。

男の子の名前

秀旭	7・6	ひであき	13
旭貴	6・12	あさき	18

女の子の名前

千旭	3・6	ちあき	9
旭穂	6・15	あきほ	21

梓 11画

あずさ

［音訓］シ／あずさ

［名のり］—

［意味］木の名。

男の子の名前

梓朗	11・10	しろう	21
雅梓	13・11	まさし	24

女の子の名前

梓	11	あずさ	11
梓織	11・18	しおり	29

斡 14画

アツ

［音訓］アツ・ワツ・カン

［名のり］—

［意味］めぐる。まわるさま。つかさどる。

男の子の名前

斡久	14・3	あつひさ	17
斡来	14・7	あつき	21

女の子の名前

斡美	14・9	あつみ	23
斡香	14・9	あつか	23

天 4画

あま

［音訓］テン／あめ・あま

［名のり］かみ／そら／たか

［意味］大空。太陽。神。運命。

男の子の名前

天太	4・4	あまた	8
天馬	4・10	てんま	14

女の子の名前

天音	4・9	あまね	13
天香	4・9	てんか	13

綾 14画

あや

［音訓］リョウ／あや

［名のり］—

［意味］物の表面に現れる様々な模様。

男の子の名前

綾斗	14・4	あやと	18
綾真	14・10	りょうま	24

女の子の名前

綾芽	14・8	あやめ	22
紗綾	10・14	さあや	24

あゆ　鮎　16画

［意味］清流にすむ魚の名。

［音訓］デン・ネン／あゆ

［名のり］—

男の子の名前

名前	よみ	画数
鮎(16)夢(13)	あゆむ	29
鮎(16)太(4)郎(9)	あゆたろう	29

女の子の名前

名前	よみ	画数
鮎(16)乃(2)	あゆの	18
鮎(16)歌(14)	あゆか	30

あらし　嵐　12画

［意味］山のすがすがしい空気。

［音訓］ラン／あらし

［名のり］—

男の子の名前

名前	よみ	画数
嵐(12)	あらし	12
青(8)嵐(12)	せいらん	20

女の子の名前

名前	よみ	画数
未(5)嵐(12)	みらん	17
嵐(12)寿(7)	らんじゅ	19

アン　安　6画

［意味］落ち着くさま。安心安全。

［音訓］アン／やす-い

［名のり］あ／さだ／やすし

男の子の名前

名前	よみ	画数
広(5)安(6)	ひろやす	11
安(6)煌(13)	あきら	19

女の子の名前

名前	よみ	画数
安(6)代(5)	やすよ	11
安(6)璃(15)	あんり	21

アン　杏　7画

［意味］果物のアンズ。バラ科の樹木。

［音訓］キョウ・コウ・アン／あんず

［名のり］—

男の子の名前

名前	よみ	画数
杏(7)介(4)	きょうすけ	11
杏(7)平(5)	きょうへい	12

女の子の名前

名前	よみ	画数
杏(7)	あん	7
杏(7)奈(8)	あんな	15

アン　晏　10画

［意味］落ち着いていて安らか。晴れる。

［音訓］アン

［名のり］おそ／さだ／はる／やす

男の子の名前

名前	よみ	画数
晏(10)司(5)	あんじ	15
晏(10)悟(10)	あんご	20

女の子の名前

名前	よみ	画数
晏(10)朱(6)	あんじゅ	16
晏(10)奈(8)	あんな	18

アン　庵　11画

［意味］質素な仮住まい。僧侶の閑居する小さな家。

［音訓］アン／いおり

［名のり］—

男の子の名前

名前	よみ	画数
庵(11)	いおり	11
庵(11)伍(6)	あんご	17

女の子の名前

名前	よみ	画数
庵(11)	あん	11
庵(11)奈(8)	あんな	19

読み方

イ

イ　以　5画

［意味］範囲や方向の起点となる。…より。使用する。ひきいる。

［音訓］イ／もっ-て

［名のり］これ／さね／しげ／とも／のり／もち

男の子の名前

名前	よみ	画数
以(5)左(5)男(7)	いさお	17
瑠(14)以(5)	るい	19

女の子の名前

名前	よみ	画数
亜(7)以(5)	あい	12
真(10)以(5)花(7)	まいか	22

伊

イ　6画

［音訓］イ

［名のり］いさ／これ／ただ／よし

［意味］「イタリア（伊太利亜）」の略。

男の子の名前

名前	読み	画数
伊(6)臣(7)	ただおみ	13
伊(6)織(18)	いおり	24

女の子の名前

名前	読み	画数
芽(8)伊(6)	めい	14
伊(6)鈴(13)	いすず	19

衣

イ　6画

［音訓］イ・エ／きぬ

［名のり］そ

［意味］衣服、着物。きぬ。僧侶の着る衣服。

男の子の名前

名前	読み	画数
衣(6)央(5)	いお	11
蒼(13)衣(6)	あおい	19

女の子の名前

名前	読み	画数
亜(7)衣(6)	あい	13
利(7)衣(6)	りえ	13

位

イ　7画

［音訓］イ／くらい

［名のり］くら／たか／なり／み

［意味］序列。階級。

男の子の名前

名前	読み	画数
位(7)浩(10)	たかひろ	17
位(7)織(18)	いおり	25

女の子の名前

名前	読み	画数
芽(8)位(7)	めい	15
亜(7)位(7)香(9)	あいか	23

委

イ　8画

［音訓］イ／ゆだ-ねる

［名のり］くつ／つく／とも／もろ

［意味］任せる。くわしい。

男の子の名前

名前	読み	画数
委(8)彦(9)	ともひこ	17
委(8)浩(10)	ともひろ	18

女の子の名前

名前	読み	画数
委(8)代(5)	いよ	13
委(8)江(6)	ともえ	14

依

イ　8画

［音訓］イ・エ／よ-る

［名のり］より

［意味］頼りにする。もたれかかる。助ける。

男の子の名前

名前	読み	画数
一(1)依(8)	かずより	9
依(8)人(2)	よりと	10

女の子の名前

名前	読み	画数
亜(7)依(8)子(3)	あいこ	18
依(8)絵(12)	よりえ	20

威

イ　9画

［音訓］イ／おど-す

［名のり］あきら／たけ／つよ／とし

［意味］相手を圧倒する力がある。強い。

男の子の名前

名前	読み	画数
威(9)士(3)	たけし	12
可(5)威(9)	かい	14
信(9)威(9)	のぶたけ	18
清(11)威(9)	きよたけ	20

惟

イ　11画

［音訓］イ・ユイ／これ・ただ

［名のり］あり／たもつ／のぶ／よし

［意味］深く考える。ただそれだけ。

男の子の名前

名前	読み	画数
惟(11)人(2)	ただひと	13
惟(11)月(4)	いつき	15

女の子の名前

名前	読み	画数
惟(11)子(3)	ゆいこ	14
惟(11)吹(7)	いぶき	18

偉

イ　12画

［音訓］イ／えら-い

［名のり］いさむ／たけ／ひで

［意味］大きくて立派。他より優れている。

男の子の名前

名前	読み	画数
可(5)偉(12)	かい	17
偉(12)進(11)	いしん	23
瑠(14)偉(12)	るい	26
太(4)偉(12)智(12)	たいち	28

維 イ 14画

［音訓］イ

［名のり］これ／ただ

［意味］つなぐ。続ける。綱やひも。

男の子の名前
- 維(14)士(3)　ただし　17
- 維(14)新(13)　いしん　27

女の子の名前
- 維(14)代(5)　いよ　19
- 維(14)央(5)奈(8)　いおな　27

緯 イ 16画

［音訓］イ／よこいと

［名のり］つかね

［意味］織物の横糸。

男の子の名前
- 圭(6)緯(16)　けい　22
- 尚(8)緯(16)　なおい　24

女の子の名前
- 緯(16)　つかね　16
- 亜(7)緯(16)　あい　23

育 イク 8画

［音訓］イク／そだ-つ

［名のり］なり／なる／やす

［意味］そだち。成長する。

男の子の名前
- 育(8)生(5)　いくお　13
- 育(8)馬(10)　いくま　18

女の子の名前
- 育(8)美(9)　いくみ　17
- 育(8)愛(13)　いくえ　21

郁 イク 9画

［音訓］イク

［名のり］あや／か／かおり／ふみ

［意味］かぐわしい。文化の高いこと。

男の子の名前
- 郁(9)　いく　9
- 智(12)郁(9)　さとふみ　21

女の子の名前
- 郁(9)　あや　9
- 郁(9)奈(8)子(3)　かなこ　20

一 イチ 1画

［音訓］イチ・イツ／ひと

［名のり］い／おさむ／かず／ひ／もと

［意味］ひとつ。はじめ。すべて。

男の子の名前
- 一(1)朗(10)　いちろう　11
- 一(1)真(10)　かずま　11

女の子の名前
- 一(1)乃(2)　いちの　3
- 一(1)妃(6)　かずき　7

壱 イチ 7画

［音訓］イチ・イツ／ひと-つ

［名のり］い／かず／はじめ

［意味］ひとえに。ひとつ。すべて。

男の子の名前
- 壱(7)太(4)　いちた　11
- 健(11)壱(7)　けんいち　18

女の子の名前
- 壱(7)予(4)　いよ　11
- 壱(7)花(7)　いちか　14

苺 いちご 8画

［音訓］バイ・マイ／いちご

［名のり］まい／いち

［意味］イチゴ。

女の子の名前
- 苺(8)　いちご　8
- 苺(8)実(8)　まいみ　16

逸 イツ 11画

［音訓］イツ／そ-れる・はや-る

［名のり］すぐる／とし／はや／まさ／やす

［意味］心のままに気楽に過ごす。枠からはずれる。すぐれる。

男の子の名前
- 逸(11)郎(9)　いつろう　20
- 逸(11)樹(16)　いつき　27

女の子の名前
- 逸(11)乃(2)　いつの　13
- 逸(11)美(9)　いつみ　20

イン
允 4画

［意味］認める。ゆるす。まこと。

［音訓］イン

［名のり］こと／さね／のぶ／まさ／みつ／よし

	名前	画数	読み	総画
男の子の名前	直允	8・4	なおみつ	12
男の子の名前	隆允	11・4	たかみつ	15
女の子の名前	允子	4・3	みつこ	7
女の子の名前	允美	4・9	まさみ	13

イン
蔭 14画

［意味］草木のかげ。おかげさま。助け。

［音訓］イン・オン／かげ

［名のり］―

	名前	画数	読み	総画
男の子の名前	守蔭	6・14	もりかげ	20
男の子の名前	蔭時	14・10	かげとき	24
女の子の名前	千蔭	3・14	ちかげ	17
女の子の名前	美蔭	9・14	みかげ	23

イン
韻 19画

［意味］音の響き。調和している音色。

［音訓］イン

［名のり］おと

	名前	画数	読み	総画
男の子の名前	韻也	19・3	おとや	22
男の子の名前	亜韻	7・19	あおと	26
女の子の名前	韻羽	19・6	おとは	25
女の子の名前	韻美	19・9	おとみ	28

読み方

ウ

ウ
右 5画

［意味］みぎ。右側。助ける。

［音訓］ウ・ユウ／みぎ

［名のり］あき／あきら／すけ／たか／たすく

	名前	画数	読み	総画
男の子の名前	右	5	あきら	5
男の子の名前	颯右	14・5	そうすけ	19
女の子の名前	右子	5・3	あきこ	8
女の子の名前	美右	9・5	みう	14

う
卯 5画

［意味］十二支の四番目。うさぎの意味。東の方角。

［音訓］ボウ／う

［名のり］あきら／しげ／しげる

	名前	画数	読み	総画
男の子の名前	卯	5	あきら	5
男の子の名前	卯一	5・1	ういち	6
女の子の名前	由卯子	5・5・3	ゆうこ	13
女の子の名前	卯美	5・9	うみ	14

ウ
宇 6画

［意味］住居を覆うひさし。軒。家。空。

［音訓］ウ

［名のり］うま／そら／たか／ね

	名前	画数	読み	総画
男の子の名前	宇志	6・7	たかし	13
男の子の名前	宇一郎	6・1・9	ういちろう	16
女の子の名前	宇月	6・4	うづき	10
女の子の名前	美由宇	9・5・6	みゆう	20

一言アドバイス

寿命が短かった時代は、短命な植物の名前や動物の名前は避けられていたそう。今は逆に力強いイメージがあり人気があります。

雨

ウ

8画

［音訓］ウ／あま・あめ

［名のり］さめ／ふる

［意味］空から降るあめ。

女の子の名前

雨乃	8・2	うの	10
雨音	8・9	あまね	17

兎

うさぎ

7画

［音訓］ト／うさぎ

［名のり］―

［意味］うさぎ。月の別名。

男の子の名前

白兎	5・7	しらと	12
珀兎	9・7	はくと	16

女の子の名前

衣兎	6・7	いと	13
美兎	9・7	みと	16

唄

うた

10画

［音訓］バイ／うた

［名のり］―

［意味］うた。歌をうたうこと。

男の子の名前

奏唄	9・10	そうた	19
唄哉	10・9	うたや	19

女の子の名前

小唄	3・10	こうた	13
唄枝	10・8	うたえ	18

梅

うめ

10画

［音訓］バイ／うめ

［名のり］め

［意味］梅。梅雨。

女の子の名前

紅梅	9・10	こうめ	19
梅夏	10・10	うめか	20

雲

ウン

12画

［音訓］ウン／くも

［名のり］も／ゆき／ゆく

［意味］空に浮かぶ雲。つかめないもの。雲に似たもの。

男の子の名前

八雲	2・12	やくも	14
奏雲	9・12	そううん	21

女の子の名前

美雲	9・12	みくも	21
雲雀	12・11	ひばり	23

読み方 エ

絵

エ

12画

［音訓］カイ・エ

［名のり］―

［意味］絵画。映像。テレビなどの画像。

男の子の名前

絵人	12・2	かいと	14

女の子の名前

安絵	6・12	やすえ	18
絵美子	12・9・3	えみこ	24

永

エイ

5画

［音訓］エイ／なが-い

［名のり］え／はるか／ひさ／ひさし／のぶ

［意味］長い。久しい。とこしえに。

男の子の名前

永希	5・7	えいき	12
敏永	10・5	としひさ	15

女の子の名前

永子	5・3	ひさこ	8
永莉	5・10	えり	15

英 8画

エイ

［意味］花。美しい。秀でる。ひとなみ優れる。

［音訓］エイ

［名のり］あきら／あや／え／はな／ひで

	名前	画数	読み	総画
男の子の名前	英	8	あきら	8
男の子の名前	英紀	8・9	ひでき	17
女の子の名前	英佳	8・8	ひでか	16
女の子の名前	英音	8・9	あやね	17

映 9画

エイ

［意味］映る。映す。光に照らされて輝く。

［音訓］エイ／うつ-る

［名のり］あきら／え

	名前	画数	読み	総画
男の子の名前	映太	9・4	えいた	13
男の子の名前	翔映	12・9	しょうえい	21
女の子の名前	映子	9・3	えいこ	12
女の子の名前	映理奈	9・11・8	えりな	28

栄 9画

エイ

［意味］盛んになる。名声があがる。目立つ様子。

［音訓］エイ／さか-える

［名のり］え／さかえ／しげ／はる

	名前	画数	読み	総画
男の子の名前	栄悟	9・10	えいご	19
男の子の名前	博栄	12・9	ひろはる	21
女の子の名前	栄那	9・7	えな	16
女の子の名前	栄恵	9・10	さかえ	19

瑛 12画

エイ

［意味］水晶。輝く宝石。

［音訓］エイ

［名のり］あき／あきら／え

	名前	画数	読み	総画
男の子の名前	瑛仁	12・4	あきひと	16
男の子の名前	瑛亮	12・9	えいすけ	21
女の子の名前	瑛美	12・9	えいみ	21
女の子の名前	瑛理奈	12・11・8	えりな	31

詠 12画

エイ

［意味］詩歌をつくること。うた。よむ。

［音訓］エイ／よ-む

［名のり］うた／え／なが

	名前	画数	読み	総画
男の子の名前	詠一	12・1	えいいち	13
男の子の名前	詠太郎	12・4・9	えいたろう	25
女の子の名前	千詠	3・12	ちえ	15
女の子の名前	早詠	6・12	さえ	18

鋭 15画

エイ

［意味］するどい。かしこい。強くて勢いがある。

［音訓］エイ／するど-い

［名のり］さとき／とき／とし

	名前	画数	読み	総画
男の子の名前	鋭	15	さとき	15
男の子の名前	鋭太	15・4	えいた	19
女の子の名前	鋭子	15・3	えいこ	18
女の子の名前	鋭美	15・9	えいみ	24

衛 16画

エイ

［意味］まもる。ふせぐ。

［音訓］エイ

［名のり］え／ひろ／もり／まもる

	名前	画数	読み	総画
男の子の名前	和衛	8・16	かずもり	24
男の子の名前	衛治	16・8	えいじ	24
女の子の名前	衛里	16・7	えり	23
女の子の名前	沙衛	7・16	さえ	23

叡 16画

エイ

［意味］深く事理に通じる。かしこい。

［音訓］エイ

［名のり］あき／あきら／え／さと／さとし

	名前	画数	読み	総画
男の子の名前	叡	16	あきら	16
男の子の名前	叡知	16・8	えいち	24
女の子の名前	千叡	3・16	ちえ	19
女の子の名前	叡子	16・3	さとこ	19

益（エキ）10画

［音訓］エキ・ヤク／ま-す

［名のり］あり／すすむ／のり／みつ／よし

［意味］良いことが増えていくさま。

男の子の名前

名前	画数	読み	総画
益	10	すすむ	10
益仁	10・4	ありひと	14

女の子の名前

名前	画数	読み	総画
益美	10・9	ますみ	19
益華	10・10	ますか	20

悦（エツ）10画

［音訓］エツ／よろこ-ぶ

［名のり］え／のぶ／よし

［意味］よろこぶ。たのしむ。

男の子の名前

名前	画数	読み	総画
悦士	10・3	えつじ	13
悦登	10・12	えつと	22

女の子の名前

名前	画数	読み	総画
悦代	10・5	えつよ	15
悦枝	10・8	よしえ	18

円（エン）4画

［音訓］エン／まる-い

［名のり］つぶら／まど／まどか

［意味］玉のような形をしていること。満ちている。

男の子の名前

名前	画数	読み	総画
円弥	4・8	えんや	12
円蔵	4・15	えんぞう	19

女の子の名前

名前	画数	読み	総画
円	4	まどか	4
円奈	4・8	えんな	12

延（エン）8画

［音訓］エン／の-びる

［名のり］すすむ／なが／のぶ

［意味］導く。引き延ばす。広がる。

男の子の名前

名前	画数	読み	総画
秋延	9・8	あきのぶ	17
延哉	8・9	えんや	17

女の子の名前

名前	画数	読み	総画
延子	8・3	のぶこ	11
美延	9・8	みのぶ	17

苑（エン）8画

［音訓］エン・オン／その

［名のり］あや／しげ

［意味］庭園。まきば。植物の集まる場所。

男の子の名前

名前	画数	読み	総画
久苑	3・8	くおん	11
紫苑	12・8	しおん	20

女の子の名前

名前	画数	読み	総画
苑華	8・10	そのか	18
苑恵	8・10	そのえ	18

媛（エン）12画

［音訓］エン／ひめ

［名のり］よし

［意味］美しい女性。姫君。

女の子の名前

名前	画数	読み	総画
媛乃	12・2	ひめの	14
媛子	12・3	ひめこ	15
媛佳	12・8	ひめか	20
媛香	12・9	よしか	21

園（エン）13画

［音訓］エン・オン／その

［名のり］─

［意味］果樹の畑。庭。一定の区域。

男の子の名前

名前	画数	読み	総画
玖園	7・13	くおん	20
園樹	13・16	そのき	29

女の子の名前

名前	画数	読み	総画
園花	13・7	そのか	20
園美	13・9	そのみ	22

遠（エン）13画

［音訓］エン・オン／とお-い

［名のり］とおし

［意味］距離や時間の隔たりがある。

男の子の名前

名前	画数	読み	総画
永遠	5・13	とわ	18
志遠	7・13	しおん	20

女の子の名前

名前	画数	読み	総画
永遠子	5・13・3	とわこ	21
遠美	13・9	とおみ	22

縁 15画

エン

［意味］物のへり、まわり。つながり。

［音訓］エン／ふち・ゆかり・えにし

［名のり］むね／やす／よし／より

男の子の名前

名前	読み	画数
縁15太4	えんた	19
縁15彦9	むねひこ	24

女の子の名前

名前	読み	画数
縁15	ゆかり	15
陽12縁15	ひより	27

於 8画

オ

［意味］場所などを指し示す字。「お」、「オ」の原型。

［音訓］オ／お-いて

［名のり］—

男の子の名前

名前	読み	画数
那7於8斗4	なおと	19
陽12於8	はるお	20

女の子の名前

名前	読み	画数
詩13於8	しお	21
美9於8香9	みおか	26

王 4画

オウ

［意味］一国の君主。天子。第一人者。

［音訓］オウ

［名のり］お／き／きみ／たか

男の子の名前

名前	読み	画数
王4河8	おうが	12
王4英8	きみひで	12

女の子の名前

名前	読み	画数
美9王4	みお	13

央 5画

オウ

［意味］真ん中。ひさしい。ひろい。

［音訓］オウ

［名のり］あきら／お／てる／なか／ひろし／ひさし

男の子の名前

名前	読み	画数
寿7央5	ひさお	12
道12央5	みちてる	17

女の子の名前

名前	読み	画数
里7央5	りお	12
紫12央5利7	しおり	24

応 7画

オウ

［意味］反応する。対応する。

［音訓］オウ／こた-える

［名のり］かず／のり／まさ

男の子の名前

名前	読み	画数
応7太4	おうた	11
応7児7	おうじ	14

女の子の名前

名前	読み	画数
応7花7	おうか	14
応7菜11	おうな	18

旺 8画

オウ

［意味］明るい光を放つ。活動的でさかんなさま。

［音訓］オウ

［名のり］あき／あきら／お

男の子の名前

名前	読み	画数
旺8	あきら	8
旺8介4	おうすけ	12

女の子の名前

名前	読み	画数
千3旺8	ちあき	11
美9旺8	みお	17

欧 8画

オウ

［意味］吐き出す。ヨーロッパ。

［音訓］オウ

［名のり］お

男の子の名前

名前	読み	画数
欧8介4	おうすけ	12
吏6欧8斗4	りおと	18

女の子の名前

名前	読み	画数
美9欧8	みお	17
南9欧8美9	なおみ	26

オウ 桜 10画

[音訓] オウ／さくら

[名のり] お

[意味] 木の名前。さくら。

区分	名前（各字の画数）	読み	総画数
男の子の名前	桜10 太4	おうた	14
男の子の名前	桜10 樹16	おうき	26
女の子の名前	桜10	さくら	10
女の子の名前	里7 桜10	りおう	17

オウ 櫻 21画

[音訓] オウ／さくら

[名のり] お

[意味] 「桜」の旧字体。

区分	名前（各字の画数）	読み	総画数
男の子の名前	櫻21 士3	おうし	24
男の子の名前	櫻21 介4	おうすけ	25
女の子の名前	美9 櫻21	みお	30
女の子の名前	櫻21 香9	おうか	30

おおとり 凰 11画

[音訓] オウ・コウ／おおとり

[名のり] お

[意味] 鳳凰（天下が泰平のとき現れるという、想像上の霊鳥）の雌。

区分	名前（各字の画数）	読み	総画数
男の子の名前	大3 凰11	たいおう	14
男の子の名前	凰11 生5	おうせい	16
女の子の名前	七2 凰11	なお	13
女の子の名前	凰11 花7	おうか	18

おおとり 鳳 14画

[音訓] ホウ・ブウ／おおとり

[名のり] たか／ほ

[意味] 鳳凰（聖人が世に出れば、それに応じて現れるというめでたいしるしの鳥）の雄。

区分	名前（各字の画数）	読み	総画数
男の子の名前	鳳14 仁4	たかひと	18
男の子の名前	鳳14 龍16	ほうりゅう	30
女の子の名前	鳳14 子3	たかこ	17
女の子の名前	鳳14 華10	ほうか	24

オツ 乙 1画

[音訓] オツ・イツ／きのと・おと

[名のり] お／き／つぎ／くに

[意味] 十干の二番目。小さく愛らしい。

区分	名前（各字の画数）	読み	総画数
男の子の名前	乙1 哉9	おつや	10
男の子の名前	乙1 造10	いつぞう	11
女の子の名前	乙1 愛13	おとえ	14
女の子の名前	香9 乙1 里7	かおり	17

おとこ 男 7画

[音訓] ダン・ナン／おとこ

[名のり] お／おと

[意味] おとこ。息子。若者。

区分	名前（各字の画数）	読み	総画数
男の子の名前	茂8 男7	しげお	15
男の子の名前	隆11 男7	たかお	18
男の子の名前	敦12 男7	あつお	19
男の子の名前	男7 次6 朗10	だんじろう	23

おもむき 趣 15画

[音訓] シュ／おもむき

[名のり] しゅう／とし

[意味] 面白味。味わい。

区分	名前（各字の画数）	読み	総画数
男の子の名前	趣15 樹16	としき	31
女の子の名前	趣15	しゅう	15
女の子の名前	趣15 里7	しゅり	22

オン 音 9画

[音訓] オン・イン／おと・ね

[名のり] と／なり

[意味] 耳に聞こえるおと。便りや知らせ。

区分	名前（各字の画数）	読み	総画数
男の子の名前	音9 哉9	おとや	18
男の子の名前	陽12 音9	はると	21
女の子の名前	音9 江6	おとえ	15
女の子の名前	音9 葉12	おとは	21

恩

オン　10画

［音訓］オン

［名のり］おき／しだ／めぐみ

［意味］人から受ける感謝するべき行い。

	名前	各字の画数	読み	総画
男の子の名前	士恩	3・10	しおん	13
男の子の名前	久恩	3・10	くおん	13
女の子の名前	美恩	9・10	みおん	19
女の子の名前	理恩	11・10	りおん	21

温

オン　12画

［音訓］オン／あたた-かい

［名のり］あつ／あつし／なが／はる

［意味］あたたかい。おだやか。なごやか。

	名前	各字の画数	読み	総画
男の子の名前	温規	12・11	あつのり	23
男の子の名前	禎温	13・12	さだはる	25
女の子の名前	温子	12・3	あつこ	15
女の子の名前	温香	12・9	はるか	21

穏

オン　16画

［音訓］オン／おだ-やか

［名のり］しず／とし／のん／やす

［意味］おだやか。やすらか。

	名前	各字の画数	読み	総画
男の子の名前	志穏	7・16	しおん	23
男の子の名前	和穏	8・16	かずやす	24
女の子の名前	穏乃	16・2	しずの	18
女の子の名前	穏佳	16・8	しずか	24

読み方　カ

加

カ　5画

［音訓］カ／くわ-える

［名のり］ます／また

［意味］加える。加わる。増える。足す。足し算。

	名前	各字の画数	読み	総画
男の子の名前	加依斗	5・8・4	かいと	17
男の子の名前	加之進	5・3・11	ますのしん	19
女の子の名前	加子	5・3	かこ	8
女の子の名前	彩加	11・5	あやか	16

可

カ　5画

［音訓］カ／べ-し

［名のり］あり／とき／よく／よし／より

［意味］よいこと。よいと認めること。できる。

	名前	各字の画数	読み	総画
男の子の名前	可太	5・4	かぶと	9
男の子の名前	可彦	5・9	ありひこ	14
女の子の名前	愛可	13・5	あいか	18
女の子の名前	可鈴	5・13	かりん	18

禾

カ　5画

［音訓］カ／のぎ

［名のり］いね／ひいず／ひで

［意味］稲。または、穀物。

	名前	各字の画数	読み	総画
男の子の名前	禾	5	のぎ	5
男の子の名前	禾一	5・1	かいち	6
女の子の名前	禾奈	5・8	かな	13
女の子の名前	禾実	5・8	ひでみ	13

一言アドバイス

樹木のようにまっすぐ大きな人に育って欲しいから「大樹」など、子どもに話せるような物語性のある名前にするのも一案。

伽 カ 7画

［意味］梵語の「カ」の音を表す。話し相手。

［音訓］カ・キャ・ガ／とぎ

［名のり］ー

男の子の名前

名前	画数	読み	総画
泰伽	10・7	たいが	17
流伽	10・7	るか	17

女の子の名前

名前	画数	読み	総画
伽江	7・6	かえ	13
海伽	9・7	うみか	16

花 カ 7画

［意味］植物の花。華やかなさま。美しい。

［音訓］カ・ケ／はな

［名のり］はる／もと

男の子の名前

名前	画数	読み	総画
開花	12・7	かいか	19
花太郎	7・4・9	はなたろう	20

女の子の名前

名前	画数	読み	総画
花衣	7・6	かえ	13
花織	7・18	かおり	25

佳 カ 8画

［意味］美しい。よい。優れている。めでたい。

［音訓］カ・カイ／よ-い

［名のり］けい／よし

男の子の名前

名前	画数	読み	総画
佳汰	8・7	けいた	15
佳津也	8・9・3	かつや	20

女の子の名前

名前	画数	読み	総画
陽佳	12・8	はるか	20
和佳奈	8・8・8	わかな	24

河 カ 8画

［意味］大きなかわ。中国の黄河。

［音訓］カ／かわ

［名のり］が

男の子の名前

名前	画数	読み	総画
太河	4・8	たいが	12
銀河	14・8	ぎんが	22

女の子の名前

名前	画数	読み	総画
河音	8・9	かわね	17
愛河	13・8	あいか	21

果 カ 8画

［意味］くだもの。思いきってする。仏道修行の結果として得た仏の境地。

［音訓］カ／は-たす

［名のり］あきら／はた／はたす／まさる

男の子の名前

名前	画数	読み	総画
果	8	まさる	8
果成	8・6	かなる	14

女の子の名前

名前	画数	読み	総画
鈴果	13・8	りんか	21
果穂	8・15	かほ	23

架 カ 9画

［意味］かける。かかる。棚。

［音訓］カ／か-ける

［名のり］みつ

男の子の名前

名前	画数	読み	総画
架月	9・4	かづき	13
流架	10・9	るか	19

女の子の名前

名前	画数	読み	総画
歩架	8・9	あゆか	17
架音	9・9	かおん	18

珂 カ 9画

［意味］玉の名。くつわ貝、または馬のくつわ。

［音訓］カ

［名のり］が／たま／てる

男の子の名前

名前	画数	読み	総画
一珂	1・9	いちか	10
空珂	8・9	くうが	17

女の子の名前

名前	画数	読み	総画
珂奈	9・8	かな	17
春珂	9・9	はるか	18

珈 カ 9画

［意味］玉をたれさげた、女性の髪かざり。

［音訓］カ

［名のり］ー

女の子の名前

名前	画数	読み	総画
千珈	3・9	ちか	12
珈子	9・3	かこ	12
利珈	7・9	りか	16
珈奈	9・8	かな	17

迦 カ 9画

［音訓］カ

［名のり］け

［意味］梵語の「カ」の音を表す。

男の子の名前

名前	各字画数	読み	画数
迦依	9・8	かい	17
迦津人	9・9・2	かつひと	20

女の子の名前

名前	各字画数	読み	画数
千迦	3・9	ちか	12
亜迦利	7・9・7	あかり	23

夏 カ 10画

［音訓］カ・ゲ／なつ

［名のり］ー

［意味］四季の一つ。なつ。

男の子の名前

名前	各字画数	読み	画数
一夏	1・10	いちか	11
夏彦	10・9	なつひこ	19

女の子の名前

名前	各字画数	読み	画数
夏帆	10・6	かほ	16
真夏	10・10	まなつ	20

家 カ 10画

［音訓］カ・ケ／いえ・や

［名のり］え／お／やか／やす

［意味］家やすまい。家族。一族。学問や技芸の流派。

男の子の名前

名前	各字画数	読み	画数
正家	5・10	まさいえ	15
家康	10・11	いえやす	21

女の子の名前

名前	各字画数	読み	画数
家愛	10・13	かえ	23
家輪	10・15	かりん	25

華 カ 10画

［音訓］カ・ケ・ゲ／はな

［名のり］は／はる

［意味］植物のはな。はなやか。美しい。光や輝き。

男の子の名前

名前	各字画数	読み	画数
華生	10・5	かい	15
華衣斗	10・6・4	かいと	20

女の子の名前

名前	各字画数	読み	画数
彩華	11・10	いろは	21
華楓	10・13	かえで	23

歌 カ 14画

［音訓］カ／うた

［名のり］ー

［意味］歌う。和歌や短歌。

男の子の名前

名前	各字画数	読み	画数
歌宇	14・6	うたう	20
優歌	17・14	ゆうた	31

女の子の名前

名前	各字画数	読み	画数
歌音	14・9	うたね	23
和歌子	8・14・3	わかこ	25

嘉 カ 14画

［音訓］カ／よみ-する

［名のり］ひろ／よし／よしみ／よみし

［意味］立派である。優れている。めでたい。ほめる。

男の子の名前

名前	各字画数	読み	画数
嘉人	14・2	ひろと	16
和嘉	8・14	かずよし	22

女の子の名前

名前	各字画数	読み	画数
嘉乃	14・2	よしの	16
美嘉	9・14	みか	23

樺 カ 14画

［音訓］カ／かば

［名のり］から／かんば

［意味］シラカバなど、カバノキ科の植物。

男の子の名前

名前	各字画数	読み	画数
樺一	14・1	かいち	15
弘樺	5・14	こうか	19

女の子の名前

名前	各字画数	読み	画数
一樺	1・14	いちか	15
樺乃	14・2	かの	16

霞 カ 17画

［音訓］カ／かすみ・かす-む

［名のり］ー

［意味］かすみ。

女の子の名前

名前	各字画数	読み	画数
霞	17	かすみ	17
里霞	7・17	りか	24
彩霞	11・17	さいか	28
静霞	14・17	しずか	31

牙　ガ　4画

［音訓］ガ／きば

［名のり］—

［意味］きば。大将の旗じるし。

男の子の名前

名前	画数	読み	総画
大牙	3・4	たいが	7
凌牙	10・4	りょうが	14
恭牙	10・4	きょうが	14
悠牙	11・4	ゆうが	15

我　ガ　7画

［音訓］ガ／わ・われ

［名のり］—

［意味］自分。個人的な。

男の子の名前

名前	画数	読み	総画
我久	7・3	がく	10
光我	6・7	こうが	13
我佑	7・7	わすけ	14
泰我	10・7	たいが	17

峨　ガ　10画

［音訓］ガ

［名のり］たか／たかし

［意味］山のけわしい様子。

男の子の名前

名前	画数	読み	総画
峨	10	たかし	10
大峨	3・10	おおが	13
功峨	5・10	こうが	15
風峨	9・10	ふうが	19

賀　ガ　12画

［音訓］ガ

［名のり］いわう／か／しげ／のり／ます／よし／より

［意味］喜び祝う。

男の子の名前

名前	画数	読み	総画
大賀	3・12	たいが	15
賀寿男	12・7・7	かずお	26

女の子の名前

名前	画数	読み	総画
賀子	12・3	かこ	15
賀代	12・5	かよ	17

雅　ガ　13画

［音訓］ガ／みやび

［名のり］ただ／ただし／のり／ひとし／まさ／まさし／まさる／もと

［意味］風流。上品で優美なこと。

男の子の名前

名前	画数	読み	総画
雅広	13・5	まさひろ	18
明雅	8・13	あきまさ	21

女の子の名前

名前	画数	読み	総画
雅	13	みやび	13
雅子	13・3	まさこ	16

駕　ガ　15画

［音訓］ガ・カ

［名のり］のり

［意味］しのぐ。越える。乗りものに乗る。使いこなす。

男の子の名前

名前	画数	読み	総画
大駕	3・15	たいが	18
央駕	5・15	おうが	20
宗駕	8・15	しゅうが	23
佳駕	8・15	よしのり	23

介　カイ　4画

［音訓］カイ

［名のり］すけ／たすく／よし

［意味］間にはいる。助ける。堅く守る。

男の子の名前

名前	画数	読み	総画
介斗	4・4	かいと	8
祐介	9・4	ゆうすけ	13
洋介	9・4	ようすけ	13
敬介	12・4	けいすけ	16

会　カイ　6画

［音訓］カイ・エ／あ-う

［名のり］かず

［意味］集まる。出会う。当てはまる。理解する。

男の子の名前

名前	画数	読み	総画
一会	1・6	いちえ	7
会人	6・2	かいと	8

女の子の名前

名前	画数	読み	総画
百会	6・6	ももえ	12
会那	6・7	かずな	13

快 7画

カイ

[意味] 気持ちがよい。病気がなおる。

[音訓] カイ／こころよ-い

[名のり] はや／やす／よし

区分	名前	画数	読み	総画
男の子の名前	快	7	かい	7
男の子の名前	快生	7・5	かいせい	12
女の子の名前	快吏	7・6	かいり	13
女の子の名前	美快	9・7	みはや	16

海 9画

カイ

[意味] うみ。みずうみ。一面に広がっているもの。

[音訓] カイ／うみ

[名のり] あま／うな／み

区分	名前	画数	読み	総画
男の子の名前	海斗	9・4	かいと	13
男の子の名前	海晴	9・12	かいせい	21
女の子の名前	七海	2・9	ななみ	11
女の子の名前	明海	8・9	あけみ	17

桧 10画

カイ

[意味] 木の名前。ひのき。

[音訓] カイ／ひのき

[名のり] ―

区分	名前	画数	読み	総画
男の子の名前	桧	10	かい	10
男の子の名前	桧斗	10・4	かいと	14

開 12画

カイ

[意味] 閉じてあるものをあける。新しく始める。

[音訓] カイ／ひら-く・あ-く

[名のり] さき／さく／さと／はる／はるき／ひらき／ひらく

区分	名前	画数	読み	総画
男の子の名前	開	12	かい	12
男の子の名前	開太	12・4	かいた	16
男の子の名前	開成	12・6	かいせい	18
男の子の名前	開路	12・13	かいじ	25

諧 16画

カイ

[意味] 調和する。打ちとける。

[音訓] カイ

[名のり] か／ゆき

区分	名前	画数	読み	総画
男の子の名前	諧士	16・3	かいし	19
男の子の名前	諧斗	16・4	かいと	20
女の子の名前	諧里	16・7	かいり	23
女の子の名前	実諧	8・16	みゆき	24

櫂 18画

かい

[意味] 水をかいて舟を進める道具。オールのこと。

[音訓] かい

[名のり] ―

区分	名前	画数	読み	総画
男の子の名前	櫂	18	かい	18
男の子の名前	櫂人	18・2	かいと	20

拡 8画

カク

[意味] ひろげる。ひろがる。

[音訓] カク／ひろ-がる

[名のり] ひろ／ひろし／ひろむ

区分	名前	画数	読み	総画
男の子の名前	拡	8	ひろむ	8
男の子の名前	拡也	8・3	ひろや	11
男の子の名前	朗拡	10・8	あきひろ	18
男の子の名前	拡輝	8・15	ひろき	23

格 10画

カク

[意味] 位。地位。おもむき。きまりや法則。到達する。

[音訓] カク・コウ・キャク

[名のり] いたる／きわめ／ただ／ただし／まさ

区分	名前	画数	読み	総画
男の子の名前	格	10	いたる	10
男の子の名前	格一	10・1	こういち	11
男の子の名前	格史	10・5	ただふみ	15
男の子の名前	格臣	10・7	ただおみ	17

覚
カク　12画

【音訓】カク／おぼ-える
【名のり】あき／さと／さとる／さとし／ただ／ただし
【意味】覚える。感知する。目を覚ます。道理を知る。悟る。あらわれる。

男の子の名前

名前	読み	総画
覚12	さとる	12
宗8覚12	むねさと	20

女の子の名前

名前	読み	総画
千3覚12	ちあき	15
覚12美9	さとみ	21

学
ガク　8画

【音訓】ガク／まな-ぶ
【名のり】あきら／さね／たか／のり／まなぶ
【意味】学ぶ。学問。学校。学ぶ人。学者。

男の子の名前

名前	読み	総画
学8仁4	まなと	12
学8史5	がくし	13

女の子の名前

名前	読み	総画
学8日4	まなび	12
学8花7	まなか	15

岳
ガク　8画

【音訓】ガク／たけ
【名のり】おか／たか／たかし
【意味】高くそびえる山。妻の父母への尊敬の意を表す。

男の子の名前

名前	読み	総画
大3岳8	ひろたけ	11
岳8志7	たかし	15

女の子の名前

名前	読み	総画
岳8代5	たけよ	13

楽
ガク　13画

【音訓】ガク・ラク／たの-しい
【名のり】ささ／たのし／もと／よし
【意味】音楽。楽しい。楽しむ。たやすい。

男の子の名前

名前	読み	総画
楽13人2	がくと	15
楽13斗4	らくと	17

女の子の名前

名前	読み	総画
楽13子3	もとこ	16
楽13音9	ささね	22

嵩
かさ-む　13画

【音訓】シュウ・スウ／かさ-む
【名のり】たか／たかし／たけ
【意味】山が高くそびえている様子。

男の子の名前

名前	読み	総画
嵩13広5	たかひろ	18
嵩13史5	たかし	18
秋9嵩13	あきたか	22
嵩13彦9	たけひこ	22

且
か-つ　5画

【音訓】ショ／か-つ
【名のり】あき／かつ／すすむ／ただし／まさ
【意味】さらに。そのうえに。一方で。多いさま。

男の子の名前

名前	読み	総画
且5巳3	かつみ	8
且5行6	かつゆき	11

女の子の名前

名前	読み	総画
且5子3	かつこ	8
且5代5	かつよ	10

活
カツ　9画

【音訓】カツ／い-かす
【名のり】いく
【意味】生きる。生き生きしている。

男の子の名前

名前	読み	総画
英8活9	ひでかつ	17
活9時10	かつとき	19

女の子の名前

名前	読み	総画
活9乃2	いくの	11
活9代5	かつよ	14

葛
カツ　12画

【音訓】カツ／くず・かずら
【名のり】かず／かつら
【意味】植物の名。マメ科のつる草。

男の子の名前

名前	読み	総画
葛12斗4	かずと	16
茂8葛12	しげかつ	20

女の子の名前

名前	読み	総画
葛12	かずら	12
葛12葉12	くずは	24

完
カン　7画

［意味］欠けたところがない。やりとげる。

［音訓］カン

［名のり］さだ／たもつ／なる／ひろ

男の子の名前

名前	画数	読み	総画
完吉	7・6	かんきち	13
清完	11・7	きよさだ	18

女の子の名前

名前	画数	読み	総画
完子	7・3	さだこ	10
完美	7・9	ひろみ	16

侃
カン　8画

［意味］性格などが正しく強い。やわらぎ楽しむ。

［音訓］カン

［名のり］あきら／すなお／ただ／なお／やす

男の子の名前

名前	画数	読み	総画
侃	8	すなお	8
侃次	8・6	かんじ	14

女の子の名前

名前	画数	読み	総画
侃海	8・9	なおみ	17
美侃	9・8	みやす	17

柑
カン　9画

［意味］ミカンの類。

［音訓］カン

［名のり］ー

男の子の名前

名前	画数	読み	総画
柑介	9・4	かんすけ	13
柑一郎	9・1・9	かんいちろう	19

女の子の名前

名前	画数	読み	総画
柑乃	9・2	かんの	11
柑里	9・7	かんり	16

莞
カン　10画

［意味］にっこり笑うさま。草の名。いぐさ。

［音訓］カン

［名のり］ー

男の子の名前

名前	画数	読み	総画
莞祐	10・9	かんすけ	19
莞太朗	10・4・10	かんたろう	24

女の子の名前

名前	画数	読み	総画
莞奈	10・8	かんな	18

乾
カン　11画

［意味］かわく。干す。そら。あめ。北西。つよい。すこやか。

［音訓］カン・ケン／かわ-く

［名のり］きみ／すすむ／たけし／つとむ

男の子の名前

名前	画数	読み	総画
乾平	11・5	かんぺい	16
乾直	11・8	きみなお	19

勘
カン　11画

［意味］かん。第六感。よく考える。罪を問いただす。

［音訓］カン／かんが-える

［名のり］さだ／さだむ／のり

男の子の名前

名前	画数	読み	総画
勘一	11・1	かんいち	12
勘太	11・4	かんた	15
勘司	11・5	かんじ	16
勘之介	11・3・4	かんのすけ	18

貫
カン　11画

［意味］つらぬく。また、やり通す。尺貫法の重さの単位。

［音訓］カン／つらぬ-く

［名のり］つら／とおる／ぬき／ぬく

男の子の名前

名前	画数	読み	総画
貫	11	とおる	11
一貫	1・11	いっかん	12

女の子の名前

名前	画数	読み	総画
貫水	11・4	ぬくみ	15

敢
カン　12画

［意味］あえてする。思いきって行う。

［音訓］カン／あ-えて

［名のり］いさみ／いさむ

男の子の名前

名前	画数	読み	総画
敢	12	いさむ	12
敢多	12・6	かんた	18
敢助	12・7	かんすけ	19
敢一郎	12・1・9	かんいちろう	22

閑　カン　12画

[意味] しずか。のどか。

[音訓] カン／しず-か・のど-か

[名のり] しずか／のり／もり／やす／より

男の子の名前

名前	読み	画数
閑(12)央(5)	しずお	17
閑(12)樹(16)	しずき	28

女の子の名前

名前	読み	画数
閑(12)	しずか	12
閑(12)流(10)	しずる	22

寛　カン　13画

[意味] 空間が広い。心が広い。おおらか。ゆるやか。くつろぐ。

[音訓] カン／くつろ-ぐ

[名のり] とも／のり／ひろ

男の子の名前

名前	読み	画数
寛(13)生(5)	ひろき	18
章(11)寛(13)	あきひろ	24

女の子の名前

名前	読み	画数
寛(13)奈(8)	かんな	21
知(8)寛(13)	ちひろ	21

幹　カン　13画

[意味] 樹木のみき。また、物事の中心となるもの。わざ。仕事をする能力。

[音訓] カン／みき

[名のり] き／たかし／つね／つよし／とし

男の子の名前

名前	読み	画数
幹(13)太(4)	かんた	17
幹(13)生(5)	みきお	18

女の子の名前

名前	読み	画数
幹(13)羽(6)	みきは	19
菜(11)幹(13)	なみき	24

漢　カン　13画

[意味] 中国に関する事柄。おとこ。天の川。

[音訓] カン

[名のり] あや／くに／そら

男の子の名前

名前	読み	画数
漢(13)司(5)	かんじ	18
漢(13)兵(7)衛(16)	かんべえ	36

勧　カン　13画

[意味] 励まし。すすめる。

[音訓] カン／すす-める

[名のり] すけ／すすむ／ゆき

男の子の名前

名前	読み	画数
勧(13)	すすむ	13
勧(13)一(1)	かんいち	14
勧(13)次(6)	かんじ	19
勧(13)太(4)郎(9)	かんたろう	26

歓　カン　15画

[意味] よろこぶ。楽しむ。

[音訓] カン／よろこ-ぶ

[名のり] やす／よし

男の子の名前

名前	読み	画数
歓(15)大(3)	かんた	18
正(5)歓(15)	まさよし	20

女の子の名前

名前	読み	画数
歓(15)美(9)	よしみ	24
歓(15)南(9)	かんな	24

緩　カン　15画

[意味] ゆるい。ゆるむ。

[音訓] カン／ゆる-やか

[名のり] のぶ／ひろ／ふさ／やす

男の子の名前

名前	読み	画数
緩(15)	かん	15

女の子の名前

名前	読み	画数
緩(15)乃(2)	ひろの	17
千(3)緩(15)	ちひろ	18

環　カン　17画

[意味] 輪の形をした玉。また、輪の形をしたもの。ひとまわりする。

[音訓] カン／たまき・わ

[名のり] たま

男の子の名前

名前	読み	画数
環(17)介(4)	かんすけ	21
都(11)環(17)	とわ	28

女の子の名前

名前	読み	画数
未(5)環(17)	みわ	22
環(17)希(7)	たまき	24

カン

観 18画

［意味］みる。眺める。ものの見方や考え方。意識。外から見える様子。

［音訓］カン／み-る

［名のり］あき／しめす／まろ／み／みる

	名前	画数	読み	総画
男の子の名前	観平	18・5	かんぺい	23
男の子の名前	英観	8・18	ひであき	26
女の子の名前	朝観	12・18	あさみ	30
女の子の名前	観樹	18・16	みき	34

カン

鑑 23画

［意味］手本。いましめ。身分や資格などを見分けるしるし。見定める。

［音訓］カン／かんが-みる

［名のり］あき／あきら／しげ／のり

	名前	画数	読み	総画
男の子の名前	鑑	23	あきら	23
男の子の名前	鑑一	23・1	かんいち	24
男の子の名前	鑑人	23・2	あきと	25
男の子の名前	正鑑	5・23	まさあき	28

ガン

丸 3画

［意味］まるい。まるめる。まるいもの。そのもの全部。まるまる。

［音訓］ガン／まる・まる-い

［名のり］たま／まろ

	名前	画数	読み	総画
男の子の名前	丸之介	3・3・4	まるのすけ	10
男の子の名前	宇多丸	6・6・3	うたまる	15
女の子の名前	丸実	3・8	たまみ	11
女の子の名前	丸夏	3・10	まるか	13

ガン

巌 20画

［意味］大きな岩。

［音訓］ガン／いわ・いわお

［名のり］お／みち／みね／よし

	名前	画数	読み	総画
男の子の名前	巌	20	いわお	20
男の子の名前	朱巌	6・20	あきみね	26
男の子の名前	巌治	20・8	がんじ	28
男の子の名前	巌彦	20・9	みねひこ	29

キ

伎 6画

［意味］わざ。腕前。役者。

［音訓］キ・ギ

［名のり］くれ／し／たくみ

	名前	画数	読み	総画
男の子の名前	伎	6	たくみ	6
男の子の名前	光伎	6・6	こうき	12
女の子の名前	沙伎	7・6	さき	13
女の子の名前	実伎	8・6	みき	14

キ

気 6画

［意味］精神や心の働き。活力。様子。雰囲気。

［音訓］キ・ケ

［名のり］おき／とき

	名前	画数	読み	総画
男の子の名前	忠気	8・6	ただおき	14
男の子の名前	勇気	9・6	ゆうき	15
女の子の名前	気衣子	6・6・3	きいこ	15
女の子の名前	気恵	6・10	きえ	16

キ

希 7画

［意味］ねがう。のぞむ。まれ。珍しい。

［音訓］キ・ケ／まれ

［名のり］のぞみ／やす

	名前	画数	読み	総画
男の子の名前	希介	7・4	きすけ	11
男の子の名前	希成	7・6	やすなり	13
女の子の名前	希子	7・3	きこ	10
女の子の名前	早希	6・7	さき	13

岐 7画

キ

[意味] 分かれ道。

[音訓] キ

[名のり] みち

男の子の名前

名前	各字の画数	読み	総画数
佑岐	7・7	ゆうき	14
岐浩	7・10	みちひろ	17

女の子の名前

名前	各字の画数	読み	総画数
十岐子	2・7・3	ときこ	12
美岐	9・7	みき	16

季 8画

キ

[意味] 季節や時期。わかい。小さい。

[音訓] キ

[名のり] とき／とし／のり／ひで／みのる

男の子の名前

名前	各字の画数	読み	総画数
季和	8・8	としかず	16
洸季	9・8	こうき	17

女の子の名前

名前	各字の画数	読み	総画数
季子	8・3	ときこ	11
季帆	8・6	きほ	14

祈 8画

キ

[意味] 神仏にいのる。いのり。

[音訓] キ／いの-る

[名のり] いのり

男の子の名前

名前	各字の画数	読み	総画数
夕祈	3・8	ゆうき	11
幸祈	8・8	こうき	16

女の子の名前

名前	各字の画数	読み	総画数
祈和	8・8	きわ	16
美祈子	9・8・3	みきこ	20

其 8画

キ

[意味] その。それ。何かを指し示すために使う字。

[音訓] キ／そ-の

[名のり] その／とき／もと

男の子の名前

名前	各字の画数	読み	総画数
大其	3・8	だいき	11
其馬	8・10	そのま	18

女の子の名前

名前	各字の画数	読み	総画数
其子	8・3	もとこ	11
其香	8・9	そのか	17

紀 9画

キ

[意味] 書きしるす。とし。年月のまとまり。法。きまり。

[音訓] キ／しる-す

[名のり] かなめ／とし／のり／はじめ／おさむ

男の子の名前

名前	各字の画数	読み	総画数
紀	9	はじめ	9
和紀	8・9	かずとし	17

女の子の名前

名前	各字の画数	読み	総画数
紀歩	9・8	きほ	17
紀香	9・9	のりか	18

軌 9画

キ

[意味] 法。筋道。

[音訓] キ／わだち・みち

[名のり] のり

男の子の名前

名前	各字の画数	読み	総画数
久軌	3・9	ひさみち	12
広軌	5・9	ひろき	14
光軌	6・9	こうき	15
栄軌	9・9	えいき	18

Column 05

台風の名前の決め方には法則があった！

台風は以前アメリカが人の名前をつけていましたが、平成12年の台風第1号にはカンボジアによって「ダムレイ（象）」という名がつけられ、以後東アジア地域の太平洋で発生する台風には、14か国等からなる「台風委員会」から固有の名前がつけられています。事前に用意された140個の名前を発生順につけていき、一巡するとダムレイに戻るのが原則。日本は「てんびん」「やぎ」など星座の名前をつけています。

出典：気象庁ホームページ
http://www.jma.go.jp/jma/kishou/know/typhoon/1-5.html

キ

記 10画

［意味］書きしるす。しるし。覚える。

［音訓］キ／しる-す

［名のり］とし／なり／のり／ふみ／よし

男の子の名前

名前	読み	画数
記10一1	きいち	11
記10彦9	ふみひこ	19

女の子の名前

名前	読み	画数
美9記10	みき	19
記10映9	きえ	19

キ

起 10画

［意味］おきる。立ちあがる。活動をはじめる。物事のおこり。そびえる。

［音訓］キ／お-きる・た-つ

［名のり］おき／かず／もと／ゆき

男の子の名前

名前	読み	画数
大3起10	はるき	13
隆11起10	たかおき	21

女の子の名前

名前	読み	画数
起10乃2	かずの	12
美9由5起10	みゆき	24

キ

基 11画

［意味］物事の土台。よりどころ。

［音訓］キ／もと

［名のり］のり／はじめ／みき／もとき

男の子の名前

名前	読み	画数
基11	もとき	11
瑞13基11	みずき	24

女の子の名前

名前	読み	画数
基11子3	もとこ	14
真10基11	まき	21

キ

規 11画

［意味］基準。きまり。手本。正すこと。

［音訓］キ／のり

［名のり］ただ／ちか／なり

男の子の名前

名前	読み	画数
史5規11	ふみのり	16
有6規11	ゆうき	17

女の子の名前

名前	読み	画数
規11子3	のりこ	14
美9規11	みのり	20

キ

喜 12画

［意味］よろこぶ。よろこび。

［音訓］キ／よろこ-ぶ

［名のり］きよ／のぶ／はる／ひさ／ゆき

男の子の名前

名前	読み	画数
青8喜12	あおき	20
隆11喜12	たかのぶ	23

女の子の名前

名前	読み	画数
喜12美9子3	きみこ	24
愛13喜12	あいき	25

キ

幾 12画

［意味］数量をたずねることば。願う。

［音訓］キ／いく

［名のり］おき／ちかし／のり／ふさ

男の子の名前

名前	読み	画数
幾12	ちかし	12
幾12馬10	いくま	22

女の子の名前

名前	読み	画数
幾12代5子3	きよこ	20
幾12恵10	いくえ	22

キ

揮 12画

［意味］ふるう。羽をふるって飛ぶ。

［音訓］キ／ふる-う

［名のり］てる

男の子の名前

名前	読み	画数
大3揮12	たいき	15
勇9揮12	ゆうき	21

女の子の名前

名前	読み	画数
揮12月4	きづき	16
真10揮12	まき	22

キ

貴 12画

［意味］身分が高い。価値がある。尊敬する。

［音訓］キ／とうと-い

［名のり］あつ／たか／たけ／とし／よし

男の子の名前

名前	読み	画数
大3貴12	だいき	15
貴12史5	たかし	17

女の子の名前

名前	読み	画数
貴12子3	あつこ	15
咲9貴12	さき	21

キ 稀 12画

[音訓] キ・ケ／まれ
[名のり] —
[意味] めったにない。まれ。

名前	画数	読み	総画
男の子の名前			
一稀	1・12	かずき	13
稀平	12・5	きへい	17
女の子の名前			
稀衣	12・6	きい	18
稀里子	12・7・3	きりこ	22

キ 暉 13画

[音訓] キ／かがや-く
[名のり] あき／あきら／てる
[意味] かがやく。かがやき。光。

名前	画数	読み	総画
男の子の名前			
暉	13	あきら	13
陽暉	12・13	はるき	25
女の子の名前			
夕暉	3・13	ゆうき	16
美暉	9・13	みき	22

キ 旗 14画

[音訓] キ／はた
[名のり] たか
[意味] はた。しるし。

名前	画数	読み	総画
男の子の名前			
旗斗	14・4	たかと	18
和旗	8・14	かずき	22
女の子の名前			
旗子	14・3	はたこ	17
藍旗	18・14	あき	32

キ 綺 14画

[音訓] キ
[名のり] あや／はた
[意味] 美しい。模様のはいった絹の織物。

名前	画数	読み	総画
男の子の名前			
綺人	14・2	あやと	16
大綺	3・14	たいき	17
女の子の名前			
由綺	5・14	ゆき	19
綺音	14・9	あやね	23

キ 輝 15画

[音訓] キ／かがや-く
[名のり] あき／てる／ひかる
[意味] かがやく。かがやかしい。

名前	画数	読み	総画
男の子の名前			
輝之	15・3	てるゆき	18
晴輝	12・15	はるき	27
女の子の名前			
千輝	3・15	ちあき	18
輝歩	15・8	きほ	23

キ 嬉 15画

[音訓] キ／うれ-しい
[名のり] よし
[意味] 楽しむ。うれしい。

名前	画数	読み	総画
男の子の名前			
嬉介	15・4	きすけ	19
貴嬉	12・15	たかよし	27
女の子の名前			
嬉花	15・7	よしか	22
柚嬉	9・15	ゆずき	24

キ 熙 15画

[音訓] キ
[名のり] おき／さと／てる／ひろ／よし
[意味] 光り輝く。やわらぎ楽しむ。喜ぶ。広まる。

名前	画数	読み	総画
男の子の名前			
熙人	15・2	ひろと	17
熙太	15・4	おきた	19
女の子の名前			
熙子	15・3	ひろこ	18
熙美	15・9	さとみ	24

キ 毅 15画

[音訓] キ・ギ／つよ-い
[名のり] しのぶ／たけ／つよし／とし
[意味] 意志がつよく物事に動じない。つよい。

名前	画数	読み	総画
男の子の名前			
毅一	15・1	きいち	16
光毅	6・15	こうき	21
和毅	8・15	かずき	23
毅流	15・10	たける	25

キ

機 16画

［音訓］キ／はた

［名のり］あや／のり

［意味］物事の起こるきっかけ。物事の大切なところ。かなめ。

男の子の名前

名前	画数	読み	総画
一機	1・16	かずき	17
大機	3・16	だいき	19

女の子の名前

名前	画数	読み	総画
咲機	9・16	さき	25

キ

徽 17画

［音訓］キ

［名のり］よし

［意味］旗印。よい。美しい。

男の子の名前

名前	画数	読み	総画
徽一	17・1	きいち	18
春徽	9・17	はるよし	26

女の子の名前

名前	画数	読み	総画
早徽	6・17	さき	23
真徽	10・17	まき	27

キ

騎 18画

［音訓］キ

［名のり］のり

［意味］馬に乗る。馬に乗った兵。

男の子の名前

名前	画数	読み	総画
佑騎	7・18	ゆうき	25
春騎	9・18	はるき	27

女の子の名前

名前	画数	読み	総画
美騎	9・18	みのり	27
瑞騎	13・18	みずき	31

キ

麒 19画

［音訓］キ

［名のり］あき／あきら

［意味］中国の想像上の動物。

男の子の名前

名前	画数	読み	総画
麒	19	あきら	19
麒一	19・1	きいち	20

女の子の名前

名前	画数	読み	総画
麒子	19・3	きこ	22
実麒	8・19	みき	27

ギ

宜 8画

［音訓］ギ／よろ-しい

［名のり］なり／のぶ／のり／よし

［意味］都合がよい。ほどよい。

男の子の名前

名前	画数	読み	総画
克宜	7・8	かつのり	15
宜輔	8・14	のぶすけ	22

女の子の名前

名前	画数	読み	総画
宜乃	8・2	よしの	10
宜絵	8・12	のりえ	20

ギ

祇 9画

［音訓］ギ・シ

［名のり］ただ／のり／まさ／もと

［意味］地の神。くにつかみ。また、広く神をいう。

男の子の名前

名前	画数	読み	総画
祇一	9・1	ぎいち	10
祇文	9・4	もとふみ	13

女の子の名前

名前	画数	読み	総画
祇子	9・3	まさこ	12
祇花	9・7	のりか	16

ギ

義 13画

［音訓］ギ

［名のり］しげ／とも／みち／よし／より

［意味］人として行うべき正しい道。意味や条理。

男の子の名前

名前	画数	読み	総画
義市	13・5	ぎいち	18
勝義	12・13	かつよし	25

女の子の名前

名前	画数	読み	総画
義子	13・3	よしこ	16
義美	13・9	よしみ	22

ギ

儀 15画

［音訓］ギ

［名のり］ただし／のり／よし

［意味］礼法にかなった行い。作法。

男の子の名前

名前	画数	読み	総画
儀	15	ただし	15
仁儀	4・15	じんぎ	19

女の子の名前

名前	画数	読み	総画
儀子	15・3	のりこ	18

誼（ギ）15画

［音訓］ギ／よしみ

［名のり］こと／よし

［意味］親しい間柄。

男の子の名前

名前	画数	読み	総画
誼一	15・1	ぎいち	16
正誼	5・15	まさよし	20

女の子の名前

名前	画数	読み	総画
誼	15	よしみ	15

菊（キク）11画

［音訓］キク

［名のり］あき／ひ

［意味］植物の名。

男の子の名前

名前	画数	読み	総画
菊央	11・5	きくお	16
菊吾朗	11・7・10	きくごろう	28

女の子の名前

名前	画数	読み	総画
菊衣	11・6	きくえ	17
菊千代	11・3・5	きくちよ	19

掬（キク）11画

［音訓］キク／すく-う

［名のり］—

［意味］気持ちを察する。くみとる。

男の子の名前

名前	画数	読み	総画
掬二	11・2	きくじ	13
掬彦	11・9	きくひこ	20

女の子の名前

名前	画数	読み	総画
掬乃	11・2	きくの	13
小掬	3・11	こぎく	14

吉（キチ）6画

［音訓］キチ・キツ

［名のり］さち／とみ／はじめ／よし

［意味］めでたい。よい。

男の子の名前

名前	画数	読み	総画
吉	6	はじめ	6
栄吉	9・6	えいきち	15

女の子の名前

名前	画数	読み	総画
吉帆	6・6	よしほ	12
吉香	6・9	よしか	15

桔（キツ）10画

［音訓］キツ・ケツ

［名のり］き

［意味］「桔梗」は、植物の名。

男の子の名前

名前	画数	読み	総画
大桔	3・10	だいき	13
桔平	10・5	きっぺい	15

女の子の名前

名前	画数	読み	総画
桔花	10・7	きっか	17
桔梗	10・11	ききょう	21

九（キュウ）2画

［音訓］キュウ・ク／ここの-つ

［名のり］かず／ただ／ちか／ちかし／ひさ

［意味］数の9。ここのつ。数の多いこと。

男の子の名前

名前	画数	読み	総画
九	2	ちかし	2
義九	13・2	よしひさ	15

女の子の名前

名前	画数	読み	総画
九江	2・6	ちかえ	8
美九	9・2	みく	11

久（キュウ）3画

［音訓］キュウ・ク／ひさ-しい

［名のり］つね／なが／ひこ／ひさ

［意味］長い時間が経過している。ひさしい。

男の子の名前

名前	画数	読み	総画
久一	3・1	ひさかず	4
永久	5・3	とわ	8

女の子の名前

名前	画数	読み	総画
伊久	6・3	いく	9
久美子	3・9・3	くみこ	15

丘（キュウ）5画

［音訓］キュウ・ク／おか

［名のり］お／たか／たかし

［意味］おか。小高い山。

男の子の名前

名前	画数	読み	総画
丘	5	たかし	5
清丘	11・5	きよたか	16

女の子の名前

名前	画数	読み	総画
実丘	8・5	みく	13
莉丘	10・5	りおか	15

求（キュウ）7画

［音訓］キュウ／もと-める

［名のり］く／ひで／まさ／もと／もとむ

［意味］もとめる。

男の子の名前

名前	画数	読み	総画
求平	7・5	きゅうへい	12
求希	7・7	もとき	14

女の子の名前

名前	画数	読み	総画
求子	7・3	もとこ	10
求美	7・9	もとみ	16

究（キュウ）7画

［音訓］キュウ／きわ-める

［名のり］さだ／すみ／ふかし

［意味］つきつめて本質を明らかにする。きわめる。

男の子の名前

名前	画数	読み	総画
広究	5・7	ひろさだ	12
究生	7・5	すみお	12

女の子の名前

名前	画数	読み	総画
真究	10・7	ますみ	17

玖（キュウ）7画

［音訓］キュウ・ク

［名のり］き／たま／ひさ

［意味］黒色の美しい玉のような石。

男の子の名前

名前	画数	読み	総画
玖真	7・10	きゅうま	17
理玖	11・7	りく	18

女の子の名前

名前	画数	読み	総画
玖希	7・7	たまき	14
貴玖子	12・7・3	きくこ	22

穹（キュウ）8画

［音訓］キュウ／そら

［名のり］く／くう

［意味］ドーム。大空。

男の子の名前

名前	画数	読み	総画
穹	8	そら	8
穹渡	8・12	くうと	20

女の子の名前

名前	画数	読み	総画
美穹	9・8	みそら	17
穹夏	8・10	そらか	18

宮（キュウ）10画

［音訓］キュウ・ク／みや

［名のり］いえ／たか

［意味］神をまつる場所。王や天子の住む建物。場所。

男の子の名前

名前	画数	読み	総画
宮平	10・5	きゅうへい	15
羽宮	6・10	わく	16

女の子の名前

名前	画数	読み	総画
宮乃	10・2	みやの	12
宮美子	10・9・3	くみこ	22

赳（キュウ）10画

［音訓］キュウ

［名のり］たけ／たけし／つよ

［意味］強くたけだけしい。勇ましい。

男の子の名前

名前	画数	読み	総画
赳生	10・5	たけお	15
茂赳	8・10	しげたけ	18
時赳	10・10	ときたけ	20
義赳	13・10	よしたけ	23

球（キュウ）11画

［音訓］キュウ／たま

［名のり］まり

［意味］丸いもの。たま。

男の子の名前

名前	画数	読み	総画
一球	1・11	いっきゅう	12
球児	11・7	きゅうじ	18

女の子の名前

名前	画数	読み	総画
球希	11・7	たまき	18
球恵	11・10	たまえ	21

巨（キョ）5画

［音訓］キョ・コ

［名のり］おお／なお／ひろ／まさ

［意味］非常に大きい。非常に多い。

男の子の名前

名前	画数	読み	総画
清巨	11・5	きよまさ	16
数巨	13・5	かずひろ	18
巨輝	5・15	おおき	20
巨樹	5・16	なおき	21

許 11画　キョ

［意味］認める。ゆるす。もと。ところ。

［音訓］キョ／ゆる-す・もと

［名のり］ゆき／ゆく

男の子の名前

名前	画数	読み	総画
許也	11・3	もとなり	14
秋許	9・11	あきもと	20

女の子の名前

名前	画数	読み	総画
許子	11・3	もとこ	14

御 12画　ギョ

［意味］尊敬の意を表す。治める。

［音訓］ギョ・ゴ／おん

［名のり］お／おき／おや／のり／み／みつ

男の子の名前

名前	画数	読み	総画
大御	3・12	だいご	15
至御	6・12	しおん	18

女の子の名前

名前	画数	読み	総画
御春	12・9	みはる	21
御園	12・13	みその	25

叶 5画　キョウ

［意味］望みどおりになる。叶う。

［音訓］キョウ／かな-う

［名のり］かない／かのう／とも／やす

男の子の名前

名前	画数	読み	総画
叶大	5・3	かなた	8
叶一郎	5・1・9	きょういちろう	15

女の子の名前

名前	画数	読み	総画
叶笑	5・10	かなえ	15
叶歌	5・14	きょうか	19

匡 6画　キョウ

［意味］正しくする。ただす。

［音訓］キョウ／ただ-す

［名のり］こう／たすく／まさ

男の子の名前

名前	画数	読み	総画
匡人	6・2	まさと	8
匡輔	6・14	きょうすけ	20

女の子の名前

名前	画数	読み	総画
匡実	6・8	まさみ	14
匡香	6・9	きょうか	15

共 6画　キョウ

［意味］一緒に。同時に。

［音訓］キョウ／とも

［名のり］たか

男の子の名前

名前	画数	読み	総画
共輔	6・14	きょうすけ	20
共輝	6・15	ともき	21

女の子の名前

名前	画数	読み	総画
共代	6・5	ともよ	11
共花	6・7	きょうか	13

京 8画　キョウ

［意味］みやこ。首都。

［音訓］キョウ・ケイ

［名のり］おさむ／ちか／ひろし／みやこ

男の子の名前

名前	画数	読み	総画
京	8	おさむ	8
佑京	7・8	うきょう	15

女の子の名前

名前	画数	読み	総画
京乃	8・2	ちかの	10
希京	7・8	ききょう	15

享 8画　キョウ

［意味］うける。受け入れる。捧げる。

［音訓］キョウ／う-ける

［名のり］すすむ／たか／みち

男の子の名前

名前	画数	読み	総画
享	8	すすむ	8
享哉	8・9	きょうや	17

女の子の名前

名前	画数	読み	総画
享音	8・9	たかね	17
享絵	8・12	みちえ	20

協 8画　キョウ

［意味］力を合わせる。

［音訓］キョウ／かな-う

［名のり］かのう／やす

男の子の名前

名前	画数	読み	総画
協斗	8・4	やすと	12
協平	8・5	きょうへい	13

女の子の名前

名前	画数	読み	総画
協子	8・3	きょうこ	11
協美	8・9	かなみ	17

恭 キョウ

10画

［音訓］キョウ／うやうや-しい

［名のり］たか／やす／ゆき

［意味］うやうやしく、かしこまる。敬う。

男の子の名前

名前	画数	読み	総画
恭一	10・1	きょういち	11
昌恭	8・10	まさゆき	18

女の子の名前

名前	画数	読み	総画
恭羽	10・6	やすは	16
恭佳	10・8	きょうか	18

強 キョウ

11画

［音訓］キョウ／つよ-い

［名のり］かつ／たけ／つとむ／つよし

［意味］力や勢いがある。つよい。つよいもの。

男の子の名前

名前	画数	読み	総画
強	11	つよし	11
強彦	11・9	かつひこ	20

女の子の名前

名前	画数	読み	総画
強子	11・3	きょうこ	14
強佳	11・8	きょうか	19

郷 キョウ

11画

［音訓］キョウ・ゴウ／さと

［名のり］あき／あきら／のり

［意味］ふるさと。土地。場所。

男の子の名前

名前	画数	読み	総画
郷	11	あきら	11
郷志	11・7	さとし	18

女の子の名前

名前	画数	読み	総画
千郷	3・11	ちさと	14
郷花	11・7	きょうか	18

教 キョウ

11画

［音訓］キョウ／おし-える

［名のり］たか／なり／のり／みち／ゆき

［意味］知識や技術、教訓などを告げ知らせる。神や仏のおしえ。

男の子の名前

名前	画数	読み	総画
教一朗	11・1・10	きょういちろう	22
貴教	12・11	たかのり	23

女の子の名前

名前	画数	読み	総画
美教	9・11	みのり	20
教香	11・9	きょうか	20

喬 キョウ

12画

［音訓］キョウ

［名のり］たか／たかし／ただ／のぶ

［意味］高くそびえる。高く立つ。

男の子の名前

名前	画数	読み	総画
喬	12	たかし	12
喬生	12・5	きょうせい	17

女の子の名前

名前	画数	読み	総画
右喬	5・12	うきょう	17
喬実	12・8	たかみ	20

橋 キョウ

16画

［音訓］キョウ／はし

［名のり］たか

［意味］川や道のうえに架け渡された構築物。

男の子の名前

名前	画数	読み	総画
橋也	16・3	きょうや	19
道橋	12・16	みちたか	28

鏡 キョウ

19画

［音訓］キョウ／かがみ

［名のり］あきら／かね／けい

［意味］手本。模範。かがみやレンズを用いた器具。

男の子の名前

名前	画数	読み	総画
鏡介	19・4	きょうすけ	23
良鏡	7・19	よしかね	26

女の子の名前

名前	画数	読み	総画
鏡	19	あきら	19
鏡花	19・7	きょうか	26

響 キョウ

20画

［音訓］キョウ／ひび-く

［名のり］おと／ひびき

［意味］鳴り渡る。ひびく。ひびき。

男の子の名前

名前	画数	読み	総画
響也	20・3	おとや	23
響太郎	20・4・9	きょうたろう	33

女の子の名前

名前	画数	読み	総画
響	20	ひびき	20
美響	9・20	みおと	29

競
キョウ　20画

［音訓］キョウ・ケイ／きそ-う
［名のり］—

［意味］勝敗を決めるために、張り合う。競争する。

男の子の名前

名前	画数	読み	総画
競太	20・4	きょうた	24
競平	20・5	きょうへい	25

尭
ギョウ　8画

［音訓］ギョウ
［名のり］あき／たか／たかし／のり

［意味］古代中国の伝説上の帝王の名前。たかい。

男の子の名前

名前	画数	読み	総画
尭斗	8・4	たかと	12
広尭	5・8	ひろあき	13

女の子の名前

名前	画数	読み	総画
尭世	8・5	たかよ	13
尭菜	8・11	あきな	19

暁
ギョウ　12画

［音訓］ギョウ／あかつき
［名のり］あき／さとる／とき／とし

［意味］夜明け。あかつき。さとる。よくわかる。

男の子の名前

名前	画数	読み	総画
暁	12	さとる	12
一暁	1・12	かずあき	13

女の子の名前

名前	画数	読み	総画
暁乃	12・2	あきの	14
暁子	12・3	あきこ	15

玉
ギョク　5画

［音訓］ギョク／たま
［名のり］きよ

［意味］美しい石。宝石。美しい。優れている。

男の子の名前

名前	画数	読み	総画
玉三郎	5・3・9	たまさぶろう	17
玉樹	5・16	たまき	21

女の子の名前

名前	画数	読み	総画
玉香	5・9	きよか	14
玉緒	5・14	たまお	19

近
キン　7画

［音訓］キン・コン／ちか-い
［名のり］ちか／もと

［意味］距離がちかい。時間的にちかい。関係がちかい。

男の子の名前

名前	画数	読み	総画
右近	5・7	うこん	12
剛近	10・7	たけちか	17

女の子の名前

名前	画数	読み	総画
近名	7・6	ちかな	13
近夜	7・8	ちかよ	15

均
キン　7画

［音訓］キン／ひと-しい
［名のり］なお／ひとし／まさ

［意味］バランスが取れているさま。

男の子の名前

名前	画数	読み	総画
均	7	ひとし	7
均哉	7・9	きんや	16

女の子の名前

名前	画数	読み	総画
均美	7・9	ひとみ	16
均恵	7・10	ひとえ	17

金
キン　8画

［音訓］キン・コン／かね
［名のり］か／かな

［意味］黄金。優れた。美しい。競技などで第一位を表すもの。

男の子の名前

名前	画数	読み	総画
金吾	8・7	きんご	15
金之進	8・3・11	かねのしん	22

女の子の名前

名前	画数	読み	総画
亜金	7・8	あかね	15
金枝	8・8	かなえ	16

欣
キン　8画

［音訓］キン・ゴン／よろこ-ぶ
［名のり］やすし／よし

［意味］よろこぶ。よろこび。

男の子の名前

名前	画数	読み	総画
欣司	8・5	きんじ	13
欣喜	8・12	よしき	20

女の子の名前

名前	画数	読み	総画
欣花	8・7	よしか	15
欣美	8・9	よしみ	17

キン　衿　9画

［音訓］キン／えり
［名のり］—

［意味］衣服のえり。

男の子の名前

名前	画数	読み	総画
衿人	9・2	えりと	11
衿也	9・3	きんや	12

女の子の名前

名前	画数	読み	総画
衿子	9・3	えりこ	12
衿奈	9・8	えりな	17

キン　勤　12画

［音訓］キン・ゴン／つと-める
［名のり］つとむ／とし／のり

［意味］力を尽くして働く。一生懸命にはげむ。

男の子の名前

名前	画数	読み	総画
勤	12	つとむ	12
勤也	12・3	きんや	15
勤司	12・5	きんじ	17
勤太郎	12・4・9	きんたろう	25

キン　琴　12画

［音訓］キン・ゴン／こと
［名のり］—

［意味］弦楽器の琴。

男の子の名前

名前	画数	読み	総画
琴也	12・3	きんや	15
真琴	10・12	まこと	22

女の子の名前

名前	画数	読み	総画
琴乃	12・2	ことの	14
琴音	12・9	ことね	21

キン　欽　12画

［音訓］キン
［名のり］ただ／ひとし／まこと／よし

［意味］敬いつつしむ。尊敬の意。

男の子の名前

名前	画数	読み	総画
欽	12	まこと	12
欽一	12・1	きんいち	13
欽平	12・5	きんぺい	17
欽次	12・6	きんじ	18

キン　錦　16画

［音訓］キン／にしき
［名のり］かね

［意味］金色などで華やかな模様を織りだした絹織物。にしきのように美しい。

男の子の名前

名前	画数	読み	総画
錦二	16・2	きんじ	18
錦平	16・5	きんぺい	21

女の子の名前

名前	画数	読み	総画
錦	16	にしき	16

ギン　吟　7画

［音訓］ギン
［名のり］あきら／うた／おと／こえ

［意味］詩歌を口ずさんだり作ったりすること。

男の子の名前

名前	画数	読み	総画
吟	7	あきら	7
吟斗	7・4	ぎんと	11

女の子の名前

名前	画数	読み	総画
吟羽	7・6	おとは	13
吟音	7・9	うたね	16

ギン　銀　14画

［音訓］ギン／しろがね
［名のり］かね

［意味］しろがね。ぎん色。おかね。通貨。

男の子の名前

名前	画数	読み	総画
銀次	14・6	ぎんじ	20
銀河	14・8	ぎんが	22

女の子の名前

名前	画数	読み	総画
銀子	14・3	ぎんこ	17
銀花	14・7	ぎんか	21

一言アドバイス

海月→クラゲ、心太→ところてん、達磨→だるま…など読み替えたときに、別の意味になってしまっていないかは要チェック。

読み方

ク

駆（ク）14画

【音訓】ク／か-ける・か-る
【名のり】かける
【意味】馬などを走らせる。かける。

男の子の名前	読み	総画
駆(14)	かける	14
生(5)駆(14)	いく	19
里(7)駆(14)	りく	21

倶（グ）10画

【音訓】ク・グ／とも-に
【名のり】とも／ひろ
【意味】みな。ともに。

男の子の名前	読み	総画
倶(10)春(9)	ともはる	19

女の子の名前	読み	総画
倶(10)子(3)	ともこ	13
倶(10)美(9)	ともみ	19

空（クウ）8画

【音訓】クウ／そら・あ-く・から・うつ-ろ
【名のり】たか
【意味】空。何もないこと。

男の子の名前	読み	総画
空(8)志(7)	たかし	15
空(8)弥(8)	くうや	16

女の子の名前	読み	総画
空(8)未(5)	そらみ	13
美(9)空(8)	みそら	17

君（クン）7画

【音訓】クン／きみ
【名のり】きん／こ／すえ／なお／よし
【意味】国などを治める人。徳のある立派な人。

男の子の名前	読み	総画
君(7)平(5)	くんぺい	12
君(7)雄(12)	きみお	19

女の子の名前	読み	総画
君(7)佳(8)	きみか	15
君(7)栄(9)	きみえ	16

訓（クン）10画

【音訓】クン・キン／よ-む
【名のり】くに／とき／のり／みち
【意味】教えて導く。さとす。

男の子の名前	読み	総画
広(5)訓(10)	ひろのり	15
訓(10)彦(9)	くにひこ	19

女の子の名前	読み	総画
訓(10)子(3)	のりこ	13
訓(10)実(8)	くにみ	18

勲（クン）15画

【音訓】クン／いさお
【名のり】いさ／つとむ／なり／ひろ
【意味】国家や君主のために尽くした功績。手柄。

男の子の名前	読み	総画
勲(15)	いさお	15
勲(15)巳(3)	いさみ	18

女の子の名前	読み	総画
勲(15)子(3)	いさこ	18
勲(15)夜(8)	いさよ	23

薫（クン）16画

【音訓】クン／かお-る
【名のり】かおる／くに／しげ／たか／つとむ／ひで／ゆき
【意味】よいかおり。徳の力で感化する。おだやかなさま。

男の子の名前	読み	総画
薫(16)臣(7)	ひでおみ	23
秋(9)薫(16)	あきしげ	25

女の子の名前	読み	総画
薫(16)乃(2)	ゆきの	18
薫(16)子(3)	かおるこ	19

読み方

ケ

圭（ケイ）6画

［意味］上部がとがり、下部が四角い玉。いさぎよい。

［音訓］ケイ／たま

［名のり］か／きよ／よし

男の子の名前
- 圭6 介4　けいすけ　10
- 圭6 吾7　けいご　13

女の子の名前
- 圭6 美9　たまみ　15
- 圭6 織18　かおり　24

径（ケイ）8画

［意味］こみち。近道。本来は目的地に向かってまっすぐ進む道を表す。

［音訓］ケイ

［名のり］みち／わたる

男の子の名前
- 径8　けい　8
- 弘5 径8　ひろみち　13

女の子の名前
- 径8 子3　けいこ　11
- 径8 世5　みちよ　13

奎（ケイ）9画

［意味］アンドロメダ座にかかる十六星。

［音訓］ケイ

［名のり］ふみ

男の子の名前
- 奎9 太4　けいた　13
- 奎9 一1 郎9　けいいちろう　19

女の子の名前
- 奎9 子3　けいこ　12
- 奎9 香9　けいか　18

恵（ケイ）10画

［意味］ほどこし与える。めぐむ。

［音訓］ケイ・エ／めぐ-む

［名のり］あや／さと／さとし／しげ／とし／めぐみ／めぐむ／やす／よし

男の子の名前
- 恵10 一1　けいいち　11
- 恵10 多6　けいた　16

女の子の名前
- 恵10　めぐみ　10
- 恵10 理11 子3　えりこ　24

桂（ケイ）10画

［意味］木の名前。カツラ。中国の伝説で、月の世界にある木。

［音訓］ケイ／かつら

［名のり］かつ／よし

男の子の名前
- 桂10 次6　けいじ　16
- 桂10 吾7　けいご　17

女の子の名前
- 桂10 乃2　よしの　12
- 桂10 子3　かつらこ　13

啓（ケイ）11画

［意味］教える。開く。

［音訓］ケイ／ひら-く

［名のり］あき／さとし／はる／ひろ

男の子の名前
- 啓11 亮9　けいすけ　20
- 貴12 啓11　たかあき　23

女の子の名前
- 啓11 奈8　ひろな　19
- 啓11 香9　けいか　20

経（ケイ）11画

［意味］筋道をたどる。治める。管理する。

［音訓］ケイ・キョウ／た-つ

［名のり］おさむ／つね／のぶ／のり

男の子の名前
- 有6 経11　ありつね　17
- 経11 明8　のぶあき　19

女の子の名前
- 経11 花7　けいか　18
- 経11 香9　きょうか　20

蛍 ケイ 11画

［音訓］ケイ／ほたる
［名のり］—

［意味］虫の名前。夏の夜、青白い光を放つ虫。

	名前	画数	読み	総画
男の子の名前	蛍	11	ほたる	11
男の子の名前	蛍汰	11・7	けいた	18
女の子の名前	蛍子	11・3	けいこ	14
女の子の名前	蛍夏	11・10	けいか	21

詣 ケイ 13画

［音訓］ケイ・ゲイ／もう-でる
［名のり］いたる／まい／ゆき

［意味］行きつく。学問などが深い境地に進む。

	名前	画数	読み	総画
男の子の名前	詣	13	いたる	13
男の子の名前	詣也	13・3	ゆきや	16
女の子の名前	詣子	13・3	けいこ	16
女の子の名前	詣奈	13・8	ゆきな	21

敬 ケイ 12画

［音訓］ケイ・キョウ／うやま-う
［名のり］あき／いつ／さとし／たか／ちか／たかし

［意味］うやまう。

	名前	画数	読み	総画
男の子の名前	敬	12	さとし	12
男の子の名前	芳敬	7・12	よしたか	19
女の子の名前	敬花	12・7	いつか	19
女の子の名前	敬恵	12・10	たかえ	22

憬 ケイ 15画

［音訓］ケイ／あこが-れる
［名のり］—

［意味］あこがれる。

	名前	画数	読み	総画
男の子の名前	憬	15	けい	15
男の子の名前	憬介	15・4	けいすけ	19
女の子の名前	憬子	15・3	けいこ	18
女の子の名前	憬奈	15・8	けいな	23

景 ケイ 12画

［音訓］ケイ・エイ
［名のり］あきら／かげ／ひかり／ひろ

［意味］景色やながめ。めでたい。日の光。風情をそえるもの。

	名前	画数	読み	総画
男の子の名前	景	12	あきら	12
男の子の名前	景悟	12・10	けいご	22
女の子の名前	景	12	ひかり	12
女の子の名前	美景	9・12	みかげ	21

慶 ケイ 15画

［音訓］ケイ・キョウ／よろこ-ぶ
［名のり］ちか／のり／みち／やす／よし

［意味］祝う。よろこぶ。めでたい。

	名前	画数	読み	総画
男の子の名前	一慶	1・15	かずよし	16
男の子の名前	慶士朗	15・3・10	けいしろう	28
女の子の名前	慶香	15・9	のりか	24
女の子の名前	美慶	9・15	みのり	24

継 ケイ 13画

［音訓］ケイ／つ-ぐ・まま
［名のり］つぐ／つね／ひで

［意味］つなぐ。受けつぐ。

	名前	画数	読み	総画
男の子の名前	継利	13・7	つぐとし	20
男の子の名前	継太郎	13・4・9	けいたろう	26
女の子の名前	継人	13・2	けいと	15
女の子の名前	継花	13・7	けいか	20

慧 ケイ 15画

［音訓］ケイ・エ／さと-い
［名のり］あきら／さと／さとし／とし／よし

［意味］さとい。かしこい。

	名前	画数	読み	総画
男の子の名前	慧	15	さとし	15
男の子の名前	慧紀	15・9	さとき	24
女の子の名前	慧実	15・8	さとみ	23
女の子の名前	慧麻	15・11	えま	26

ケイ 繋 19画

[音訓] ケイ／つな-ぐ・か-ける

[名のり] ―

[意味] ひもなどでつなぐ。結びつける。

男の子の名前		
繋人 (19・2)	けいと	21
繋太 (19・4)	けいた	23

ケイ 馨 20画

[音訓] ケイ・キョウ／かお-り

[名のり] か／きよ／よし

[意味] かおる。よいにおい。

男の子の名前		
馨太 (20・4)	けいた	24
馨平 (20・5)	きょうへい	25

女の子の名前		
馨子 (20・3)	きょうこ	23
理馨 (11・20)	りか	31

ゲイ 芸 7画

[音訓] ゲイ

[名のり] き／ぎ／すけ／のり

[意味] 専門的な技術。

男の子の名前		
芸史 (7・5)	のりふみ	12
安芸 (6・7)	あき	13

女の子の名前		
万芸 (3・7)	まき	10
安芸子 (6・7・3)	あきこ	16

ケツ 結 12画

[音訓] ケツ／むす-ぶ・ゆ-う

[名のり] かた／ひとし／ゆい／ゆう

[意味] 固くむすびつく。実をむすぶ。

男の子の名前		
結汰 (12・7)	ゆうた	19
結翔 (12・12)	ゆいと	24

女の子の名前		
結衣 (12・6)	ゆい	18
結梨 (12・11)	ゆうり	23

ケツ 潔 15画

[音訓] ケツ／いさぎよ-い

[名のり] きよ／すみ／ゆき／よし

[意味] けがれがない。清い。行いが正しく、未練がましいところがない。

男の子の名前		
潔人 (15・2)	よしと	17
潔光 (15・6)	きよてる	21

女の子の名前		
潔奈 (15・8)	きよな	23
潔音 (15・9)	きよね	24

ゲツ 月 4画

[音訓] ゲツ・ガツ／つき

[名のり] つぎ／づき

[意味] 天体のつき。つきの光。

男の子の名前		
一月 (1・4)	いつき	5
風月 (9・4)	かづき	13

女の子の名前		
月子 (4・3)	つきこ	7
紗月 (10・4)	さつき	14

ケン 見 7画

[音訓] ケン・ゲン／み-る

[名のり] あき／あきら／ちか／のり

[意味] みる。みえる。人に会う。隠れていたものが現れる。

男の子の名前		
見 (7)	あきら	7
清見 (11・7)	きよあき	18

女の子の名前		
羽見 (6・7)	うみ	13
亜見 (7・7)	あみ	14

ケン 建 9画

[音訓] ケン・コン／た-てる

[名のり] たけ／たける／たつ／たて

[意味] 新しく設ける。意見を申し立てる。

男の子の名前		
建昭 (9・9)	たけあき	18
建彦 (9・9)	たつひこ	18

女の子の名前		
建美 (9・9)	たけみ	18
建埜 (9・11)	たての	20

研 ケン 9画

【音訓】ケン・ゲン／と-ぐ

【名のり】あき／きし／きよ／きわむ

【意味】とぐ。みがく。物事の道理をきわめる。

男の子の名前

名前	読み	画数
研(9)	きわむ	9
貴(12)研(9)	たかあき	21

女の子の名前

名前	読み	画数
研(9)奈(8)	あきな	17
研(9)美(9)	きよみ	18

兼 ケン 10画

【音訓】ケン／か-ねる

【名のり】かず／かた／かぬ／かね／とも

【意味】あわせもつ。かねる。前もって。

男の子の名前

名前	読み	画数
兼(10)太(4)	かねた	14
忠(8)兼(10)	ただかず	18

女の子の名前

名前	読み	画数
兼(10)実(8)	かずみ	18
兼(10)佳(8)	ともか	18

剣 ケン 10画

【音訓】ケン／つるぎ

【名のり】あきら／たち／つとむ／はや

【意味】つるぎ。刀。また、それを用いる武術。

男の子の名前

名前	読み	画数
剣(10)	あきら	10
剣(10)斗(4)	はやと	14
剣(10)介(4)	けんすけ	14
剣(10)司(5)	けんじ	15

拳 ケン 10画

【音訓】ケン・ゲン／こぶし

【名のり】かたし／つとむ

【意味】にぎりこぶし。ささげ持つ。

男の子の名前

名前	読み	画数
拳(10)士(3)	けんし	13
拳(10)次(6)	けんじ	16
拳(10)吾(7)	けんご	17
拳(10)作(7)	けんさく	17

健 ケン 11画

【音訓】ケン／すこ-やか

【名のり】かつ／きよ／たけ／まさる

【意味】体が丈夫で力強い。すこやか。程度が普通以上。

男の子の名前

名前	読み	画数
健(11)史(5)	たけし	16
健(11)臣(7)	かつおみ	18

女の子の名前

名前	読み	画数
健(11)子(3)	きよこ	14
健(11)実(8)	たけみ	19

堅 ケン 12画

【音訓】ケン／かた-い

【名のり】たか／つよし／み／よし

【意味】丈夫でしっかりとしている。

男の子の名前

名前	読み	画数
堅(12)	つよし	12
堅(12)也(3)	けんや	15

女の子の名前

名前	読み	画数
堅(12)美(9)	たかみ	21

絢 ケン 12画

【音訓】ケン／あや

【名のり】じゅん／はる

【意味】織物の美しい模様。あやがあって美しいさま。

男の子の名前

名前	読み	画数
絢(12)平(5)	じゅんぺい	17
絢(12)太(4)郎(9)	けんたろう	25

女の子の名前

名前	読み	画数
真(10)絢(12)	まあや	22
絢(12)菜(11)	じゅんな	23

絹 ケン 13画

【音訓】ケン／きぬ

【名のり】まさ

【意味】蚕からとった糸。また、その糸で織った布。

男の子の名前

名前	読み	画数
絹(13)人(2)	けんと	15
絹(13)矢(5)	きぬや	18

女の子の名前

名前	読み	画数
絹(13)夜(8)	きぬよ	21
絹(13)栄(9)	きぬえ	22

憲 16画 ケン

[音訓] ケン

[名のり] あき／かず／さだ／のり／よし

[意味] おきて。かしこい。模範。

男の子の名前

名前	よみ	画数
君7憲16	きみのり	23
憲16和8	のりかず	24

女の子の名前

名前	よみ	画数
憲16乃2	かずの	18
憲16子3	のりこ	19

賢 16画 ケン

[音訓] ケン／かしこ-い

[名のり] さと／すぐる

[意味] かしこく、すぐれている。尊敬の意。

男の子の名前

名前	よみ	画数
賢16	すぐる	16
賢16三3郎9	けんざぶろう	28

女の子の名前

名前	よみ	画数
賢16子3	さとこ	19
賢16南9	けんな	25

謙 17画 ケン

[音訓] ケン／へりくだ-る

[名のり] あき／かね／のり／ゆずる

[意味] 自分をおさえて、人にゆずる。

男の子の名前

名前	よみ	画数
謙17久3	かねひさ	20
孝7謙17	こうけん	24

女の子の名前

名前	よみ	画数
謙17子3	あきこ	20
謙17恵10	のりえ	27

繭 18画 ケン

[音訓] ケン／まゆ

[名のり] ―

[意味] 蚕などのまゆ。

男の子の名前

名前	よみ	画数
繭18太4	けんた	22
繭18夢13	まゆむ	31

女の子の名前

名前	よみ	画数
繭18	まゆ	18
繭18見7	まゆみ	25

顕 18画 ケン

[音訓] ケン／あらわ-れる

[名のり] あき／あきら／たか／てる

[意味] はっきりと目立つ。あらわれる。地位や身分が高い。

男の子の名前

名前	よみ	画数
顕18之3介4	けんのすけ	25
和8顕18	かずあき	26

女の子の名前

名前	よみ	画数
顕18江6	たかえ	24
顕18奈8	あきな	26

元 4画 ゲン

[音訓] ゲン・ガン／もと

[名のり] はじめ／はる／まさ／もとし／ゆき

[意味] 根本。物事の起こり。第一人者。大きい。正しい。

男の子の名前

名前	よみ	画数
元4	もとし	4
元4気6	げんき	10

女の子の名前

名前	よみ	画数
元4世5	もとよ	9
元4香9	はるか	13

玄 5画 ゲン

[音訓] ゲン／くろ

[名のり] はじめ／はる／ひかる／ひろ

[意味] 奥深い道理。

男の子の名前

名前	よみ	画数
光6玄5	みつはる	11
明8玄5	あきひろ	13

女の子の名前

名前	よみ	画数
実8玄5	みはる	13
玄5葉12	くろは	17

弦 8画 ゲン

[音訓] ゲン／つる

[名のり] いと／お／ふさ

[意味] 弓のような形の月。弓に張る糸。

男の子の名前

名前	よみ	画数
弓3弦8	ゆづる	11
和8弦8	かいと	16

女の子の名前

名前	よみ	画数
美9弦8	みつる	17
弦8華10	いとか	18

現（ゲン）11画

［意味］はっきりと見える形で、姿や形が表にでる。今。現在。

［音訓］ゲン／あらわ-れる・うつつ

［名のり］あり／み

男の子の名前

名前	画数	読み	総画
現太	11・4	げんた	15
現彦	11・9	ありひこ	20

女の子の名前

名前	画数	読み	総画
現乃	11・2	ありの	13

舷（ゲン）11画

［意味］船の側面。ふなばた。ふなべり。

［音訓］ゲン／ふなばた

［名のり］けん

男の子の名前

名前	画数	読み	総画
舷	11	げん	11
舷一	11・1	げんいち	12
舷希	11・7	げんき	18

絃（ゲン）11画

［意味］楽器に張る糸。また、糸を張った楽器。

［音訓］ゲン

［名のり］いと／お／つる／ふさ

男の子の名前

名前	画数	読み	総画
絃斗	11・4	げんと	15
実絃	8・11	みつる	19

女の子の名前

名前	画数	読み	総画
絃子	11・3	いとこ	14
智絃	12・11	ちづる	23

源（ゲン）13画

［意味］水の流れ出るもと。物事の生じるもと。

［音訓］ゲン／みなもと

［名のり］はじめ／もと／よし

男の子の名前

名前	画数	読み	総画
源太	13・4	げんた	17
隆源	11・13	たかもと	24

女の子の名前

名前	画数	読み	総画
源乃	13・2	よしの	15
源葉	13・12	もとは	25

厳（ゲン）17画

［意味］妥協を許さない。きびしい。また、はげしい。おごそか。

［音訓］ゲン・ゴン／きび-しい

［名のり］いつき／いわお／こう

男の子の名前

名前	画数	読み	総画
厳	17	いつき	17
厳信	17・9	げんしん	26
厳造	17・10	げんぞう	27
厳基	17・11	げんき	28

読み方 コ

己（コ）3画

［意味］自分。私。おのれ。十干の六番目。つちのと。

［音訓］コ・キ／おのれ

［名のり］おと／これ／つち／な／み

男の子の名前

名前	画数	読み	総画
一己	1・3	いつき	4
拓己	8・3	たくみ	11

女の子の名前

名前	画数	読み	総画
真己	10・3	まき	13
麻己	11・3	あさみ	14

古（コ）5画

［意味］いにしえ。昔。ふるい。

［音訓］コ／ふる-い・いにしえ

［名のり］たか／ひさ／ひさし／ふる

男の子の名前

名前	画数	読み	総画
古	5	ひさし	5
明比古	8・4・5	あきひこ	17

女の子の名前

名前	画数	読み	総画
古都	5・11	こと	16
古捺	5・11	こなつ	16

コ　乎　5画

［音訓］コ／か・や

［名のり］お／かな／より

［意味］状態を表す語について語調を強める。

男の子の名前

名前	画数	読み	総画
乎太	5・4	かなた	9
悠乎	11・5	ゆうや	16

女の子の名前

名前	画数	読み	総画
乎音	5・9	かのん	14
美乎	9・5	みこ	14

コ　呼　8画

［音訓］コ／よ-ぶ

［名のり］おと／こえ／よぶ

［意味］声をかけて関心をひく。大きい声を出す。息を吐く。

男の子の名前

名前	画数	読み	総画
呼人	8・2	よひと	10
呼宇	8・6	こう	14

女の子の名前

名前	画数	読み	総画
呼春	8・9	こはる	17
真呼	10・8	まこ	18

コ　胡　9画

［音訓］コ・ゴ・ウ／えびす

［名のり］ひさ

［意味］中国または西方の異民族。また、外国。

男の子の名前

名前	画数	読み	総画
胡典	9・8	ひさのり	17
胡二郎	9・2・9	こじろう	20

女の子の名前

名前	画数	読み	総画
胡桃	9・10	くるみ	19
愛胡	13・9	あいこ	22

コ　湖　12画

［音訓］コ／みずうみ

［名のり］ひろし／れい

［意味］陸地に囲まれ、広く水をたたえたところ。湖。

男の子の名前

名前	画数	読み	総画
大湖	3・12	たいこ	15
湖南	12・9	こなん	21

女の子の名前

名前	画数	読み	総画
湖子	12・3	ここ	15
蒼湖	13・12	そうこ	25

コ　琥　12画

［音訓］コ

［名のり］く／こはく／たま

［意味］虎の形をした玉器。

男の子の名前

名前	画数	読み	総画
琥珀	12・9	こはく	21
琥太郎	12・4・9	こたろう	25

女の子の名前

名前	画数	読み	総画
琥希	12・7	たまき	19
亜琥	7・12	あこ	19

コ　鼓　13画

［音訓］コ／つづみ

［名のり］—

［意味］太鼓。つづみ。励ます。

男の子の名前

名前	画数	読み	総画
鼓巳	13・3	つづみ	16
鼓虎	13・8	ことら	21

女の子の名前

名前	画数	読み	総画
鼓春	13・9	こはる	22
真鼓	10・13	まこ	23

コ　瑚　13画

［音訓］コ・ゴ

［名のり］—

［意味］サンゴ（珊瑚）の一字。

男の子の名前

名前	画数	読み	総画
大瑚	3・13	だいご	16
瑚珀	13・9	こはく	22

女の子の名前

名前	画数	読み	総画
瑚子	13・3	ここ	16
理瑚	11・13	りこ	24

ゴ　五　4画

［音訓］ゴ／いつ

［名のり］い／いず／かず／ゆき

［意味］数の5。いつつ。

男の子の名前

名前	画数	読み	総画
五朗	4・10	ごろう	14
五樹	4・16	いつき	20

女の子の名前

名前	画数	読み	総画
五花	4・7	いつか	11
五十鈴	4・2・13	いすず	19

午
ゴ　4画

［音訓］ゴ／うま
［名のり］ま

［意味］十二支の七番目。動物では馬に当てはまる。

男の子の名前

名前	画数	読み	総画
辰午	7 4	たつま	11
俊午	9 4	しゅんご	13
新午	13 4	しんご	17
永午郎	5 4 9	えいごろう	18

互
ゴ　4画

［音訓］ゴ／たが-い
［名のり］—

［意味］たがい。たがいに。

男の子の名前

名前	画数	読み	総画
大互	3 4	だいご	7
奏互	9 4	そうご	13
亮互	9 4	りょうご	13
将互	10 4	しょうご	14

伍
ゴ　6画

［音訓］ゴ
［名のり］いつ／とも／ひとし

［意味］五人を一組にした単位。仲間。

男の子の名前

名前	画数	読み	総画
伍	6	ひとし	6
永伍	5 6	えいご	11

女の子の名前

名前	画数	読み	総画
伍花	6 7	いつか	13
伍実	6 8	いつみ	14

冴
ゴ　7画

［音訓］ゴ／さ-える
［名のり］さえ

［意味］くっきりと澄んで見える。頭の働きや腕前があざやか。

男の子の名前

名前	画数	読み	総画
冴朗	7 10	ごろう	17
冴都	7 11	さえと	18

女の子の名前

名前	画数	読み	総画
冴子	7 3	さえこ	10
真冴	10 7	まさえ	17

呉
ゴ　7画

［音訓］ゴ／くれ・く-れる
［名のり］く／くに

［意味］古代中国の国名。与える。くれる。

男の子の名前

名前	画数	読み	総画
明呉	8 7	あきご	15
呉朗	7 10	ごろう	17

女の子の名前

名前	画数	読み	総画
呉安	7 6	くれあ	13
呉美	7 9	くみ	16

吾
ゴ　7画

［音訓］ゴ／わ-が・われ
［名のり］あ／みち

［意味］自分。自分の。ふせぐ。

男の子の名前

名前	画数	読み	総画
吾一	7 1	ごいち	8
研吾	9 7	けんご	16

女の子の名前

名前	画数	読み	総画
吾以	7 5	あい	12
吾姫	7 10	あき	17

悟
ゴ　10画

［音訓］ゴ／さと-る
［名のり］さとし／さとる

［意味］理解する。また、心の迷いを去る。さとり。理解が早い。

男の子の名前

名前	画数	読み	総画
悟	10	さとる	10
進悟	11 10	しんご	21

女の子の名前

名前	画数	読み	総画
悟李	10 7	さとり	17
悟実	10 8	さとみ	18

梧
ゴ　11画

［音訓］ゴ
［名のり］—

［意味］梧桐は、アオギリ科の樹木。

男の子の名前

名前	画数	読み	総画
大梧	3 11	だいご	14
泰梧	10 11	たいご	21
庵梧	11 11	あんご	22
健梧	11 11	けんご	22

ゴ

檎 17画

[音訓] ゴ・キン

[名のり] ―

[意味] 林檎。果樹。

男の子の名前	読み	画数
檎(17)弥(8)	きんや	25
真(10)檎(17)	しんご	27

女の子の名前	読み	画数
林(8)檎(17)	りんご	25

ゴ

護 20画

[音訓] ゴ／まも-る

[名のり] さね／まもる／もり

[意味] かばう。まもる。

男の子の名前	読み	画数
忠(8)護(20)	ただもり	28
護(20)郎(9)	ごろう	29

女の子の名前	読み	画数
一(1)護(20)	いちご	21

コウ

工 3画

[音訓] コウ・ク／たくみ

[名のり] ただ／つとむ／のり／よし

[意味] 物を作る。また、その技術。

男の子の名前	読み	画数
工(3)	たくみ	3
工(3)樹(16)	こうき	19

女の子の名前	読み	画数
工(3)美(9)	くみ	12

コウ

公 4画

[音訓] コウ・ク／おおやけ

[名のり] あきら／きみ／くに／たか／ただ／ひと／ひろ／まさ

[意味] 国家や社会にかかわること。社会一般。世間。かたよらない。正しい。

男の子の名前	読み	画数
公(4)久(3)	きみひさ	7
公(4)輝(15)	まさき	19

女の子の名前	読み	画数
公(4)佳(8)	きみか	12
公(4)実(8)子(3)	くみこ	15

コウ

孔 4画

[音訓] コウ・ク／あな

[名のり] うし／ただ／みち／よし

[意味] 中国、春秋時代の思想家である孔子のこと。

男の子の名前	読み	画数
孔(4)志(7)	ただし	11
孔(4)輝(15)	こうき	19

女の子の名前	読み	画数
孔(4)美(9)	くみ	13

コウ

功 5画

[音訓] コウ・ク／いさお

[名のり] いさ／かつ／こと／つとむ／なり

[意味] すぐれた仕事。手柄。効果。

男の子の名前	読み	画数
哲(10)功(5)	てつなり	15
功(5)太(4)郎(9)	こうたろう	18

女の子の名前	読み	画数
功(5)美(9)	くみ	14
功(5)音(9)	いさね	14

コウ

巧 5画

[音訓] コウ／たく-み・うま-い

[名のり] たえ／たくみ／よし

[意味] うまい。上手なこと。また、そのわざ。

男の子の名前	読み	画数
巧(5)海(9)	たくみ	14
巧(5)真(10)	たくま	15

女の子の名前	読み	画数
巧(5)実(8)	たくみ	13

コウ

広 5画

[音訓] コウ／ひろ-い

[名のり] お／たけ／とう／ひろし／みつ／やす

[意味] 規模や面積がひろい。ひろくなる。

男の子の名前	読み	画数
広(5)大(3)	こうだい	8
広(5)海(9)	ひろみ	14

女の子の名前	読み	画数
美(9)広(5)	みひろ	14
広(5)香(9)	ひろか	14

甲 5画

コウ

［音訓］コウ・カン／かぶと・きのえ・よろい

［名のり］か／かつ／き／は／まさる

［意味］こうら、よろい、かぶとなど表面をおおう硬い殻状のもの。成績などの第一位。

男の子の名前

名前	画数	読み	総画
甲	5	こう	5
甲洋	5・9	こうよう	14
甲斐	5・12	かい	17
甲太郎	5・4・9	こうたろう	18

弘 5画

コウ

［音訓］コウ・グ／ひろ-い

［名のり］お／ひろし／ひろむ／みつ／ゆき

［意味］ひろくて大きい。ひろめる。

男の子の名前

名前	画数	読み	総画
弘人	5・2	ひろと	7
晃弘	10・5	あきひろ	15

女の子の名前

名前	画数	読み	総画
弘奈	5・8	ひろな	13
弘香	5・9	ひろか	14

光 6画

コウ

［音訓］コウ／ひか-る・ひかり

［名のり］あき／あきら／てる／ひろ／ひろし／み／みち／みつ／みつる

［意味］ひかる。ひかり。太陽。時間。景色。尊敬の意。

男の子の名前

名前	画数	読み	総画
光洋	6・9	みつひろ	15
清光	11・6	きよてる	17

女の子の名前

名前	画数	読み	総画
光結	6・12	みゆ	18
光葉	6・12	みつは	18

向 6画

コウ

［音訓］コウ・キョウ・ショウ／む-く

［名のり］ひさ／むか／むかう／むき／むけ

［意味］ある方にむく。むき。従う。

男の子の名前

名前	画数	読み	総画
日向	4・6	ひゅうが	10
向陽	6・12	こうよう	18

女の子の名前

名前	画数	読み	総画
日向子	4・6・3	ひなこ	13
向日葵	6・4・12	ひまわり	22

好 6画

コウ

［音訓］コウ／この-む・す-く・よ-い

［名のり］こ／すみ／たか／み／よし／よしみ

［意味］愛する。このむ。このましい。優れている。仲がよい。

男の子の名前

名前	画数	読み	総画
友好	4・6	ともよし	10
好紀	6・9	よしのり	15

女の子の名前

名前	画数	読み	総画
好	6	よしみ	6
好夏	6・10	よしか	16

行 6画

コウ

［音訓］アン・コウ・ギョウ／い-く・おこな-う

［名のり］あきら／いたる／き／たか／つら／のり／ひら／みち／ゆき

［意味］歩く。進む。また、旅をする。書物を世にだす。おこない。

男の子の名前

名前	画数	読み	総画
行	6	いたる	6
吉行	6・6	よしゆき	12

女の子の名前

名前	画数	読み	総画
行帆	6・6	ゆきほ	12
行奈	6・8	あんな	14

江 6画

コウ

［音訓］コウ・ゴウ／え

［名のり］きみ／ただ／のぶ

［意味］大きな川。入り江。

男の子の名前

名前	画数	読み	総画
江太	6・4	こうた	10
江輝	6・15	こうき	21

女の子の名前

名前	画数	読み	総画
咲江	9・6	さえ	15
江麻	6・11	えま	17

考 6画

コウ

［音訓］コウ／かんが-える

［名のり］たか／ただ／ちか／とし

［意味］思案する。調べる。長生きをする。

男の子の名前

名前	画数	読み	総画
考一	6・1	こういち	7
考太	6・4	こうた	10
良考	7・6	よしたか	13
考二郎	6・2・9	こうじろう	17

亘 コウ 6画

［音訓］コウ・セン／わた-る

［名のり］とおる／のぶ／もとむ／わたり／わたる

［意味］めぐる。ある範囲にくまなく及ぶ。

男の子の名前

名前	画数	読み	総画
秋亘	9・6	あきのぶ	15
亘輔	6・14	こうすけ	20

女の子の名前

名前	画数	読み	総画
亘子	6・3	こうこ	9
亘代	6・5	のぶよ	11

亨 コウ 7画

［音訓］コウ・キョウ

［名のり］あき／すすむ／ちか／とおる

［意味］支障なく行われる。とおる。

男の子の名前

名前	画数	読み	総画
亨	7	とおる	7
亨汰	7・7	こうた	14

女の子の名前

名前	画数	読み	総画
亨子	7・3	あきこ	10
亨花	7・7	きょうか	14

攻 コウ 7画

［音訓］コウ／せ-める

［名のり］おさむ／たか／よし

［意味］突っ込む。研究する。せめる。なおす。

男の子の名前

名前	画数	読み	総画
攻	7	おさむ	7
攻一	7・1	こういち	8
攻貴	7・12	こうき	19

宏 コウ 7画

［音訓］コウ／ひろ-い

［名のり］あつ／ひろ／ひろし

［意味］ひろげる。また、ひろくて大きい。

男の子の名前

名前	画数	読み	総画
尚宏	8・7	ひさひろ	15
真宏	10・7	まひろ	17

女の子の名前

名前	画数	読み	総画
宏美	7・9	ひろみ	16
宏菜	7・11	ひろな	18

更 コウ 7画

［音訓］コウ／さら・ふ-ける

［名のり］とお／とく／のぶ

［意味］新しくなる。入れかえる。そのうえ。さらに。

男の子の名前

名前	画数	読み	総画
一更	1・7	いっこう	8
更平	7・5	こうへい	12

女の子の名前

名前	画数	読み	総画
更良	7・7	さらら	14
更紗	7・10	さらさ	17

幸 コウ 8画

［音訓］コウ／さいわ-い・しあわ-せ

［名のり］あき／さき／さち／ゆき

［意味］運がよい。幸せ。かわいがる。恵やいつくしみ。

男の子の名前

名前	画数	読み	総画
広幸	5・8	ひろゆき	13
幸樹	8・16	こうき	24

女の子の名前

名前	画数	読み	総画
幸	8	さち	8
美幸	9・8	みゆき	17

孝 コウ 7画

［音訓］コウ・キョウ

［名のり］あつ／たか／たかし／なり

［意味］親を大切にして、よく仕えること。

男の子の名前

名前	画数	読み	総画
一孝	1・7	かずたか	8
孝成	7・6	こうせい	13

女の子の名前

名前	画数	読み	総画
孝子	7・3	たかこ	10
孝世	7・5	たかよ	12

庚 コウ 8画

［音訓］コウ／かのえ

［名のり］つぎ／つぐ／みち／みちる／やす

［意味］十干の七番目。かのえ。

男の子の名前

名前	画数	読み	総画
庚紀	8・9	こうき	17
庚太郎	8・4・9	こうたろう	21

女の子の名前

名前	画数	読み	総画
庚	8	かのえ	8
庚子	8・3	やすこ	11

昂 コウ 8画

［意味］高くなる。感情が高ぶる。日がのぼる。

［音訓］コウ・ゴウ

［名のり］あき／たか／のぼる

男の子の名前

名前	画数	読み	総画
昂佑	8・7	こうすけ	15
昂利	8・7	たかとし	15

女の子の名前

名前	画数	読み	総画
千昂	3・8	ちあき	11
昂奈	8・8	あきな	16

昊 コウ 8画

［意味］空。大空。

［音訓］コウ

［名のり］あきら／そら／ひろ／ひろし

男の子の名前

名前	画数	読み	総画
昊生	8・5	こうき	13
昊之介	8・3・4	こうのすけ	15

女の子の名前

名前	画数	読み	総画
未昊	5・8	みそら	13
昊海	8・9	こうみ	17

侯 コウ 9画

［意味］弓のまと。封建時代の領主。侯爵。

［音訓］コウ

［名のり］きぬ／きみ／とき／よし

男の子の名前

名前	画数	読み	総画
侯介	9・4	こうすけ	13
侯平	9・5	こうへい	14
侯彦	9・9	ときひこ	18
侯馬	9・10	こうま	19

厚 コウ 9画

［意味］厚みがある。心がこもり、ねんごろである。てあつい。豊か。

［音訓］コウ／あつ-い

［名のり］あつ／あつし／ひろ／ひろし

男の子の名前

名前	画数	読み	総画
厚史	9・5	あつし	14
忠厚	8・9	ただあつ	17

女の子の名前

名前	画数	読み	総画
厚乃	9・2	あつの	11
厚子	9・3	あつこ	12

恒 コウ 9画

［意味］いつも変わらない。一定している。久しい。

［音訓］コウ／つね

［名のり］たけ／ちか／のぶ／ひさ

男の子の名前

名前	画数	読み	総画
恒久	9・3	つねひさ	12
恒直	9・8	ひさなお	17

女の子の名前

名前	画数	読み	総画
恒世	9・5	つねよ	14
恒実	9・8	ひさみ	17

皇 コウ 9画

［意味］天皇。または天皇に関する物事。

［音訓］コウ・オウ

［名のり］すべ／すめら

男の子の名前

名前	画数	読み	総画
皇成	9・6	こうせい	15
皇輝	9・15	こうき	24

女の子の名前

名前	画数	読み	総画
皇花	9・7	おうか	16
皇実	9・8	こうみ	17

紅 コウ 9画

［意味］鮮やかな赤色。くれない。

［音訓］コウ・ク／べに・くれない・あか

［名のり］くれ／もみ

男の子の名前

名前	画数	読み	総画
紅河	9・8	こうが	17
紅音	9・9	くおん	18

女の子の名前

名前	画数	読み	総画
里紅	7・9	りく	16
紅葉	9・12	もみじ	21

香 コウ 9画

［意味］よいにおい。かおる。よいにおいをだすたきもの。

［音訓］コウ／か・かお-り

［名のり］かおり／かおる

男の子の名前

名前	画数	読み	総画
香	9	かおる	9
香太	9・4	こうた	13

女の子の名前

名前	画数	読み	総画
香歩	9・8	かほ	17
凜香	15・9	りんか	24

洸 9画

コウ

［音訓］コウ

［名のり］たけし／ひろ／ひろし／ふかし

［意味］水がわき、光るさま。また、水が深く広いさま。

男の子の名前

名前	画数	読み	総画
洸晴	9・12	こうせい	21
貴洸	12・9	たかひろ	21

女の子の名前

名前	画数	読み	総画
洸実	9・8	こうみ	17
洸歌	9・14	こうか	23

候 10画

コウ

［音訓］コウ・グ／そうろう

［名のり］きみ／きよ／とき／みよ／よし

［意味］貴人のそばに仕える。物事の状態、きざし。

男の子の名前

名前	画数	読み	総画
候一	10・1	こういち	11
候介	10・4	こうすけ	14
候彦	10・9	ときひこ	19
候隆	10・11	きみたか	21

耕 10画

コウ

［音訓］コウ／たがや-す

［名のり］おさむ／つとむ／やす

［意味］田畑の土を掘り返す。働いて生計を立てる。

男の子の名前

名前	画数	読み	総画
耕	10	おさむ	10
耕大	10・3	こうだい	13
耕司	10・5	こうじ	15
耕樹	10・16	こうき	26

航 10画

コウ

［音訓］コウ

［名のり］ふね／わたる

［意味］船で水上を渡る。また、飛行機で空を行く。

男の子の名前

名前	画数	読み	総画
航平	10・5	こうへい	15
航青	10・8	こうせい	18

女の子の名前

名前	画数	読み	総画
航菜	10・11	こうな	21

貢 10画

コウ

［音訓］コウ・ク／みつ-ぐ

［名のり］すすむ／つぐ／みつ／みつぐ

［意味］献上する。また、献上する品物。

男の子の名前

名前	画数	読み	総画
貢	10	みつぐ	10
貢一郎	10・1・9	こういちろう	20

女の子の名前

名前	画数	読み	総画
貢代	10・5	みつよ	15
貢都	10・11	くつ	21

高 10画

コウ

［音訓］コウ／たか-い

［名のり］あきら／すけ／たかし／たけ

［意味］程度がたかい。優れている。気高い。尊敬の意を表す。

男の子の名前

名前	画数	読み	総画
高之	10・3	たかゆき	13
知高	8・10	ともたか	18

女の子の名前

名前	画数	読み	総画
高子	10・3	たかこ	13
千高	3・10	ちたか	13

倖 10画

コウ

［音訓］コウ／さいわ-い

［名のり］さち

［意味］思いがけない幸せ。

男の子の名前

名前	画数	読み	総画
倖	10	こう	10
倖貴	10・12	こうき	22

女の子の名前

名前	画数	読み	総画
倖未	10・5	こうみ	15
倖恵	10・10	さちえ	20

浩 10画

コウ

［音訓］コウ

［名のり］いさむ／きよし／はる／ひろ

［意味］広々としている。大きい。

男の子の名前

名前	画数	読み	総画
浩大	10・3	こうた	13
浩寿	10・7	ひろとし	17

女の子の名前

名前	画数	読み	総画
心浩	4・10	みはる	14
浩花	10・7	はるか	17

晃 10画
コウ

［音訓］コウ

［名のり］あき／あきら／てる／ひかる／みつ

［意味］光る。照り輝く。あきらか。

男の子の名前
晃（10） あきら 10
晃司（10・5） こうじ 15

女の子の名前
晃乃（10・2） あきの 12
晃代（10・5） あきよ 15

梗 11画
コウ

［音訓］コウ・キョウ

［名のり］たけし／つよし／なお

［意味］草木の枝。骨組み。

男の子の名前
梗汰（11・7） きょうた 18
梗太郎（11・4・9） こうたろう 24

女の子の名前
梗子（11・3） こうこ 14
桔梗（10・11） ききょう 21

晄 10画
コウ

［音訓］コウ

［名のり］あき／あきら／てる／ひかる／みつ

［意味］「晃」と同じ。

男の子の名前
晄司（10・5） あきじ 15
晄輝（10・15） こうき 25

女の子の名前
晄奈（10・8） あきな 18
晄美（10・9） あきみ 19

皐 11画
コウ

［音訓］コウ

［名のり］さ／すすむ／たか／たかし

［意味］沢。岸。水ぎわ。陰暦の五月。

男の子の名前
皐（11） たかし 11
皐太（11・4） こうた 15

女の子の名前
皐子（11・3） たかこ 14
皐月（11・4） さつき 15

紘 10画
コウ

［音訓］コウ

［名のり］ひろ／ひろし

［意味］冠のひも。ひろい。大きい。

男の子の名前
紘生（10・5） こうせい 15
紘都（10・11） ひろと 21

女の子の名前
紘加（10・5） ひろか 15
季紘（8・10） きひろ 18

港 12画
コウ

［音訓］コウ／みなと

［名のり］—

［意味］船や飛行機の発着所。みなと。

男の子の名前
港介（12・4） こうすけ 16
港一郎（12・1・9） こういちろう 22

女の子の名前
港音（12・9） みなと 21
港美（12・9） こうみ 21

康 11画
コウ

［音訓］コウ

［名のり］しず／のぶ／やす／よし

［意味］やすらか。健やか。体が丈夫である。

男の子の名前
弘康（5・11） ひろやす 16
康汰（11・7） こうた 18

女の子の名前
康香（11・9） しずか 20
康葉（11・12） やすは 23

皓 12画
コウ

［音訓］コウ

［名のり］あき／てる／つぐ／ひかる／ひろ

［意味］白い。白く光る。また、潔白。

男の子の名前
皓斗（12・4） ひろと 16
皓士朗（12・3・10） こうしろう 25

女の子の名前
皓実（12・8） てるみ 20
皓香（12・9） ひろか 21

コウ 滉 13画

［音訓］コウ

［名のり］あきら／ひろ／ひろし

［意味］水が深く広いさま。

男の子の名前

名前	画数	読み	総画
滉人	13・2	ひろと	15
滉太	13・4	こうた	17

女の子の名前

名前	画数	読み	総画
千滉	3・13	ちひろ	16
滉花	13・7	こうか	20

コウ 煌 13画

［音訓］コウ／きら-めく

［名のり］あき／あきら／てる

［意味］きらきらと光り輝く。輝くばかりに美しいさま。さかんなさま。

男の子の名前

名前	画数	読み	総画
煌大	13・3	こうだい	16
煌斗	13・4	あきと	17

女の子の名前

名前	画数	読み	総画
千煌	3・13	ちあき	16
煌夏	13・10	あきか	23

コウ 綱 14画

［音訓］コウ／つな

［名のり］つね／みち

［意味］物事の根本となるもの。太いつな。

男の子の名前

名前	画数	読み	総画
綱太	14・4	こうた	18
正綱	5・14	まさつな	19
綱吉	14・6	つなよし	20
明綱	8・14	あきつな	22

コウ 廣 15画

［音訓］コウ／ひろ-い

［名のり］お／たけ／とう／ひろし／みつ／やす

［意味］「広」の旧字体。

男の子の名前

名前	画数	読み	総画
廣太	15・4	こうた	19
廣介	15・4	こうすけ	19

女の子の名前

名前	画数	読み	総画
廣奈	15・8	ひろな	23
廣恵	15・10	ひろえ	25

コウ 興 16画

［音訓］コウ・キョウ／おこ-る

［名のり］おき／き／さき／とも／ふか／ふさ

［意味］さかんになる。おこる。面白みや楽しみ。

男の子の名前

名前	画数	読み	総画
興平	16・5	きょうへい	21
尚興	8・16	ひさき	24

女の子の名前

名前	画数	読み	総画
興	16	きょう	16
興奈	16・8	おきな	24

コウ 鴻 17画

［音訓］コウ／おおとり

［名のり］とき／ひろ／ひろし

［意味］大きい。また、さかん。大きな白い鳥。

男の子の名前

名前	画数	読み	総画
鴻	17	ひろし	17
鴻太朗	17・4・10	こうたろう	31

女の子の名前

名前	画数	読み	総画
鴻実	17・8	ひろみ	25
鴻絵	17・12	ひろえ	29

ゴウ 合 6画

［音訓］ゴウ・ガッ・カッ／あ-う

［名のり］あい／あう／かい／はる／よし

［意味］一つになる。同じになる。

男の子の名前

名前	画数	読み	総画
合太	6・4	ごうた	10
合輔	6・14	ごうすけ	20

女の子の名前

名前	画数	読み	総画
小百合	3・6・6	さゆり	15
百合花	6・6・7	ゆりか	19

ゴウ 剛 10画

［音訓］ゴウ・コウ／つよ-い

［名のり］たけ／つよ／まさ／よし

［意味］かたくて強い。強くて勇ましい。

男の子の名前

名前	画数	読み	総画
剛太	10・4	ごうた	14
剛史	10・5	つよし	15
剛健	10・11	ごうけん	21
剛裕	10・12	たけひろ	22

ゴウ 豪 14画

［音訓］ゴウ

［名のり］たけし／つよ／とし／ひで

［意味］強くて優れている。また、その人。財力がある。並外れている。

男の子の名前

名前	画数	読み	総画
豪	14	たけし	14
豪士	14・3	ごうし	17
豪太郎	14・4・9	ごうたろう	27
豪輝	14・15	としき	29

ゴウ 轟 21画

［音訓］ゴウ・コウ／とどろ-く

［名のり］—

［意味］大きな音が鳴りひびく。また、その音。

男の子の名前

名前	画数	読み	総画
轟	21	ごう	21
轟大	21・3	ごうだい	24
轟介	21・4	こうすけ	25
轟太	21・4	ごうた	25

コク 谷 7画

［音訓］コク／たに・や

［名のり］ひろ

［意味］山が両側から迫っている場所。

男の子の名前

名前	画数	読み	総画
悠谷	11・7	ゆうや	18
雅谷	13・7	まさや	20

女の子の名前

名前	画数	読み	総画
美谷	9・7	みや	16
谷千花	7・3・7	やちか	17

コク 克 7画

［音訓］コク／か-つ・よ-く

［名のり］かつ／すぐる／なり／まさる／よし

［意味］力を尽くして打ち勝つ。十分に。

男の子の名前

名前	画数	読み	総画
克人	7・2	かつひと	9
克孝	7・7	よしたか	14

女の子の名前

名前	画数	読み	総画
克実	7・8	かつみ	15
克絵	7・12	かつえ	19

コク 国 8画

［音訓］コク／くに

［名のり］とき

［意味］国家。国土。日本。

男の子の名前

名前	画数	読み	総画
国生	8・5	くにお	13
和国	8・8	かずくに	16

女の子の名前

名前	画数	読み	総画
国花	8・7	くにか	15
美国	9・8	みくに	17

こま 駒 15画

［音訓］ク／こま

［名のり］—

［意味］子どもの馬。将棋などで盤上に並べるもの。

男の子の名前

名前	画数	読み	総画
生駒	5・15	いこま	20
駒佐	15・7	こまさ	22

女の子の名前

名前	画数	読み	総画
駒乃	15・2	こまの	17
駒恵	15・10	こまえ	25

コン 今 4画

［音訓］コン・キン／いま

［名のり］—

［意味］現在。いま。この度。

男の子の名前

名前	画数	読み	総画
今日平	4・4・5	きょうへい	13
今雄	4・12	いまお	16

女の子の名前

名前	画数	読み	総画
今日花	4・4・7	きょうか	15
今朝子	4・12・3	けさこ	19

コン 紺 11画

［音訓］コン

［名のり］—

［意味］赤みを含んだ濃い青。

男の子の名前

名前	画数	読み	総画
紺太	11・4	こんた	15
宇紺	6・11	うこん	17

女の子の名前

名前	画数	読み	総画
紺	11	こん	11
紺望	11・11	こんの	22

読み方 サ

左（サ）5画

［意味］ひだりがわ。立場が革新的であること。

［音訓］サ／ひだり

［名のり］ざ／すけ

	名前	画数	読み	総画
男の子の名前	左助	5・7	さすけ	12
男の子の名前	左恭	5・10	さきょう	15
女の子の名前	左保	5・9	さほ	14
女の子の名前	左笑	5・10	さえ	15

佐（サ）7画

［意味］助ける。補佐する。

［音訓］サ

［名のり］すけ／たすく

	名前	画数	読み	総画
男の子の名前	佐	7	たすく	7
男の子の名前	永佐	5・7	えいすけ	12
女の子の名前	美佐	9・7	みさ	16
女の子の名前	佐菜	7・11	さな	18

沙（サ）7画

［意味］すな。水で洗って悪いものを除く。

［音訓］サ・シャ

［名のり］いさ／す

	名前	画数	読み	総画
男の子の名前	一沙	1・7	いっさ	8
男の子の名前	亜沙斗	7・7・4	あさと	18
女の子の名前	理沙	11・7	りさ	18
女の子の名前	沙綾	7・14	さあや	21

砂（サ）9画

［意味］細かく砕けた岩石の粒。すな。

［音訓］サ／すな

［名のり］いさご

	名前	画数	読み	総画
男の子の名前	砂助	9・7	さすけ	16
男の子の名前	真砂士	10・9・3	まさし	22
女の子の名前	里砂	7・9	りさ	16
女の子の名前	美砂子	9・9・3	みさこ	21

紗（サ）10画

［意味］うすぎぬ。薄くて目のあらい絹織物。

［音訓］サ・シャ

［名のり］たえ／すず

	名前	画数	読み	総画
男の子の名前	比紗文	4・10・4	ひさふみ	18
男の子の名前	真紗人	10・10・2	まさと	22
女の子の名前	更紗	7・10	さらさ	17
女の子の名前	紗羅	10・19	さら	29

嵯（サ）13画

［意味］山が高くてけわしいさま。

［音訓］サ

［名のり］—

	名前	画数	読み	総画
男の子の名前	一嵯	1・13	いっさ	14
男の子の名前	衣嵯巳	6・13・3	いさみ	22
男の子の名前	阿嵯人	8・13・2	あさと	23
男の子の名前	真嵯也	10・13・3	まさや	26

瑳（サ）14画

［意味］みがく。色のあざやかなさま。愛らしく笑うさま。

［音訓］サ

［名のり］よし

	名前	画数	読み	総画
男の子の名前	真瑳	10・14	まさ	24
男の子の名前	万瑳男	3・14・7	まさお	24
女の子の名前	和瑳	8・14	かずさ	22
女の子の名前	美瑳	9・14	みさ	23

才 サイ 3画

［意味］生まれつきの能力。素質。才能。

［音訓］サイ

［名のり］たえ／とし／まさ／もと

	名前	読み	画数
男の子の名前	才(3)弥(8)	としや	11
男の子の名前	才(3)蔵(15)	さいぞう	18
女の子の名前	才(3)子(3)	さいこ	6
女の子の名前	才(3)歌(14)	としか	17

済 サイ 11画

［意味］きちんと終わる。救う。

［音訓］サイ／す-む

［名のり］いつき／まさ／すみ／わたる

	名前	読み	画数
男の子の名前	一(1)済(11)	かずまさ	12
男の子の名前	吉(6)済(11)	よしずみ	17
女の子の名前	済(11)	いつき	11
女の子の名前	安(6)済(11)	あずみ	17

采 サイ 8画

［意味］選び取る。いろどり。模様。

［音訓］サイ／と-る

［名のり］あや／こと

	名前	読み	画数
男の子の名前	采(8)広(5)	あやひろ	13
男の子の名前	采(8)彦(9)	あやひこ	17
女の子の名前	茉(8)采(8)	まこと	16
女の子の名前	采(8)華(10)	あやか	18

彩 サイ 11画

［意味］美しい色合い。つや。輝き。

［音訓］サイ／いろど-る

［名のり］あや／さ

	名前	読み	画数
男の子の名前	彩(11)	さい	11
男の子の名前	彩(11)斗(4)	あやと	15
女の子の名前	未(5)彩(11)	みさ	16
女の子の名前	彩(11)知(8)	さち	19

哉 サイ 9画

［意味］詠嘆を表す。…かな。…であるなあ。

［音訓］サイ／や

［名のり］はじめ／なり

	名前	読み	画数
男の子の名前	育(8)哉(9)	いくや	17
男の子の名前	尚(8)哉(9)	なおや	17
男の子の名前	修(10)哉(9)	しゅうや	19
男の子の名前	幹(13)哉(9)	みきや	22

宰 サイ 10画

［意味］取り仕切る人。

［音訓］サイ

［名のり］おさむ／つかさ

	名前	読み	画数
男の子の名前	宰(10)	おさむ	10
男の子の名前	宰(10)斗(4)	さいと	14
女の子の名前	宰(10)子(3)	さいこ	13
女の子の名前	宰(10)紗(10)	つかさ	20

Column 06

実にややこしい！ 歴史上の人物の名前

誰もが知る幕末の志士、坂本龍馬の本名は「直柔（なおなり）」。龍馬は通称で、当時武家や公家の人間は本名の他に幼少名や通称（字《あざな》）など２～３個の名前を持っていたんです。元服前の坂本龍馬には「直陰（なおかげ）」という諱《いみな》（本名だが親や君主しか呼べない）がありました。坂本龍馬の手紙には「直陰」「直柔」とそれぞれ署名されたものが残っています。

菜（サイ）11画

［音訓］サイ／な
［名のり］よし

［意味］やさい。なっぱ。

男の子の名前

名前	画数	読み	総画
菜緒人	11・14・2	なおと	27
菜津樹	11・9・16	なつき	36

女の子の名前

名前	画数	読み	総画
菜々子	11・3・3	ななこ	17
夏菜	10・11	かな	21

祭（サイ）11画

［音訓］サイ／まつ-り
［名のり］あき／たか／まつり

［意味］神や先祖をまつる。まつり。

男の子の名前　女の子の名前

名前	画数	読み	総画
祭	11	まつり	11

斎（サイ）11画

［音訓］サイ／とき
［名のり］いつ／ただ／よし

［意味］心身を清めて神をまつる。

男の子の名前

名前	画数	読み	総画
辰斎	7・11	たつよし	18
斎樹	11・16	いつき	27

女の子の名前

名前	画数	読み	総画
斎花	11・7	さいか	18
斎音	11・9	ときね	20

歳（サイ）13画

［音訓］サイ
［名のり］とし／とせ／とも

［意味］年齢や年数を数えることば。木星。

男の子の名前

名前	画数	読み	総画
邦歳	7・13	くにとし	20
歳彦	13・9	としひこ	22

女の子の名前

名前	画数	読み	総画
千歳	3・13	ちとせ	16
歳子	13・3	としこ	16

在（ザイ）6画

［音訓］ザイ／あ-る
［名のり］あき／あり

［意味］ある。いる。

男の子の名前

名前	画数	読み	総画
在正	6・5	ありまさ	11
在光	6・6	ありみつ	12

女の子の名前

名前	画数	読み	総画
在那	6・7	ありな	13
在咲	6・9	ありさ	15

先（さき）6画

［音訓］セン／さき
［名のり］すすむ／ゆき

［意味］前の方。将来。

男の子の名前

名前	画数	読み	総画
先	6	すすむ	6
先都	6・11	せんと	17

女の子の名前

名前	画数	読み	総画
実先	8・6	みさき	14
先穂	6・15	さきほ	21

崎（さき）11画

［音訓］キ／さき
［名のり］―

［意味］海に向かって突き出ている陸の先端。

男の子の名前

名前	画数	読み	総画
崎人	11・2	さきと	13
勇崎	9・11	ゆうき	20

女の子の名前

名前	画数	読み	総画
崎子	11・3	さきこ	14
美崎	9・11	みさき	20

鷺（さぎ）24画

［音訓］ロ／さぎ
［名のり］―

［意味］鳥の名。全身が白く、水辺にすむ。

男の子の名前

名前	画数	読み	総画
朱鷺也	6・24・3	ときや	33
朱鷺雅	6・24・13	ときまさ	43

女の子の名前

名前	画数	読み	総画
亜鷺	7・24	あさぎ	31
朱鷺子	6・24・3	ときこ	33

サク 作 7画

［意味］新たに生み出す。起こる。あらわれる。

［音訓］サク・サ／つく-る

［名のり］つくる／なお

男の子の名前

名前（画数）	読み	総画
作7太4郎9	さくたろう	20
賢16作7	けんさく	23

女の子の名前

名前（画数）	読み	総画
作7美9	さくみ	16
麻11浬10作7	まりさ	28

さ-く 咲 9画

［意味］さく。花が開く。

［音訓］ショウ／さ-く

［名のり］えみ／さ／さき

男の子の名前

名前（画数）	読み	総画
和8咲9	かずさ	17
咲9太4郎9	しょうたろう	22

女の子の名前

名前（画数）	読み	総画
知8咲9	ちさき	17
咲9奈8	えみな	17

サク 朔 10画

［意味］月の第一日。ついたち。北。暦。

［音訓］サク／ついたち

［名のり］はじめ／もと

男の子の名前

名前（画数）	読み	総画
英8朔10	えいさく	18
朔10真10	さくま	20

女の子の名前

名前（画数）	読み	総画
朔10子3	もとこ	13
朔10花7	もとか	17

サク 策 12画

［意味］物事をうまく運ぶための手段・方法。

［音訓］サク

［名のり］かず／もり

男の子の名前

名前（画数）	読み	総画
天4策12	てんさく	16
勇9策12	ゆうさく	21
策12都11	さくと	23
策12太4郎9	さくたろう	25

ささ 笹 11画

［意味］小さい竹の総称。ササ。

［音訓］ささ

［名のり］―

女の子の名前

名前（画数）	読み	総画
笹11代5	ささよ	16
笹11江6	ささえ	17
笹11音9	ささね	20
笹11埜11	ささの	22

サツ 颯 14画

［意味］風の吹く音。きびきびした様子。疾風。はやて。

［音訓］ソウ・サツ

［名のり］―

男の子の名前

名前（画数）	読み	総画
颯14吾7	そうご	21
颯14真10	さつま	24

女の子の名前

名前（画数）	読み	総画
颯14希7	さつき	21
颯14花7	そうか	21

サン 三 3画

［意味］数の3。

［音訓］サン／み・みっ-つ

［名のり］さぶ／ぞう／ただ／みつ

男の子の名前

名前（画数）	読み	総画
賢16三3	けんぞう	19
三3希7雄12	みきお	22

女の子の名前

名前（画数）	読み	総画
三3玖7	みく	10
優17三3花7	ゆみか	27

サン 山 3画

［意味］やま。鉱山。寺院。

［音訓］サン／やま

［名のり］たか／たかし／のぶ

男の子の名前

名前（画数）	読み	総画
山3志7	たかし	10
山3都11	やまと	14

女の子の名前

名前（画数）	読み	総画
山3埜11	たかの	14

参 サン 8画

[音訓] サン／まい-る

[名のり] かず／ちか／み／みち／みつ

[意味] 仲間入りする。あるところへ出向く。目上の人に会う。

男の子の名前

名前	画数	読み	総画
参志	8・7	さんし	15
参琉	8・11	まいる	19

女の子の名前

名前	画数	読み	総画
参月	8・4	みつき	12
参華	8・10	まいか	18

珊 サン 9画

[音訓] サン

[名のり] たま

[意味] 「珊瑚」はサンゴ科の腔腸動物。

男の子の名前

名前	画数	読み	総画
珊太	9・4	さんた	13
珊史郎	9・5・9	さんしろう	23

女の子の名前

名前	画数	読み	総画
珊乃	9・2	たまの	11
珊貴	9・12	たまき	21

算 サン 14画

[音訓] サン／かぞ-える

[名のり] かず／とも

[意味] 数をかぞえる。見当をつける。

男の子の名前

名前	画数	読み	総画
算臣	14・7	かずおみ	21
智算	12・14	ともかず	26

女の子の名前

名前	画数	読み	総画
算子	14・3	かずこ	17
算美	14・9	ともみ	23

燦 サン 17画

[音訓] サン／きら-めく

[名のり] あき／きよ／よし

[意味] あざやかに輝くさま。また、際立って輝かしいさま。

男の子の名前

名前	画数	読み	総画
燦斗	17・4	あきと	21
燦和	17・8	きよかず	25

女の子の名前

名前	画数	読み	総画
燦帆	17・6	あきほ	23
燦奈	17・8	あきな	25

讃 サン 22画

[音訓] サン／たた-える

[名のり] ささ／すけ／とき

[意味] ほめたたえる。

男の子の名前

名前	画数	読み	総画
讃伸	22・7	すけのぶ	29
讃慈	22・13	さんじ	35

女の子の名前

名前	画数	読み	総画
讃子	22・3	ときこ	25
讃音	22・9	ときね	31

読み方 シ

士 シ 3画

[音訓] シ・ジ／さむらい

[名のり] おさむ／と／ひと／まもる

[意味] 武道だけではなく、教養も併せ持つ立派な人物。さむらい。

男の子の名前

名前	画数	読み	総画
陽士	12・3	ようじ	15
賢士	16・3	けんと	19
謙士	17・3	けんじ	20
龍士郎	16・3・9	りゅうじろう	28

一言アドバイス

名前にだけ使われる読みの「名のり」の由来は様々で、一般的でないものも多くあります。自分が読めるかどうか、確認しましょう。

子 3画

シ

[意味] 子ども。十二支の一番目。

[音訓] シ・ス／こ

[名のり] さね／たか／ただ／たね／つぐ／とし／ね

女の子の名前

怜子	8・3	れいこ	11
莉子	10・3	りこ	13
紗也子	10・3・3	さやこ	16
穂子	15・3	ほこ	18

史 5画

シ

[意味] 本来は文書を扱う役人を指し、転じて記録や歴史を意味するように。

[音訓] シ

[名のり] のぶ／ひさ／ひと／ふみ

男の子の名前

和史	8・5	かずし	13
暁史	12・5	あきふみ	17

女の子の名前

史	5	ふみ	5
史絵里	5・12・7	しえり	24

司 5画

シ

[意味] つかさどる。役目を担当する。責任を持って管理する。

[音訓] シ／つかさ・つかさど-る

[名のり] おさむ／かず／つぐ／つとむ

男の子の名前

司	5	つかさ	5
多可司	6・5・5	たかし	16

女の子の名前

司音	5・9	しおん	14
司絵	5・12	しえ	17

四 5画

シ

[意味] 数の4。四方。

[音訓] シ／よ・よ-つ・よっ-つ・よん

[名のり] ひろ／もち

男の子の名前

六三四	4・3・5	むさし	12
健四郎	11・5・9	けんしろう	25

女の子の名前

四季乃	5・8・2	しきの	15
四葉	5・12	よつば	17

市 5画

シ

[意味] まち。市場。あきない。

[音訓] シ／いち

[名のり] ち／なが／まち

男の子の名前

市也	5・3	いちや	8
希市	7・5	きいち	12

女の子の名前

市夏	5・10	いちか	15
市菜	5・11	いちな	16

糸 6画

シ

[意味] いと。つむぐ。

[音訓] シ／いと

[名のり] たえ／ため／つら

男の子の名前

糸也	6・3	いとや	9
勇糸	9・6	ゆうし	15

女の子の名前

糸乃	6・2	いとの	8
糸織	6・18	しおり	24

至 6画

シ

[意味] ある場所や時間、状態になること。究極の。

[音訓] シ／いた-る

[名のり] いたる／じ／ちか／のり

男の子の名前

至	6	いたる	6
久至	3・6	ひさし	9

女の子の名前

至乃	6・2	しの	8
至津香	6・9・9	しづか	24

此 6画

シ

[意味] 近くにあるものを指す言葉。

[音訓] シ／これ・ここ

[名のり] この

男の子の名前

此良	6・7	これよし	13
此将	6・10	これまさ	16

女の子の名前

此羽	6・6	このは	12
此実	6・8	このみ	14

志（シ）7画

［意味］目標を達成しようとする。目指す。記録する。

［音訓］シ／こころざし・こころざ-す

［名のり］さね／じ／ふみ／むね／もと／ゆき

男の子の名前

名前	読み	画数
礼(5)志(7)	れいじ	12
志(7)彦(9)	むねひこ	16

女の子の名前

名前	読み	画数
志(7)子(3)	もとこ	10
志(7)穂(15)美(9)	しほみ	31

思（シ）9画

［意味］考える。頭や心を働かせる。懐かしんでおもう。

［音訓］シ／おも-う

［名のり］こと／もと

男の子の名前

名前	読み	画数
一(1)思(9)	いちし	10
思(9)朗(10)	しろう	19

女の子の名前

名前	読み	画数
思(9)帆(6)	しほ	15
思(9)乃(2)芙(7)	しのぶ	18

孜（シ）7画

［意味］次から次へと休まず行う。

［音訓］シ

［名のり］あつ／しげ／たたず／つとむ

男の子の名前

名前	読み	画数
孜(7)	つとむ	7
悠(11)孜(7)	ゆうじ	18

紫（シ）12画

［意味］むらさき。色の一つ。昔から高貴な色とされている。

［音訓］シ／むらさき

［名のり］ゆかり

男の子の名前

名前	読み	画数
紫(12)月(4)	しづき	16
皇(9)紫(12)	おうし	21

女の子の名前

名前	読み	画数
紫(12)恩(10)	しおん	22
紫(12)央(5)莉(10)	しおり	27

始（シ）8画

［意味］スタートする。物事が動き出す。最初。

［音訓］シ／はじ-める・はじ-まる

［名のり］とも／はじめ／はる／もと

男の子の名前

名前	読み	画数
始(8)	はじめ	8
一(1)始(8)	かずし	9

女の子の名前

名前	読み	画数
始(8)杏(7)	しあん	15
始(8)奈(8)	はるな	16

詞（シ）12画

［意味］ことば。単語。単語をつないでできた文句。

［音訓］シ／ことば

［名のり］こと／じ／なり／のり／ふみ

男の子の名前

名前	読み	画数
光(6)詞(12)	こうし	18
詞(12)弥(8)	ふみや	20

女の子の名前

名前	読み	画数
実(8)詞(12)	みのり	20
詞(12)絵(12)	ことえ	24

枝（シ）8画

［意味］えだ。木の幹から分かれ出た部分。

［音訓］シ／えだ・え

［名のり］き／しげ／しな

女の子の名前

名前	読み	画数
枝(8)里(7)	えり	15
亜(7)枝(8)	あき	15
美(9)枝(8)	みえ	17
枝(8)梨(11)花(7)	えりか	26

嗣（シ）13画

［意味］つぐ。家系や家業を相続する。

［音訓］シ／つ-ぐ

［名のり］あき／さね／じ／つぐ／ひで

男の子の名前

名前	読み	画数
正(5)嗣(13)	まさつぐ	18
諒(15)嗣(13)	りょうじ	28

女の子の名前

名前	読み	画数
嗣(13)実(8)	つぐみ	21
嗣(13)恵(10)	しえ	23

詩
シ　13画

［意味］うた。感動をリズムにのせて表現したもの。

［音訓］シ／うた

［名のり］ゆき

名前	画数	よみ	総画
男の子の名前			
風詩	9・13	ふうた	22
詩堂	13・11	しどう	24
女の子の名前			
詩子	13・3	うたこ	16
詩桜	13・10	しお	23

資
シ　13画

［意味］何かを生み出すもとになる原材料やお金。もと。よりどころ。

［音訓］シ

［名のり］すけ／たか／たすく／もと

名前	画数	よみ	総画
男の子の名前			
英資	8・13	えいじ	21
優資	17・13	ゆうすけ	30
女の子の名前			
資子	13・3	もとこ	16
資世	13・5	もとよ	18

獅
シ　13画

［意味］ライオン。ネコ科の動物。百獣の王。

［音訓］シ

［名のり］しし／たけ

名前	画数	よみ	総画
男の子の名前			
獅月	13・4	しづき	17
獅斗	13・4	たけと	17
勇獅	9・13	ゆうし	22
獅童	13・12	しどう	25

摯
シ　15画

［意味］しっかりと手に持つ。

［音訓］シ

［名のり］すすむ

名前	画数	よみ	総画
男の子の名前			
悟摯	10・15	さとし	25
貴摯	12・15	たかし	27
女の子の名前			
摯歩	15・8	しほ	23
摯衣奈	15・6・8	しいな	29

示
ジ　5画

［意味］しめす。外にあらわして見せる。祭壇の神。

［音訓］ジ・シ／しめ-す

［名のり］とき／み

名前	画数	よみ	総画
男の子の名前			
世示斗	5・5・4	よしと	14
裕示	12・5	ゆうじ	17
寛示	13・5	かんじ	18
誓示	14・5	せいじ	19

次
ジ　6画

［意味］はじめのもののつぎ。二番目の。つづく。

［音訓］ジ・シ／つ-ぐ・つぎ

［名のり］ちか／つぐ／なみ／ひで

名前	画数	よみ	総画
男の子の名前			
海次	9・6	みつぐ	15
泰次	10・6	たいじ	16
女の子の名前			
次子	6・3	ちかこ	9
次見	6・7	つぐみ	13

自
ジ　6画

［意味］自分で。自分の。みずから。

［音訓］ジ／おの-ずから

［名のり］これ／さだ／より

名前	画数	よみ	総画
男の子の名前			
栄自	9・6	えいじ	15
基自	11・6	もとじ	17
悠自	11・6	ゆうじ	17
厳自	17・6	げんじ	23

児
ジ　7画

［意味］子。幼い子。少年。若者。

［音訓］ジ・ニ

［名のり］こ／のり／はじめ

名前	画数	よみ	総画
男の子の名前			
京児	8・7	きょうじ	15
健児	11・7	けんじ	18
達児	12・7	たつじ	19
児太郎	7・4・9	こたろう	20

侍 ジ 8画

［意味］武士。本来の意味はそばに仕える。さむらい。

［音訓］ジ／さむらい・はべ-る

［名のり］ひと

男の子の名前
- 礼(5)侍(8)　れいじ　13
- 侍(8)恩(10)　じおん　18
- 勝(12)侍(8)　かつじ　20
- 寛(13)侍(8)　かんじ　21

慈 ジ 13画

［意味］深くて大きな愛情。愛情を持って接する。

［音訓］ジ／いつく-しむ

［名のり］しげ／しげる／ちか／なり／やす／よし

男の子の名前
- 慈(13)瑛(12)　じえい　25
- 清(11)慈(13)朗(10)　せいじろう　34

女の子の名前
- 美(9)慈(13)　みちか　22

治 ジ 8画

［意味］管理する。安定させる。よい状態、落ち着いた状態にする。

［音訓］ジ・チ／おさ-める・なお-る

［名のり］おさむ／はる

男の子の名前
- 治(8)　おさむ　8
- 雄(12)治(8)　ゆうじ　20

女の子の名前
- 千(3)治(8)　ちはる　11
- 実(8)治(8)代(5)　みちよ　21

蒔 ジ 13画

［意味］たねをまく。植える。金銀や漆を用いた「蒔絵」の一字。

［音訓］ジ・シ／ま-く

［名のり］まき

男の子の名前
- 蒔(13)人(2)　まきと　15
- 広(5)蒔(13)　こうじ　18

女の子の名前
- 蒔(13)奈(8)　まきな　21
- 蒔(13)温(12)　しおん　25

時 ジ 10画

［意味］とき。一瞬。長い時の流れ。

［音訓］ジ／とき

［名のり］これ／もち／よし

男の子の名前
- 時(10)生(5)　ときお　15
- 悦(10)時(10)　えつじ　20

女の子の名前
- 時(10)子(3)　ときこ　13
- 時(10)穂(15)　ときほ　25

爾 ジ 14画

［意味］相手をさす第二人称のことば。しかり。それ。

［音訓］ジ・ニ／なんじ・そ-の・しか-り・のみ

［名のり］ちか／ちかし／みつる

男の子の名前
- 爾(14)　みつる　14
- 友(4)爾(14)　ゆうじ　18
- 卓(8)爾(14)　たくじ　22
- 栄(9)爾(14)　えいじ　23

滋 ジ 12画

［意味］水がたっぷりあり草木が生い茂る。恵みが豊かな。

［音訓］ジ・シ

［名のり］しげ／しげる／ふさ／ます

男の子の名前
- 滋(12)　しげる　12
- 陽(12)滋(12)　ようじ　24

女の子の名前
- 安(6)滋(12)　あんじ　18
- 滋(12)葉(12)　しげよ　24

栞 しおり 10画

［意味］しおり。道しるべ。山林の道の目印とするために折った木の枝。

［音訓］カン／しおり

［名のり］しお

男の子の名前
- 栞(10)太(4)　かんた　14
- 栞(10)乃(2)佑(7)　かんのすけ　19

女の子の名前
- 栞(10)　しおり　10
- 栞(10)那(7)　かんな　17

識 19画（シキ）

［意味］違いをきちんと理解して認識する。見分ける。書き記す。

［音訓］シキ・シ

［名のり］さと／つね／のり

男の子の名前

名前	画数	読み	総画
世識	5・19	よしき	24
有識	6・19	あさと	25

女の子の名前

名前	画数	読み	総画
識	19	さと	19
識月	19・4	しづき	23

雫 11画（しずく）

［意味］水などがしたたるさま。しずく。

［音訓］ダ・ナ／しずく

［名のり］―

男の子の名前

名前	画数	読み	総画
雫伊斗	11・6・4	だいと	21

女の子の名前

名前	画数	読み	総画
雫	11	しずく	11
雫実	11・8	なみ	19

七 2画（シチ）

［意味］なな。ななつ。数の7。

［音訓］シチ／なな・なな-つ・なの

［名のり］かず／な

男の子の名前

名前	画数	読み	総画
七斗	2・4	ななと	6
七之助	2・3・7	しちのすけ	12

女の子の名前

名前	画数	読み	総画
七海	2・9	ななみ	11
瑠七	14・2	るな	16

実 8画（ジツ）

［意味］中身がきちんとある。きちんと存在している。中身のつまった果実。

［音訓］ジツ／み・みの-る

［名のり］これ／さね／ちか／のり／ま／まこと／みつ／みのる

男の子の名前

名前	画数	読み	総画
実	8	みのる	8
十実生	2・8・5	とみお	15

女の子の名前

名前	画数	読み	総画
也実	3・8	なりみ	11
久留実	3・10・8	くるみ	21

篠 17画（しの）

［意味］しの。竹の一種。しの竹。

［音訓］ショウ／しの

［名のり］―

男の子の名前

名前	画数	読み	総画
篠平	17・5	しょうへい	22
篠悟	17・10	しょうご	27

女の子の名前

名前	画数	読み	総画
篠	17	しの	17
舞篠	15・17	ましの	32

偲 11画（しの-ぶ）

［意味］才能がある。なつかしむ。

［音訓］シ・サイ／しの-ぶ

［名のり］しのぶ

男の子の名前

名前	画数	読み	総画
悠偲	11・11	ゆうし	22
聡偲	14・11	さとし	25

女の子の名前

名前	画数	読み	総画
偲	11	しのぶ	11
世偲	5・11	よしの	16

縞 16画（しま）

［意味］細い糸で織った白くて薄い絹。しま模様。しまがら。

［音訓］コウ／しま

［名のり］―

男の子の名前

名前	画数	読み	総画
縞平	16・5	こうへい	21
縞史朗	16・5・10	こうしろう	31

女の子の名前

名前	画数	読み	総画
縞乃	16・2	しまの	18
縞子	16・3	こうこ	19

若 8画（ジャク）

［意味］わかい。年齢がひくい。元気がよい。

［音訓］ジャク・ニャク／わか-い

［名のり］なお／まさ／よし／より

男の子の名前

名前	画数	読み	総画
若斗	8・4	わかと	12
若臣	8・7	わかおみ	15

女の子の名前

名前	画数	読み	総画
美若	9・8	みよし	17
若葉	8・12	わかば	20

主 シュ 5画

［音訓］シュ・ス／おも・ぬし

［名のり］かず／もり／ゆき

［意味］あるじ。中心となる人。リーダー。

男の子の名前

名前	画数	読み	総画
主浩	5・10	かずひろ	15
主馬	5・10	かずま	15
主美斗	5・9・4	すみと	18
主騎	5・18	かずき	23

守 シュ 6画

［音訓］シュ・ス／まも-る

［名のり］え／まもる／もり

［意味］外敵や被害などを防ぐ。

男の子の名前

名前	画数	読み	総画
守	6	まもる	6
守斗	6・4	もりと	10

女の子の名前

名前	画数	読み	総画
守里	6・7	しゅり	13
花守美	7・6・9	かすみ	22

朱 シュ 6画

［音訓］シュ・ス／あけ

［名のり］あか／あや／じゅ

［意味］鮮やかな赤。もともとは切ったばかりの木の色を意味する。

男の子の名前

名前	画数	読み	総画
朱羽	6・6	しゅう	12
朱晴	6・12	すばる	18

女の子の名前

名前	画数	読み	総画
朱	6	あや	6
亜莉朱	7・10・6	ありす	23

珠 シュ 10画

［音訓］シュ／たま

［名のり］じゅ／す／ず／み

［意味］貝からとれる丸いたま。

男の子の名前

名前	画数	読み	総画
大珠	3・10	だいじゅ	13
可珠也	5・10・3	かずや	18

女の子の名前

名前	画数	読み	総画
安珠	6・10	あんじゅ	16
珠緒	10・14	たまお	24

種 シュ 14画

［音訓］シュ／たね

［名のり］おさ／かず／くさ／しげ／ふさ

［意味］たね。植物のたね。血すじ。ものの類の区別。

女の子の名前

名前	画数	読み	総画
千種	3・14	ちぐさ	17
種里	14・7	しゅり	21

寿 ジュ 7画

［音訓］ジュ・ス／ことぶき

［名のり］かず／ず／たもつ／とし／なが／のぶ／ひさ／ひさし／ひで

［意味］長生きする。お祝いする。

男の子の名前

名前	画数	読み	総画
寿	7	ひさし	7
寿貴	7・12	としき	19

女の子の名前

名前	画数	読み	総画
寿里	7・7	じゅり	14
寿未礼	7・5・5	すみれ	17

樹 ジュ 16画

［音訓］ジュ／き

［名のり］いつき／しげ／たつ／たつき／な／みき／むら

［意味］地面から生えている木。

男の子の名前

名前	画数	読み	総画
樹	16	いつき	16
祐樹	9・16	ゆうき	25

女の子の名前

名前	画数	読み	総画
紗樹	10・16	さき	26
樹梨	16・11	じゅり	27

収 シュウ 4画

［音訓］シュウ／おさ-める

［名のり］おさむ／かず／のぶ／もり

［意味］たくさんのものをまとめる。集める。手に入れる。

男の子の名前

名前	画数	読み	総画
収	4	おさむ	4
収路	4・13	しゅうじ	17

女の子の名前

名前	画数	読み	総画
収奈	4・8	しゅうな	12
収美	4・9	おさみ	13

州 6画 シュウ

［音訓］シュウ／す

［名のり］くに

［意味］川が土を運んでできた土地を表す。島。国。大陸。

	名前	画数	読み	総画
男の子の名前	州和	6・8	くにかず	14
男の子の名前	海州	9・6	かいしゅう	15
女の子の名前	州子	6・3	しゅうこ	9
女の子の名前	亜州香	7・6・9	あすか	22

舟 6画 シュウ

［音訓］シュウ／ふね・ふな

［名のり］のり

［意味］ふね。小型で素朴なふねを指す。

	名前	画数	読み	総画
男の子の名前	舟	6	しゅう	6
男の子の名前	舟渡	6・12	しゅうと	18
女の子の名前	千舟	3・6	ちふね	9
女の子の名前	舟佳	6・8	しゅうか	14

秀 7画 シュウ

［音訓］シュウ／ひい-でる

［名のり］ひで／ほ

［意味］能力が高い。優れている。まわりから見て飛び抜けている。

	名前	画数	読み	総画
男の子の名前	秀	7	しゅう	7
男の子の名前	秀央	7・5	ひでお	12
女の子の名前	秀子	7・3	しゅうこ	10
女の子の名前	秀帆	7・6	ひでほ	13

周 8画 シュウ

［音訓］シュウ／まわ-り

［名のり］あまね／いたる／かた／かね／ただ／ちか／ひろし／まこと／めぐる

［意味］広い範囲の隅々に行き渡る。まわり。めぐる。親しい。

	名前	画数	読み	総画
男の子の名前	周平	8・5	しゅうへい	13
男の子の名前	周陽	8・12	ただはる	20
女の子の名前	周	8	あまね	8
女の子の名前	周伽	8・7	しゅうか	15

宗 8画 シュウ

［音訓］シュウ・ソウ／むね

［名のり］かず／たか／たかし／とき

［意味］本家。神や仏などの教え。すべての根本になる大切なもの。

	名前	画数	読み	総画
男の子の名前	宗太	8・4	そうた	12
男の子の名前	宗次	8・6	しゅうじ	14
女の子の名前	宗帆	8・6	たかほ	14
女の子の名前	美宗	9・8	みとき	17

秋 9画 シュウ

［音訓］シュウ／あき

［名のり］あきら／おさむ／とき／とし／みのる

［意味］四季の一つ。あき。

	名前	画数	読み	総画
男の子の名前	秋人	9・2	あきと	11
男の子の名前	秋治	9・8	しゅうじ	17
女の子の名前	秋乃	9・2	あきの	11
女の子の名前	秋風	9・9	しゅうか	18

洲 9画 シュウ

［音訓］シュウ／す・しま

［名のり］くに

［意味］川の中の陸地。なかす。国。大陸。

	名前	画数	読み	総画
男の子の名前	大洲	3・9	まさくに	12
男の子の名前	洲馬	9・10	しゅうま	19
女の子の名前	有洲	6・9	ありす	15
女の子の名前	洲佳	9・8	くにか	17

柊 9画 シュウ

［音訓］シュウ・シュ／ひいらぎ

［名のり］—

［意味］樹木のヒイラギ。垣根などに植えられる。

	名前	画数	読み	総画
男の子の名前	柊	9	しゅう	9
男の子の名前	柊太	9・4	しゅうた	13
女の子の名前	柊子	9・3	しゅうこ	12
女の子の名前	柊花	9・7	しゅうか	16

修
シュウ

10画

［音訓］シュウ・シュ／おさ-める

［名のり］おさむ／のぶ

［意味］整ったよい状態にする。知識や技術を身につける。

男の子の名前

修10 一1	しゅういち	11
修10 也3	のぶや	13

女の子の名前

修10 那7	しゅうな	17
修10 美9	おさみ	19

脩
シュウ

11画

［音訓］シュウ／おさ-める

［名のり］おさむ／すけ／なが／のぶ／はる／もろ

［意味］形を整える。すらりと細長い。もともとは干した肉を指す字。

男の子の名前

脩11	おさむ	11
宏7 脩11	ひろのぶ	18

女の子の名前

脩11 乃2	はるの	13
脩11 香9	しゅうか	20

就
シュウ

12画

［音訓］シュウ・ジュ／つ-く

［名のり］なり／ゆき

［意味］つく。つき従う。物事が成功する。まとまる。

男の子の名前

就12 太4	しゅうた	16
就12 司5	しゅうじ	17
就12 平5	しゅうへい	17
克7 就12	かつなり	19

衆
シュウ

12画

［音訓］シュウ・シュ

［名のり］とも／ひろ／もり／もろ

［意味］おおぜいの人。おおくの。ふつうの人の。人並みの。

男の子の名前

衆12 一1	しゅういち	13
衆12 作7	しゅうさく	19
衆12 哉9	しゅうや	21

集
シュウ

12画

［音訓］シュウ／あつ-まる

［名のり］ちか／つどい

［意味］多くのものが一つの場所にまとまる。

男の子の名前

集12	しゅう	12
集12 夢13	あつむ	25

女の子の名前

集12 花7	しゅうか	19
集12 美9	あつみ	21

萩
シュウ

12画

［音訓］シュウ／はぎ

［名のり］—

［意味］木の名前。はぎ。

男の子の名前

萩12 一1	しゅういち	13
萩12 輔14	しゅうすけ	26

女の子の名前

小3 萩12	こはぎ	15
萩12 佳8	しゅうか	20

蹴
シュウ

19画

［音訓］シュウ／け-る

［名のり］ける

［意味］足ではじき飛ばす。おそれ慎む。

男の子の名前

蹴19 人2	しゅうと	21
蹴19 斗4	しゅうと	23
蹴19 太4	しゅうた	23
夏10 蹴19	かける	29

繍
シュウ

19画

［音訓］シュウ／ぬいとり

［名のり］あや／ぬい

［意味］色糸で縫い込んだ模様。ししゅう。

男の子の名前

繍19 斗4	しゅうと	23
繍19 真10	しゅうま	29

女の子の名前

繍19 花7	しゅうか	26

ジュウ 十 2画

［音訓］ジュウ・ジッ／とお・と・そ

［名のり］かず／じつ

［意味］数の10。完全な。

男の子の名前

名前	各字の画数	読み	総画
十翔	2・12	じゅうと	14
櫂十	18・2	かいと	20

女の子の名前

名前	各字の画数	読み	総画
十愛	2・13	とあ	15
五十鈴	4・2・13	いすず	19

ジュウ 充 6画

［音訓］ジュウ／あ-てる・み-たす

［名のり］あつ／たかし／まこと／み／みち／みつ／みつる

［意味］いっぱいにする。豊かで満ち足りている。割り当てる。

男の子の名前

名前	各字の画数	読み	総画
充	6	みつる	6
充太郎	6・4・9	じゅうたろう	19

女の子の名前

名前	各字の画数	読み	総画
充月	6・4	みつき	10
充知瑠	6・8・14	みちる	28

ジュウ 住 7画

［音訓］ジュウ／す-む

［名のり］おき／すみ／もち／よし

［意味］すむ。居所を定めて生活する。一か所にとどまる。

男の子の名前

名前	各字の画数	読み	総画
英住	8・7	ひですみ	15
住哉	7・9	すみや	16

女の子の名前

名前	各字の画数	読み	総画
住果	7・8	すみか	15
真住	10・7	ますみ	17

ジュウ 重 9画

［音訓］ジュウ・チョウ／え・おも-い

［名のり］あつ／しげ

［意味］重い。重大な。重なる。

男の子の名前

名前	各字の画数	読み	総画
一重	1・9	かずしげ	10
重信	9・9	しげのぶ	18

女の子の名前

名前	各字の画数	読み	総画
重乃	9・2	しげの	11
沙重	7・9	さえ	16

ジュウ 従 10画

［音訓］ジュウ・ショウ／したが-う

［名のり］しげ／つぐ／より

［意味］あとについて行く。あとに引きつれる。仕事につく。

男の子の名前

名前	各字の画数	読み	総画
秀従	7・10	ひでより	17
実従	8・10	さねより	18
直従	8・10	なおより	18
厚従	9・10	あつより	19

シュク 祝 9画

［音訓］シュク・シュウ／いわ-う

［名のり］いわい／とき／のり

［意味］喜びの気持ちを表す。本来は祈りを表す字。

男の子の名前

名前	各字の画数	読み	総画
祝	9	しゅう	9
好祝	6・9	よしのり	15

女の子の名前

名前	各字の画数	読み	総画
美祝	9・9	みのり	18
祝穂	9・15	のりほ	24

シュク 淑 11画

［音訓］シュク

［名のり］きよ／きよし／とし／よ／よし

［意味］人柄がよい。しとやか。おだやかで感じがよい。

男の子の名前

名前	各字の画数	読み	総画
淑士	11・3	きよし	14
秀淑	7・11	ひでよし	18

女の子の名前

名前	各字の画数	読み	総画
淑子	11・3	よしこ	14
淑音	11・9	きよね	20

シュク 粛 11画

［音訓］シュク

［名のり］きよし／しゅ／すすむ／ただ／はや

［意味］おごそかな。気持ちが引き締まる。つつしむ。

男の子の名前

名前	各字の画数	読み	総画
粛人	11・2	しゅくと	13
粛有馬	11・6・10	しゅうま	27

女の子の名前

名前	各字の画数	読み	総画
粛子	11・3	しゅくこ	14
粛莉	11・10	しゅり	21

出 5画 （シュツ）

［音訓］シュツ・スイ／で-る

［名のり］いず／いずる

［意味］でる。ひいでる。生まれる。

	名前	画数	読み	総画
男の子の名前	出歩	5・8	いずほ	13
男の子の名前	出雲	5・12	いずも	17
女の子の名前	出水	5・4	いずみ	9
女の子の名前	日出花	4・5・7	ひでか	16

述 8画 （ジュツ）

［音訓］ジュツ・シュツ／の-べる

［名のり］あきら／とも／のぶ／のぶる／のり

［意味］考えやいきさつをいったり書いたりして知らせる。言い表す。

	名前	画数	読み	総画
男の子の名前	述	8	あきら	8
男の子の名前	正述	5・8	まさのぶ	13
男の子の名前	秋述	9・8	あきのぶ	17
男の子の名前	博述	12・8	ひろのぶ	20

旬 6画 （シュン）

［音訓］ジュン・シュン

［名のり］ただ／とき／ひとし／ひら／まさ

［意味］ものごとにとって最適な時期。10日間。

	名前	画数	読み	総画
男の子の名前	旬	6	しゅん	6
男の子の名前	旬宗	6・8	ときむね	14
女の子の名前	旬子	6・3	じゅんこ	9
女の子の名前	旬穂	6・15	ときほ	21

俊 9画 （シュン）

［音訓］シュン

［名のり］すぐる／たかし／とし／よし

［意味］能力が際立って高い。頭のはたらきが速い。

	名前	画数	読み	総画
男の子の名前	俊介	9・4	しゅんすけ	13
男の子の名前	俊彦	9・9	としひこ	18
女の子の名前	俊美	9・9	としみ	18
女の子の名前	俊華	9・10	しゅんか	19

春 9画 （シュン）

［音訓］シュン／はる

［名のり］あつ／かず／す／とき／は／はじめ

［意味］季節の一つ。はる。年始。青春。

	名前	画数	読み	総画
男の子の名前	春臣	9・7	はるおみ	16
男の子の名前	春太朗	9・4・10	しゅんたろう	23
女の子の名前	春日	9・4	かすが	13
女の子の名前	深春	11・9	みはる	20

峻 10画 （シュン）

［音訓］シュン

［名のり］たかし／とし

［意味］高くそびえ立つ。険しい。

	名前	画数	読み	総画
男の子の名前	峻	10	たかし	10
男の子の名前	勇峻	9・10	ゆうしゅん	19
女の子の名前	峻那	10・7	しゅんな	17
女の子の名前	峻依	10・8	としえ	18

竣 12画 （シュン）

［音訓］シュン

［名のり］たかし

［意味］完成する。成し遂げる。とどまる。

	名前	画数	読み	総画
男の子の名前	竣太	12・4	しゅんた	16
男の子の名前	竣之佑	12・3・7	しゅんのすけ	22
女の子の名前	竣子	12・3	しゅんこ	15
女の子の名前	竣李	12・7	しゅんり	19

舜 13画 （シュン）

［音訓］シュン

［名のり］きよ／とし／みつ／ひとし／よし

［意味］中国の伝説で、理想的な政治を行ったとされる帝王の名。

	名前	画数	読み	総画
男の子の名前	舜	13	しゅん	13
男の子の名前	舜広	13・5	よしひろ	18
女の子の名前	舜羽	13・6	みつは	19
女の子の名前	舜良	13・7	きよら	20

駿
シュン　17画

［音訓］シュン

［名のり］たかし／とし／はやお／はや／はやし

［意味］颯爽と駆け抜ける馬。疾走感と躍動感がある。能力が高い。

男の子の名前

名前	画数	読み	総画
駿	17	はやお	17
駿一	17・1	しゅんいち	18
駿斗	17・4	はやと	21
駿介	17・4	しゅんすけ	21

瞬
シュン　18画

［音訓］シュン／またた-く・まばた-く

［名のり］—

［意味］目を閉じたり開いたりする。またたく。非常に短い時間。瞬間。

男の子の名前

名前	画数	読み	総画
瞬也	18・3	しゅんや	21
瞬介	18・4	しゅんすけ	22

女の子の名前

名前	画数	読み	総画
瞬南	18・9	しゅんな	27
瞬夏	18・10	しゅんか	28

巡
ジュン　6画

［音訓］ジュン／めぐ-る

［名のり］めぐる

［意味］まわり歩く。視察してまわる。

男の子の名前

名前	画数	読み	総画
巡	6	めぐる	6
巡介	6・4	じゅんすけ	10

女の子の名前

名前	画数	読み	総画
巡奈	6・8	じゅんな	14
巡夏	6・10	じゅんか	16

洵
ジュン　9画

［音訓］シュン・ジュン／まこと-に

［名のり］のぶ／ひとし

［意味］心がこもっていること。本当に。水が流れる。渦巻き。

男の子の名前

名前	画数	読み	総画
洵一	9・1	じゅんいち	10
大洵	3・9	ひろのぶ	12

女の子の名前

名前	画数	読み	総画
洵子	9・3	じゅんこ	12
詩洵	13・9	しのぶ	22

准
ジュン　10画

［音訓］ジュン・シュン

［名のり］のり

［意味］準じる。承認する。「準」の異体字。

男の子の名前

名前	画数	読み	総画
准太	10・4	じゅんた	14
雅准	13・10	まさのり	23

女の子の名前

名前	画数	読み	総画
准佳	10・8	じゅんか	18
美准	9・10	みのり	19

純
ジュン　10画

［音訓］ジュン

［名のり］あつ／あや／いたる／いと／すなお／すみ／ずみ／まこと

［意味］まじりけがない。自然のまま。清らかな。飾り気がなくありのまま。

男の子の名前

名前	画数	読み	総画
純	10	じゅん	10
純明	10・8	すみあき	18

女の子の名前

名前	画数	読み	総画
純子	10・3	じゅんこ	13
亜純	7・10	あすみ	17

隼
ジュン　10画

［音訓］ジュン・シュン／はやぶさ

［名のり］たか／とし／はや／はやし／はやと

［意味］速く飛ぶ鳥。ハヤブサ。俊敏。

男の子の名前

名前	画数	読み	総画
隼	10	しゅん	10
隼大	10・3	たかひろ	13

女の子の名前

名前	画数	読み	総画
千隼	3・10	ちはや	13
隼音	10・9	はやね	19

淳
ジュン　11画

［音訓］ジュン・シュン／あつ-い

［名のり］あつ／あつし／きよ／きよし／すなお／ただし／まこと／よし

［意味］他人に対する心づかいがこまやか。情が濃い。素直で飾り気がない。

男の子の名前

名前	画数	読み	総画
淳	11	じゅん	11
淳人	11・2	あつひと	13

女の子の名前

名前	画数	読み	総画
淳子	11・3	じゅんこ	14
淳美	11・9	あつみ	20

順
ジュン　12画

［意味］決められたとおりに進む。従う。

［音訓］ジュン

［名のり］すなお／なお／のり／まさ／みち／よし／より／ゆき

	名前	読み	画数
男の子の名前	順(12)	すなお	12
男の子の名前	順(12)彦(9)	ゆきひこ	21
女の子の名前	順(12)乃(2)	ゆきの	14
女の子の名前	順(12)子(3)	じゅんこ	15

潤
ジュン　15画

［意味］水分を多く含む。

［音訓］ジュン／うるお-う・うる-む

［名のり］うるう／さかえ／ひろ／ひろし／まさる／ます／みつ

	名前	読み	画数
男の子の名前	潤(15)	じゅん	15
男の子の名前	潤(15)都(11)	ひろと	26
女の子の名前	潤(15)帆(6)	みつほ	21
女の子の名前	潤(15)音(9)	うるね	24

閏
ジュン　12画

［意味］一年の日数や月数が通常より多いこと。余分にあること。

［音訓］ジュン／うるう

［名のり］うる

	名前	読み	画数
男の子の名前	閏(12)	じゅん	12
男の子の名前	閏(12)志(7)	じゅんし	19
女の子の名前	閏(12)子(3)	じゅんこ	15
女の子の名前	閏(12)未(5)	うるみ	17

諄
ジュン　15画

［意味］ていねいに教える。心を込めて言って聞かせる。

［音訓］ジュン

［名のり］あつ／とも／まこと

	名前	読み	画数
男の子の名前	諄(15)士(3)	あつし	18
男の子の名前	諄(15)之(3)輔(14)	じゅんのすけ	32
女の子の名前	諄(15)羽(6)	あつは	21
女の子の名前	諄(15)依(8)	ともえ	23

準
ジュン　13画

［意味］判断の参考にする基準や水準。もとは水平を測る器具。

［音訓］ジュン

［名のり］とし／のり／ならう／ひとし

	名前	読み	画数
男の子の名前	準(13)平(5)	じゅんぺい	18
男の子の名前	準(13)則(9)	としのり	22
女の子の名前	準(13)音(9)	じゅのん	22
女の子の名前	準(13)絵(12)	としえ	25

醇
ジュン　15画

［意味］まじりけがない。重み・あつみを感じさせるような良さがある。

［音訓］ジュン・シュン

［名のり］あつ／あつし

	名前	読み	画数
男の子の名前	醇(15)	じゅん	15
男の子の名前	智(12)醇(15)	ともあつ	27
女の子の名前	醇(15)巳(3)	あつみ	18
女の子の名前	醇(15)子(3)	じゅんこ	18

詢
ジュン　13画

［意味］相談する。ひとわたりたずねる。

［音訓］シュン・ジュン／と-う・はか-る

［名のり］まこと

	名前	読み	画数
男の子の名前	詢(13)	まこと	13
男の子の名前	詢(13)一(1)	じゅんいち	14
女の子の名前	詢(13)子(3)	じゅんこ	16
女の子の名前	詢(13)香(9)	しゅんか	22

初
ショ　7画

［意味］始まったばかり。1回目。

［音訓］ショ／はじ-め・はじ-めて・はつ・うい・そ-める

［名のり］はじめ／もと

	名前	読み	画数
男の子の名前	初(7)太(4)	ういた	11
男の子の名前	初(7)彦(9)	はつひこ	16
女の子の名前	初(7)奈(8)	ういな	15
女の子の名前	初(7)穂(15)	はつほ	22

渚 11画
ジョ

［意味］波打ち際。

［音訓］ショ／なぎさ

［名のり］お／なぎ

男の子の名前

渚人	11・2	なぎと	13
渚有	11・6	しょう	17

女の子の名前

渚	11	なぎさ	11
莉渚	10・11	りお	21

緒 14画
ジョ

［意味］糸やひも。物事の糸口。長く続くもの。命。

［音訓］ショ・チョ／お

［名のり］つぐ

男の子の名前

緒人	14・2	つぐと	16
那緒也	7・14・3	なおや	24

女の子の名前

志緒	7・14	しお	21
香緒里	9・14・7	かおり	30

曙 17画
ジョ

［意味］夜明け。あかつき。

［音訓］ショ／あけぼの

［名のり］あき／あきら／あけ

男の子の名前

曙正	17・5	あきまさ	22
曙宇汰	17・6・7	しょうた	30

女の子の名前

曙美	17・9	あけみ	26
曙羽子	17・6・3	しょうこ	26

女 3画
ジョ

［意味］女性。

［音訓］ジョ・ニョ・ニョウ／おんな・め

［名のり］こ／たか／よし

女の子の名前

夏女	10・3	なつめ	13
絢女	12・3	あやめ	15
女衣花	3・6・7	めいか	16
加奈女	5・8・3	かなめ	16

如 6画
ジョ

［意味］ごとし。…のようだ。ゆく。いく。もし。

［音訓］ジョ・ニョ／ごと-し

［名のり］いく／すけ／なお／もと／ゆき／よし

男の子の名前

如史	6・5	なおし	11
如彦	6・9	いくひこ	15

女の子の名前

如月	6・4	きさらぎ	10
美如	9・6	みゆき	15

助 7画
ジョ

［意味］力を添える。救う。

［音訓］ジョ／たす-ける・たす-かる・すけ

［名のり］たすく／ます

男の子の名前

大助	3・7	だいすけ	10
圭助	6・7	けいすけ	13
助玖	7・7	たすく	14
貴助	12・7	きすけ	19

叙 9画
ジョ

［意味］思うことを順序だてて展開してのべる。書物のはしがき。

［音訓］ジョ／の-べる

［名のり］のぶ／みつ

男の子の名前

叙吉	9・6	のぶよし	15
叙哉	9・9	のぶや	18

女の子の名前

叙恵	9・10	のぶえ	19

小 3画
ショウ

［意味］ちいさい。少し。

［音訓］ショウ／ちい-さい・こ・お・さ

［名のり］ち

男の子の名前

小鉄	3・13	こてつ	16
小太朗	3・4・10	こたろう	17

女の子の名前

小桃	3・10	こもも	13
小百合	3・6・6	さゆり	15

ショウ 匠 6画

［音訓］ショウ／たくみ
［名のり］たく／なる

［意味］たくみ。職人。芸術家。

男の子の名前

名前	各字画数	読み	総画数
匠	6	たくみ	6
匠真	6・10	たくま	16

女の子の名前

名前	各字画数	読み	総画数
匠子	6・3	しょうこ	9
匠実	6・8	なるみ	14

ショウ 庄 6画

［音訓］ショウ・ソウ
［名のり］まさ

［意味］田舎の土地。

男の子の名前

名前	各字画数	読み	総画数
庄吾	6・7	しょうご	13
庄太郎	6・4・9	しょうたろう	19

女の子の名前

名前	各字画数	読み	総画数
庄子	6・3	しょうこ	9

ショウ 尚 8画

［音訓］ショウ／なお
［名のり］たか／たかし／ひさ／ひさし

［意味］尊ぶ。久しい。今も。さらに。尊重する。積み重ねていく。

男の子の名前

名前	各字画数	読み	総画数
尚	8	しょう	8
尚也	8・3	なおや	11

女の子の名前

名前	各字画数	読み	総画数
尚絵	8・12	ひさえ	20
尚寧	8・14	なおね	22

ショウ 承 8画

［音訓］ショウ／うけたまわ-る
［名のり］うけ／こと／すけ／つぎ／つぐ／よし

［意味］両手で上にささげて受ける。引き継ぐ。受け継ぐ。

男の子の名前

名前	各字画数	読み	総画数
承平	8・5	しょうへい	13
時承	10・8	ときつぐ	18

女の子の名前

名前	各字画数	読み	総画数
承子	8・3	しょうこ	11
承美	8・9	つぐみ	17

ショウ 昇 8画

［音訓］ショウ／のぼ-る
［名のり］すすむ／のぼる／のり

［意味］太陽が上がる。地位が上がる。

男の子の名前

名前	各字画数	読み	総画数
昇	8	のぼる	8
尚昇	8・8	ひさのり	16

女の子の名前

名前	各字画数	読み	総画数
昇子	8・3	しょうこ	11
美昇	9・8	みのり	17

ショウ 松 8画

［音訓］ショウ／まつ
［名のり］ときわ

［意味］マツ科の樹木。

男の子の名前

名前	各字画数	読み	総画数
松太	8・4	しょうた	12
市松	5・8	いちまつ	13

女の子の名前

名前	各字画数	読み	総画数
小松	3・8	こまつ	11
松香	8・9	まつか	17

ショウ 昌 8画

［音訓］ショウ
［名のり］あき／あきら／まさ／まさし／まさる

［意味］盛んになる。よくなる。運勢などが以前よりよくなる。

男の子の名前

名前	各字画数	読み	総画数
和昌	8・8	かずまさ	16
昌輔	8・14	しょうすけ	22

女の子の名前

名前	各字画数	読み	総画数
昌代	8・5	まさよ	13
昌奈	8・8	あきな	16

ショウ 昭 9画

［音訓］ショウ
［名のり］あき／あきら／いか／てる／はる

［意味］照り輝く。明るい。

男の子の名前

名前	各字画数	読み	総画数
昭斗	9・4	あきと	13
昭真	9・10	しょうま	19

女の子の名前

名前	各字画数	読み	総画数
昭乃	9・2	あきの	11
昭葉	9・12	はるよ	21

PART 4 漢字から名づける ▼シ

将 ショウ 10画

［音訓］ショウ

［名のり］ただし／まさ／まさし／ゆき

［意味］率いる。もうすぐ…する。

男の子の名前

名前	読み	画数
将(10)	しょう	10
将(10)矢(5)	まさや	15
君(7)将(10)	きみまさ	17
将(10)輝(15)	まさき	25

祥 ショウ 10画

［音訓］ショウ

［名のり］あきら／さき／さち／やす／よし

［意味］めでたいこと。よいことが起こる前兆。

男の子の名前

名前	読み	画数
一(1)祥(10)	いっしょう	11
祥(10)英(8)	よしひで	18

女の子の名前

名前	読み	画数
祥(10)乃(2)	よしの	12
祥(10)加(5)	さちか	15

笑 ショウ 10画

［音訓］ショウ／え-む・わら-う

［名のり］えみ

［意味］わらう。花が咲く。

男の子の名前

名前	読み	画数
笑(10)人(2)	えみと	12
笑(10)吾(7)	しょうご	17

女の子の名前

名前	読み	画数
笑(10)	えみ	10
笑(10)里(7)花(7)	えりか	24

唱 ショウ 11画

［音訓］ショウ／とな-える

［名のり］うた／となう

［意味］読みはじめる。うたいはじめる。歌曲。

男の子の名前

名前	読み	画数
唱(11)	しょう	11

女の子の名前

名前	読み	画数
唱(11)花(7)	しょうか	18
唱(11)美(9)	うたみ	20

渉 ショウ 11画

［音訓］ショウ／わた-る

［名のり］さだ／たか／ただ／わたり／わたる

［意味］川を歩いて渡る。境界をこえる。歩き回る。

男の子の名前

名前	読み	画数
渉(11)	わたる	11
渉(11)大(3)	たかひろ	14

女の子の名前

名前	読み	画数
渉(11)子(3)	しょうこ	14
渉(11)帆(6)	たかほ	17

章 ショウ 11画

［音訓］ショウ

［名のり］あき／あきら／あや／ふみ／ゆき

［意味］文章や音楽などの区切り。何かを表す印。明らか。

男の子の名前

名前	読み	画数
章(11)	あきら	11
正(5)章(11)	まさあき	16

女の子の名前

名前	読み	画数
章(11)絵(12)	ふみえ	23
章(11)歌(14)	あきか	25

紹 ショウ 11画

［音訓］ショウ

［名のり］あき／つぎ／つぐ

［意味］つなぐ。人と人をつなぐ。うけつぐ。

男の子の名前

名前	読み	画数
紹(11)人(2)	あきひと	13
利(7)紹(11)	としつぐ	18

女の子の名前

名前	読み	画数
紹(11)子(3)	しょうこ	14
紹(11)美(9)	つぐみ	20

捷 ショウ 11画

［音訓］ショウ／はや-い

［名のり］かつ／さとし／すぐる／とし

［意味］勝つ。速い。すばやく行動して勝利をつかむ。機転がきく。

男の子の名前

名前	読み	画数
捷(11)	しょう	11
捷(11)人(2)	はやと	13
捷(11)希(7)	かつき	18
捷(11)道(12)	かつみち	23

ショウ

菖 11画

[音訓] ショウ

[名のり] あやめ／あや

[意味] 植物のアヤメや花ショウブ。

男の子の名前

名前	画数	読み	総画
菖佑	11 7	しょうすけ	18
菖武	11 8	しょうぶ	19

女の子の名前

名前	画数	読み	総画
菖	11	あやめ	11
沙菖	7 11	さあや	18

ショウ

晶 12画

[音訓] ショウ

[名のり] あき／あきら／てる／まさ

[意味] 星が明るく輝く。

男の子の名前

名前	画数	読み	総画
晶	12	あきら	12
光晶	6 12	みつてる	18

女の子の名前

名前	画数	読み	総画
千晶	3 12	ちあき	15
晶美	12 9	まさみ	21

ショウ

梢 11画

[音訓] ショウ／こずえ

[名のり] すえ／たか

[意味] 枝の先。

男の子の名前

名前	画数	読み	総画
梢大	11 3	たかひろ	14
梢太	11 4	しょうた	15

女の子の名前

名前	画数	読み	総画
梢	11	こずえ	11
梢花	11 7	しょうか	18

ショウ

湘 12画

[音訓] ショウ・ソウ

[名のり] ―

[意味] 中国の長江の支流、湘江。

男の子の名前

名前	画数	読み	総画
湘太	12 4	しょうた	16
湘紀	12 9	しょうき	21

女の子の名前

名前	画数	読み	総画
湘子	12 3	しょうこ	15
湘香	12 9	しょうか	21

ショウ

笙 11画

[音訓] ショウ・セイ・ソウ

[名のり] ふえ

[意味] 雅楽で用いられる笛。

男の子の名前

名前	画数	読み	総画
笙	11	しょう	11
笙佑	11 7	しょうすけ	18

女の子の名前

名前	画数	読み	総画
笙子	11 3	せいこ	14
美笙	9 11	みせい	20

ショウ

翔 12画

[音訓] ショウ／かけ-る・と-ぶ

[名のり] か／かける

[意味] 羽を広げて飛び舞う。

男の子の名前

名前	画数	読み	総画
翔	12	かける	12
勇翔	9 12	ゆうと	21

女の子の名前

名前	画数	読み	総画
翔子	12 3	しょうこ	15
愛翔	13 12	あいか	25

ショウ

勝 12画

[音訓] ショウ／か-つ・まさ-る

[名のり] かつ／すぐる／まさる

[意味] かつ。相手よりも力がある。相手の上に出る。優れている。

男の子の名前

名前	画数	読み	総画
勝	12	まさる	12
勝利	12 7	しょうり	19

女の子の名前

名前	画数	読み	総画
勝奈	12 8	しょうな	20
勝喜	12 12	かつき	24

ショウ

奨 13画

[音訓] ショウ／すす-める

[名のり] すけ／すすむ／たすく／つとむ

[意味] さかんになるように手助けをする。

男の子の名前

名前	画数	読み	総画
奨	13	たすく	13
奨吾	13 7	しょうご	20
奨真	13 10	しょうま	23

ショウ 照 13画

［音訓］ショウ／て-る

［名のり］あき／あきら／あり／てり／てる／とし／のぶ／みつ

［意味］光をあてる。光があたって輝く。相手を明るくする。

男の子の名前

照 13	しょう	13
照 13 渡 12	てると	25

女の子の名前

照 13 海 9	てるみ	22
照 13 夏 10	あきか	23

ショウ 彰 14画

［音訓］ショウ

［名のり］あき／あきら／あや／てる

［意味］はっきりさせる。あきらかにする。広く世間にわかるようにする。

男の子の名前

彰 14	しょう	14
飛 9 彰 14	ひしょう	23

女の子の名前

彰 14 代 5	てるよ	19
彰 14 絵 12	あきえ	26

ショウ 樟 15画

［音訓］ショウ／くす・くすのき

［名のり］ー

［意味］クスノキ。

男の子の名前

樟 15	しょう	15
樟 15 磨 16	しょうま	31

女の子の名前

樟 15 香 9	しょうか	24
樟 15 南 9	しょうな	24

ショウ 鐘 20画

［音訓］ショウ／かね

［名のり］あつむ

［意味］つりがね。打楽器の一つ。重厚な響きが印象的。

男の子の名前

鐘 20	あつむ	20
鐘 20 音 9	かねと	29

女の子の名前

鐘 20 子 3	しょうこ	23
千 3 鐘 20	ちかね	23

ジョウ 丈 3画

［音訓］ジョウ／たけ

［名のり］とも／ひろ／ます

［意味］たけ。長さ。十尺（約3メートル）。しっかりしていること。

男の子の名前

丈 3	じょう	3
丈 3 司 5	じょうじ	8
弘 5 丈 3	ひろたけ	8
丈 3 志 7	たけし	10

ジョウ 丞 6画

［音訓］ジョウ・ショウ

［名のり］すけ／すすむ／たすく

［意味］補佐する。補佐役。

男の子の名前

丞 6	じょう	6
丞 6 一 1	じょういち	7
春 9 之 3 丞 6	はるのじょう	18
丞 6 太 4 郎 9	じょうたろう	19

ジョウ 条 7画

［音訓］ジョウ

［名のり］え／なが／みち

［意味］木の枝。まっすぐな道。

男の子の名前

条 7	じょう	7
条 7 太 4	じょうた	11
条 7 壱 7	じょういち	14
条 7 慈 13	じょうじ	20

ジョウ 城 9画

［音訓］ジョウ／しろ・き

［名のり］くに／なり／むら

［意味］しろ。防衛のための建造物。都市をめぐる城壁。城壁で囲まれた町。

男の子の名前

弘 5 城 9	ひろき	14
城 9 聖 13	じょうせい	22

女の子の名前

由 5 城 9 子 3	ゆきこ	17
美 9 城 9	みき	18

常（ジョウ）11画

［音訓］ジョウ／つね・とこ

［名のり］とき／ときわ／のぶ／ひさ／ひさし

［意味］いつまでも同じ姿で長く続くこと。ふだんどおり。ありふれた。

男の子の名前

名前	画数	読み	総画
常平	11・5	じょうへい	16
常幸	11・8	つねゆき	19

女の子の名前

名前	画数	読み	総画
常世	11・5	つねよ	16
常葉	11・12	ときわ	23

穣（ジョウ）18画

［音訓］ジョウ

［名のり］おさむ／しげ／みのる／ゆたか

［意味］土地と天候に恵まれて、穀物がゆたかに実ること。

男の子の名前

名前	画数	読み	総画
穣	18	ゆたか	18
穣生	18・5	しげき	23

女の子の名前

名前	画数	読み	総画
穣帆	18・6	しげほ	24
穣芭	18・7	しげは	25

譲（ジョウ）20画

［音訓］ジョウ／ゆず-る

［名のり］のり／まさ／ゆずる／よし

［意味］自分のものを他人に与える。へりくだる。

男の子の名前

名前	画数	読み	総画
譲	20	ゆずる	20
譲大	20・3	じょうだい	23
譲介	20・4	じょうすけ	24
譲央	20・5	のりお	25

色（ショク）6画

［音訓］ショク・シキ／いろ

［名のり］くさ／しな／つや

［意味］いろ。いろどり。おもむき。つや。

男の子の名前

名前	画数	読み	総画
色斗	6・4	いろと	10
陽色	12・6	ひいろ	18

女の子の名前

名前	画数	読み	総画
音色	9・6	ねいろ	15
色華	6・10	いろか	16

織（ショク）18画

［音訓］ショク・シキ／お-る

［名のり］おり／おる／はとり／り

［意味］布を作り上げる。織物。

男の子の名前

名前	画数	読み	総画
織人	18・2	おりひと	20
生織	5・18	いおり	23

女の子の名前

名前	画数	読み	総画
香織	9・18	かおり	27
名織子	6・18・3	なおこ	27

心（シン）4画

［音訓］シン／こころ

［名のり］きよ／ご／ここ／さね／なか／み／むね／もと

［意味］こころ。心臓。精神。思い。中央。重要なもの。

男の子の名前

名前	画数	読み	総画
心	4	しん	4
心満	4・12	きよみつ	16

女の子の名前

名前	画数	読み	総画
心里	4・7	みさと	11
心菜	4・11	ここな	15

伸（シン）7画

［音訓］シン／の-びる

［名のり］ただ／のぶ／のぶる／のぼる

［意味］長くなる。発展する。

男の子の名前

名前	画数	読み	総画
伸	7	のぼる	7
泰伸	10・7	やすのぶ	17

女の子の名前

名前	画数	読み	総画
伸世	7・5	のぶよ	12
美伸	9・7	みのぶ	16

芯（シン）7画

［音訓］シン

［名のり］し

［意味］中央の部分。本来は植物の茎の中心を指す字。

男の子の名前

名前	画数	読み	総画
芯	7	しん	7
芯也	7・3	しんや	10

女の子の名前

名前	画数	読み	総画
芯杏	7・7	しあん	14
芯麻	7・11	しま	18

臣 7画

シン

［音訓］シン・ジン／おみ

［名のり］お／たか／とみ

［意味］家来。民。

男の子の名前

名前	読み	画数
臣(7)	じん	7
臣(7)一(1)	しんいち	8
春(9)臣(7)	はるおみ	16
篤(16)臣(7)	あつおみ	23

信 9画

シン

［音訓］シン

［名のり］あき／あきら／こと／し／しの／のぶ／まこと

［意味］真実だと考える。伝える。

男の子の名前

名前	読み	画数
信(9)之(3)	のぶゆき	12
信(9)伍(6)	しんご	15

女の子の名前

名前	読み	画数
信(9)代(5)	あきよ	14
詩(13)信(9)	しのぶ	22

神 9画

シン

［音訓］シン・ジン／かみ・かん

［名のり］か／かむ／きよ／しの／たる／みわ

［意味］かみ。自然界の不思議な力をもつもの。ずばぬけて、優れたさま。

男の子の名前

名前	読み	画数
神(9)助(7)	しんすけ	16
神(9)楽(13)	かぐら	22

女の子の名前

名前	読み	画数
神(9)南(9)	かんな	18
神(9)奈(8)子(3)	かなこ	20

津 9画

シン

［音訓］シン／つ

［名のり］す／ず／づ

［意味］船着き場。渡し場。水がわき出てくる様子。

男の子の名前

名前	読み	画数
悠(11)津(9)	ゆうしん	20
津(9)世(5)志(7)	つよし	21

女の子の名前

名前	読み	画数
奈(8)津(9)	なつ	17
三(3)津(9)季(8)	みづき	20

晋 10画

シン

［音訓］シン／すす-む

［名のり］あき／くに／すすむ／ゆき

［意味］目標に向かって進む。前へ移動する。中国の王朝の名。

男の子の名前

名前	読み	画数
晋(10)	すすむ	10
大(3)晋(10)	ひろゆき	13

女の子の名前

名前	読み	画数
晋(10)子(3)	ゆきこ	13
晋(10)夏(10)	くにか	20

秦 10画

シン

［音訓］シン／はた

［名のり］―

［意味］史上初めて中国を統一した王朝の名。

男の子の名前

名前	読み	画数
秦(10)	しん	10
秦(10)一(1)	しんいち	11
秦(10)大(3)	しんだい	13
隆(11)秦(10)	りゅうしん	21

真 10画

シン

［音訓］シン／ま

［名のり］さだ／さな／さね／まさ／まこと／まな

［意味］本物。うそがなく、正しい。純粋な。正直な。

男の子の名前

名前	読み	画数
真(10)	まこと	10
俊(9)真(10)	しゅんま	19

女の子の名前

名前	読み	画数
真(10)彩(11)	まあや	21
真(10)理(11)奈(8)	まりな	29

眞 10画

シン

［音訓］シン／ま

［名のり］さだ／さな／さね／まさ／まこと／まな

［意味］「真」の旧字体。

男の子の名前

名前	読み	画数
眞(10)一(1)	しんいち	11
優(17)眞(10)	ゆうま	27

女の子の名前

名前	読み	画数
眞(10)子(3)	まこ	13
眞(10)佳(8)	まなか	18

深
シン
11画

［音訓］シン／ふか-い・み
［名のり］とお／ふかし
［意味］底や奥へ広がっている。

男の子の名前

名前	読み	画数
深(11)	ふかし	11
拓(8)深(11)	たくみ	19

女の子の名前

名前	読み	画数
深(11)雪(11)	みゆき	22
深(11)優(17)	みゆ	28

森
シン
12画

［音訓］シン／もり
［名のり］しげ／しげる
［意味］木がたくさん茂るところ。

男の子の名前

名前	読み	画数
森(12)	しん	12
森(12)陽(12)	しげはる	24

女の子の名前

名前	読み	画数
森(12)子(3)	しげこ	15
美(9)森(12)	みもり	21

進
シン
11画

［音訓］シン／すす-む
［名のり］す／すすみ／すすむ／のぶ／みち／ゆき
［意味］前へ移動する。良い方向に変化する。

男の子の名前

名前	読み	画数
進(11)	すすむ	11
海(9)進(11)	かいしん	20

女の子の名前

名前	読み	画数
進(11)花(7)	みちか	18
進(11)絵(12)	ゆきえ	23

慎
シン
13画

［音訓］シン／つつし-む
［名のり］ちか／のり／まこと／みつ／よし
［意味］十分に気をつける。気を配る。

男の子の名前

名前	読み	画数
慎(13)介(4)	しんすけ	17
恵(10)慎(13)	けいしん	23

女の子の名前

名前	読み	画数
慎(13)子(3)	ちかこ	16
慎(13)美(9)	よしみ	22

紳
シン
11画

［音訓］シン
［名のり］おび
［意味］地位や教養のある立派な男性。中国の男子の正装に使われた太い帯。

男の子の名前

名前	読み	画数
紳(11)	しん	11
紳(11)一(1)	しんいち	12
紳(11)太(4)	しんた	15
紳(11)之(3)輔(14)	しんのすけ	28

新
シン
13画

［音訓］シン／にい・あたら-しい
［名のり］あらた／ちか／はじめ／わか
［意味］今までにない。はじめての。

男の子の名前

名前	読み	画数
新(13)	あらた	13
真(10)新(13)	まさちか	23

女の子の名前

名前	読み	画数
新(13)子(3)	ちかこ	16
新(13)南(9)	にいな	22

晨
シン
11画

［音訓］シン・ジン／あした
［名のり］あき／とき／とよ
［意味］太陽が昇る夜明け。

男の子の名前

名前	読み	画数
晨(11)一(1)	しんいち	12
安(6)晨(11)	やすあき	17

女の子の名前

名前	読み	画数
晨(11)乃(2)	あきの	13
晨(11)江(6)	ときえ	17

榛
シン
14画

［音訓］シン／はしばみ・はり
［名のり］はる
［意味］樹木のハシバミ。

男の子の名前

名前	読み	画数
榛(14)吾(7)	しんご	21
榛(14)喜(12)	はるき	26

女の子の名前

名前	読み	画数
千(3)榛(14)	ちはる	17
榛(14)奈(8)	はるな	22

槙（シン）14画

［音訓］シン・テン／まき

［名のり］こずえ

［意味］枝の先端。マキ科の樹木の総称。

男の子の名前

名前	画数	読み	総画
槙児	14・7	しんじ	21
槙都	14・11	まきと	25

女の子の名前

名前	画数	読み	総画
槙	14	こずえ	14
槙歩	14・8	まきほ	22

薪（シン）16画

［音訓］シン／たきぎ・まき

［名のり］—

［意味］なま木を切ったたきぎ。まき。

男の子の名前

名前	画数	読み	総画
薪多	16・6	まきた	22
薪彦	16・9	まきひこ	25

親（シン）16画

［音訓］シン／おや・した-しい

［名のり］ちか／ちかし／なる／より

［意味］父母。血縁関係にある人。付き合いが深く仲が良いこと。

男の子の名前

名前	画数	読み	総画
親司	16・5	しんじ	21
智親	12・16	ともちか	28

女の子の名前

名前	画数	読み	総画
万親	3・16	まちか	19
親絵	16・12	ちかえ	28

人（ジン）2画

［音訓］ジン・ニン／ひと

［名のり］きよ／さね／たみ／と／ひこ

［意味］ひと。民。

男の子の名前

名前	画数	読み	総画
人志	2・7	ひとし	9
健人	11・2	けんと	13

女の子の名前

名前	画数	読み	総画
人恵	2・10	ひとえ	12
望人子	11・2・3	もとこ	16

仁（ジン）4画

［音訓］ジン・ニン・ニ

［名のり］きみ／さと／のぶ／ひと

［意味］いつくしむ。情け。人間。

男の子の名前

名前	画数	読み	総画
仁	4	じん	4
夢仁	13・4	ゆめひと	17

女の子の名前

名前	画数	読み	総画
仁花	4・7	にか	11
仁美	4・9	ひとみ	13

壬（ジン）4画

［音訓］ジン／みずのえ

［名のり］つぐ／み／みず／よし

［意味］十干の九番目。みずのえ。

男の子の名前

名前	画数	読み	総画
壬汰	4・7	じんた	11
悠壬	11・4	ゆうじん	15

女の子の名前

名前	画数	読み	総画
壬花	4・7	じんか	11
貴壬	12・4	たかみ	16

尽（ジン）6画

［音訓］ジン／つ-くす

［名のり］—

［意味］全てを行う。全てなくなる。

男の子の名前

名前	画数	読み	総画
尽	6	じん	6
尽一	6・1	じんいち	7
礼尽	5・6	れいじん	11
優尽	17・6	ゆうじん	23

迅（ジン）6画

［音訓］ジン／はや-い

［名のり］とき／とし／はやし

［意味］スピードが速い。激しい。

男の子の名前

名前	画数	読み	総画
迅斗	6・4	はやと	10
迅矢	6・5	じんや	11
迅平	6・5	じんぺい	11
猛迅	11・6	たけはや	17

甚

ジン

9画

［音訓］ジン・シン／はなは-だ

［名のり］しげ／とう／ふか／やす

［意味］程度のはなはだしいさま。非常に。たいへん。

男の子の名前

甚9太4	じんた	13
甚9吾7	じんご	16
甚9之3助7	じんのすけ	19
甚9一1郎9	じんいちろう	19

陣

ジン

10画

［音訓］ジン

［名のり］つら

［意味］ならべて戦う構えを示すもの。隊形をなしてならんだもの。

男の子の名前

陣10	じん	10
陣10平5	じんぺい	15
陣10助7	じんすけ	17
陣10弥8	じんや	18

尋

ジン

12画

［音訓］ジン／たず-ねる・ひろ

［名のり］ちか／つね／のり／みつ

［意味］答えを求める。両腕を広げた長さ。

男の子の名前

尋12斗4	ひろと	16
竜10尋12	りゅうじん	22

女の子の名前

千3尋12	ちひろ	15
尋12花7	ひろか	19

読み方 ス

須

ス

12画

［音訓］ス

［名のり］まつ／もち

［意味］必要とする。期待する。待ち望む。

男の子の名前

須12直8	すなお	20
阿8須12矢5	あすや	25

女の子の名前

須12寿7	すず	19
亜7須12美9	あすみ	28

諏

ス

15画

［音訓］ス・シュ／はか-る

［名のり］―

［意味］相談する。たずねる。意見を求める。

男の子の名前

諏15訪11斗4	すわと	30

女の子の名前

諏15訪11	すわ	26

水

スイ

4画

［音訓］スイ／みず

［名のり］な／なか／み／みな

［意味］みず。川・湖・海などの、水のあるところ。

男の子の名前

泉9水4	いずみ	13

女の子の名前

昌8水4	あきみ	12
水4音9	みずね	13

一言アドバイス

名前の画数が多すぎると重く堅苦しい印象に。逆に画数が少ないと頼りない印象に。書き出したときの見た目にも注意を。

吹（スイ） 7画

［意味］風がふく。息を吐き出す。

［音訓］スイ／ふ-く

［名のり］かぜ／ふき

男の子の名前

名前	画数	読み	総画
伊吹	6・7	いぶき	13
飛吹	9・7	ひぶき	16

女の子の名前

名前	画数	読み	総画
吹久子	7・3・3	ふくこ	13
美吹	9・7	みぶき	16

粋（スイ） 10画

［意味］混じりけがない様子。質がいいこと。

［音訓］スイ／いき

［名のり］きよ／ただ

男の子の名前

名前	画数	読み	総画
粋人	10・2	すいと	12
粋唯	10・11	きよただ	21

女の子の名前

名前	画数	読み	総画
小粋	3・10	こいき	13
妃粋	6・10	ひすい	16

彗（スイ） 11画

［意味］ほうき。ほうきぼし。

［音訓］スイ・ケイ／ほうき

［名のり］―

男の子の名前

名前	画数	読み	総画
彗	11	けい	11
彗也	11・3	けいや	14

女の子の名前

名前	画数	読み	総画
彗子	11・3	けいこ	14

翠（スイ） 14画

［意味］みどり色。翡翠のようなみどり色。

［音訓］スイ／みどり

［名のり］あきら

男の子の名前

名前	画数	読み	総画
翠	14	すい	14
芳翠	7・14	ほうすい	21

女の子の名前

名前	画数	読み	総画
翠	14	みどり	14
翠花	14・7	すいか	21

瑞（ズイ） 13画

［意味］めでたい兆候。しるし。みずみずしい。

［音訓］ズイ／みず

［名のり］ず／たま

男の子の名前

名前	画数	読み	総画
瑞希	13・7	みずき	20
瑞章	13・11	みずあき	24

女の子の名前

名前	画数	読み	総画
瑞喜	13・12	たまき	25
瑞穂	13・15	みずほ	28

崇（スウ） 11画

［意味］山が高くそびえている様子。尊い。

［音訓］スウ・シュウ／あが-める

［名のり］たかし／たか／たけ

男の子の名前

名前	画数	読み	総画
崇平	11・5	しゅうへい	16
崇史	11・5	たかし	16

女の子の名前

名前	画数	読み	総画
崇子	11・3	たかこ	14
崇美	11・9	たかみ	20

数（スウ） 13画

［意味］かず。めぐり合わせ。

［音訓］スウ・ス／かず・かぞ-える

［名のり］―

男の子の名前

名前	画数	読み	総画
数偉	13・12	かずひで	25
智数	12・13	ともかず	25

女の子の名前

名前	画数	読み	総画
数音	13・9	かずね	22
数葉	13・12	かずは	25

昴（すばる） 9画

［意味］すばる。星座の一つ。二十八宿の一つ。

［音訓］ボウ／すばる

［名のり］―

男の子の名前

名前	画数	読み	総画
昴	9	すばる	9

女の子の名前

名前	画数	読み	総画
希昴	7・9	きぼう	16
昴瑠	9・14	すばる	23

菫（すみれ） 11画

［音訓］キン／すみれ

［名のり］ー

［意味］すみれ。春の花。

女の子の名前		
菫11	すみれ	11
菫11子3	すみれこ	14

寸（スン） 3画

［音訓］スン

［名のり］す／ちか／のり

［意味］長さの単位。すこし。わずか。

男の子の名前		
寸3一1	すんいち	4

女の子の名前		
佳8寸3美9	かすみ	20

読み方 セ

世（セ） 5画

［音訓］セイ・セ／よ

［名のり］つぎ／つぐ／とき／とし

［意味］世の中。代々の。人間の社会。

男の子の名前		
真10世5	まよ	15
煌13世5	こうせい	18

女の子の名前		
希7世5	きよ	12
世5奈8	せな	13

瀬（せ） 19画

［音訓］ライ／せ

［名のり］ー

［意味］あさせ。川など歩いて渡れるほどの浅い所。

男の子の名前		
成6瀬19	なるせ	25
隼10瀬19	はやせ	29

女の子の名前		
瀬19都11	せつ	30
奈8々3瀬19	ななせ	30

是（ぜ） 9画

［音訓］ゼ／これ

［名のり］じ／すなお／ゆき／よし

［意味］これ。正しいこと。

男の子の名前		
是9	すなお	9
是9則9	これのり	18

女の子の名前		
是9乃2	ゆきの	11
是9美9	よしみ	18

正（セイ） 5画

［音訓］セイ・ショウ／ただ-しい・まさ

［名のり］あきら／かみ／ただし

［意味］ただす。まっすぐ。本物であること。

男の子の名前		
克7正5	かつまさ	12
憲16正5	のりただ	21

女の子の名前		
正5子3	しょうこ	8
正5絵12	まさえ	17

生（セイ） 5画

［音訓］セイ・ショウ／い-きる・き

［名のり］いき／いく／う／お／たか／なり

［意味］生まれる。生きる。ものを作り出す。

男の子の名前		
翔12生5	しょうせい	17
碧14生5	あおい	19

女の子の名前		
珠10生5	たまお	15
瑞13生5	みずき	18

成
セイ
6画

［意味］できあがる。成し遂げる。

［音訓］セイ・ジョウ／な-る

［名のり］しげ／なり／なる／よし

男の子の名前

名前	画数	読み	総画
晃成	10・6	こうせい	16
成彬	6・11	なりあき	17

女の子の名前

名前	画数	読み	総画
成実	6・8	なるみ	14
佳成子	8・6・3	かなこ	17

征
セイ
8画

［意味］遠くを目指して出かける。行く。

［音訓］セイ

［名のり］さち／そ／ただし／はや／まさ／ゆき

男の子の名前

名前	画数	読み	総画
光征	6・8	みつゆき	14
航征	10・8	こうせい	18

女の子の名前

名前	画数	読み	総画
征子	8・3	まさこ	11
美征	9・8	みゆき	17

斉
セイ
8画

［意味］整える。きちんとそろう。

［音訓］セイ・サイ／ひと-しい

［名のり］ただ／とき／なり／ひとし

男の子の名前

名前	画数	読み	総画
斉久	8・3	なりひさ	11
絢斉	12・8	あやひと	20

女の子の名前

名前	画数	読み	総画
斉子	8・3	せいこ	11
斉夜	8・8	ひとよ	16

政
セイ
9画

［意味］まつりごと。ただす。やり方。

［音訓］セイ・ショウ

［名のり］ただ／まさ／まさし

男の子の名前

名前	画数	読み	総画
政央	9・5	まさお	14
政司	9・5	せいじ	14

女の子の名前

名前	画数	読み	総画
政海	9・9	まさみ	18
政愛	9・13	まさえ	22

星
セイ
9画

［意味］ほし。小さい点。目印。

［音訓］セイ・ショウ／ほし

［名のり］あかり／とし／せ

男の子の名前

名前	画数	読み	総画
光星	6・9	こうせい	15
魁星	14・9	かいせい	23

女の子の名前

名前	画数	読み	総画
星	9	あかり	9
星南	9・9	せな	18

省
セイ
9画

［意味］みる。細かく分析して見る。よく考える。

［音訓］セイ・ショウ／かえり-みる

［名のり］あきら／み／よし

男の子の名前

名前	画数	読み	総画
省介	9・4	しょうすけ	13
省悟	9・10	しょうご	19

女の子の名前

名前	画数	読み	総画
省子	9・3	しょうこ	12
省美	9・9	よしみ	18

Column 07

ウソか本当か？　某難関大学に受かりやすい名前

日本を代表する某名門大学に、受かりやすい名前があるというウワサがあります。それは「ダイスケ」。なんと合格者第1位の名前が「大輔」だそうです。ちなみに2位は「洋介」、3位は「健太郎」と続きます。女子の場合、1位が「香織」で2位は「祐子」だとか。これらの名前は、他の名門大学でも、上位にランクインしているそうです。該当する人は受験してみるのもアリかも!?

晟 10画

セイ

［音訓］セイ・ジョウ

［名のり］あき／あきら／てる／まさ

［意味］明るく輝いている様子。さかん。

男の子の名前

名前	画数	読み	総画
晟也	10・3	せいや	13
晟尚	10・8	あきひさ	18

女の子の名前

名前	画数	読み	総画
千晟	3・10	ちあき	13
晟奈	10・8	あきな	18

盛 11画

セイ

［音訓］セイ／さか-ん・も-る

［名のり］しげ／たけ／もり

［意味］勢いがある。たくさんの量を積み上げる。

男の子の名前

名前	画数	読み	総画
盛仁	11・4	もりひと	15
盛央	11・5	もりお	16
盛史	11・5	せいじ	16
和盛	8・11	かずもり	19

清 11画

セイ

［音訓］セイ・ショウ・シン／きよ-い

［名のり］きよし／さや／すが／すみ

［意味］すみきっている様子。さわやか。すがすがしい。

男の子の名前

名前	画数	読み	総画
一清	1・11	いっせい	12
清和	11・8	きよかず	19

女の子の名前

名前	画数	読み	総画
清風	11・9	きよか	20
清香	11・9	さやか	20

晴 12画

セイ

［音訓］セイ／は-れる

［名のり］きよし／てる／なり／はる／はれ

［意味］天気がよい。気分がよい。

男の子の名前

名前	画数	読み	総画
仁晴	4・12	じんせい	16
晴彦	12・9	はるひこ	21

女の子の名前

名前	画数	読み	総画
小晴	3・12	こはる	15
晴菜	12・11	はるな	23

惺 12画

セイ

［音訓］セイ・ショウ／さとる

［名のり］あきら／さと／しずか

［意味］さとる。すっきりと理解する。心が澄み切っている。

男の子の名前

名前	画数	読み	総画
大惺	3・12	たいせい	15
勇惺	9・12	ゆうせい	21

女の子の名前

名前	画数	読み	総画
惺子	12・3	さとこ	15
惺奈	12・8	せいな	20

勢 13画

セイ

［音訓］セイ／いきお-い

［名のり］せ／なり

［意味］いきおい。力。物事のなりゆき。

男の子の名前

名前	画数	読み	総画
友勢	4・13	ゆうせい	17
勢矢	13・5	せいや	18
勢吾	13・7	せいご	20
海勢	9・13	かいせい	22

聖 13画

セイ

［音訓］セイ・ショウ／ひじり

［名のり］あきら／きよ／さと／たから

［意味］賢く、徳のある人。その道に秀でた人。

男の子の名前

名前	画数	読み	総画
聖	13	せい	13
聖秀	13・7	きよひで	20

女の子の名前

名前	画数	読み	総画
聖香	13・9	せいか	22
聖美	13・9	きよみ	22

誠 13画

セイ

［音訓］セイ／まこと

［名のり］あき／あきら／なり／なる／よし

［意味］言葉や行いにうそがない。真実の心。

男の子の名前

名前	画数	読み	総画
誠	13	まこと	13
誠二	13・2	せいじ	15

女の子の名前

名前	画数	読み	総画
誠奈	13・8	せいな	21
誠美	13・9	よしみ	22

靖　セイ　13画

【音訓】セイ／やす-んずる

【名のり】きよし／しず／のぶ／やすし

【意味】落ち着かせる。安定させる。

	名前	画数	読み	総画
男の子の名前	靖	13	やすし	13
男の子の名前	靖人	13・2	やすひと	15
女の子の名前	靖乃	13・2	やすの	15
女の子の名前	靖保	13・9	やすほ	22

精　セイ　14画

【音訓】セイ・ショウ

【名のり】きよ／きよし／ただし／つとむ／ひとし

【意味】純粋なもの。中心となる部分。行き届いている。

	名前	画数	読み	総画
男の子の名前	精太	14・4	せいた	18
男の子の名前	精吾	14・7	せいご	21
女の子の名前	精花	14・7	せいか	21
女の子の名前	精奈	14・8	きよな	22

静　セイ　14画

【音訓】セイ・ジョウ／しず・しず-か

【名のり】きよ／ちか／つぐ／ひで／よし

【意味】しずかに落ち着いている。

	名前	画数	読み	総画
男の子の名前	静汰	14・7	せいた	21
男の子の名前	静貴	14・12	しずき	26
女の子の名前	静良	14・7	せいら	21
女の子の名前	静香	14・9	しずか	23

誓　セイ　14画

【音訓】セイ／ちか-う

【名のり】ちかう

【意味】固く約束する。

	名前	画数	読み	総画
男の子の名前	一誓	1・14	いっせい	15
男の子の名前	誓志	14・7	ちかし	21
女の子の名前	誓子	14・3	せいこ	17
女の子の名前	美誓	9・14	みちか	23

整　セイ　16画

【音訓】セイ／ととの-える

【名のり】おさむ／ただし／なり／ひとし／まさ

【意味】きちんとそろえる。ととのえる。

	名前	画数	読み	総画
男の子の名前	整一	16・1	せいいち	17
男の子の名前	整明	16・8	なりあき	24
女の子の名前	整乃	16・2	まさの	18
女の子の名前	整子	16・3	せいこ	19

夕　セキ　3画

【音訓】セキ／ゆう・ゆう-べ

【名のり】すえ／ゆ／ゆう

【意味】日暮れ。夕方。

	名前	画数	読み	総画
男の子の名前	夕汰	3・7	ゆうた	10
男の子の名前	夕翔	3・12	ゆうと	15
女の子の名前	夕月	3・4	ゆづき	7
女の子の名前	美夕	9・3	みゆ	12

汐　セキ　6画

【音訓】セキ／うしお・しお

【名のり】きよ

【意味】海水の満ち引き。

	名前	画数	読み	総画
男の子の名前	宇汐	6・6	うしお	12
女の子の名前	汐里	6・7	しおり	13
女の子の名前	汐音	6・9	きよね	15

碩　セキ　14画

【音訓】セキ

【名のり】ひろ／みち／みつ／みつる／ゆたか

【意味】大きくて優れている。立派である。

	名前	画数	読み	総画
男の子の名前	碩人	14・2	ひろと	16
男の子の名前	昌碩	8・14	まさひろ	22

セキ
積 16画

〔音訓〕セキ／つ-む・つ-もる

〔名のり〕あつ／かず／かつ／さ／さね／もち／もり

〔意味〕積み重ねる。多い。

男の子の名前

名前	画数	読み	総画
積也	16・3	せきや	19
太積	4・16	たつみ	20

女の子の名前

名前	画数	読み	総画
愛積	13・16	あづみ	29
穂積	15・16	ほづみ	31

セキ
績 17画

〔音訓〕セキ／つむ-ぐ・う-む

〔名のり〕いさ／いさお／さね／つみ／なり／のり／もり

〔意味〕より合わせて糸を作る。仕事を積み重ねる。

男の子の名前

名前	画数	読み	総画
績	17	いさお	17
績也	17・3	せきや	20

女の子の名前

名前	画数	読み	総画
績奈	17・8	いさな	25
績美	17・9	なりみ	26

セツ
雪 11画

〔音訓〕セツ／ゆき・すす-ぐ

〔名のり〕きよ／きよみ／きよむ

〔意味〕ゆきが降る。洗い清める。

男の子の名前

名前	画数	読み	総画
和雪	8・11	かずゆき	19
春雪	9・11	はるゆき	20

女の子の名前

名前	画数	読み	総画
雪帆	11・6	ゆきほ	17
美雪	9・11	みゆき	20

セツ
節 13画

〔音訓〕セツ・セチ／ふし

〔名のり〕さだ／たかし／たけ／とき／とも／よし

〔意味〕竹や木のふし。物のつなぎ目。音楽の調子。みさお。ほどよい。

男の子の名前

名前	画数	読み	総画
節	13	たかし	13
礼節	5・13	のりよし	18

女の子の名前

名前	画数	読み	総画
節子	13・3	せつこ	16
節可	13・5	せつか	18

せり
芹 7画

〔音訓〕キン／せり

〔名のり〕まさ／よし

〔意味〕セリ科の植物。

男の子の名前

名前	画数	読み	総画
芹汰	7・7	きんた	14
芹緒	7・14	せりお	21

女の子の名前

名前	画数	読み	総画
芹香	7・9	せりか	16
芹菜	7・11	せりな	18

セン
千 3画

〔音訓〕セン／ち

〔名のり〕かず／せん／ち／ゆき

〔意味〕数の名で、百の十倍。また数の多い意を表す。

男の子の名前

名前	画数	読み	総画
千幸	3・8	かずゆき	11
泰千	10・3	たいち	13

女の子の名前

名前	画数	読み	総画
真千子	10・3・3	まちこ	16
千鶴	3・21	ちづる	24

セン
仙 5画

〔音訓〕セン

〔名のり〕せん／たかし／のり／ひさ／ひと

〔意味〕世俗を超越した人。非凡な才能をもつ人。

男の子の名前

名前	画数	読み	総画
仙広	5・5	のりひろ	10
仙史	5・5	ひさし	10

女の子の名前

名前	画数	読み	総画
仙	5	せん	5
仙佳	5・8	のりか	13

セン
泉 9画

〔音訓〕セン／いずみ

〔名のり〕い／いず／きよし／ずみ／み

〔意味〕湧き出る水。いずみ。

男の子の名前

名前	画数	読み	総画
泉哉	9・9	せんや	18
泉流	9・10	いずる	19

女の子の名前

名前	画数	読み	総画
泉月	9・4	いつき	13
蒼泉	13・9	あおい	22

専
セン
9画

［意味］一つのことに集中する。自分の思うままにする。

［音訓］セン／もっぱ-ら

［名のり］あつし／あつむ／たか

男の子の名前

名前	画数	読み	総画
専	9	あつし	9
専太	9・4	せんた	13

全
ゼン
6画

［意味］ぜんぶ、すべて。欠けたところがない。

［音訓］ゼン／すべ-て

［名のり］あきら／たけ／たもつ／はる

男の子の名前

名前	画数	読み	総画
全多	6・6	ぜんた	12
全良	6・7	あきら	13
全一郎	6・1・9	ぜんいちろう	16
雄全	12・6	ゆうぜん	18

宣
セン
9画

［意味］広く知らせる。はっきりと告げる。

［音訓］セン／のたま-う

［名のり］たか／のぶ／のり／ひさ／ひろ／よし

男の子の名前

名前	画数	読み	総画
宣明	9・8	のぶあき	17
宣彦	9・9	のぶひこ	18

女の子の名前

名前	画数	読み	総画
宣乃	9・2	よしの	11
香宣	9・9	かのり	18

善
ゼン
12画

［意味］正しい。道理にかなっている。仲良くする。うまく対処する。

［音訓］ゼン／よ-い

［名のり］さ／ぜん／ただし／たる／よし

男の子の名前

名前	画数	読み	総画
善一	12・1	ぜんいち	13
善久	12・3	よしひさ	15

女の子の名前

名前	画数	読み	総画
善実	12・8	よしみ	20
善恵	12・10	よしえ	22

閃
セン
10画

［意味］ぴかりと光る。ひらめく。

［音訓］セン／ひらめ-く

［名のり］さき／ひかる／みつ

男の子の名前

名前	画数	読み	総画
閃一	10・1	せんいち	11
閃之介	10・3・4	せんのすけ	17

女の子の名前

名前	画数	読み	総画
閃	10	ひかる	10
閃里	10・7	せんり	17

読み方

ソ

素
ソ
10画

［意味］飾り気がない。物事のもとになるもの。ふだん。

［音訓］ソ・ス／もと

［名のり］つね／はじめ／もと

男の子の名前

名前	画数	読み	総画
素直	10・8	すなお	18
信素	9・10	のぶもと	19

女の子の名前

名前	画数	読み	総画
素子	10・3	もとこ	13
真素美	10・10・9	ますみ	29

一言アドバイス

「太」→「汰」、「子」→「好」にするなど、定番の止め字も漢字を変えることで、個性が出しやすくなります。

楚 ソ 13画

［意味］すっきりとしたさま。

［音訓］ソ

［名のり］たか／つえ／つら

名前	画数	読み	総画
男の子の名前			
楚敏	13・10	たかとし	23
楚雄	13・12	たかお	25
女の子の名前			
楚子	13・3	たかこ	16
楚乃実	13・2・8	そのみ	23

礎 ソ 18画

［意味］柱をのせる土台石。また、物事の根本。

［音訓］ソ／いしずえ

［名のり］き／もと／もとい

名前	画数	読み	総画
男の子の名前			
礎	18	もとい	18
基礎	11・18	もとき	29
女の子の名前			
礎良	18・7	そら	25

双 ソウ 4画

［意味］ふたつで一組となるものの両方。ペア。

［音訓］ソウ／ふた

［名のり］なみ／ならぶ／ふ

名前	画数	読み	総画
男の子の名前			
双大	4・3	そうた	7
双樹	4・16	そうじゅ	20
女の子の名前			
双恵	4・10	なみえ	14
双葉	4・12	ふたば	16

壮 ソウ 6画

［意味］意気が盛んで勇ましいこと。また、大きくて立派。

［音訓］ソウ／さか-ん

［名のり］あき／たけ／まさ／もり

名前	画数	読み	総画
男の子の名前			
壮馬	6・10	そうま	16
壮輔	6・14	そうすけ	20
女の子の名前			
壮実	6・8	まさみ	14
美壮	9・6	みもり	15

早 ソウ 6画

［意味］時期、時刻などがはやい。若々しいの意。

［音訓］ソウ・サッ／はや-い

［名のり］さ／さお／さき／そう

名前	画数	読み	総画
男の子の名前			
早斗	6・4	はやと	10
早太郎	6・4・9	そうたろう	19
女の子の名前			
美早	9・6	みはや	15
早紀	6・9	さき	15

走 ソウ 7画

［意味］駆ける。はしる。

［音訓］ソウ／はし-る

［名のり］ゆき

名前	画数	読み	総画
男の子の名前			
走太	7・4	そうた	11
走矢	7・5	そうや	12
走吾	7・7	そうご	14
走真	7・10	そうま	17

宋 ソウ 7画

［意味］古代中国の国名。

［音訓］ソウ

［名のり］おき／くに／すえ

名前	画数	読み	総画
男の子の名前			
宋太	7・4	そうた	11
宋志	7・7	そうし	14
女の子の名前			
宋奈	7・8	そうな	15
宋香	7・9	くにか	16

奏 ソウ 9画

［意味］音楽をかなでる。なしとげる。

［音訓］ソウ／かな-でる

［名のり］そう

名前	画数	読み	総画
男の子の名前			
奏汰	9・7	かなた	16
奏志	9・7	そうし	16
女の子の名前			
奏実	9・8	かなみ	17
優奏	17・9	ゆかな	26

草（ソウ）9画

［音訓］ソウ／くさ

［名のり］かや／さ／しげ

［意味］植物のくさ。はじまり。

男の子の名前	読み	画数
草介（9・4）	そうすけ	13
草太朗（9・4・10）	そうたろう	23

女の子の名前	読み	画数
草乃（9・2）	くさの	11
千草（3・9）	ちぐさ	12

荘（ソウ）9画

［音訓］ソウ・ショウ

［名のり］しげ／たか／ただし／まさ

［意味］おごそか。

男の子の名前	読み	画数
荘平（9・5）	しょうへい	14
荘志（9・7）	まさし	16

女の子の名前	読み	画数
荘子（9・3）	そうこ	12
荘美（9・9）	しげみ	18

相（ソウ）9画

［音訓］ソウ・ショウ／あい

［名のり］さ／すけ／たすく

［意味］外面に現れた姿。助ける。たがいに。

男の子の名前	読み	画数
相（9）	たすく	9
相吾（9・7）	しょうご	16

女の子の名前	読み	画数
相良（9・7）	あいら	16
相奈（9・8）	あいな	17

曽（ソウ）11画

［音訓］ソウ・ゾ・ソ／かつ-て

［名のり］かつ／つね／なり／ます

［意味］これまでに。かつて。

男の子の名前	読み	画数
曽一（11・1）	そういち	12
曽汰（11・7）	そうた	18

女の子の名前	読み	画数
曽乃子（11・2・3）	そのこ	16
曽良（11・7）	そら	18

爽（ソウ）11画

［音訓］ソウ／さわ-やか

［名のり］あきら／さ／さや／さやか

［意味］すがすがしい。さわやか。

男の子の名前	読み	画数
爽（11）	あきら	11
爽詩（11・13）	そうし	24

女の子の名前	読み	画数
爽子（11・3）	さわこ	14
爽夏（11・10）	さやか	21

窓（ソウ）11画

［音訓］ソウ／まど

［名のり］—

［意味］まど。光をとり入れたり、光を通したりするためのもの。

男の子の名前	読み	画数
窓太（11・4）	そうた	15

女の子の名前	読み	画数
窓乃（11・2）	まどの	13
窓花（11・7）	まどか	18

創（ソウ）12画

［音訓］ソウ／つく-る・はじ-める

［名のり］そう／ぞう／はじむ／はじめ

［意味］はじめる。初めて作る。

男の子の名前	読み	画数
創（12）	はじめ	12
創太（12・4）	そうた	16

女の子の名前	読み	画数
創子（12・3）	そうこ	15

湊（ソウ）12画

［音訓］ソウ／みなと

［名のり］—

［意味］船着き場。みなと。集まる。

男の子の名前	読み	画数
湊佑（12・7）	そうすけ	19
湊一郎（12・1・9）	そういちろう	22

女の子の名前	読み	画数
水湊（4・12）	みなと	16
湊果（12・8）	そうか	20

惣 ソウ 12画

［音訓］ソウ

［名のり］おさむ／とし／のぶ／ふさ

［意味］全部まとめる。すべて。

男の子の名前

名前	画数	読み	総画
惣也	12・3	のぶや	15
惣司	12・5	そうじ	17

女の子の名前

名前	画数	読み	総画
惣名	12・6	そうな	18
惣実	12・8	ふさみ	20

想 ソウ 13画

［音訓］ソウ・ソ／おも-う

［名のり］―

［意味］考える。心にイメージを描く。

男の子の名前

名前	画数	読み	総画
想介	13・4	そうすけ	17
想生	13・5	そうい	18

女の子の名前

名前	画数	読み	総画
想世	13・5	そよ	18
想夏	13・10	そうか	23

蒼 ソウ 13画

［音訓］ソウ／あお-い

［名のり］あお／しげる／ひろ

［意味］草のような濃い青色。草木が茂るさま。

男の子の名前

名前	画数	読み	総画
蒼士	13・3	あおし	16
蒼汰	13・7	そうた	20

女の子の名前

名前	画数	読み	総画
蒼子	13・3	そうこ	16
蒼以	13・5	あおい	18

滝 ソウ 13画

［音訓］ソウ・ロウ／たき

［名のり］たけし／よし

［意味］水が勢いよく流れ落ちる場所。

男の子の名前

名前	画数	読み	総画
滝多	13・6	そうた	19
滝登	13・12	たきと	25

女の子の名前

名前	画数	読み	総画
滝子	13・3	そうこ	16
美滝	9・13	みたき	22

総 ソウ 14画

［音訓］ソウ／すべ-て・ふさ

［名のり］さ／のぶ／みち

［意味］合わせる。一つにまとめる。すべての。率いる。

男の子の名前

名前	画数	読み	総画
上総	3・14	かずさ	17
総真	14・10	そうま	24

女の子の名前

名前	画数	読み	総画
総子	14・3	そうこ	17
総音	14・9	ふさね	23

綜 ソウ 14画

［音訓］ソウ

［名のり］おさ

［意味］一つにまとめる。

男の子の名前

名前	画数	読み	総画
綜平	14・5	そうへい	19
綜助	14・7	そうすけ	21

女の子の名前

名前	画数	読み	総画
綜子	14・3	そうこ	17

聡 ソウ 14画

［音訓］ソウ／さと-い

［名のり］あき／あきら／さ／さと／さとし

［意味］理解力、判断力が優れている。かしこい。

男の子の名前

名前	画数	読み	総画
聡	14	さとし	14
聡一	14・1	そういち	15

女の子の名前

名前	画数	読み	総画
聡子	14・3	あきこ	17
聡衣	14・6	さとえ	20

操 ソウ 16画

［音訓］ソウ／みさお・あやつ-る

［名のり］あや／さお／とる／みさ

［意味］心身をかたく守る。うまく扱う。あやつる。

男の子の名前

名前	画数	読み	総画
操太	16・4	そうた	20
操佑	16・7	そうすけ	23

女の子の名前

名前	画数	読み	総画
操	16	みさお	16
操花	16・7	そうか	23

造 ゾウ 10画

［意味］ つくる。行きつく。至る。

［音訓］ ゾウ／つく-る

［名のり］ いたる／なり／みち

男の子の名前

名前	画数	読み	総画
造	10	いたる	10
佳造	8・10	よしなり	18
修造	10・10	しゅうぞう	20
泰造	10・10	たいぞう	20

蔵 ゾウ 15画

［意味］ 物をしまっておく建物。くら。おさめる。

［音訓］ ゾウ／くら

［名のり］ おさむ／ただ／とし

男の子の名前

名前	画数	読み	総画
蔵之介	15・3・4	くらのすけ	22
武蔵	8・15	むさし	23
蔵真	15・10	くらま	25
翔蔵	12・15	しょうぞう	27

束 ソク 7画

［意味］ ひとまとめにする。

［音訓］ ソク／たば・つか

［名のり］ つかね

男の子の名前

名前	画数	読み	総画
束臣	7・7	つかおみ	14
束嵯	7・13	つかさ	20

女の子の名前

名前	画数	読み	総画
芙束	7・7	ふたば	14
依束	8・7	いつか	15

則 ソク 9画

［意味］ きまり。手本。つまり。すなわち。

［音訓］ ソク／すなわ-ち

［名のり］ つね／とき／のり／みつ

男の子の名前

名前	画数	読み	総画
則三	9・3	のりぞう	12
晃則	10・9	あきのり	19

女の子の名前

名前	画数	読み	総画
則子	9・3	のりこ	12
美則	9・9	みのり	18

速 ソク 10画

［意味］ スピードがはやい。すみやか。

［音訓］ ソク／はや-い

［名のり］ さく／ちか／つぎ／とう／はやし

男の子の名前

名前	画数	読み	総画
速	10	はやし	10
速彦	10・9	はやひこ	19

女の子の名前

名前	画数	読み	総画
速水	10・4	はやみ	14
速香	10・9	はやか	19

尊 ソン 12画

［意味］ 敬い、崇める。とうとぶ。身分や地位などが高い。敬意。

［音訓］ ソン／とうと-い・みこと

［名のり］ きみ／たか／たかし

男の子の名前

名前	画数	読み	総画
尊斗	12・4	たかと	16
実尊	8・12	さねたか	20

女の子の名前

名前	画数	読み	総画
尊乃	12・2	たかの	14
尊子	12・3	たかこ	15

巽 ソン 12画

［意味］ 南東の方角。たつみ。うやまう。つつしむ。

［音訓］ ソン／たつみ

［名のり］ ゆく／よし

男の子の名前

名前	画数	読み	総画
巽	12	たつみ	12
巽之	12・3	よしゆき	15

女の子の名前

名前	画数	読み	総画
巽乃	12・2	よしの	14
巽美	12・9	よしみ	21

一言アドバイス

個性的な漢字を使うときは、名前の漢字を聞かれたときにわかりやすく説明できるかどうかもポイントです。

読み方 タ

太（4画）タ

［意味］大きい。太い。大胆。落ち着いている様子。

［音訓］タイ・タ／ふと-い

［名のり］うず／おお／たか／と

男の子の名前

名前	画数	読み	総画
太	4	ふとし	4
彩太	11 4	あやた	15
翔太	12 4	しょうた	16
太樹	4 16	たいき	20

多（6画）タ

［意味］数量が大きい。おおい。

［音訓］タ／おお-い

［名のり］かず／ただ／とみ／なお／まさ

男の子の名前

名前	画数	読み	総画
栄多	9 6	えいた	15
幸多朗	8 6 10	こうたろう	24

女の子の名前

名前	画数	読み	総画
多佳子	6 8 3	たかこ	17
比奈多	4 8 6	ひなた	18

汰（7画）タ

［意味］洗う。水で洗って悪い部分を取り去る。

［音訓］タ・タイ

［名のり］—

男の子の名前

名前	画数	読み	総画
奏汰	9 7	そうた	16
慶汰	15 7	けいた	22

女の子の名前

名前	画数	読み	総画
汰恵	7 10	たえ	17
汰花美	7 7 9	たかみ	23

舵（11画）ダ

［意味］船のかじ。船首の方向を定める装置。

［音訓］ダ／かじ

［名のり］—

男の子の名前

名前	画数	読み	総画
舵太	11 4	かじた	15
舵之介	11 3 4	かじのすけ	18
舵壱	11 7	だいち	18
舵雄	11 12	かじお	23

泰（10画）タイ

［意味］きわめて大きく広い様子。落ち着いている。

［音訓］タイ

［名のり］あきら／ひろ／ひろし／やす

男の子の名前

名前	画数	読み	総画
泰河	10 8	たいが	18
恒泰	9 10	つねやす	19

女の子の名前

名前	画数	読み	総画
千泰	3 10	ちひろ	13
泰奈	10 8	やすな	18

乃（2画）ダイ

［意味］なんじ。おまえ。すなわち。そこで。

［音訓］ダイ／すなわ-ち・の

［名のり］おさむ／のり／ゆき

男の子の名前

名前	画数	読み	総画
悠乃	11 2	ゆうだい	13
隆乃介	11 2 4	りゅうのすけ	17

女の子の名前

名前	画数	読み	総画
莉乃	10 2	りの	12
実乃里	8 2 7	みのり	17

大（3画）ダイ

［意味］大きい。力や勢いが強い。

［音訓］ダイ・タイ／おお-きい

［名のり］お／た／たか／とも／はる／ひろ

男の子の名前

名前	画数	読み	総画
恵大	10 3	けいた	13
聖大	13 3	きよひろ	16

女の子の名前

名前	画数	読み	総画
大夏	3 10	はるか	13
真大	10 3	まひろ	13

代 ダイ 5画

[意味] 別の人や物が同じ役目をする。世代。期間。

[音訓] ダイ／か-わる・よ

[名のり] とし／のり／より

男の子の名前

名前	画数	読み	総画
代吾	5・7	だいご	12
代輔	5・14	だいすけ	19

女の子の名前

名前	画数	読み	総画
明代	8・5	あきよ	13
美代子	9・5・3	みよこ	17

醍 ダイ 16画

[意味] 澄んだお酒。

[音訓] ダイ・タイ・テイ

[名のり] —

男の子の名前

名前	画数	読み	総画
醍斗	16・4	だいと	20
醍助	16・7	だいすけ	23
醍吾	16・7	だいご	23
醍樹	16・16	だいじゅ	32

妙 たえ 7画

[意味] この上なくたくみで、優れていること。

[音訓] ミョウ／たえ

[名のり] たう／ただ／たゆ

女の子の名前

名前	画数	読み	総画
妙	7	たえ	7
妙乃	7・2	たえの	9
妙子	7・3	たえこ	10
妙華	7・10	みょうか	17

鷹 たか 24画

[意味] 鳥の名前。タカ。

[音訓] ヨウ・オウ／たか

[名のり] まさ

男の子の名前

名前	画数	読み	総画
鷹士	24・3	たかし	27
鷹行	24・6	たかゆき	30
鷹我	24・7	おうが	31
昂鷹	8・24	こうよう	32

卓 タク 8画

[意味] 高く抜け出ている。優れている。

[音訓] タク

[名のり] すぐる／たか／たかし

男の子の名前

名前	画数	読み	総画
卓大	8・3	たかひろ	11
卓翔	8・12	たくと	20

女の子の名前

名前	画数	読み	総画
卓美	8・9	たくみ	17
卓音	8・9	たくね	17

拓 タク 8画

[意味] 広げる。開拓。未開の地をひらく。

[音訓] タク／ひら-く

[名のり] ひろ／ひろし

男の子の名前

名前	画数	読み	総画
拓至	8・6	たくし	14
拓樹	8・16	ひろき	24

女の子の名前

名前	画数	読み	総画
拓海	8・9	たくみ	17
美拓	9・8	みひろ	17

啄 タク 10画

[意味] くちばしでつつく。

[音訓] タク／ついば-む

[名のり] とく

男の子の名前

名前	画数	読み	総画
啄也	10・3	たくや	13
啄斗	10・4	たくと	14
啄実	10・8	たくみ	18
啄磨	10・16	たくま	26

琢 タク 11画

[意味] 磨く。徳や技などを磨くこと。選びとる。

[音訓] タク／みが-く

[名のり] あや／たか

男の子の名前

名前	画数	読み	総画
琢真	11・10	たくま	21
琢朗	11・10	たくろう	21

女の子の名前

名前	画数	読み	総画
琢実	11・8	たくみ	19
琢音	11・9	たかね	20

只（ただ）5画

［音訓］シ／ただ
［名のり］これ
［意味］それだけ。ただ。

	名前	画数	読み	総画数
男の子の名前	只臣	5・7	ただおみ	12
男の子の名前	和只	8・5	かずただ	13
女の子の名前	只子	5・3	ただこ	8
女の子の名前	只世	5・5	ただよ	10

橘（たちばな）16画

［音訓］キツ／たちばな
［名のり］―
［意味］木の名。タチバナ。ミカン類の総称。

	名前	画数	読み	総画数
男の子の名前	橘太	16・4	きった	20
男の子の名前	橘平	16・5	きっぺい	21
女の子の名前	橘子	16・3	きっこ	19
女の子の名前	橘花	16・7	きっか	23

辰（たつ）7画

［音訓］シン／たつ
［名のり］とき／のぶ／よし
［意味］十二支の五番目。動物では竜にあたる。

	名前	画数	読み	総画数
男の子の名前	辰慈	7・13	しんじ	20
男の子の名前	辰磨	7・16	たつま	23
女の子の名前	辰子	7・3	たつこ	10
女の子の名前	辰恵	7・10	たつえ	17

達（タツ）12画

［音訓］タツ・ダチ
［名のり］いたる／かつ／さとし／みち
［意味］道が通じる。目的・目標とする所へ行きつく。いたる。

	名前	画数	読み	総画数
男の子の名前	達	12	いたる	12
男の子の名前	達哉	12・9	たつや	21
女の子の名前	達依	12・8	たつえ	20
女の子の名前	達美	12・9	たつみ	21

丹（タン）4画

［音訓］タン／に
［名のり］あか／あきら／に／まこと
［意味］濃い赤色。真心。

	名前	画数	読み	総画数
男の子の名前	丹	4	まこと	4
男の子の名前	技丹	7・4	ぎたん	11
女の子の名前	丹里	4・7	あかり	11
女の子の名前	牡丹	7・4	ぼたん	11

旦（タン）5画

［音訓］タン・ダン
［名のり］あき／あきら／あさ／ただし
［意味］夜明け。明け方。

	名前	画数	読み	総画数
男の子の名前	旦	5	あきら	5
男の子の名前	旦陽	5・12	あさひ	17
女の子の名前	旦羽	5・6	あさは	11
女の子の名前	旦花	5・7	あきか	12

坦（タン）8画

［音訓］タン
［名のり］たい／たいら／ひろし／ひら／ひろ
［意味］広い。大きい。たいらに延びる。

	名前	画数	読み	総画数
男の子の名前	坦	8	たいら	8
男の子の名前	坦人	8・2	ひろと	10
女の子の名前	坦子	8・3	たいこ	11

暖（ダン）13画

［音訓］ダン・ノン／あたた-か
［名のり］あつ／はる／やす
［意味］日差しの柔らかい暖かさ。愛情が深い。

	名前	画数	読み	総画数
男の子の名前	暖	13	あつし	13
男の子の名前	暖生	13・5	はるお	18
女の子の名前	暖乃	13・2	あつの	15
女の子の名前	小暖	3・13	こはる	16

地 6画

チ

［意味］大地。場所。国土。

［音訓］チ・ジ

［名のり］くに／つち

	名前	画数	読み	総画
男の子の名前	地洋	6・9	ちひろ	15
男の子の名前	泰地	10・6	たいち	16
女の子の名前	実地子	8・6・3	みちこ	17
女の子の名前	未地留	5・6・10	みちる	21

知 8画

チ

［意味］認める。心に感じとる。親しむ。知識。

［音訓］チ／し-る

［名のり］あき／かず／さとし／とも

	名前	画数	読み	総画
男の子の名前	亮知	9・8	あきとも	17
男の子の名前	義知	13・8	よしかず	21
女の子の名前	知美	8・9	ともみ	17
女の子の名前	知笑	8・10	ちえ	18

智 12画

チ

［意味］頭のはたらき。ちえのある人。かしこい。

［音訓］チ

［名のり］あきら／さとし／さとる／とも

	名前	画数	読み	総画
男の子の名前	大智	3・12	たいち	15
男の子の名前	智明	12・8	ともあき	20
女の子の名前	智秋	12・9	ちあき	21
女の子の名前	智葉	12・12	ともよ	24

稚 13画

チ

［意味］幼い。若い。

［音訓］チ

［名のり］のり／わか

	名前	画数	読み	総画
男の子の名前	稚人	13・2	わかと	15
男の子の名前	稚尋	13・12	ちひろ	25
女の子の名前	稚乃	13・2	わかの	15
女の子の名前	稚晴	13・12	ちはる	25

馳 13画

チ

［意味］車馬を走らせる。はせる。

［音訓］チ／は-せる

［名のり］とし／はや

	名前	画数	読み	総画
男の子の名前	太馳	4・13	たいち	17
男の子の名前	馳男	13・7	はやお	20
女の子の名前	千馳	3・13	ちはや	16

竹 6画

チク

［意味］植物の名。タケ。

［音訓］チク／たけ

［名のり］たか

	名前	画数	読み	総画
男の子の名前	久竹	3・6	ひさたけ	9
男の子の名前	竹緒	6・14	たけお	20
女の子の名前	竹子	6・3	たけこ	9
女の子の名前	竹美	6・9	たけみ	15

茶 9画

チャ

［意味］ツバキ科の常緑灌木。茶の木。

［音訓］チャ・サ

［名のり］ー

	名前	画数	読み	総画
男の子の名前	壱茶	7・9	いっさ	16
男の子の名前	茶太郎	9・4・9	ちゃたろう	22
女の子の名前	茶和	9・8	さわ	17
女の子の名前	茶紀	9・9	さき	18

チュウ 中 4画

［音訓］チュウ／なか・あ-たる

［名のり］かなめ／ただ／のり／よし

［意味］まんなか。また、平均的なところ。

	名前	読み	画数
男の子の名前	中(4)	あたる	4
男の子の名前	中(4)哉(9)	ちゅうや	13
女の子の名前	中(4)美(9)	なかみ	13
女の子の名前	真(10)中(4)	まなか	14

チュウ 仲 6画

［音訓］チュウ／なか

［名のり］なかし

［意味］人と人との間柄。また、人と人の間に立つこと。

	名前	読み	画数
男の子の名前	仲(6)弥(8)	ちゅうや	14
男の子の名前	仲(6)比(4)佐(7)	なかひさ	17
女の子の名前	仲(6)子(3)	なかこ	9
女の子の名前	仲(6)美(9)	なかみ	15

チュウ 沖 7画

［音訓］チュウ／おき

［名のり］なか／のぼる／ふかし／わか

［意味］のぼる。高く上がる。

	名前	読み	画数
男の子の名前	沖(7)	のぼる	7
男の子の名前	沖(7)和(8)	おきかず	15
女の子の名前	沖(7)実(8)	おきみ	15
女の子の名前	沖(7)夏(10)	おきか	17

チュウ 宙 8画

［音訓］チュウ

［名のり］そら／ひろ／ひろし／みち

［意味］空。大空。宇宙。

	名前	読み	画数
男の子の名前	大(3)宙(8)	たかひろ	11
男の子の名前	宙(8)志(7)	ひろし	15
女の子の名前	宙(8)子(3)	ひろこ	11
女の子の名前	宙(8)音(9)	そらね	17

チュウ 忠 8画

［音訓］チュウ

［名のり］あつ／ただ／ただし／のり

［意味］真心。誠を尽くす。思いやり。

	名前	読み	画数
男の子の名前	和(8)忠(8)	かずただ	16
男の子の名前	忠(8)尚(8)	ただなお	16
女の子の名前	忠(8)映(9)	ただえ	17
女の子の名前	忠(8)子(3)	あつこ	11

チュウ 紬 11画

［音訓］チュウ／つむぎ

［名のり］―

［意味］くずまゆや真綿をつむいだ太い糸で織った絹織物。

	名前	読み	画数
男の子の名前	紬(11)弥(8)	ちゅうや	19
男の子の名前	紬(11)磨(16)	ちゅうま	27
女の子の名前	紬(11)	つむぎ	11

チュン 椿 13画

［音訓］チュン・チン／つばき

［名のり］―

［意味］木の名。ツバキ。

	名前	読み	画数
女の子の名前	椿(13)	つばき	13

チョウ 町 7画

［音訓］チョウ／まち

［名のり］―

［意味］市街地。また、地方自治体の一つ。

	名前	読み	画数
女の子の名前	小(3)町(7)	こまち	10
女の子の名前	町(7)世(5)	まちよ	12
女の子の名前	町(7)依(8)	まちえ	15
女の子の名前	町(7)歌(14)	まちか	21

長 チョウ 8画

［音訓］チョウ／なが-い

［名のり］おさ／たけ／たける

［意味］物の長さや距離が長い。優れている。

男の子の名前

名前	画数	読み	総画
長秀	8・7	ながひで	15
長英	8・8	ちょうえい	16
長世	8・5	ながよ	13

女の子の名前

名前	画数	読み	総画
長美	8・9	おさみ	17

跳 チョウ 13画

［音訓］チョウ・トウ／は-ねる

［名のり］—

［意味］跳び上がる。跳ねる。速く走る。

男の子の名前

名前	画数	読み	総画
跳太	13・4	ちょうた	17
跳馬	13・10	とうま	23
跳悟	13・10	とうご	23

挑 チョウ 9画

［音訓］チョウ・トウ／いど-む

［名のり］いどむ／と／とう

［意味］いどむ。困難に立ち向かう。かきたてる。

男の子の名前

名前	画数	読み	総画
挑	9	いどむ	9
挑介	9・4	ちょうすけ	13
挑吾	9・7	とうご	16
勇挑	9・9	ゆうと	18

肇 チョウ 14画

［音訓］チョウ／はじ-め

［名のり］とし／なが／はじめ

［意味］はじめ。ただしい。

男の子の名前

名前	画数	読み	総画
肇	14	はじめ	14
肇充	14・6	としみつ	20

女の子の名前

名前	画数	読み	総画
肇代	14・5	としよ	19
肇美	14・9	としみ	23

張 チョウ 11画

［音訓］チョウ／は-る

［名のり］つよ／とも／はる

［意味］弓の弦を張る。引き締める。大きくする。

男の子の名前

名前	画数	読み	総画
張人	11・2	はると	13
張市	11・5	ちょういち	16

女の子の名前

名前	画数	読み	総画
美張	9・11	みはる	20

暢 チョウ 14画

［音訓］チョウ

［名のり］いたる／とおる／のぶ／まさ

［意味］長くなる。のびる。届く。とおる。

男の子の名前

名前	画数	読み	総画
暢	14	いたる	14
暢博	14・12	のぶひろ	26

女の子の名前

名前	画数	読み	総画
暢子	14・3	のぶこ	17
紫暢	12・14	しのぶ	26

鳥 チョウ 11画

［音訓］チョウ／とり

［名のり］—

［意味］鳥。両翼二足を持つ動物。

男の子の名前

名前	画数	読み	総画
飛鳥	9・11	あすか	20

女の子の名前

名前	画数	読み	総画
千鳥	3・11	ちどり	14
水鳥	4・11	みどり	15

澄 チョウ 15画

［音訓］チョウ／す-む

［名のり］きよ／きよし／すみ／すむ

［意味］水が静まり返っていて清い様子。清らかな様子。

男の子の名前

名前	画数	読み	総画
澄承	15・8	きよつぐ	23
真澄	10・15	ますみ	25

女の子の名前

名前	画数	読み	総画
澄礼	15・5	すみれ	20
亜澄	7・15	あずみ	22

潮 チョウ 15画

〔音訓〕チョウ／しお・うしお

〔名のり〕—

〔意味〕海水の満ち引き。また、海水の流れ。世の中の動き。傾向。

	名前	読み	総画
男の子の名前	潮(15)	うしお	15
男の子の名前	真(10)潮(15)	ましお	25
女の子の名前	潮(15)奈(8)	しおな	23
女の子の名前	実(8)潮(15)	みしお	23

直 チョク 8画

〔音訓〕チョク／なお-す

〔名のり〕すなお／ただ／ちか／まさ

〔意味〕心や考えがまっすぐで正しいこと。素直なこと。

	名前	読み	総画
男の子の名前	直(8)志(7)	ちかし	15
男の子の名前	直(8)実(8)	なおざね	16
女の子の名前	直(8)	すなお	8
女の子の名前	直(8)子(3)	なおこ	11

読み方 ツ

通 ツウ 10画

〔音訓〕ツウ・ツ／とお-る

〔名のり〕とおる／みち／ゆき

〔意味〕スムーズに事が運ぶ。伝える。心を通わせる。

	名前	読み	総画
男の子の名前	隆(11)通(10)	たかみち	21
男の子の名前	通(10)雄(12)	みちお	22
女の子の名前	通(10)子(3)	ゆきこ	13
女の子の名前	通(10)香(9)	みちか	19

槻 つき 15画

〔音訓〕キ／つき

〔名のり〕—

〔意味〕木の名。つき。ケヤキの古い呼び方。

	名前	読み	総画
男の子の名前	昌(8)槻(15)	まさき	23
男の子の名前	勇(9)槻(15)	ゆうき	24
女の子の名前	奈(8)槻(15)	なつき	23
女の子の名前	紗(10)槻(15)子(3)	さきこ	28

蕾 つぼみ 16画

〔音訓〕ライ／つぼみ

〔名のり〕—

〔意味〕花がもう少しで咲こうとしている様子。

	名前	読み	総画
男の子の名前	蕾(16)	らい	16
男の子の名前	蕾(16)樹(16)	らいき	32
女の子の名前	蕾(16)花(7)	らいか	23
女の子の名前	美(9)蕾(16)	みらい	25

鶴 つる 21画

〔音訓〕カク／つる

〔名のり〕つ／づ

〔意味〕鳥の名。ツル。

	名前	読み	総画
男の子の名前	伊(6)鶴(21)	いづる	27
男の子の名前	千(3)鶴(21)夫(4)	ちづお	28
女の子の名前	千(3)鶴(21)	ちづる	24
女の子の名前	美(9)鶴(21)子(3)	みつこ	33

椎 ツイ 12画

〔音訓〕ツイ／しい・つち

〔名のり〕—

〔意味〕背骨。木の名。シイ。

	名前	読み	総画
男の子の名前	椎(12)也(3)	しいや	15
男の子の名前	椎(12)太(4)	しいた	16
女の子の名前	椎(12)奈(8)	しいな	20
女の子の名前	椎(12)香(9)	しいか	21

読み方

テ

汀

テイ　5画

［音訓］テイ／なぎさ・みぎわ

［名のり］—

［意味］波打ちぎわ。水ぎわ。

男の子の名前

名前	画数	読み	総画
汀壱	5・7	ていいち	12
汀路	5・13	ていじ	18

女の子の名前

名前	画数	読み	総画
汀	5	なぎさ	5
汀花	5・7	ていか	12

定

テイ　8画

［音訓］テイ・ジョウ／さだ-める

［名のり］さだむ／さだめ

［意味］定める。安らかになる。静まる。

男の子の名前

名前	画数	読み	総画
定司	8・5	ていじ	13
篤定	16・8	あつさだ	24

女の子の名前

名前	画数	読み	総画
定子	8・3	さだこ	11
定世	8・5	さだよ	13

貞

テイ　9画

［音訓］テイ・ジョウ

［名のり］さだ／ただ／ただし／みさお

［意味］固く心を守り、変えない。心が正しい。

男の子の名前

名前	画数	読み	総画
貞一	9・1	ていいち	10
貞光	9・6	さだてる	15

女の子の名前

名前	画数	読み	総画
貞	9	みさお	9
貞香	9・9	ていか	18

逞

テイ　11画

［音訓］テイ／たくま-しい

［名のり］たく／とし／ゆき／ゆた／よし

［意味］強くて盛んな様子。満足する。

男の子の名前

名前	画数	読み	総画
逞	11	たくま	11
逞一	11・1	ていいち	12
逞実	11・8	たくみ	19
逞登	11・12	たくと	23

禎

テイ　13画

［音訓］テイ

［名のり］さだ／さち／ただ／とも

［意味］めでたいしるし。さいわい。

男の子の名前

名前	画数	読み	総画
禎明	13・8	さだあき	21
禎樹	13・16	ともき	29

女の子の名前

名前	画数	読み	総画
禎子	13・3	さだこ	16
禎江	13・6	さちえ	19

綴

テイ　14画

［音訓］テイ・テツ／つづ-る

［名のり］つづり

［意味］つぎ合わせる。つづける。

男の子の名前

名前	画数	読み	総画
綴	14	つづる	14
綴郎	14・9	てつろう	23

女の子の名前

名前	画数	読み	総画
綴	14	つづり	14
綴美	14・9	つづみ	23

迪

テキ　8画

［音訓］テキ／みち

［名のり］すすむ／ただす／ふみ

［意味］道。道徳。

男の子の名前

名前	画数	読み	総画
迪	8	すすむ	8
信迪	9・8	のぶみち	17

女の子の名前

名前	画数	読み	総画
迪子	8・3	みちこ	11
迪瑠	8・14	みちる	22

笛 テキ 11画

［音訓］テキ／ふえ

［名のり］—

［意味］吹いて鳴らす楽器。

	名前	画数	読み	総画
男の子の名前	笛彦	11・9	ふえひこ	20
女の子の名前	笛乃	11・2	ふえの	13
女の子の名前	美笛	9・11	みてき	20

摘 テキ 14画

［音訓］テキ／つ-む

［名のり］つみ／づみ／つむ

［意味］つみとる。選びとる。

	名前	画数	読み	総画
男の子の名前	摘紀	14・9	つみき	23
男の子の名前	穂摘	15・14	ほづみ	29
女の子の名前	華摘	10・14	かつみ	24
女の子の名前	菜摘	11・14	なつみ	25

滴 テキ 14画

［音訓］テキ／しずく・したた-る

［名のり］しず

［意味］しずくを数える言葉。僅かなもののたとえ。

	名前	画数	読み	総画
男の子の名前	滴	14	しずく	14
男の子の名前	滴希	14・7	しずき	21
女の子の名前	滴代	14・5	しずよ	19
女の子の名前	滴紅	14・9	しずく	23

擢 テキ 17画

［音訓］テキ・タク／ぬき-んでる

［名のり］—

［意味］優れている。選び出す。

	名前	画数	読み	総画
男の子の名前	擢也	17・3	たくや	20
男の子の名前	擢斗	17・4	たくと	21
男の子の名前	擢真	17・10	たくしん	27
男の子の名前	擢磨	17・16	たくま	33

哲 テツ 10画

［音訓］テツ

［名のり］あき／さと／のり

［意味］適切であること。かしこい。

	名前	画数	読み	総画
男の子の名前	哲史	10・5	さとし	15
男の子の名前	哲俊	10・9	てつとし	19
女の子の名前	哲子	10・3	てつこ	13
女の子の名前	千哲	3・10	ちさと	13

鉄 テツ 13画

［音訓］テツ

［名のり］かね／きみ／とし

［意味］堅い。強い。鋭い。くろがねの意。

	名前	画数	読み	総画
男の子の名前	一鉄	1・13	いってつ	14
男の子の名前	鉄臣	13・7	かねおみ	20
男の子の名前	明鉄	8・13	あきかね	21
男の子の名前	鉄之進	13・3・11	てつのしん	27

徹 テツ 15画

［音訓］テツ／とお-る

［名のり］あきら／いたる／とおる

［意味］つき通す。

	名前	画数	読み	総画
男の子の名前	徹史	15・5	てつし	20
男の子の名前	徹登	15・12	てつと	27
女の子の名前	徹子	15・3	てつこ	18
女の子の名前	徹世	15・5	てつよ	20

典 テン 8画

［音訓］テン

［名のり］おき／すけ／のり／みち

［意味］儀式。手本。基準。特別のはからい。みやびやか。

	名前	画数	読み	総画
男の子の名前	典明	8・8	のりあき	16
男の子の名前	奏典	9・8	そうすけ	17
女の子の名前	実典	8・8	みのり	16
女の子の名前	典絵	8・12	のりえ	20

展 テン 10画

［意味］のびる。広がる。見る。ながめる。

［音訓］テン

［名のり］のぶ／ひろ／より

男の子の名前

名前	画数	読み	総画
知展	8・10	とものぶ	18
崇展	11・10	たかのぶ	21

女の子の名前

名前	画数	読み	総画
展子	10・3	のぶこ	13
展奈	10・8	ひろな	18

読み方 ト

斗 ト 4画

［意味］容量の単位。ます。ひしゃく。

［音訓］ト

［名のり］とう／はかる／ほし

男の子の名前

名前	画数	読み	総画
真斗	10・4	まなと	14
開斗	12・4	かいと	16

女の子の名前

名前	画数	読み	総画
斗子	4・3	とうこ	7
慶斗	15・4	けいと	19

杜 ト 7画

［意味］森。果樹の名前。

［音訓］ト・ズ／もり

［名のり］ー

男の子の名前

名前	画数	読み	総画
兜杜	11・7	かぶと	18
博杜	12・7	ひろもり	19

女の子の名前

名前	画数	読み	総画
美杜	9・7	みと	16
杜萌	7・11	ともえ	18

途 ト 10画

［意味］道のり。道筋。

［音訓］ト・ズ／みち

［名のり］とお／もち

男の子の名前

名前	画数	読み	総画
征途	8・10	まさみち	18
開途	12・10	かいと	22

女の子の名前

名前	画数	読み	総画
途子	10・3	とこ	13
途花	10・7	みちか	17

都 ト 11画

［意味］大きなまち。みやこ。すべて。みな。

［音訓］ト・ツ／みやこ

［名のり］いち／くに／さと／づ

男の子の名前

名前	画数	読み	総画
悠都	11・11	ゆうと	22
賢都	16・11	けんと	27

女の子の名前

名前	画数	読み	総画
都	11	みやこ	11
美都	9・11	みと	20

渡 ト 12画

［意味］川・海などを越えて向こう側に移る。暮らす。

［音訓］ト／わた-る

［名のり］ただ／わたり／わたる

男の子の名前

名前	画数	読み	総画
渡	12	わたる	12
郁渡	9・12	いくと	21
浩渡	10・12	ひろと	22
絢渡	12・12	あやと	24

土 ド 3画

［意味］大地。畑。つち。ふるさと。

［音訓］ド・ト／つち

［名のり］ただ／のり

男の子の名前

名前	画数	読み	総画
拓土	8・3	たくと	11
勇土	9・3	ゆうと	12

女の子の名前

名前	画数	読み	総画
亜土	7・3	あど	10
美土里	9・3・7	みどり	19

ド 努 7画

［音訓］ド／つと-める

［名のり］つとむ／と

［意味］力を抜かずにがんばる。

男の子の名前

名前	読み	総画
努7	つとむ	7
直8努7	なおと	15
勇9努7	ゆうと	16
瑛12努7	えいと	19

トウ 刀 2画

［音訓］トウ／かたな

［名のり］と

［意味］かたな。片刃やナイフの総称。

男の子の名前

名前	読み	総画
刀2吾7	とうご	9
和8刀2	かずと	10
小3刀2祢9	ことね	14
刀2磨16	とうま	18

トウ 冬 5画

［音訓］トウ／ふゆ

［名のり］かず／とし

［意味］ふゆ。立冬から立春の間。

男の子の名前

名前	読み	総画
冬5基11	ふゆき	16
冬5慈13	とうじ	18

女の子の名前

名前	読み	総画
冬5子3	とうこ	8
冬5美9	ふゆみ	14

トウ 灯 6画

［音訓］トウ・ドン・チン／ひ

［名のり］あかり／とも

［意味］ひ。あかり。ともしび。

男の子の名前

名前	読み	総画
灯6吾7	とうご	13
灯6季8	ともき	14

女の子の名前

名前	読み	総画
灯6	あかり	6
灯6花7	とうか	13

トウ 当 6画

［音訓］トウ／あ-たる

［名のり］あたる

［意味］あてはまる。対抗する。

男の子の名前

名前	読み	総画
当6	あたる	6
当6也3	とうや	9
当6馬10	とうま	16
当6悟10	とうご	16

トウ 東 8画

［音訓］トウ／ひがし・あずま

［名のり］はる

［意味］ひがし。日が出る方角。

男の子の名前

名前	読み	総画
東8牙4	とうが	12
東8輔14	とうすけ	22

女の子の名前

名前	読み	総画
東8子3	とうこ	11
東8香9	はるか	17

トウ 到 8画

［音訓］トウ／いた-る

［名のり］いたる／ゆき／よし

［意味］届く。目的地に着く。

男の子の名前

名前	読み	総画
到8	いたる	8
到8人2	ゆきと	10
到8和8	ゆきかず	16
到8馬10	とうま	18

トウ 桃 10画

［音訓］トウ／もも

［名のり］—

［意味］モモ。バラ科の果樹。

男の子の名前

名前	読み	総画
桃10哉9	とうや	19
桃10悟10	とうご	20

女の子の名前

名前	読み	総画
胡9桃10	くるみ	19
桃10夏10	ももか	20

透 トウ 10画

［意味］すきとおる。つきぬけている様子。

［音訓］トウ／す-ける

［名のり］すき／すく／と／とおる／ゆき

	名前	読み	画数
男の子の名前	透 10	とおる	10
男の子の名前	晶 12 透 10	あきと	22
女の子の名前	透 10 音 9	ゆきね	19
女の子の名前	透 10 和 8 子 3	とわこ	21

桐 トウ 10画

［意味］きり。木の名前。たんすや琴の材料。

［音訓］トウ／きり

［名のり］ひさ

	名前	読み	画数
男の子の名前	桐 10 大 3	きりひろ	13
男の子の名前	桐 10 登 12	きりと	22
女の子の名前	桐 10 子 3	きりこ	13
女の子の名前	桐 10 恵 10	きりえ	20

祷 トウ 11画

［意味］いのり。いのる。神に願いを訴える。

［音訓］トウ／いの-る

［名のり］いのり

	名前	読み	画数
男の子の名前	祷 11 生 5	とうき	16
男の子の名前	祷 11 和 8	とわ	19
女の子の名前	祷 11 子 3	とうこ	14
女の子の名前	祷 11 利 7	いのり	18

陶 トウ 11画

［意味］土をこねて焼いて作った器。うちとける。

［音訓］トウ

［名のり］すえ／よし

	名前	読み	画数
男の子の名前	陶 11 也 3	とうや	14
男の子の名前	陶 11 史 5	とうじ	16
女の子の名前	陶 11 子 3	とうこ	14
女の子の名前	陶 11 美 9	よしみ	20

統 トウ 12画

［意味］全体につながる糸口。すべて。

［音訓］トウ／す-べる

［名のり］おさ／おさむ／すみ／のり／むね／もと

	名前	読み	画数
男の子の名前	統 12 太 4	とうた	16
男の子の名前	統 12 貴 12	もとき	24
女の子の名前	統 12 子 3	すみこ	15
女の子の名前	統 12 佳 8	のりか	20

登 トウ 12画

［意味］のぼる。高い位につく。みのる。

［音訓］トウ・ト／のぼ-る

［名のり］たか／のぼる／みのる

	名前	読み	画数
男の子の名前	彩 11 登 12	あやと	23
男の子の名前	優 17 登 12	ゆうと	29
女の子の名前	登 12 実 8	とみ	20
女の子の名前	沙 7 登 12 子 3	さとこ	22

等 トウ 12画

［意味］差がない。ひとしい。

［音訓］トウ／ひと-しい

［名のり］たか／とし／とも／ひとし

	名前	読み	画数
男の子の名前	等 12	ひとし	12
男の子の名前	等 12 磨 16	とうま	28
女の子の名前	等 12 子 3	とうこ	15
女の子の名前	等 12 美 9	たかみ	21

董 トウ 12画

［意味］古道具。見張る。正しくおさめる。

［音訓］トウ

［名のり］しげ／ただ／なお／のぶ

	名前	読み	画数
男の子の名前	董 12 臣 7	ただおみ	19
男の子の名前	董 12 真 10	とうま	22
女の子の名前	董 12 子 3	とうこ	15
女の子の名前	董 12 香 9	とうか	21

燈
トウ
16画

［意味］ともしび。照明器具。

［音訓］トウ／ひ・とも-す

［名のり］あかり／と

男の子の名前

名前	読み	画数
海9燈16	かいと	25
燈16龍16	とうりゅう	32

女の子の名前

名前	読み	画数
燈16	あかり	16
燈16奈8	ひな	24

橙
トウ
16画

［意味］ミカンの一種。だいだい。

［音訓］トウ／だいだい

［名のり］と

男の子の名前

名前	読み	画数
橙16也3	とうや	19
橙16吾7	とうご	23

女の子の名前

名前	読み	画数
橙16夏10	とうか	26
橙16輝15	とき	31

瞳
トウ
17画

［意味］ひとみ。目の中の黒い部分。

［音訓］ドウ・トウ／ひとみ

［名のり］あきら

男の子の名前

名前	読み	画数
瞳17	あきら	17
瞳17志7	ひとし	24

女の子の名前

名前	読み	画数
瞳17	ひとみ	17
瞳17佳8	とうか	25

藤
トウ
18画

［意味］つる性の木の名前。ふじ。

［音訓］トウ／ふじ

［名のり］かつら

男の子の名前

名前	読み	画数
藤18生5	ふじお	23
藤18嗣13	ふじつぐ	31

女の子の名前

名前	読み	画数
藤18乃2	ふじの	20
藤18恵10	ふじえ	28

堂
ドウ
11画

［意味］神仏を祭る建物。多くの人の集まる大きな建物。

［音訓］ドウ

［名のり］あき／たか／とう

男の子の名前

名前	読み	画数
士3堂11	しどう	14
堂11浩10	あきひろ	21
堂11真10	とうま	21
蘭19堂11	らんどう	30

道
ドウ
12画

［意味］みち。専門の技術。物事の進め方。

［音訓］ドウ・トウ／みち

［名のり］おさむ／じ／ち／のり／まさ

男の子の名前

名前	読み	画数
俊9道12	としみち	21
開12道12	かいどう	24

女の子の名前

名前	読み	画数
道12恵10	みちえ	22
道12瑠14	みちる	26

童
ドウ
12画

［意味］幼い子ども。

［音訓］ドウ／わらべ

［名のり］のぶ／み／わか

男の子の名前

名前	読み	画数
童12也3	どうや	15
龍16童12	りゅうどう	28

女の子の名前

名前	読み	画数
童12子3	どうこ	15
美9童12	みどう	21

導
ドウ
15画

［意味］みちびく。案内する。教える。

［音訓］ドウ／みちび-く

［名のり］みち

男の子の名前

名前	読み	画数
導15也3	みちや	18
導15明8	みちあき	23

女の子の名前

名前	読み	画数
導15子3	みちこ	18
導15佳8	みちか	23

徳（トク） 14画

［音訓］トク

［名のり］あきら／なり／のり／みち／よし

［意味］すぐれた品性や人格。めぐみ。恩恵。

	名前	画数	読み	総画
男の子の名前	徳久	14, 3	とくひさ	17
男の子の名前	知徳	8, 14	ともなり	22
女の子の名前	実徳	8, 14	みのり	22
女の子の名前	徳佳	14, 8	よしか	22

虎（とら） 8画

［音訓］コ／とら

［名のり］たけ

［意味］とら。荒々しい。

	名前	画数	読み	総画
男の子の名前	剛虎	10, 8	たけとら	18
男の子の名前	虎一朗	8, 1, 10	こいちろう	19
男の子の名前	景虎	12, 8	かげとら	20
男の子の名前	虎鉄	8, 13	こてつ	21

寅（とら） 11画

［音訓］イン／とら

［名のり］つら／とも／のぶ／ふさ

［意味］とら。十二支の三番目。つつしむ。

	名前	画数	読み	総画
男の子の名前	寅市	11, 5	とらいち	16
男の子の名前	寅次	11, 6	とらじ	17
男の子の名前	寅之介	11, 3, 4	とらのすけ	18
男の子の名前	寅泰	11, 10	ともやす	21

惇（トン） 11画

［音訓］トン・ジュン

［名のり］あつ／すなお／とし／よし

［意味］手厚い。真心がある。

	名前	画数	読み	総画
男の子の名前	惇	11	すなお	11
男の子の名前	惇平	11, 5	じゅんぺい	16
女の子の名前	惇奈	11, 8	じゅんな	19
女の子の名前	惇実	11, 8	としみ	19

敦（トン） 12画

［音訓］トン

［名のり］あつ／おさむ／とし／のぶ

［意味］手厚い。人情があつい。

	名前	画数	読み	総画
男の子の名前	敦	12	おさむ	12
男の子の名前	敦志	12, 7	あつし	19
女の子の名前	敦子	12, 3	あつこ	15
女の子の名前	敦美	12, 9	あつみ	21

読み方 ナ

那（ナ） 7画

［音訓］ナ

［名のり］とも／ふゆ／やす

［意味］多い。美しい。

	名前	画数	読み	総画
男の子の名前	那由多	7, 5, 6	なゆた	18
男の子の名前	那緒人	7, 14, 2	なおと	23
女の子の名前	那智	7, 12	なち	19
女の子の名前	和花那	8, 7, 7	わかな	22

奈（ナ） 8画

［音訓］ナ

［名のり］なん

［意味］どうして。どのように。

	名前	画数	読み	総画
男の子の名前	奈於斗	8, 8, 4	なおと	20
男の子の名前	奈津樹	8, 9, 16	なつき	33
女の子の名前	奈々世	8, 3, 5	ななせ	16
女の子の名前	紗奈	10, 8	さな	18

苗（なえ）8画

［意味］芽が出たばかりの草木。子孫。

［音訓］ビョウ／なえ

［名のり］え／たね／なり／みつ

	名前	画数	読み	総画
男の子の名前	苗人	8・2	なえと	10
女の子の名前	早苗	6・8	さなえ	14
女の子の名前	実苗	8・8	みなえ	16

凪（なぎ）6画

［意味］風がやんで波がおだやかになること。

［音訓］なぎ・な-ぐ

［名のり］—

	名前	画数	読み	総画
男の子の名前	凪	6	なぎ	6
男の子の名前	凪都	6・11	なぎと	17
女の子の名前	凪子	6・3	なぎこ	9
女の子の名前	凪沙	6・7	なぎさ	13

捺（ナツ）11画

［意味］おす。おさえる。

［音訓］ナツ・ナ／お-す

［名のり］とし

	名前	画数	読み	総画
男の子の名前	捺彦	11・9	なつひこ	20
男の子の名前	捺記	11・10	なつき	21
女の子の名前	捺希	11・7	なつき	18
女の子の名前	捺那	11・7	なつな	18

南（ナン）9画

［意味］方角の一つ。みなみ。

［音訓］ナン・ナ／みなみ

［名のり］あけ／なみ／み／みな

	名前	画数	読み	総画
男の子の名前	南	9	みなみ	9
男の子の名前	南央斗	9・5・4	なおと	18
女の子の名前	知南	8・9	ちなみ	17
女の子の名前	奈南江	8・9・6	なみえ	23

楠（ナン）13画

［意味］クスノキ科の樹木。クスノキ。

［音訓］ナン／くす・くすのき

［名のり］な

	名前	画数	読み	総画
男の子の名前	楠央	13・5	なお	18
男の子の名前	楠生也	13・5・3	なおや	21
女の子の名前	紗楠	10・13	さな	23
女の子の名前	楠実子	13・8・3	なみこ	24

読み方 ニ

二（ニ）2画

［意味］数の2。ふたつ。

［音訓］ニ・ジ／ふた-つ

［名のり］かず／つぎ／つぐ

	名前	画数	読み	総画
男の子の名前	幸二	8・2	こうじ	10
男の子の名前	映二	9・2	えいじ	11
女の子の名前	二葉	2・12	ふたば	14
女の子の名前	二美花	2・9・7	ふみか	18

弐（ニ）6画

［意味］「二」の代わりに証書などで使う字。

［音訓］ニ・ジ

［名のり］すけ

	名前	画数	読み	総画
男の子の名前	裕弐	12・6	ゆうじ	18
男の子の名前	賢弐	16・6	けんじ	22
女の子の名前	弐胡	6・9	にこ	15
女の子の名前	久弐花	3・6・7	くにか	16

虹（にじ）9画

［音訓］コウ／にじ
［名のり］―
［意味］にじ。

	名前	読み	総画
男の子の名前	虹(9)汰(7)	こうた	16
男の子の名前	虹(9)輝(15)	こうき	24
女の子の名前	虹(9)香(9)	にじか	18
女の子の名前	虹(9)胡(9)	にじこ	18

忍（ニン）7画

［音訓］ニン／しの-ぶ
［名のり］しの／しのぶ
［意味］たえる。がまんする。

	名前	読み	総画
男の子の名前	忍(7)夫(4)	しのぶ	11
女の子の名前	忍(7)	しのぶ	7
女の子の名前	忍(7)依(8)	しのえ	15

読み方 ネ

寧（ネイ）14画

［音訓］ネイ／むし-ろ
［名のり］さだ／しず／やす
［意味］落ち着いている。心がこもっている。

	名前	読み	総画
男の子の名前	寧(14)志(7)	やすし	21
男の子の名前	知(8)寧(14)	ともやす	22
女の子の名前	寧(14)帆(6)	やすほ	20
女の子の名前	寧(14)花(7)	しずか	21

年（ネン）6画

［音訓］ネン／とし
［名のり］かず／ちか／とせ／みのる
［意味］一年。年齢。

	名前	読み	総画
男の子の名前	年(6)	みのる	6
男の子の名前	年(6)彰(14)	としあき	20
女の子の名前	千(3)年(6)	ちとせ	9
女の子の名前	年(6)香(9)	としか	15

稔（ネン）13画

［音訓］ジン・ネン／みの-る
［名のり］とし／なり／のり／みのる
［意味］穀物がみのる。

	名前	読み	総画
男の子の名前	稔(13)	みのる	13
男の子の名前	稔(13)久(3)	としひさ	16
女の子の名前	稔(13)里(7)	みのり	20
女の子の名前	稔(13)果(8)	としか	21

読み方 ノ

之（の）3画

［音訓］シ／の・ゆ-く
［名のり］いたる／のぶ／ひさ／ゆき
［意味］これ。この。

	名前	読み	総画
男の子の名前	之(3)	いたる	3
男の子の名前	雅(13)之(3)	まさゆき	16
女の子の名前	香(9)之(3)	かの	12
女の子の名前	真(10)之(3)佳(8)	まのか	21

野《の》 11画

[意味] 広々とした大地。自然なままの。

[音訓] ヤ／の

[名のり] なお／ひろ

	名前	画数	読み	総画
男の子の名前	芯野	7・11	しんや	18
男の子の名前	春野	9・11	はるや	20
女の子の名前	志野	7・11	しの	18
女の子の名前	綾野	14・11	あやの	25

埜《の》 11画

[意味] 広々とした大地。自然なままの。

[音訓] ヤ／の

[名のり] なお／ひろ

	名前	画数	読み	総画
男の子の名前	脩埜	11・11	しゅうや	22
男の子の名前	埜樹	11・16	ひろき	27
女の子の名前	亜埜	7・11	あや	18
女の子の名前	麻埜	11・11	まの	22

能《ノウ》 10画

[意味] 物事をとげる力。うまく仕事をすること。

[音訓] ノウ／よ-く

[名のり] きよ／たか／のぶ／よし

	名前	画数	読み	総画
男の子の名前	和能	8・10	かずたか	18
男の子の名前	忠能	8・10	ただよし	18
女の子の名前	能子	10・3	たかこ	13
女の子の名前	能実	10・8	よしみ	18

読み方 ハ

巴《ハ》 4画

[意味] 水の渦を巻いた模様。巴里（パリ）の当て字にも使われる。

[音訓] ハ／ともえ

[名のり] とも

	名前	画数	読み	総画
男の子の名前	巴陽	4・12	ともはる	16
男の子の名前	巴輝	4・15	ともき	19
女の子の名前	巴	4	ともえ	4
女の子の名前	巴瑠奈	4・14・8	はるな	26

波《ハ》 8画

[意味] 水面に起こるなみ。なみのように伝わるさま。

[音訓] ハ／なみ

[名のり] ば

	名前	画数	読み	総画
男の子の名前	波音	8・9	なみと	17
男の子の名前	航波	10・8	こうは	18
女の子の名前	奈波	8・8	ななみ	16
女の子の名前	波瑠子	8・14・3	はるこ	25

杷《ハ》 8画

[意味] 「枇杷」は果樹の名前。

[音訓] ハ

[名のり] ―

	名前	画数	読み	総画
男の子の名前	和杷	8・8	かずは	16
男の子の名前	杷槻	8・15	はづき	23
女の子の名前	柚杷	9・8	ゆずは	17
女の子の名前	音杷	9・8	おとは	17

一言アドバイス

同じ字でも、古風なイメージを出したいなら旧字を使うのも手。ただ、画数が多く書きづらい場合もあることを念頭に。

琶 ハ 12画

[意味] 「琵琶」は、弦楽器の名。

[音訓] ハ

[名のり] —

男の子の名前

壱琶	7・12	いちは	19
琶玖人	12・7・2	はくと	21

女の子の名前

明琶	8・12	あきは	20
絢琶	12・12	あやは	24

芭 バ 7画

[意味] 「芭蕉」は、バショウ科の多年草。

[音訓] ハ・バ

[名のり] —

男の子の名前

青芭	8・7	あおば	15
和芭	8・7	かずは	15

女の子の名前

若芭	8・7	わかば	15
芭留	7・10	はる	17

馬 バ 10画

[意味] うま。

[音訓] バ／うま・ま

[名のり] たけし

男の子の名前

遥馬	12・10	はるま	22
敬馬	12・10	けいま	22

女の子の名前

江馬	6・10	えま	16
美馬	9・10	みま	19

白 ハク 5画

[意味] しろい。明るい。無色。けがれのないさま。

[音訓] ハク・ビャク／しろ-い

[名のり] あき／あきら／きよ／きよし

男の子の名前

白斗	5・4	はくと	9
白聖	5・13	びゃくせい	18

女の子の名前

白美	5・9	きよみ	14
麻白	11・5	ましろ	16

伯 ハク 7画

[意味] 爵位の一つ。伯爵。一芸に秀でた人。

[音訓] ハク・ハ

[名のり] おさ／たけ／のり

男の子の名前

伯人	7・2	はくと	9
伯万	7・3	はくま	10
宗伯	8・7	そうはく	15
伯秋	7・9	はくしゅう	16

拍 ハク 8画

[意味] うつ。手のひらをたたく。

[音訓] ハク・ヒョウ／う-つ

[名のり] ひら

男の子の名前

拍真	8・10	はくま	18
拍琉	8・11	はくりゅう	19

女の子の名前

小拍	3・8	こはく	11
拍璃	8・15	ひらり	23

珀 ハク 9画

[意味] 黄色く、光沢のある宝石「琥珀」に使われる。

[音訓] ハク・ヒャク

[名のり] —

男の子の名前

珀	9	はく	9
珀太郎	9・4・9	はくたろう	22

女の子の名前

珀音	9・9	はくね	18
珀亜	9・7	はくあ	16

博 ハク 12画

[意味] 大きく広がる。行き渡る。

[音訓] ハク・バク／ひろ-い

[名のり] はか／ひろ／ひろし／ひろむ

男の子の名前

博登	12・12	はくと	24
博之進	12・3・11	ひろのしん	26

女の子の名前

博花	12・7	ひろか	19
美博	9・12	みひろ	21

麦（バク）7画

［音訓］バク／むぎ
［名のり］ー
［意味］ムギ。穀物の一つ。

	名前	画数	読み	総画
男の子の名前	麦	7	ばく	7
男の子の名前	麦彦	7・9	むぎひこ	16
女の子の名前	麦子	7・3	むぎこ	10
女の子の名前	摘麦	14・7	つむぎ	21

八（ハチ）2画

［音訓］ハチ／や・やーつ・よう
［名のり］かず／わ／わかつ
［意味］数の8。数が多い意を表す。

	名前	画数	読み	総画
男の子の名前	喜八	12・2	きはち	14
男の子の名前	八雲	2・12	やくも	14
女の子の名前	八重	2・9	やえ	11
女の子の名前	八千帆	2・3・6	やちほ	11

発（ハツ）9画

［音訓］ハツ・ホツ／たーつ・あばーく
［名のり］あき／あきら／ひらく
［意味］はなつ。出発する。

	名前	画数	読み	総画
男の子の名前	発馬	9・10	はつま	19
男の子の名前	発揮	9・12	はつき	21
女の子の名前	発美	9・9	はつみ	18
女の子の名前	発江	9・6	はつえ	15

羽（はね）6画

［音訓］ウ／は・わ・はね
［名のり］ば／つばさ
［意味］鳥のはね。矢ばね。

	名前	画数	読み	総画
男の子の名前	颯羽	14・6	そう	20
男の子の名前	羽瑠紀	6・14・9	はるき	29
女の子の名前	美羽	9・6	みう	15
女の子の名前	音羽	9・6	おとは	15

帆（ハン）6画

［音訓］ハン／ほ
［名のり］ー
［意味］ほ。風をはらんで舟を進めるための布。

	名前	画数	読み	総画
男の子の名前	出帆	5・6	いずほ	11
男の子の名前	帆太郎	6・4・9	はんたろう	19
女の子の名前	香帆	9・6	かほ	15
女の子の名前	帆奈美	6・8・9	ほなみ	23

汎（ハン）6画

［音訓］ハン
［名のり］ひろ／ひろし／ひろむ／みな
［意味］浮かぶ。水面にひろがる。あまねく。広く。

	名前	画数	読み	総画
男の子の名前	汎司	6・5	はんじ	11
男の子の名前	汎翔	6・12	ひろと	18
女の子の名前	汎奈	6・8	はんな	14
女の子の名前	美汎	9・6	みひろ	15

伴（ハン）7画

［音訓］ハン・バン／ともなーう
［名のり］すけ／ちか／とも／より
［意味］引き連れる。ともなう。

	名前	画数	読み	総画
男の子の名前	伴里	7・7	ばんり	14
男の子の名前	伴記	7・10	ともき	17
女の子の名前	伴子	7・3	ともこ	10
女の子の名前	伴美	7・9	ともみ	16

絆（ハン）11画

［音訓］バン・ハン／きずな・ほだーす
［名のり］き
［意味］馬の足につなぐ綱。人と人との結びつき。義理・人情などのたとえ。

	名前	画数	読み	総画
男の子の名前	絆	11	きずな	11
男の子の名前	絆人	11・2	はんと	13
女の子の名前	紗絆	10・11	さき	21
女の子の名前	有絆南	6・11・9	ゆきな	26

範 ハン 15画

［意味］従うべきわく。きまり。ものごとの手本。

［音訓］ハン

［名のり］すすむ／のり

男の子の名前

名前	画数	読み	総画
範太	15・4	はんた	19
勝範	12・15	かつのり	27

女の子の名前

名前	画数	読み	総画
範佳	15・8	のりか	23
美範	9・15	みのり	24

繁 ハン 16画

［意味］しげる。増えて広がる。にぎやかなさま。

［音訓］ハン／しげ-る

［名のり］えだ／しげる／とし

男の子の名前

名前	画数	読み	総画
繁	16	しげる	16
雅繁	13・16	まさとし	29

女の子の名前

名前	画数	読み	総画
繁乃	16・2	しげの	18
繁菜	16・11	はんな	27

磐 バン 15画

［意味］大きな石。岩。

［音訓］バン／いわ

［名のり］いわお

男の子の名前

名前	画数	読み	総画
磐	15	いわお	15
磐理	15・11	ばんり	26

一言アドバイス

「陸」と「海」、「花」と「葉」など親子やきょうだいで対になる漢字やつながりのある漢字をヒントにしてみては。

読み方 ヒ

日 ひ 4画

［意味］太陽。昼間。一昼夜。日本。

［音訓］ニチ・ジツ／ひ・か

［名のり］あき／はる／ひる

男の子の名前

名前	画数	読み	総画
日出人	4・5・2	ひでと	11
朝日	12・4	あさひ	16

女の子の名前

名前	画数	読み	総画
日花里	4・7・7	ひかり	18
明日花	8・4・7	あすか	19

Column 08

名前に「うんこ」！ モンゴルの衝撃の名前

モンゴルでは病気や災いをもたらす魔物から子供を守るため、名前を知られないようにする名づけの風習があります。たとえば「ネルグイ（名無し）」「ヘンチビシ（誰でもない）」「エネビシ（これではない）」など。しかし中にはなんと「バースト（うんこまみれ）」というトンデモナイ名前も！悪魔を寄せつけず元気に育ってほしいという願いが込められたモンゴル流の名づけ方ですが、日本人にはビックリのネーミングですね。

ヒ 比 4画

［音訓］ヒ／くら-べる

［名のり］たすく／とも／び／ひさ

［意味］二つを並べてくらべる。同列に並べる。

男の子の名前

比呂志	4・7・7	ひろし	18
晴比古	12・4・5	はるひこ	21
千比呂	3・4・7	ちひろ	14

女の子の名前

比菜	4・11	ひな	15

ヒ 妃 6画

［音訓］ヒ／きさき

［名のり］き／ひめ

［意味］きさき、皇后。君主の妻、皇太子や王子の妻。

男の子の名前

春妃	9・6	はるき	15
優妃人	17・6・2	ゆひと	25

女の子の名前

妃乃	6・2	ひめの	8
由妃	5・6	ゆき	11

ヒ 枇 8画

［音訓］ヒ・ビ

［名のり］―

［意味］果樹の枇杷の一字。

男の子の名前

枇侶	8・9	ひろ	17
枇呂志	8・7・7	ひろし	22

女の子の名前

亜枇	7・8	あび	15
枇奈	8・8	ひな	16

ヒ 飛 9画

［音訓］ヒ／と-ぶ・と-ばす

［名のり］たか

［意味］とぶ。とびたつ。空中を動く。

男の子の名前

隼飛	10・9	はやと	19
飛比希	9・4・7	ひびき	20

女の子の名前

美飛	9・9	みと	18

ヒ 毘 9画

［音訓］ヒ・ビ

［名のり］すけ／とも／ひで

［意味］そばについてたすける。古代インド語の「ビ」音を表す。

男の子の名前

竜毘	10・9	りゅうび	19
毘沙斗	9・7・4	ひさと	20

女の子の名前

毘世莉	9・5・10	ひより	24

ヒ 斐 12画

［音訓］ヒ・ハイ

［名のり］あきら／あや／い

［意味］あや。模様や飾りが美しい。

男の子の名前

斐	12	あきら	12
甲斐斗	5・12・4	かいと	21

女の子の名前

斐名子	12・6・3	ひなこ	21
斐夏	12・10	あやか	22

ヒ 緋 14画

［音訓］ヒ／あか・あけ

［名のり］―

［意味］目が覚めるような鮮やかな赤色。

男の子の名前

緋之進	14・3・11	あけのしん	28
緋呂紀	14・7・9	ひろき	30

女の子の名前

緋音	14・9	あかね	23
緋美花	14・9・7	ひみか	30

ビ 美 9画

［音訓］ビ・ミ／うつく-しい

［名のり］きよし／とみ／みつ／よし

［意味］ものごとが良い。味が良い。うつくしい。

男の子の名前

克美	7・9	かつみ	16
美翔	9・12	よしと	21

女の子の名前

美雨	9・8	みう	17
美沙希	9・7・7	みさき	23

琵 12画

ビ

［意味］弦楽器の琵琶の一字。

［音訓］ビ・ヒ

［名のり］ー

男の子の名前

名前	読み	画数
琵流（12・10）	ひりゅう	22
琵沙斗（12・7・4）	ひさと	23

女の子の名前

名前	読み	画数
琵南（12・9）	ひな	21
琵夏里（12・10・7）	ひかり	29

彦 9画

ひこ

［意味］美男子。すぐれた男性。

［音訓］ゲン／ひこ

［名のり］お／さと／ひろ／やす／よし

男の子の名前

名前	読み	画数
空彦（8・9）	そらひこ	17
彦一郎（9・1・9）	げんいちろう	19
貴世彦（12・5・9）	きよひこ	26
彦麿（9・18）	ひこまろ	27

雛 18画

ひな

［意味］ひよこ。ひな。小さい。かわいらしい。

［音訓］スウ／ひな

［名のり］ー

女の子の名前

名前	読み	画数
雛（18）	ひな	18
雛乃（18・2）	ひなの	20
雛子（18・3）	ひなこ	21
雛美（18・9）	ひなみ	27

姫 10画

ひめ

［意味］貴人の娘。女子をほめて言う呼び方。小さい。かわいらしい。

［音訓］キ／ひめ

［名のり］ー

女の子の名前

名前	読み	画数
姫代（10・5）	ひめよ	15
美姫（9・10）	みき	19
姫香（10・9）	ひめか	19
真姫（10・10）	まき	20

百 6画

ヒャク

［意味］数の100。十の十倍。数が多い。

［音訓］ヒャク／もも

［名のり］お／と／はげむ／も

男の子の名前

名前	読み	画数
百汰（6・7）	ももた	13
登百也（12・6・3）	ともや	21

女の子の名前

名前	読み	画数
百笑（6・10）	もえみ	16
詩百合（13・6・6）	しゆり	25

豹 10画

ヒョウ

［意味］ひょう。しなやかで力強い猛獣の名。

［音訓］ヒョウ

［名のり］ー

男の子の名前

名前	読み	画数
豹造（10・10）	ひょうぞう	20
豹真（10・10）	ひょうま	20
豹雅（10・13）	ひょうが	23
豹太朗（10・4・10）	ひょうたろう	24

彪 11画

ヒョウ

［意味］鮮やかなとらの皮の模様。鮮やかな模様。

［音訓］ヒョウ・ヒュウ

［名のり］あや／たけ／つよし／とら

男の子の名前

名前	読み	画数
彪（11）	つよし	11
彪人（11・2）	あやと	13
彪真（11・10）	ひゅうま	21
彪雄（11・12）	たけお	23

一言アドバイス

「林 樹木」など、名字と名前で同じ「偏」が続いてしまうと、しつこい印象にも。名前全体のバランスも注意して。

彬（ヒン）11画

［意味］模様があざやかなこと。

［音訓］ヒン

［名のり］あき／あきら／あや／ひで

男の子の名前

名前	読み	総画
彬(11)	あきら	11
知(8)彬(11)	ちあき	19

女の子の名前

名前	読み	総画
彬(11)奈(8)	あきな	19
彬(11)菜(11)	あやな	22

敏（ビン）10画

［意味］行動が早い。反応が鋭い。行動力や判断力が優れている。

［音訓］ビン

［名のり］あき／さとし／とし／はや／ゆき

男の子の名前

名前	読み	総画
敏(10)	さとし	10
理(11)敏(10)	りさと	21

女の子の名前

名前	読み	総画
敏(10)乃(2)	あきの	12
敏(10)美(9)	としみ	19

読み方 フ

夫（フ）4画

［意味］おっと。妻のある男性。成人した男性。

［音訓］フ・フウ／おっと

［名のり］あき／お／すけ／ぶ

男の子の名前

名前	読み	総画
秀(7)夫(4)	ひでお	11
昌(8)夫(4)	まさお	12
和(8)夫(4)	かずお	12
郁(9)夫(4)	いくお	13

布（フ）5画

［意味］ぬの。広げる。広く行き渡らせる。

［音訓］フ／ぬの

［名のり］う／たえ／のぶ／よし

女の子の名前

名前	読み	総画
由(5)布(5)	ゆう	10
茅(8)布(5)	ちふ	13
布(5)美(9)	ふみ	14
結(12)布(5)香(9)	ゆうか	26

芙（フ）7画

［意味］ハスの花。

［音訓］フ

［名のり］はす

男の子の名前

名前	読み	総画
芙(7)月(4)	ふげつ	11
芙(7)宥(9)	ふゆう	16

女の子の名前

名前	読み	総画
芙(7)美(9)	ふみ	16
芙(7)由(5)美(9)	ふゆみ	21

阜（フ）8画

［意味］盛り上がった土。県名の岐阜の一字。

［音訓］フ／おか

［名のり］あつ／あつし／たか／とおる

男の子の名前

名前	読み	総画
阜(8)斗(4)	たかと	12
阜(8)玖(7)	ふく	15

女の子の名前

名前	読み	総画
阜(8)美(9)	ふみ	17
阜(8)優(17)	ふゆ	25

富（フ）12画

［意味］とむ。財産が多くなる。豊かさ。

［音訓］フ・フウ／とみ・と－む

［名のり］さかえ／とよ／ふく／みつる

男の子の名前

名前	読み	総画
富(12)文(4)	とよふみ	16
克(7)富(12)	かつとよ	19

女の子の名前

名前	読み	総画
富(12)士(3)乃(2)	ふじの	17
早(6)富(12)	さとみ	18

普　フ　12画

［意味］広く行き渡る。

［音訓］フ

［名のり］かた／ひろ／ゆき

男の子の名前

名前	読み	画数
普(12)志(7)	ひろし	19
雅(13)普(12)	まさゆき	25

女の子の名前

名前	読み	画数
普(12)子(3)	ひろこ	15
普(12)美(9)香(9)	ふみか	30

譜　フ　19画

［意味］物事を系統立てて書き表したもの。

［音訓］フ

［名のり］つぎ／つぐ

男の子の名前

名前	読み	画数
敏(10)譜(19)	としつぐ	29
崇(11)譜(19)	たかつぐ	30

女の子の名前

名前	読み	画数
譜(19)紀(9)	ふき	28
譜(19)美(9)	ふみ	28

武　ブ　8画

［意味］勇ましい。強い。

［音訓］ブ・ム／たけ-し

［名のり］いさむ／たけし／たける

男の子の名前

名前	読み	画数
武(8)	いさむ	8
和(8)武(8)	かずむ	16
伊(6)武(8)希(7)	いぶき	21
興(16)武(8)	おきたけ	24

撫　ブ　15画

［意味］なでてかわいがる。なだめる。

［音訓］ブ・フ／な-でる

［名のり］ただ／もち／よし／より

女の子の名前

名前	読み	画数
撫(15)子(3)	なでしこ	18

風　フウ　9画

［意味］動く空気の流れ。ゆれて動く変化。そこはかとなくただよう趣。

［音訓］フウ・フ／かぜ・かざ

［名のり］か

男の子の名前

名前	読み	画数
風(9)音(9)	かざと	18
風(9)磨(16)	ふうま	25

女の子の名前

名前	読み	画数
風(9)花(7)	ふうか	16
美(9)風(9)音(9)	みふね	27

楓　フウ　13画

［意味］カエデ。

［音訓］フウ／かえで

［名のり］ー

男の子の名前

名前	読み	画数
楓(13)介(4)	ふうすけ	17
楓(13)太(4)	ふうた	17

女の子の名前

名前	読み	画数
楓(13)	かえで	13
楓(13)奈(8)	ふうな	21

福　フク　13画

［意味］運がよいこと。しあわせ。

［音訓］フク

［名のり］ー

男の子の名前

名前	読み	画数
福(13)	ふく	13
福(13)志(7)	ふくし	20

女の子の名前

名前	読み	画数
福(13)子(3)	ふくこ	16
福(13)実(8)	ふくみ	21

一言アドバイス

同じ「ゆきえ」でも「由紀絵」「雪江」など、漢字の区切り方を変えてみると印象も変わるので、色々と試してみましょう。

文（ブン）4画

【音訓】ブン・モン／ふみ
【名のり】あや／のぶ／のり／ゆき

【意味】きれいな模様。外面の飾り。文字。文章や手紙。

男の子の名前

名前	画数	読み	総画
文哉	4・9	ふみや	13
文一郎	4・1・9	ぶんいちろう	14

女の子の名前

名前	画数	読み	総画
文花	4・7	ふみか	11
文音	4・9	あやね	13

聞（ブン）14画

【音訓】ブン・モン／き-く
【名のり】きく／ひろ

【意味】きく。人の話や音を耳で感じる。耳からきいて得た知識。

男の子の名前

名前	画数	読み	総画
聞斗	14・4	ぶんと	18
我聞	7・14	がもん	21
亜聞	7・14	あもん	21
志聞	7・14	しもん	21

読み方
へ

平（ヘイ）5画

【音訓】ヘイ／たい-ら・ひら
【名のり】つね／なる／ひとし／ぺい

【意味】おだやか。かたよらない。乱れた世をしずめる。

男の子の名前

名前	画数	読み	総画
平	5	たいら	5
和平	8・5	わへい	13
順平	12・5	じゅんぺい	17
景平	12・5	かげひら	17

兵（ヘイ）7画

【音訓】ヒョウ・ヘイ／つわもの
【名のり】たけ／ひと／むね

【意味】戦闘に従事するもの。

男の子の名前

名前	画数	読み	総画
兵太	7・4	へいた	11
匡兵	6・7	きょうへい	13
泰兵	10・7	たいへい	17
兵太朗	7・4・10	ひょうたろう	21

並（ヘイ）8画

【音訓】ヘイ／なみ・なら-べる
【名のり】み／みつ

【意味】一列につらなる。ならぶ。

男の子の名前

名前	画数	読み	総画
並朗	8・10	なみろう	18
並樹	8・16	なみき	24

女の子の名前

名前	画数	読み	総画
並子	8・3	なみこ	11
並恵	8・10	なみえ	18

碧（ヘキ）14画

【音訓】ヘキ／あお・みどり
【名のり】きよし／たま

【意味】すんだ深みのある青緑色。その色の宝石。

男の子の名前

名前	画数	読み	総画
碧士	14・3	きよし	17
碧葉	14・12	あおば	26

女の子の名前

名前	画数	読み	総画
碧	14	みどり	14
碧美	14・9	たまみ	23

璧（ヘキ）18画

【音訓】ヘキ
【名のり】たま

【意味】祭りや儀式に使う輪の形をした宝石。美しい玉。

男の子の名前

名前	画数	読み	総画
璧人	18・2	へきと	20
璧紀	18・9	たまき	27

女の子の名前

名前	画数	読み	総画
璧美	18・9	たまみ	27
璧姫	18・10	たまき	28

編 ヘン 15画

［意味］順序を整えて組みたてる。あむ。書物。

［音訓］ヘン／あ-む

［名のり］あみ／つら／よし

女の子の名前

編乃	15・2	よしの	17
千編	3・15	ちあみ	18
編子	15・3	あみこ	18
編末	15・5	あみ	20

勉 ベン 10画

［意味］はげむ。目標に向かって一生懸命に行う。

［音訓］ベン／つと-める

［名のり］かつ／すすむ／つとむ／まさる

男の子の名前

勉	10	つとむ	10
勉希	10・7	かつき	17
勉造	10・10	べんぞう	20
勉磨	10・18	かつま	28

甫 ホ 7画

［意味］物事の始まり。はじめ。大きい。

［音訓］ホ・フ

［名のり］すけ／とし／のり／はじめ

男の子の名前

甫	7	はじめ	7
大甫	3・7	だいすけ	10
宝甫	8・7	ほうすけ	15
奏甫	9・7	そうすけ	16

歩 ホ 8画

［意味］前進する。あゆむ。

［音訓］ホ・フ・ブ／ある-く・あゆ-む

［名のり］あゆみ／あゆむ／すすむ

男の子の名前

歩	8	あゆむ	8
和歩	8・8	かずほ	16

女の子の名前

歩実	8・8	あゆみ	16
歩乃香	8・2・9	ほのか	19

保 ホ 9画

［意味］大切なものを長く守り続ける。安定させる。

［音訓］ホ・ホウ／たも-つ

［名のり］もり／やす／やすし／より

男の子の名前

保	9	たもつ	9
保志彦	9・7・9	ほしひこ	25

女の子の名前

志保	7・9	しほ	16
保乃香	9・2・9	ほのか	20

葡 ホ 12画

［意味］ブドウ科の樹木。葡萄の一字。

［音訓］ホ・ブ

［名のり］―

女の子の名前

沙葡	7・12	さほ	19
葡乃果	12・2・8	ほのか	22
莉葡	10・12	りほ	22
実葡子	8・12・3	みほこ	23

輔 ホ 14画

［意味］そばに寄り添って助ける。支える。力を添える。

［音訓］ホ／たす-ける

［名のり］すけ／たすく

男の子の名前

輔	14	たすく	14
佐輔	7・14	さすけ	21
涼輔	11・14	りょうすけ	25
輔清	14・11	すけきよ	25

穂 15画

ほ

［音訓］スイ／ほ

［名のり］お／ひで／ひな／みのる

［意味］穀物の茎の先の実をつける部分。穂先。

	名前	読み	画数
男の子の名前	穂(15)久(3)斗(4)	ほくと	22
	穂(15)積(16)	ほづみ	31
女の子の名前	志(7)穂(15)	しほ	22
	佳(8)穂(15)里(7)	かほり	30

方 4画

ホウ

［音訓］ホウ／かた

［名のり］くに／ただし／たもつ／まさ

［意味］向き。手段。正しい。きちんとしている。

	名前	読み	画数
男の子の名前	方(4)	たもつ	4
	方(4)正(5)	ほうせい	9
	彼(8)方(4)	かなた	12
	方(4)彦(9)	まさひこ	13

芳 7画

ホウ

［音訓］ホウ／かんば-しい

［名のり］か／かおり／かおる／よし

［意味］四方に広がるよい香り。よい評判。相手に敬意を表す。

	名前	読み	画数
男の子の名前	芳(7)	かおる	7
	芳(7)人(2)	よしと	9
女の子の名前	芳(7)美(9)	よしみ	16
	桃(10)芳(7)	ももか	17

邦 7画

ホウ

［音訓］ホウ／くに

［名のり］ほ

［意味］くに。大きな領土を持つくに。日本。

	名前	読み	画数
男の子の名前	邦(7)彦(9)	くにひこ	16
	邦(7)淳(11)	ほうじゅん	18
女の子の名前	美(9)邦(7)	みくに	16
	里(7)邦(7)子(3)	りほこ	17

宝 8画

ホウ

［音訓］ホウ／たから

［名のり］かね／たか／とみ／ほ／みち

［意味］大切に保存する珍しいもの。価値の高いもの。

	名前	読み	画数
男の子の名前	宝(8)	たから	8
	宝(8)稀(12)	ほまれ	20
女の子の名前	宝(8)世(5)	たかよ	13
	詩(13)宝(8)	しほ	21

法 8画

ホウ

［音訓］ホウ／のり

［名のり］かず／つね／はかる

［意味］決まったやり方。おきて。宗教の教え。

	名前	読み	画数
男の子の名前	克(7)法(8)	かつのり	15
	法(8)聖(13)	ほうせい	21
女の子の名前	法(8)美(9)	のりみ	17

朋 8画

ホウ

［音訓］ホウ／とも

［名のり］—

［意味］友だち。志を同じくする仲間。

	名前	読み	画数
男の子の名前	佳(8)朋(8)	よしとも	16
	朋(8)輝(15)	ともき	23
女の子の名前	朋(8)	とも	8
	朋(8)花(7)	ともか	15

峰 10画

ホウ

［音訓］ホウ／みね

［名のり］たか／たかし／ね／ほ

［意味］山の頂上。そびえる山。

	名前	読み	画数
男の子の名前	峰(10)	たかし	10
	峰(10)成(6)	ほうせい	16
女の子の名前	峰(10)生(5)	ねい	15
	李(7)峰(10)	りほ	17

峯 10画

ホウ

[意味] 山の頂上。そびえる山。「峰」の異体字。

[音訓] ホウ／みね

[名のり] たか／たかし／ね／ほ

男の子の名前

名前	読み	総画
峯(10)之(3)	たかゆき	13
和(8)峯(10)	かずみね	18

女の子の名前

名前	読み	総画
朱(6)峯(10)	あかね	16
沙(7)峯(10)	さほ	17

紡 10画

ホウ

[意味] まゆや綿などの繊維をより合わせて糸を作る。

[音訓] ボウ・ホウ／つむ-ぐ

[名のり] つむぎ／つむぐ

男の子の名前

名前	読み	総画
希(7)紡(10)	きぼう	17

女の子の名前

名前	読み	総画
紡(10)	つむぎ	10
紡(10)実(8)	つむみ	18

萌 11画

ホウ

[意味] 植物の芽が出てくること。芽ばえ。兆候。

[音訓] ホウ・ボウ／も-える

[名のり] きざし／め／めぐみ／もえ

男の子の名前

名前	読み	総画
萌(11)	きざし	11
秀(7)萌(11)	しゅうほう	18

女の子の名前

名前	読み	総画
萌(11)花(7)	もえか	18
結(12)萌(11)	ゆめ	23

豊 13画

ホウ

[意味] 物が多い。農作物がよく実る。

[音訓] ホウ・レイ／ゆた-か・とよ

[名のり] あつ／ひろ／みのる／ゆたか

男の子の名前

名前	読み	総画
豊(13)	ゆたか	13
豊(13)和(8)	とよかず	21

女の子の名前

名前	読み	総画
豊(13)子(3)	とよこ	16
豊(13)美(9)	とよみ	22

鵬 19画

ホウ

[意味] 想像上の鳥。鳳凰。

[音訓] ホウ／おおとり

[名のり] とも／ゆき

男の子の名前

名前	読み	総画
鵬(19)介(4)	ほうすけ	23
鵬(19)太(4)	ほうた	23

女の子の名前

名前	読み	総画
鵬(19)子(3)	ほうこ	22
鵬(19)花(7)	ほうか	26

房 8画

ボウ

[意味] 部屋。住まい。ふさ。

[音訓] ボウ／ふさ

[名のり] のぶ

男の子の名前

名前	読み	総画
房(8)之(3)介(4)	ふさのすけ	15
清(11)房(8)	きよふさ	19

女の子の名前

名前	読み	総画
房(8)子(3)	ふさこ	11
房(8)江(6)	ふさえ	14

茅 8画

ボウ

[意味] 草の名。かやでふいた屋根。

[音訓] ボウ／かや・ち

[名のり] あき

男の子の名前

名前	読み	総画
茅(8)都(11)	かやと	19
茅(8)雄(12)	かやお	20

女の子の名前

名前	読み	総画
茅(8)秋(9)	ちあき	17
茅(8)野(11)	かやの	19

望 11画

ボウ

[意味] 遠方を見ようとする。遠くからながめる。願う。満月。

[音訓] ボウ・モウ／のぞ-む

[名のり] のぞみ／のぞむ／み／も

男の子の名前

名前	読み	総画
匠(6)望(11)	たくみ	17
登(12)望(11)也(3)	ともや	26

女の子の名前

名前	読み	総画
希(7)望(11)	のぞみ	18
望(11)咲(9)	みさき	20

北 5画 ホク

〔意味〕方角の一つ。きた。

〔音訓〕ホク／きた

〔名のり〕た

男の子の名前

名前	画数	読み	総画
北斗	5・4	ほくと	9
北星	5・9	ほくせい	14

木 4画 ボク

〔意味〕き。樹木。

〔音訓〕ボク・モク／き・こ

〔名のり〕しげ

男の子の名前

名前	画数	読み	総画
瑞木	13・4	みずき	17
裕木	12・4	ひろき	16

女の子の名前

名前	画数	読み	総画
美木子	9・4・3	みきこ	16

牧 8画 ボク

〔意味〕家畜を飼う。まきば。放牧する場所。人を導く。

〔音訓〕ボク／まき

〔名のり〕—

男の子の名前

名前	画数	読み	総画
牧人	8・2	まきひと	10
牧史	8・5	まきし	13

女の子の名前

名前	画数	読み	総画
小牧	3・8	こまき	11
牧乃	8・2	まきの	10

読み方 マ

茉 8画 マ

〔意味〕ジャスミンの一種。茉莉の一字。

〔音訓〕マ・マツ・バツ

〔名のり〕—

男の子の名前

名前	画数	読み	総画
茉佐人	8・7・2	まさと	17
颯茉	14・8	そうま	22

女の子の名前

名前	画数	読み	総画
茉純	8・10	ますみ	18
茉利亜	8・7・7	まりあ	22

麻 11画 マ

〔意味〕クワ科の草の名。あさ。古代の主要な衣料の原料。しびれる。

〔音訓〕マ／あさ

〔名のり〕お／ぬさ

男の子の名前

名前	画数	読み	総画
麻斗	11・4	あさと	15
凌麻	10・11	りょうま	21

女の子の名前

名前	画数	読み	総画
麻結	11・12	まゆ	23
麻衣夏	11・6・10	まいか	27

摩 15画 マ

〔意味〕こすってけずる。ものが触れ合う。なめらかに磨きあげる。

〔音訓〕マ

〔名のり〕きよ／なず

男の子の名前

名前	画数	読み	総画
将摩	10・15	しょうま	25
摩胡人	15・9・2	まこと	26

女の子の名前

名前	画数	読み	総画
摩耶	15・9	まや	24
摩由奈	15・5・8	まゆな	28

一言アドバイス

中国語の読み方を元にしたのが音読み、日本語の意味をあてはめたのが訓読みです。名前は音読みが使われることが多いと言われています。

マ

磨 16画

［音訓］マ／みが-く

［名のり］おさむ／きよ

［意味］表面をなめらかに美しくする。訓練して技術や才能を向上させる。

	名前	読み	総画
男の子の名前	一[1]磨[16]	かずま	17
男の子の名前	伊[6]久[3]磨[16]	いくま	25
女の子の名前	衣[6]磨[16]	えま	22
女の子の名前	磨[16]奈[8]	まな	24

マ

麿 18画

［音訓］まろ

［名のり］―

［意味］自分を指す日本の古語。麻と呂を組み合わせて作られた字。

	名前	読み	総画
男の子の名前	麿[18]矢[5]	まろや	23
男の子の名前	秀[7]麿[18]	ひでまろ	25
女の子の名前	麿[18]乃[2]	まろの	20
女の子の名前	麿[18]美[9]	まろみ	27

まい

舞 15画

［音訓］ブ／ま-う・まい

［名のり］―

［意味］踊る。心をはずませる。

	名前	読み	総画
男の子の名前	舞[15]人[2]	まいと	17
男の子の名前	翔[12]舞[15]	しょうま	27
女の子の名前	舞[15]	まい	15
女の子の名前	舞[15]帆[6]	まほ	21

まさ

柾 9画

［音訓］まさ・まさき

［名のり］ただ

［意味］木の名。マサキ。縦にまっすぐに通った木目。

	名前	読み	総画
男の子の名前	柾[9]	まさき	9
男の子の名前	盛[11]柾[9]	もりまさ	20
女の子の名前	柾[9]子[3]	まさこ	12
女の子の名前	柾[9]美[9]	まさみ	18

まり

毬 11画

［音訓］キュウ／まり

［名のり］―

［意味］まり。たま。

	名前	読み	総画
男の子の名前	毬[11]夫[4]	まりお	15
女の子の名前	毬[11]花[7]	まりか	18
女の子の名前	毬[11]奈[8]	まりな	19

まり

鞠 17画

［音訓］キク／まり

［名のり］―

［意味］遊びに使う球。大事に育てること。

	名前	読み	総画
男の子の名前	鞠[17]夫[4]	まりお	21
男の子の名前	鞠[17]朗[10]	きくろう	27
女の子の名前	伊[6]鞠[17]	いまり	23
女の子の名前	鞠[17]香[9]	まりか	26

マン

万 3画

［音訓］マン・バン

［名のり］かず／かつ／たか／ま／よろず

［意味］数の万。百の百倍。多い。

	名前	読み	総画
男の子の名前	勇[9]万[3]	ゆうま	12
男の子の名前	万[3]次[6]郎[9]	まんじろう	18
女の子の名前	万[3]央[5]	まお	8
女の子の名前	衣[6]万[3]里[7]	いまり	16

マン

満 12画

［音訓］マン／み-ちる

［名のり］ま／ます／みち／みつ／みつる

［意味］いっぱいになる。隅々まで欠けたところがない。豊かさを表す。

	名前	読み	総画
男の子の名前	満[12]	みつる	12
男の子の名前	満[12]也[3]	みちや	15
女の子の名前	満[12]那[7]	まな	19
女の子の名前	満[12]夏[10]	みちか	22

読み方 ミ

巳
み
3画

［音訓］シ・ジ／み
［名のり］―

［意味］へび。十二支の六番目。

	名前	各字の画数	読み	総画
男の子の名前	太巳央	4・3・5	たみお	12
男の子の名前	琢巳	11・3	たくみ	14
女の子の名前	琴巳	12・3	ことみ	15
女の子の名前	巳麗	3・19	みれい	22

未
ミ
5画

［音訓］ミ・ビ／いま-だ・ひつじ
［名のり］ひで

［意味］ひつじ。十二支の八番目。いまだ実現しおわっていないこと。

	名前	各字の画数	読み	総画
男の子の名前	拓未	8・5	たくみ	13
男の子の名前	未来歩	5・7・8	みきほ	20
女の子の名前	未咲	5・9	みさき	14
女の子の名前	愛未	13・5	あいみ	18

岬
みさき
8画

［音訓］コウ／みさき
［名のり］―

［意味］海や湖に突き出している陸地。

	名前	各字の画数	読み	総画
男の子の名前	岬一	8・1	こういち	9
男の子の名前	岬太	8・4	こうた	12
女の子の名前	岬	8	みさき	8
女の子の名前	岬子	8・3	こうこ	11

蜜
ミツ
14画

［音訓］ミツ・ビツ
［名のり］―

［意味］植物の花から出る甘い液。砂糖などを溶かして作る甘い液。

	名前	各字の画数	読み	総画
男の子の名前	蜜秀	14・7	みつひで	21
男の子の名前	蜜希	14・7	みつき	21
女の子の名前	蜜香	14・9	みつか	23
女の子の名前	蜜恵	14・10	みつえ	24

民
ミン
5画

［音訓］ミン／たみ
［名のり］ひと／み／もと

［意味］一般の人。

	名前	各字の画数	読み	総画
男の子の名前	民斗	5・4	たみと	9
男の子の名前	民生	5・5	たみお	10
女の子の名前	民乃	5・2	たみの	7
女の子の名前	民江	5・6	たみえ	11

読み方 ム

務
ム
11画

［音訓］ム／つと-める
［名のり］かね／ちか／みち

［意味］役割を果たす。仕事。役割。

	名前	各字の画数	読み	総画
男の子の名前	務志	11・7	ちかし	18
男の子の名前	歩務	8・11	あゆむ	19
男の子の名前	浩務	10・11	ひろむ	21
男の子の名前	恵務	10・11	めぐむ	21

ム 夢 13画

［意味］睡眠中に見るゆめ。実現させたい願い。将来のゆめ。

［音訓］ム／ゆめ

［名のり］ゆ

	名前	画数	読み	総画
男の子の名前	夢仁	13・4	ゆめひと	17
男の子の名前	登夢	12・13	とむ	25
女の子の名前	夢子	13・3	ゆめこ	16
女の子の名前	美夢	9・13	みゆ	22

むつ 睦 13画

［意味］仲が良い。仲良し。人々が仲良く寄りあう。

［音訓］ボク／むつ-まじい

［名のり］ちか／とも／まこと／む／むつみ／よし

	名前	画数	読み	総画
男の子の名前	睦人	13・2	むつと	15
男の子の名前	達睦	12・13	たつむ	25
女の子の名前	睦	13	むつみ	13
女の子の名前	睦香	13・9	よしか	22

め 芽 8画

［意味］植物の芽。若葉や物事の始まり。きざし。

［音訓］ガ／め

［名のり］めい

	名前	画数	読み	総画
男の子の名前	大芽	3・8	たいが	11
男の子の名前	優芽人	17・8・2	ゆめと	27
女の子の名前	芽	8	めい	8
女の子の名前	芽里	8・7	めり	15

メイ 名 6画

［意味］名前。評判がいい。有名である。優れている。

［音訓］メイ・ミョウ／な

［名のり］あきら／かた／もり

	名前	画数	読み	総画
男の子の名前	蒼名	13・6	そうめい	19
男の子の名前	陽名汰	12・6・7	ひなた	25
女の子の名前	名紗	6・10	めいさ	16
女の子の名前	梨名	11・6	りな	17

メイ 明 8画

［意味］光が差してあかるい。ものごとがはっきりしている。賢い。

［音訓］メイ／あ-かり・あか-るい・あき-らか

［名のり］―

	名前	画数	読み	総画
男の子の名前	一明	1・8	かずあき	9
男の子の名前	奏明	9・8	そうめい	17
女の子の名前	明莉	8・10	あかり	18
女の子の名前	明日見	8・4・7	あすみ	19

メイ 命 8画

［意味］いのち。天から与えられたもの。神の名前に添える言葉。

［音訓］メイ／いのち・みこと

［名のり］あきら／とし／よし／より

	名前	画数	読み	総画
男の子の名前	命	8	みこと	8
男の子の名前	孝命	7・8	たかよし	15
女の子の名前	命子	8・3	めいこ	11
女の子の名前	命香	8・9	めいか	17

メイ 盟 13画

［意味］固い約束を交わす。

［音訓］メイ／ちか-う

［名のり］―

	名前	画数	読み	総画
男の子の名前	盟世	13・5	めいせい	18
男の子の名前	盟志	13・7	ちかし	20
女の子の名前	盟子	13・3	めいこ	16
女の子の名前	美盟	9・13	みちか	22

綿 メン 14画

［意味］植物のわたから製した繊維。細長く続く。

［音訓］メン／わた

［名のり］つら／まさ／ます／やす

男の子の名前

名前	画数	読み	総画
綿留	14・10	わたる	24

女の子の名前

名前	画数	読み	総画
木綿子	4・14・3	ゆうこ	21

読み方 モ

茂 モ 8画

［意味］草木がしげる。

［音訓］モ／しげ-る

［名のり］しげみ／しげる／たか／とも

男の子の名前

名前	画数	読み	総画
茂	8	しげる	8
茂樹	8・16	しげき	24

女の子の名前

名前	画数	読み	総画
茂美	8・9	しげみ	17
茂恵	8・10	もえ	18

孟 モウ 8画

［意味］力を尽くす。一番年上の。最初の。本来は長男や長女を指した。

［音訓］モウ

［名のり］たけ／たけし／つとむ／はじめ／はる

男の子の名前

名前	画数	読み	総画
孟	8	たけし	8
孟琉	8・11	たける	19

女の子の名前

名前	画数	読み	総画
知孟	8・8	ちはる	16
孟美	8・9	たけみ	17

猛 モウ 11画

［意味］いきりたつ。気力や勢いがはげしい。力強い。

［音訓］モウ／たけ-る

［名のり］たか／たけし／たける／つよ

男の子の名前

名前	画数	読み	総画
猛	11	たける	11
猛生	11・5	たけお	16
猛志	11・7	たけし	18
猛翔	11・12	たけと	23

椛 もみじ 11画

［意味］紅葉。または、カバノキ科の樹木。

［音訓］もみじ

［名のり］か／なぎ

女の子の名前

名前	画数	読み	総画
椛	11	もみじ	11
椛子	11・3	なぎこ	14
椛那	11・7	かな	18
愛椛	13・11	あいか	24

門 モン 8画

［意味］出入り口。家や家柄のこと。

［音訓］モン／かど

［名のり］と／ひろ／ゆき

男の子の名前

名前	画数	読み	総画
門土	8・3	もんど	11
亜門	7・8	あもん	15

女の子の名前

名前	画数	読み	総画
門奈	8・8	ゆきな	16
門恵	8・10	ゆきえ	18

紋 モン 10画

［意味］さまざまな模様。その家を表す定まったしるし。

［音訓］モン

［名のり］あや

男の子の名前

名前	画数	読み	総画
紋人	10・2	あやひと	12
紋斗	10・4	もんと	14

女の子の名前

名前	画数	読み	総画
紋	10	あや	10
紋美	10・9	あやみ	19

読み方

ヤ

也（ヤ）3画

[音訓] ヤ／なり

[名のり] ただ

[意味] 断定を表す。

男の子の名前

和8也3	かずなり	11
信9也3	しんや	12

女の子の名前

亜7也3	あや	10
紗10也3佳8	さやか	21

矢（ヤ）5画

[音訓] シ／や

[名のり] ただ／ただし／なお

[意味] 武器の一つ。や。まっすぐなさま。

男の子の名前

和8矢5	かずや	13
優17矢5	ゆうや	22

女の子の名前

麻11矢5	まや	16
沙7矢5香9	さやか	21

夜（ヤ）8画

[音訓] ヤ／よ・よる

[名のり] やす／よ／よる

[意味] よる。日没から日の出までの時間。

男の子の名前

夜8之3	やすゆき	11
星9夜8	せいや	17

女の子の名前

小3夜8子3	さよこ	14
美9夜8	みよ	17

弥（ヤ）8画

[音訓] ビ・ミ／や・いや

[名のり] いよ／ひさ／ひろ／みつ

[意味] ますます。いよいよ。行き渡るさま。

男の子の名前

芯7弥8	しんや	15
卓8弥8	たくや	16

女の子の名前

弥8生5	やよい	13
愛13弥8美9	あやみ	30

耶（ヤ）9画

[音訓] ヤ／か

[名のり] —

[意味] 疑問・反語の意を表す。…であるか。

男の子の名前

宥9耶9	ひろや	18
龍16耶9	たつや	25

女の子の名前

果8耶9	かや	17
絢12耶9	あやか	21

椰（ヤ）13画

[音訓] ヤ

[名のり] やし

[意味] 樹木の名前。

男の子の名前

大3椰13	ひろや	16
椰13彦9	やひこ	22

女の子の名前

実8椰13	みや	21
花7椰13乃2	かやの	22

柔（やわ-らかい）9画

[音訓] ジュウ・ニュウ／やわ-らかい

[名のり] じゅ／なり／やす／やわら／よし

[意味] 人当たりがよく、状況に変化しないさま。

男の子の名前

柔9一1	じゅういち	10
柔9矢5	じゅうや	14

女の子の名前

柔9	やわら	9
柔9理11	じゅり	20

読み方

ユ

由 5画

ユ

［音訓］ユ・ユウ・ユイ／よし

［名のり］ただ／ゆき／より

［意味］基づく。頼る。従う。

男の子の名前

名前	画数	読み	総画
由二	5・2	ゆうじ	7
由稀	5・12	ゆうき	17

女の子の名前

名前	画数	読み	総画
由真	5・10	ゆま	15
由唯	5・11	ゆい	16

愉 12画

ユ

［音訓］ユ／たの-しい

［名のり］—

［意味］悩みがなく、いきいきとしたさま。

男の子の名前

名前	画数	読み	総画
愉宇	12・6	ゆう	18
愉吉	12・6	ゆきち	18

女の子の名前

名前	画数	読み	総画
心愉	4・12	みゆ	16
愉珠	12・10	ゆず	22

諭 16画

ユ

［音訓］ユ／さと-す

［名のり］さとし／さとす／つぐ

［意味］話し合いをして理解させるさま。

男の子の名前

名前	画数	読み	総画
諭士	16・3	さとし	19
友諭	4・16	ともさと	20

女の子の名前

名前	画数	読み	総画
諭江	16・6	さとえ	22
美諭	9・16	みさと	25

癒 18画

ユ

［音訓］ユ／い-える・い-やす

［名のり］—

［意味］病気が治る。

男の子の名前

名前	画数	読み	総画
癒月	18・4	ゆづき	22
癒宇	18・6	ゆう	24

女の子の名前

名前	画数	読み	総画
美癒	9・18	みゆ	27
癒愛	18・13	ゆあ	31

唯 11画

ユイ

［音訓］ユイ・イ／ただ

［名のり］—

［意味］ただそれだけ。

男の子の名前

名前	画数	読み	総画
唯地	11・6	ゆいじ	17
唯男	11・7	ただお	18

女の子の名前

名前	画数	読み	総画
唯	11	ゆい	11
麻唯	11・11	まい	22

友 4画

ユウ

［音訓］ユウ／とも

［名のり］すけ／ゆ

［意味］ともだち。仲間などの意味。

男の子の名前

名前	画数	読み	総画
友一	4・1	ゆういち	5
友助	4・7	ゆうすけ	11

女の子の名前

名前	画数	読み	総画
友美	4・9	ともみ	13
友華	4・10	ともか	14

有 6画

ユウ

［音訓］ユウ・ウ／あ-る

［名のり］あり／たもつ／みち／ゆ

［意味］そこに存在する。所有する。

男の子の名前

名前	画数	読み	総画
有洋	6・9	ありひろ	15
有道	6・12	ありみち	18

女の子の名前

名前	画数	読み	総画
有咲	6・9	ありさ	15
有希子	6・7・3	あきこ	16

ユウ 邑 7画

［音訓］ユウ／むら

［名のり］くに／さと／さとし／ゆ

［意味］人が集まり住んでいる地域。

	名前	画数	読み	総画
男の子の名前	邑馬	7・10	ゆうま	17
男の子の名前	邑樹	7・16	ゆうき	23
女の子の名前	邑	7	ゆう	7
女の子の名前	美邑	9・7	みさと	16

ユウ 佑 7画

［音訓］ユウ・ウ

［名のり］すけ／たすく／ゆう

［意味］物事を助けるさま。

	名前	画数	読み	総画
男の子の名前	佑斗	7・4	ゆうと	11
男の子の名前	相佑	9・7	そうすけ	16
女の子の名前	佑花	7・7	ゆうか	14
女の子の名前	佑保	7・9	ゆうほ	16

ユウ 侑 8画

［音訓］ユウ・ウ

［名のり］いく／すけ／すすむ／ゆき

［意味］勧める。また、何かを助ける。

	名前	画数	読み	総画
男の子の名前	侑也	8・3	ゆうや	11
男の子の名前	侑太郎	8・4・9	ゆうたろう	21
女の子の名前	侑	8	ゆう	8
女の子の名前	侑子	8・3	ゆうこ	11

ユウ 勇 9画

［音訓］ユウ／いさ-む

［名のり］いさお／いさみ／お／さ

［意味］元気や気力があるなどの意味。

	名前	画数	読み	総画
男の子の名前	勇気	9・6	ゆうき	15
男の子の名前	勇吾	9・7	ゆうご	16
女の子の名前	勇	9	いさみ	9
女の子の名前	勇菜	9・11	ゆうな	20

ユウ 柚 9画

［音訓］ユウ・ユ／ゆず

［名のり］—

［意味］果樹の名前。ユズ。

	名前	画数	読み	総画
男の子の名前	柚平	9・5	ゆうへい	14
男の子の名前	柚汰	9・7	ゆうた	16
女の子の名前	柚木	9・4	ゆずき	13
女の子の名前	柚羽	9・6	ゆずは	15

ユウ 宥 9画

［音訓］ユウ／なだ-める

［名のり］すけ／ひろ

［意味］ゆとりをもつ。大目にみる。なだめる。

	名前	画数	読み	総画
男の子の名前	宥大	9・3	ゆうだい	12
男の子の名前	宥介	9・4	ゆうすけ	13
女の子の名前	宥奈	9・8	ゆうな	17
女の子の名前	宥美	9・9	ゆうみ	18

ユウ 祐 9画

［音訓］ユウ

［名のり］さち／すけ／たすく／ち／ひろ／まさ／みち／ゆ／よし

［意味］たすけること。神仏によるたすけ。

	名前	画数	読み	総画
男の子の名前	祐哉	9・9	ゆうや	18
男の子の名前	啓祐	11・9	けいすけ	20
女の子の名前	祐香	9・9	ゆうか	18
女の子の名前	祐美香	9・9・9	ゆみか	27

ユウ 悠 11画

［音訓］ユウ／はる-か

［名のり］ちか／なが／はる／ひさ

［意味］はるか先。どこまでも続くさま。

	名前	画数	読み	総画
男の子の名前	悠仁	11・4	ゆうじん	15
男の子の名前	秋悠	9・11	あきひさ	20
女の子の名前	悠亜	11・7	ゆうあ	18
女の子の名前	真悠	10・11	まゆう	21

ユウ

遊 12画

［音訓］ユウ・ユ／あそ-ぶ

［名のり］とも／なが／ゆき

［意味］自分の好きなことをして楽しむさま。

	名前	画数	読み	総画
男の子の名前	遊久	12・3	ともひさ	15
男の子の名前	遊介	12・4	ゆうすけ	16
女の子の名前	遊乃	12・2	ゆうの	14
女の子の名前	遊那	12・7	ゆうな	19

ユウ

裕 12画

［音訓］ユウ・ユ

［名のり］すけ／ひろ／まさ／みち

［意味］物事が満ち足りていてゆとりがある。

	名前	画数	読み	総画
男の子の名前	裕士	12・3	ひろし	15
男の子の名前	高裕	10・12	たかひろ	22
女の子の名前	千裕	3・12	ちひろ	15
女の子の名前	裕美	12・9	ゆみ	21

ユウ

雄 12画

［音訓］ユウ／お・おす

［名のり］お／かず／たけ／まさ

［意味］おおしい。強くて勇ましい。

	名前	画数	読み	総画
男の子の名前	雄大	12・3	たけひろ	15
男の子の名前	雄史	12・5	ゆうし	17
女の子の名前	雄音	12・9	ゆうね	21
女の子の名前	雄湖	12・12	ゆうこ	24

ユウ

湧 12画

［音訓］ユウ・ヨウ／わ-く

［名のり］いさむ／わか／わき／わく

［意味］水がわきでる。

	名前	画数	読み	総画
男の子の名前	湧士	12・3	ゆうし	15
男の子の名前	湧平	12・5	ゆうへい	17
女の子の名前	湧花	12・7	ゆうか	19
女の子の名前	湧美	12・9	ゆうみ	21

ユウ

優 17画

［音訓］ユウ・ウ／やさ-しい

［名のり］ひろ／まさる／ゆ

［意味］他よりもすぐれていること。美しく、品のあるさま。

	名前	画数	読み	総画
男の子の名前	優	17	ゆう	17
男の子の名前	優亜	17・7	ゆうあ	24
女の子の名前	優里	17・7	ゆうり	24
女の子の名前	美優	9・17	みゆう	26

ゆみ

弓 3画

［音訓］キュウ／ゆみ

［名のり］ゆ

［意味］武具や楽器のゆみ。

	名前	画数	読み	総画
男の子の名前	一弓	1・3	いっきゅう	4
男の子の名前	弓成	3・6	ゆみなり	9
女の子の名前	弓花	3・7	ゆみか	10
女の子の名前	愛弓	13・3	あゆみ	16

読み方

ヨ

ヨ

与 3画

［音訓］ヨ／あた-える

［名のり］くみ／すえ／とも／のぶ

［意味］あたえる。さずける。仲間になる。

	名前	画数	読み	総画
男の子の名前	与	3	ひとし	3
男の子の名前	与一	3・1	よいち	4
女の子の名前	久与	3・3	ひさよ	6
女の子の名前	伊与	6・3	いよ	9

予（ヨ）4画

［音訓］ヨ／あらかじ-め・かね-て
［名のり］まさ／やす／やすし
［意味］前もってしておく。あらかじめ。

	名前	読み	総画
男の子の名前	予(4)	やすし	4
男の子の名前	真(10)予(4)	まよ	14
女の子の名前	幸(8)予(4)	さちよ	12
女の子の名前	砂(9)予(4)	さよ	13

余（ヨ）7画

［音訓］ヨ／あま-る
［名のり］われ
［意味］残った部分。ゆとり。自分。

	名前	読み	総画
男の子の名前	余(7)市(5)	よいち	12
男の子の名前	里(7)余(7)	りよ	14
女の子の名前	伊(6)余(7)	いよ	13
女の子の名前	里(7)余(7)子(3)	りよこ	17

誉（ヨ）13画

［音訓］ヨ／ほま-れ・ほ-める
［名のり］しげ／たか／のり／ほまれ
［意味］評判が良いこと。ほめられること。

	名前	読み	総画
男の子の名前	誉(13)士(3)	たかし	16
男の子の名前	誉(13)高(10)	しげたか	23
女の子の名前	誉(13)	ほまれ	13
女の子の名前	可(5)誉(13)	かよ	18

洋（ヨウ）9画

［音訓］ヨウ
［名のり］きよ／なみ／ひろ／み／よ
［意味］「太平洋」や「大洋」などの広い海。

	名前	読み	総画
男の子の名前	洋(9)介(4)	ようすけ	13
男の子の名前	功(5)洋(9)	こうよう	14
女の子の名前	千(3)洋(9)	ちひろ	12
女の子の名前	洋(9)子(3)	ようこ	12

要（ヨウ）9画

［音訓］ヨウ／かなめ・い-る
［名のり］しの／とし／め／やす
［意味］大事なところ。なくてはならないもの。

	名前	読み	総画
男の子の名前	要(9)	かなめ	9
男の子の名前	要(9)平(5)	ようへい	14
女の子の名前	要(9)子(3)	ようこ	12
女の子の名前	要(9)美(9)	としみ	18

容（ヨウ）10画

［音訓］ヨウ／い-れる
［名のり］かた／なり／ひろ／まさ／もり
［意味］聞き入れる。許す。ゆとりがある。

	名前	読み	総画
男の子の名前	容(10)次(6)	ようじ	16
男の子の名前	秋(9)容(10)	あきひろ	19
女の子の名前	容(10)香(9)	ようか	19
女の子の名前	麻(11)容(10)	まひろ	21

庸（ヨウ）11画

［音訓］ヨウ
［名のり］いさお／つね／のぶ／やす
［意味］つね。不変。

	名前	読み	総画
男の子の名前	庸(11)久(3)	つねひさ	14
男の子の名前	信(9)庸(11)	のぶやす	20
女の子の名前	庸(11)代(5)	やすよ	16
女の子の名前	庸(11)夏(10)	やすか	21

揚（ヨウ）12画

［音訓］ヨウ／あ-げる・あ-がる
［名のり］あき／あきら／たか／のぶ
［意味］気分が高まる。勢いがさかんになるさま。

	名前	読み	総画
男の子の名前	光(6)揚(12)	てるあき	18
男の子の名前	揚(12)彦(9)	あきひこ	21
女の子の名前	揚(12)美(9)	たかみ	21
女の子の名前	揚(12)海(9)	ようみ	21

葉（ヨウ）12画

［音訓］ヨウ・ショウ／は

［名のり］たに／のぶ／ば／ふさ／よ

［意味］時代のひと区切り。植物の、は。

男の子の名前

名前	画数	読み	総画
葉太	12・4	ようた	16
青葉	8・12	あおば	20

女の子の名前

名前	画数	読み	総画
乙葉	1・12	おとは	13
双葉	4・12	ふたば	16

遥（ヨウ）12画

［音訓］ヨウ／はる-か

［名のり］のぶ／のり／はる／みち

［意味］距離的にも時間的にも遠い。

男の子の名前

名前	画数	読み	総画
大遥	3・12	たいよう	15
遥杜	12・7	はると	19

女の子の名前

名前	画数	読み	総画
千遥	3・12	ちはる	15
遥妃	12・6	はるひ	18

陽（ヨウ）12画

［音訓］ヨウ／ひ

［名のり］あき／あきら／きよ／たか／はる

［意味］日。太陽のように明るくあたたかい。

男の子の名前

名前	画数	読み	総画
時陽	10・12	ときはる	22
朝陽	12・12	あさひ	24

女の子の名前

名前	画数	読み	総画
心陽	4・12	みはる	16
陽麻里	12・11・7	ひまり	30

蓉（ヨウ）13画

［音訓］ヨウ

［名のり］はす

［意味］ハスの花。植物の名前。

男の子の名前

名前	画数	読み	総画
蓉一	13・1	よういち	14
蓉也	13・3	ようや	16

女の子の名前

名前	画数	読み	総画
蓉乃	13・2	はすの	15
蓉美	13・9	はすみ	22

謡（ヨウ）16画

［音訓］ヨウ／うたい・うた-う

［名のり］—

［意味］能楽のうたい。流行の歌。

男の子の名前

名前	画数	読み	総画
謡汰	16・7	ようた	23
謡太朗	16・4・10	ようたろう	30

女の子の名前

名前	画数	読み	総画
謡子	16・3	ようこ	19
謡花	16・7	ようか	23

曜（ヨウ）18画

［音訓］ヨウ

［名のり］あき／あきら／てる／よう

［意味］一週間を太陽、月、五星にあてて呼ぶ名称。

男の子の名前

名前	画数	読み	総画
曜	18	あきら	18
曜一朗	18・1・10	よういちろう	29

女の子の名前

名前	画数	読み	総画
曜子	18・3	ようこ	21
曜美	18・9	あきみ	27

耀（ヨウ）20画

［音訓］ヨウ

［名のり］あき／あきら／てる

［意味］光り輝く。輝くさま。

男の子の名前

名前	画数	読み	総画
耀次	20・6	ようじ	26
昌耀	8・20	まさてる	28

女の子の名前

名前	画数	読み	総画
耀子	20・3	ようこ	23
耀音	20・9	あきね	29

翼（ヨク）17画

［音訓］ヨク／つばさ

［名のり］すけ／たすく

［意味］鳥のつばさ。助ける。かばう。

男の子の名前

名前	画数	読み	総画
翼	17	たすく	17
大翼	3・17	だいすけ	20

女の子の名前

名前	画数	読み	総画
翼	17	つばさ	17
美翼	9・17	みよく	26

ら

読み方

羅　ラ　19画

〔音訓〕ラ
〔名のり〕つら

〔意味〕薄く織った絹布。つらねる。

男の子の名前	画数	読み	総画
泰羅	10・19	たいら	29
彰羅	14・19	あきら	33

女の子の名前	画数	読み	総画
沙羅	7・19	さら	26
愛羅	13・19	あいら	32

来　ライ　7画

〔音訓〕ライ／く-る
〔名のり〕き／く／くる／こ

〔意味〕これから先の。こちらに近づいてくる。

男の子の名前	画数	読み	総画
未来斗	5・7・4	みきと	16
悠来	11・7	ゆうき	18

女の子の名前	画数	読み	総画
来実	7・8	くみ	15
明来	8・7	あき	15

來　ライ　8画

〔音訓〕ライ／く-る・きた-る・きた-す
〔名のり〕き／くる／こ

〔意味〕やってくる。ある状態になる。「来」の旧字体。

男の子の名前	画数	読み	総画
來雅	8・13	らいが	21
來夢	8・13	らいむ	21

女の子の名前	画数	読み	総画
未來	5・8	みらい	13
紗來	10・8	さき	18

徠　ライ　11画

〔音訓〕ライ
〔名のり〕とめ

〔意味〕いたわる。ねぎらう。

男の子の名前	画数	読み	総画
徠人	11・2	らいと	13
徠希	11・7	らいき	18

女の子の名前	画数	読み	総画
美徠	9・11	みらい	20
徠香	11・9	らいか	20

雷　ライ　13画

〔音訓〕ライ／かみなり
〔名のり〕あずま／いかずち

〔意味〕かみなり。空気中の放電により、光と音が生じる気象現象。

男の子の名前	画数	読み	総画
雷	13	あずま	13
雷太	13・4	らいた	17

女の子の名前	画数	読み	総画
小雷	3・13	こらい	16
雷衣	13・6	らい	19

頼　ライ　16画

〔音訓〕ライ／たよ-る・たの-む
〔名のり〕のり／よし／より

〔意味〕あてにする。たよりとする。

男の子の名前	画数	読み	総画
頼之	16・3	よしゆき	19
智頼	12・16	ともより	28

女の子の名前	画数	読み	総画
頼子	16・3	よりこ	19
頼佳	16・8	よりか	24

藍　ラン　18画

〔音訓〕ラン／あい
〔名のり〕―

〔意味〕草の名。濃い青色。

男の子の名前	画数	読み	総画
藍太	18・4	あいた	22
藍季	18・8	あいき	26

女の子の名前	画数	読み	総画
藍良	18・7	あいら	25
藍美	18・9	あいみ	27

蘭（ラン）19画

［意味］植物の名。立派なもののたとえ。

［音訓］ラン

［名のり］か

	名前	画数	読み	総画
男の子の名前	蘭丸	19・3	らんまる	22
男の子の名前	亜蘭	7・19	あらん	26
女の子の名前	蘭子	19・3	らんこ	22
女の子の名前	愛蘭	13・19	あいか	32

吏（リ）6画

［意味］役人。

［音訓］リ

［名のり］おさ／さと／つかさ

	名前	画数	読み	総画
男の子の名前	吏久	6・3	りく	9
男の子の名前	吏志	6・7	さとし	13
女の子の名前	杏吏	7・6	あんり	13
女の子の名前	江吏子	6・6・3	えりこ	15

利（リ）7画

［意味］有利なこと。理解がはやい。かしこい。

［音訓］リ／き-く

［名のり］かず／さと／と／とし

	名前	画数	読み	総画
男の子の名前	真利	10・7	まさとし	17
男の子の名前	詠利	12・7	えいり	19
女の子の名前	美乃利	9・2・7	みのり	18
女の子の名前	真利子	10・7・3	まりこ	20

里（リ）7画

［意味］いなか。またはふるさと。

［音訓］リ／さと

［名のり］さと／さとし／のり

	名前	画数	読み	総画
男の子の名前	冬里	5・7	とうり	12
男の子の名前	里志	7・7	さとし	14
女の子の名前	里奈	7・8	りな	15
女の子の名前	伊央里	6・5・7	いおり	18

李（リ）7画

［意味］果樹の名。スモモ。

［音訓］リ／すもも

［名のり］き／もも

	名前	画数	読み	総画
男の子の名前	李希	7・7	りき	14
男の子の名前	優李	17・7	ゆうり	24
女の子の名前	李果	7・8	ももか	15
女の子の名前	李音	7・9	りおん	16

俐（リ）9画

［意味］頭が良いさま。かしこい。

［音訓］リ

［名のり］さと／さとし

	名前	画数	読み	総画
男の子の名前	俐人	9・2	りひと	11
男の子の名前	俐久	9・3	りく	12
女の子の名前	俐沙	9・7	りさ	16
女の子の名前	愛俐	13・9	あいり	22

莉（リ）10画

［意味］「茉莉」は、木の名前。

［音訓］リ

［名のり］ー

	名前	画数	読み	総画
男の子の名前	莉一	10・1	りいち	11
男の子の名前	開莉	12・10	かいり	22
女の子の名前	明莉	8・10	あかり	18
女の子の名前	莉緒	10・14	りお	24

リ　浬　10画

［音訓］リ／かいり

［名のり］—

［意味］海里。海上の距離を表す単位。

	名前	読み	総画
男の子の名前	千3浬10	せんり	13
男の子の名前	海9浬10	かいり	19
女の子の名前	浬10花7	りか	17
女の子の名前	愛13浬10	あいり	23

リ　梨　11画

［音訓］リ

［名のり］りん

［意味］果樹の名。

	名前	読み	総画
男の子の名前	快7梨11	かいり	18
男の子の名前	梨11玖7	りく	18
女の子の名前	乃2梨11子3	のりこ	16
女の子の名前	梨11果8	りか	19

リ　理　11画

［音訓］リ／ことわり

［名のり］あや／おさむ／さと／まさ

［意味］物事のすじみち。ととのえる。物理学。

	名前	読み	総画
男の子の名前	理11	おさむ	11
男の子の名前	理11仁4	りひと	15
女の子の名前	理11央5	りお	16
女の子の名前	真10理11	まり	21

リ　璃　15画

［音訓］リ

［名のり］あき

［意味］「琉璃」は、玉の名。青色の美しい宝石。

	名前	読み	総画
男の子の名前	璃15大3	りお	18
男の子の名前	海9璃15	かいり	24
女の子の名前	汐6璃15	しおり	21
女の子の名前	璃15沙7	りさ	22

リク　陸　11画

［音訓］リク・ロク／おか

［名のり］たかし／みち／む／むつ

［意味］水におおわれていない土地。連なるさま。

	名前	読み	総画
男の子の名前	陸11也3	りくや	14
男の子の名前	広5陸11	ひろむ	16
女の子の名前	陸11未5	りくみ	16
女の子の名前	美9陸11	みおか	20

リツ　立　5画

［音訓］リツ・リュウ／た-つ

［名のり］たか／たつ／たて／はる

［意味］まっすぐに立つ。起き上がる。しっかりと定まる。

	名前	読み	総画
男の子の名前	智12立5	ともたつ	17
男の子の名前	立5樹16	たつき	21
女の子の名前	立5花7	りつか	12
女の子の名前	立5葉12	たつは	17

リツ　律　9画

［音訓］リツ・リチ

［名のり］ただし／ただす／のり

［意味］おきて。さだめ。音楽の調子。音階。

	名前	読み	総画
男の子の名前	律9希7	りつき	16
男の子の名前	貴12律9	たかのり	21
女の子の名前	律9佳8	りつか	17
女の子の名前	美9律9	みのり	18

リュウ　柳　9画

［音訓］リュウ／やなぎ

［名のり］—

［意味］木の名。ヤナギ。また、ヤナギのように細いもの。

	名前	読み	総画
男の子の名前	柳9太4	りゅうた	13
男の子の名前	柳9一1郎9	りゅういちろう	19
女の子の名前	美9柳9	みりゅう	18
女の子の名前	柳9香9	りゅうか	18

流 リュウ 10画

【音訓】リュウ・ル／なが-れる

【名のり】いたる／しく／とも／はる

【意味】水などがながれる。時が経つ。世の中に広まる。階層。

名前	読み	画数
男の子の名前		
壮6流10	たける	16
流10星9	りゅうせい	19
女の子の名前		
美9流10	みはる	19
静14流10	しずる	24

留 リュウ 10画

【音訓】リュウ・ル／と-める

【名のり】たね／と／とめ／ひさ／る

【意味】動かないようにする。後に残す。

名前	読み	画数
男の子の名前		
当6留10	あたる	16
波8留10	はる	18
女の子の名前		
留10衣6	るい	16
久3留10実8	くるみ	21

竜 リュウ 10画

【音訓】リュウ・リョウ／たつ

【名のり】―

【意味】想像上の動物の名。たつ。優れた人物や物事。めぐみ。

名前	読み	画数
男の子の名前		
竜10也3	たつや	13
竜10太4	りょうた	14
女の子の名前		
竜10子3	たつこ	13
竜10世5	たつよ	15

隆 リュウ 11画

【音訓】リュウ

【名のり】お／しげ／たか／たかし／とき

【意味】高く盛りあがる。盛んになる。

名前	読み	画数
男の子の名前		
正5隆11	まさたか	16
隆11汰7	りゅうた	18
女の子の名前		
隆11子3	たかこ	14
隆11音9	たかね	20

琉 リュウ 11画

【音訓】リュウ・ル

【名のり】―

【意味】「琉璃」は、玉の名。青色の美しい宝石。

名前	読み	画数
男の子の名前		
琉11生5	りゅうせい	16
聡14琉11	さとる	25
女の子の名前		
葉12琉11	はる	23
琉11璃15子3	るりこ	29

龍 リュウ 16画

【音訓】リュウ・リョウ／たつ

【名のり】とおる／めぐむ

【意味】四本足で、角や長いひげがある、想像上の動物の名前。

名前	読み	画数
男の子の名前		
龍16大3	たつひろ	19
龍16真10	りょうま	26
女の子の名前		
龍16乃2	たつの	18
龍16美9	たつみ	25

了 リョウ 2画

【音訓】リョウ／お-わる

【名のり】あき／あきら／さと／のり

【意味】はっきりと分かること。明らか。

名前	読み	画数
男の子の名前		
了2久3	のりひさ	5
了2英8	りょうえい	10
女の子の名前		
了2実8	さとみ	10
了2佳8	あきか	10

良 リョウ 7画

【音訓】リョウ／よ-い

【名のり】あきら／たか／よし／ら

【意味】性質や状態などが優れている。好ましい。まことに。

名前	読み	画数
男の子の名前		
良7介4	りょうすけ	11
泰10良7	たいら	17
女の子の名前		
良7子3	りょうこ	10
咲9良7	さくら	16

亮 リョウ 9画

［音訓］リョウ

［名のり］あき／あきら／かつ／すけ

［意味］明らか。また、明るい。まこと。

男の子の名前

名前	読み	画数
圭6亮9	けいすけ	15
亮9則9	あきのり	18

女の子の名前

名前	読み	画数
亮9子3	りょうこ	12
亮9歌14	あきか	23

凌 リョウ 10画

［音訓］リョウ／しの-ぐ

［名のり］しのぎ／しのぐ

［意味］他のものを越える。また、乗りきる。

男の子の名前

名前	読み	画数
凌10	しのぐ	10
凌10士3	りょうじ	13

女の子の名前

名前	読み	画数
凌10加5	りょうか	15

涼 リョウ 11画

［音訓］リョウ／すず-しい

［名のり］きよ／すけ／すず／りょう

［意味］心地よく、すずしい。

男の子の名前

名前	読み	画数
涼11介4	りょうすけ	15
涼11汰7	りょうた	18

女の子の名前

名前	読み	画数
実8涼11	みすず	19
涼11音9	すずね	20

陵 リョウ 11画

［音訓］リョウ／みささぎ

［名のり］おか／たか

［意味］大きな丘。越える。

男の子の名前

名前	読み	画数
陵11河8	りょうが	19
陵11馬10	りょうま	21

女の子の名前

名前	読み	画数
陵11花7	りょうか	18
美9陵11	みおか	20

崚 リョウ 11画

［音訓］リョウ

［名のり］たかし

［意味］山の高くけわしいさま。

男の子の名前

名前	読み	画数
崚11	たかし	11
崚11登12	りょうと	23

女の子の名前

名前	読み	画数
崚11子3	りょうこ	14
崚11奈8	りょうな	19

梁 リョウ 11画

［音訓］リョウ／はし・はり

［名のり］たかし／むね

［意味］橋。屋根を支える木材。

男の子の名前

名前	読み	画数
梁11	りょう	11
梁11志7	たかし	18

女の子の名前

名前	読み	画数
梁11子3	りょうこ	14
梁11代5	むねよ	16

量 リョウ 12画

［音訓］リョウ／はか-る

［名のり］かず／さと／とも

［意味］容積や重さ。推測する。人間の実力。能力の大きさ。

男の子の名前

名前	読み	画数
実8量12	さねかず	20
量12博12	かずひろ	24

女の子の名前

名前	読み	画数
量12子3	りょうこ	15
量12美9	かずみ	21

椋 リョウ 12画

［音訓］リョウ／むく

［名のり］くら

［意味］木の名前。ムクノキ。

男の子の名前

名前	読み	画数
椋12人2	むくと	14
椋12平5	りょうへい	17

女の子の名前

名前	読み	画数
椋12子3	りょうこ	15
美9椋12	みくら	21

稜 リョウ 13画

［音訓］リョウ・ロウ
［名のり］いず／いつ／たか
［意味］かど。とがったところ。

	名前	読み	画数
男の子の名前	稜13	りょう	13
男の子の名前	稜13太4	りょうた	17
女の子の名前	稜13子3	りょうこ	16
女の子の名前	稜13美9	いずみ	22

僚 リョウ 14画

［音訓］リョウ
［名のり］あきら／とも
［意味］一緒に仕事をする仲間。

	名前	読み	画数
男の子の名前	僚14	あきら	14
男の子の名前	僚14樹16	ともき	30
女の子の名前	僚14子3	りょうこ	17
女の子の名前	僚14花7	りょうか	21

遼 リョウ 15画

［音訓］リョウ
［名のり］はる／はるか
［意味］空間的、時間的にへだたっている。はるか。

	名前	読み	画数
男の子の名前	遼15人2	はると	17
男の子の名前	遼15真10	りょうま	25
女の子の名前	遼15花7	りょうか	22
女の子の名前	遼15実8	はるみ	23

諒 リョウ 15画

［音訓］リョウ
［名のり］あき／すけ／みち
［意味］知る。明らかにする。まこと。真実。

	名前	読み	画数
男の子の名前	諒15太4	りょうた	19
男の子の名前	諒15宏7	あきひろ	22
女の子の名前	諒15美9	あきみ	24
女の子の名前	諒15菜11	りょうな	26

瞭 リョウ 17画

［音訓］リョウ
［名のり］あき／あきら
［意味］はっきりとしている。明らか。

	名前	読み	画数
男の子の名前	瞭17也3	あきなり	20
男の子の名前	瞭17佑7	りょうすけ	24
女の子の名前	瞭17奈8	あきな	25
女の子の名前	瞭17香9	りょうか	26

力 リョク 2画

［音訓］リョク・リキ／ちから
［名のり］いさむ／か／ちか／つとむ
［意味］身体的、精神的なちから。努める。

	名前	読み	画数
男の子の名前	力2	ちから	2
男の子の名前	一1力2	かずちか	3
男の子の名前	力2斗4	りきと	6
男の子の名前	力2臣7	ちかおみ	9

緑 リョク 14画

［音訓］リョク・ロク／みどり
［名のり］つか／つな／のり
［意味］みどり色。また、みどり色の樹木や草。

	名前	読み	画数
男の子の名前	緑14二2	りょくじ	16
男の子の名前	緑14弥8	ろくや	22
女の子の名前	緑14	みどり	14
女の子の名前	緑14子3	みどりこ	17

林 リン 8画

［音訓］リン／はやし
［名のり］きみ／しげ／しげる／とき
［意味］はやし。木が群がって生えている所。多くの人や物の集まり。

	名前	読み	画数
男の子の名前	林8太4朗10	りんたろう	22
男の子の名前	林8樹16	しげき	24
女の子の名前	果8林8	かりん	16
女の子の名前	林8香9	りんか	17

倫 リン 10画

［意味］人として踏み行うべき道。仲間。たぐい。

［音訓］リン

［名のり］おさむ／つぐ／とも／みち

男の子の名前

名前	画数	読み	総画
倫	10	おさむ	10
倫輝	10・15	ともき	25

女の子の名前

名前	画数	読み	総画
倫世	10・5	ともよ	15
倫果	10・8	みちか	18

琳 リン 12画

［意味］美しい玉の名。玉がふれあって、鳴る音。

［音訓］リン

［名のり］たま

男の子の名前

名前	画数	読み	総画
琳	12	りん	12
琳人	12・2	りんと	14

女の子の名前

名前	画数	読み	総画
琳子	12・3	りんこ	15
香琳	9・12	かりん	21

鈴 リン 13画

［意味］すず。空洞の球に小さな玉を入れ、振ってならすもの。

［音訓］リン・レイ／すず

［名のり］かね

男の子の名前

名前	画数	読み	総画
鈴也	13・3	りんや	16
鈴之介	13・3・4	すずのすけ	20

女の子の名前

名前	画数	読み	総画
鈴世	13・5	りんせ	18
鈴夏	13・10	すずか	23

綸 リン 14画

［意味］糸やひも。つかさどる。治める。

［音訓］リン

［名のり］お／くみ

男の子の名前

名前	画数	読み	総画
綸平	14・5	りんぺい	19
綸汰	14・7	りんた	21

女の子の名前

名前	画数	読み	総画
綸	14	りん	14
花綸	7・14	かりん	21

輪 リン 15画

［意味］車輪。まるい形のもの。咲いている花を数えることば。

［音訓］リン／わ

［名のり］もと

男の子の名前

名前	画数	読み	総画
輪多	15・6	りんた	21
輪太郎	15・4・9	りんたろう	28

女の子の名前

名前	画数	読み	総画
花輪	7・15	かりん	22
美輪子	9・15・3	みわこ	27

凜 リン 15画

［意味］きりりと引き締まっている。凜々しい。

［音訓］リン

［名のり］り

男の子の名前

名前	画数	読み	総画
凜	15	りん	15
凜矢	15・5	りんや	20

女の子の名前

名前	画数	読み	総画
凜佳	15・8	りんか	23
風凜	9・15	かりん	24

麟 リン 24画

［意味］「麒麟」は、中国の想像上の動物。

［音訓］リン

［名のり］―

男の子の名前

名前	画数	読み	総画
麟平	24・5	りんぺい	29
麟太郎	24・4・9	りんたろう	37

女の子の名前

名前	画数	読み	総画
麟子	24・3	りんこ	27
麟花	24・7	りんか	31

一言アドバイス

名字の画数が多いのに、名前も画数が多いと書くのも一苦労。書く機会の多い名前は画数のバランスにも気をつけましょう。

読み方 ル

瑠 ル

14画

【音訓】ル／リュウ

【名のり】ー

【意味】瑠璃は玉の名。青色の美しい宝石で中国の七宝の一つ。

男の子の名前

名前	画数	読み	総画
亜瑠	7・14	ある	21
翔瑠	12・14	かける	26

女の子の名前

名前	画数	読み	総画
瑠衣	14・6	るい	20
瑠璃	14・15	るり	29

塁 ルイ

12画

【音訓】ルイ／とりで

【名のり】かさ／たか

【意味】とりで。

男の子の名前

名前	画数	読み	総画
塁	12	るい	12
塁斗	12・4	るいと	16

女の子の名前

名前	画数	読み	総画
塁子	12・3	るいこ	15
塁羽	12・6	るいは	18

類 ルイ

18画

【音訓】ルイ／たぐ-い

【名のり】とも／のり／よし

【意味】同じ仲間であること。たぐい。似る。比べる。

男の子の名前

名前	画数	読み	総画
類	18	るい	18
類人	18・2	るいと	20

女の子の名前

名前	画数	読み	総画
類花	18・7	るいか	25
実類	8・18	みるい	26

読み方 レ

令 レイ

5画

【音訓】レイ・リョウ

【名のり】なり／のり／はる／よし

【意味】おきて。よい。立派な。親族への尊敬の意を表す。

男の子の名前

名前	画数	読み	総画
令司	5・5	れいじ	10
令輝	5・15	れいき	20

女の子の名前

名前	画数	読み	総画
令花	5・7	れいか	12
令奈	5・8	れいな	13

礼 レイ

5画

【音訓】レイ・ライ

【名のり】あき／あや／のり／ひろ

【意味】礼儀や作法。模範。道徳。感謝の気持ちを表すもの。

男の子の名前

名前	画数	読み	総画
正礼	5・5	まさあき	10
克礼	7・5	かつのり	12

女の子の名前

名前	画数	読み	総画
礼南	5・9	れいな	14
美礼	9・5	みのり	14

励 レイ

7画

【音訓】レイ／はげ-む

【名のり】い／すすむ／つとむ

【意味】力を尽くして行う。はげむ。力づける。すすめる。

男の子の名前

名前	画数	読み	総画
励	7	つとむ	7
励司	7・5	れいじ	12

女の子の名前

名前	画数	読み	総画
励子	7・3	れいこ	10
励美	7・9	はげみ	16

伶 7画

レイ

［音訓］レイ・リョウ

［名のり］さと／とし

［意味］かしこい。俳優。

男の子の名前

名前	画数	読み	総画
伶	7	りょう	7
伶哉	7・9	れいや	16

女の子の名前

名前	画数	読み	総画
伶子	7・3	れいこ	10
伶音	7・9	さとね	16

怜 8画

レイ

［音訓］レイ・リョウ・レン

［名のり］さと／さとし／とき／れ

［意味］かしこい。いつくしむ。

男の子の名前

名前	画数	読み	総画
怜央	8・5	れお	13
真怜	10・8	まさと	18

女の子の名前

名前	画数	読み	総画
美怜	9・8	みれい	17
怜華	8・10	れいか	18

玲 9画

レイ

［音訓］レイ・リョウ

［名のり］あきら／たま／ほまれ／れ

［意味］玉などがふれあって鳴る美しい音。さえざえとして美しいさま。

男の子の名前

名前	画数	読み	総画
玲太	9・4	りょうた	13
玲一郎	9・1・9	れいいちろう	19

女の子の名前

名前	画数	読み	総画
恵玲	10・9	えれい	19
玲菜	9・11	れいな	20

零 13画

レイ

［音訓］レイ／こぼ-れる

［名のり］—

［意味］ゼロ。

男の子の名前

名前	画数	読み	総画
零	13	れい	13
零士	13・3	れいし	16

女の子の名前

名前	画数	読み	総画
零花	13・7	れいか	20
実零	8・13	みれい	21

黎 15画

レイ

［音訓］レイ・リ

［名のり］たみ

［意味］たくさん。もろもろ。

男の子の名前

名前	画数	読み	総画
黎介	15・4	れいすけ	19
黎貴	15・12	れいき	27

女の子の名前

名前	画数	読み	総画
黎南	15・9	れいな	24
黎咲	15・9	りさ	24

澪 16画

レイ

［音訓］レイ・リョウ／みお

［名のり］—

［意味］船が進む道筋。

男の子の名前

名前	画数	読み	総画
澪二	16・2	れいじ	18
澪祐	16・9	りょうすけ	25

女の子の名前

名前	画数	読み	総画
澪奈	16・8	みおな	24
澪香	16・9	れいか	25

嶺 17画

レイ

［音訓］レイ・リョウ／みね

［名のり］ね

［意味］山のいただき。みね。

男の子の名前

名前	画数	読み	総画
嶺太	17・4	れいた	21
嶺生	17・5	みねお	22

女の子の名前

名前	画数	読み	総画
明嶺	8・17	あかね	25
美嶺	9・17	みれい	26

麗 19画

レイ

［音訓］レイ／うるわ-しい

［名のり］あきら／かず／ら／れ

［意味］整っていて美しい。うるわしい。空が明るく晴れて日がのどかなさま。

男の子の名前

名前	画数	読み	総画
麗一	19・1	れいいち	20
麗太	19・4	れいた	23

女の子の名前

名前	画数	読み	総画
麗子	19・3	れいこ	22
麗奈	19・8	れな	27

暦
レキ　14画

［音訓］レキ／こよみ
［名のり］かず／とし

［意味］天体の運行を計算すること。めぐりあわせ。運命。

	名前	画数	読み	総画
男の子の名前	暦哉	14・9	としや	23
男の子の名前	暦真	14・10	かずま	24
女の子の名前	暦	14	こよみ	14
女の子の名前	暦美	14・9	かずみ	23

烈
レツ　10画

［音訓］レツ／はげ-しい
［名のり］いさお／たけ／たけし／つよ

［意味］勢いが激しい。道義心にあつい。

	名前	画数	読み	総画
男の子の名前	烈也	10・3	れつや	13
男の子の名前	烈仁	10・4	れつひと	14
女の子の名前	烈子	10・3	れつこ	13

連
レン　10画

［音訓］レン／つら-なる
［名のり］つぎ／まさ

［意味］続く。つらなる。つながる。また、協力する。仲間。

	名前	画数	読み	総画
男の子の名前	連二	10・2	れんじ	12
男の子の名前	連太	10・4	れんた	14
女の子の名前	連子	10・3	れんこ	13
女の子の名前	連香	10・9	れんか	19

恋
レン　10画

［音訓］レン／こ-う・こい
［名のり］―

［意味］心がひかれる。思い焦がれる。またその気持ち。

	名前	画数	読み	総画
男の子の名前	恋也	10・3	れんや	13
男の子の名前	恋史	10・5	れんじ	15
女の子の名前	恋乃	10・2	こいの	12
女の子の名前	花恋	7・10	かれん	17

廉
レン　13画

［音訓］レン／かど
［名のり］きよ／すなお／やす／ゆき

［意味］私欲がなく、清く正しい。いさぎよい。

	名前	画数	読み	総画
男の子の名前	廉人	13・2	きよと	15
男の子の名前	廉太	13・4	れんた	17
女の子の名前	佳廉	8・13	かれん	21
女の子の名前	恵廉	10・13	えれん	23

蓮
レン　13画

［音訓］レン／はす
［名のり］はす／れん

［意味］植物の名。はす。

	名前	画数	読み	総画
男の子の名前	蓮一	13・1	れんいち	14
男の子の名前	蓮弥	13・8	れんや	21
女の子の名前	蓮那	13・7	れんな	20
女の子の名前	香蓮	9・13	かれん	22

漣
レン　14画

［音訓］レン／さざなみ
［名のり］なみ

［意味］さざなみ。水面に細かく立つ波。

	名前	画数	読み	総画
男の子の名前	漣	14	れん	14
男の子の名前	漣也	14・3	れんや	17
女の子の名前	美漣	9・14	みなみ	23
女の子の名前	夏漣	10・14	かれん	24

錬
レン　16画

［音訓］レン／ね-る
［名のり］―

［意味］心身や技をきたえる。

	名前	画数	読み	総画
男の子の名前	錬志	16・7	れんし	23
男の子の名前	錬太朗	16・4・10	れんたろう	30
女の子の名前	錬音	16・9	ねね	25
女の子の名前	錬歌	16・14	れんか	30

読み方 ロ

呂　7画
ロ

［音訓］ロ・リョ

［名のり］おと／とも／なが／ふえ

［意味］音楽の調子。

男の子の名前

名前	画数	読み	総画
汰呂	7・7	たろ	14
緋呂	14・7	ひろ	21

女の子の名前

名前	画数	読み	総画
比呂乃	4・7・2	ひろの	13
陽呂	12・7	ひろ	19

路　13画
ロ

［音訓］ロ／じ・みち

［名のり］のり／ゆく／ろ／ろう

［意味］人がふみ行うべき道。筋道。重要な地位。

男の子の名前

名前	画数	読み	総画
一路	1・13	いちろ	14
春路	9・13	はるみち	22

女の子の名前

名前	画数	読み	総画
路乃	13・2	みちの	15
月路	4・13	つきじ	17

露　21画
ロ

［音訓］ロ・ロウ／つゆ

［名のり］あき／あきら

［意味］つゆのように儚い。つゆ。

男の子の名前

名前	画数	読み	総画
夕露	3・21	ゆうろ	24
白露	5・21	はくろ	26

女の子の名前

名前	画数	読み	総画
露子	21・3	あきこ	24
露香	21・9	つゆか	30

郎　9画
ロウ

［音訓］ロウ

［名のり］お／ろ

［意味］男子。とくに、若い男子。

男の子の名前

名前	画数	読み	総画
太郎	4・9	たろう	13
秋郎	9・9	あきお	18
宇多郎	6・6・9	うたろう	21
蓮次郎	13・6・9	れんじろう	28

浪　10画
ロウ

［音訓］ロウ／なみ

［名のり］—

［意味］波。とくに大きな波。

男の子の名前

名前	画数	読み	総画
浪斗	10・4	なみと	14
浪男	10・7	なみお	17

女の子の名前

名前	画数	読み	総画
千浪	3・10	ちなみ	13
美浪	9・10	みなみ	19

朗　10画
ロウ

［音訓］ロウ／ほが-らか

［名のり］あき／あきら／お

［意味］曇りがなく明るい。心が晴れ晴れとして明るい。朗らか。声が澄んでよく通る。

男の子の名前

名前	画数	読み	総画
朗人	10・2	あきと	12
篤朗	16・10	あつろう	26

女の子の名前

名前	画数	読み	総画
朗恵	10・10	あきえ	20
朗菜	10・11	あきな	21

楼　13画
ロウ

［音訓］ロウ

［名のり］いえ／たか／つぎ

［意味］高い建物。

男の子の名前

名前	画数	読み	総画
市楼	5・13	いちろう	18
和楼	8・13	かずろう	21

女の子の名前

名前	画数	読み	総画
日楼乃	4・13・2	ひろの	19
楼沙	13・7	ろうさ	20

ロク

六 4画

［音訓］ロク・リク／むっ-つ

［名のり］む／むつ

［意味］数の6。

男の子の名前

寛六	13 4	ひろむ	17
六樹	4 16	むつき	20

女の子の名前

六月	4 4	むつき	8
六実	4 8	むつみ	12

ロク

麓 19画

［音訓］ロク／ふもと

［名のり］—

［意味］山のすその方。

男の子の名前

麓太	19 4	ろくた	23
佳麓	8 19	かろく	27

ロン

論 15画

［音訓］ロン／あげつら-う

［名のり］とき／のり

［意味］筋道を立てて考えを述べる。論じる。

男の子の名前

論士	15 3	ろんど	18
宏論	7 15	ひろのり	22

女の子の名前

論子	15 3	のりこ	18
論江	15 6	ときえ	21

読み方

ワ

ワ

和 8画

［音訓］ワ／やわ-らぐ・なご-む

［名のり］かず／たか

［意味］のどか。なごやか。日本。日本のものや日本語。

男の子の名前

和斗	8 4	かずと	12
和将	8 10	かずまさ	18

女の子の名前

和音	8 9	かずね	17
紗和	10 8	さわ	18

ワ

倭 10画

［音訓］ワ／やまと

［名のり］かず／しず

［意味］やまと。昔の日本の名称。

男の子の名前

倭	10	やまと	10
倭也	10 3	かずや	13

女の子の名前

倭香	10 9	わか	19
倭華	10 10	しずか	20

わし

鷲 23画

［音訓］シュウ・ジュ／わし

［名のり］—

［意味］鳥の名前。ワシ。

男の子の名前

鷲也	23 3	しゅうや	26
鷲一郎	23 1 9	しゅういちろう	33

一言アドバイス

悪い意味から成り立っている漢字も多くありますが、気にし始めるときりがありません。現代の意味やイメージを大切にしましょう。

PART

5

赤ちゃんが生まれたら

楽しみにしていた赤ちゃんが無事に生まれたら
意外とやることはたくさん。
出生届を書いて届け出たり、お世話になっている方に報告したり…。
あわてることのないように手順や礼儀を確認しましょう。

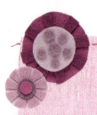

出生届の出し方

**赤ちゃんが生まれたら14日以内に、
必ず出生届を提出しましょう。
赤ちゃんは戸籍を取得し、社会の一員となります。**

用紙のもらい方は?

出生届の用紙はほとんどの場合、出産した病院・産院に用意してあります。用意されていない場合は市区町村の役所・役場、出張所の窓口（戸籍係）でもらうことができます。双子の場合は1枚ずつの提出が必要です。

必要なものは?

❶出生届

病院や役所で出生届をもらったら、必要事項を記入して用意しましょう（書き方は312～313Pを参照して下さい）。出生届は左側が「出生届」、右側が「出生証明書」になっています。出生証明書は、出産に立ち会った医師や助産師の記入、押印が必要なので、なるべく早くもらっておくといいでしょう。

❷母子健康手帳

母子健康手帳内の「出生届出済証明」欄に、出生届が受理されたという証明をもらうことを忘れないようにしましょう。

❸印鑑

届出人の印鑑が必要です。認印は可能で、朱肉を使うものであれば、実印（印鑑登録をしたもの）でなくてもかまいません。スタンプタイプの印鑑は不可です。出生届に記入ミスがあった場合などに押印が必要となるので、届出人欄に押印したものと同じ印鑑を持参します。

❹国民健康保険証

国民健康保険に加入している場合は、持参すると赤ちゃんの加入手続きができます。

誰が出してもOK?

出生届の届出人は、原則として、父親か母親。届出人とは届に署名、押印する人のことで、役所に直接、届を提出する人は代理人でもかまいません。病気や死亡などの事情により父母が届出人になれない場合は、同居している家族、出産に立ち会った医師、助産師等が届出人になることができます。

必要な書類は?

赤ちゃんが生まれた地、親の本籍地、親が住民登録をしている地、親の滞在地のいずれかの役所・役場（戸籍係）に提出します。里帰り出産の場合は、実家の所在地の役所・役場に、外国で出産した場合は、その国の日本大使館か総領事館に提出することができます。

いつまでに出す?

出生届は赤ちゃんが生まれた日を1日目と数えて14日以内に提出することが、戸籍法で定められています。

提出期限日が休日のときは、休み明けが期限です。時間外でも届け出はできますが、書類に不備があった場合や、母子健康手帳に押印してもらうため、後日また窓口に行かなくてはならなくなるので、できるだけ担当者がいる時間帯に提出しましょう。

期限内に届け出しなかった場合は、遅延理由を記入した「戸籍届出期間経過通知書」を出生届と一緒に提出します。正当な理由がない場合は処罰の対象となり、5万円以下の過料を簡易裁判所から請求されることがあるので、注意が必要です。

出すときに注意したいこと

届けた名前は変えられない

一度戸籍に名前が記載されると、原則として改名はできません。どうしても訂正したい場合は、家庭裁判所に名の変更許可の申立てをしないといけません。「正当な事由」として認められた場合は変更可能ですが、画数を変えたいなどの理由では、まず認められません。後悔のないよう、慎重に。

受理されないケースも

名前に使用できない文字が使われている場合、「出生証明書」に医師や助産師の記入、押印がない場合、届出人の印鑑を持っていくのを忘れた場合は、出生届が受理されないことがあります。

✳ 出生届の書き方 ✳

左半分の出生届、右半分の出生証明書とで
1枚の用紙になっています。
書き方例を必ずチェックし、ミスのないようにしましょう。

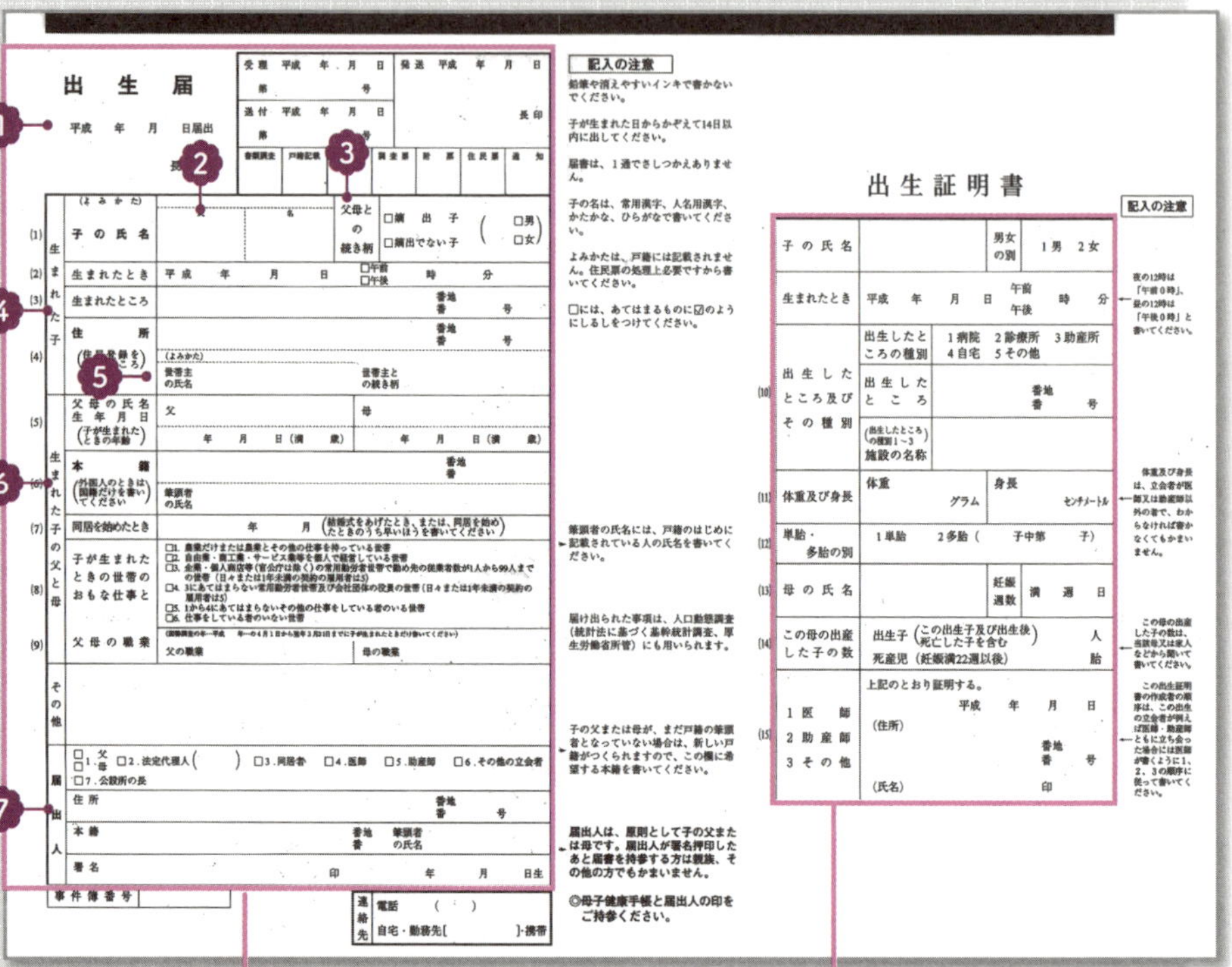

出生届

平成　年　月　日届出

長

受理　平成　年　月　日　第　号
送付　平成　年　月　日　第　号
発送　平成　年　月　日
長印
戸籍記載　調査票　附票　住民票　通知

生まれた子
(1) 子の氏名（よみかた）　氏　名　父母との続き柄　□嫡出子　□嫡出でない子（□男 □女）
(2) 生まれたとき　平成　年　月　日　□午前 □午後　時　分
(3) 生まれたところ　番地 番　号
(4) 住所（住民登録をするところ）　番地 番　号　（よみかた）世帯主の氏名　世帯主との続き柄

生まれた子の父と母
(5) 父母の氏名 生年月日（子が生まれたときの年齢）　父　年　月　日（満　歳）　母　年　月　日（満　歳）
(6) 本籍（外国人のときは国籍だけを書いてください）　番地 番　筆頭者の氏名
(7) 同居を始めたとき　年　月（結婚式をあげたとき、または、同居を始めたときのうち早いほうを書いてください）
(8) 子が生まれたときの世帯のおもな仕事と
□1. 農業だけまたは農業とその他の仕事を持っている世帯
□2. 自由業・商工業・サービス業等を個人で経営している世帯
□3. 企業・個人商店等（官公庁は除く）の常用勤労者世帯で勤め先の従業者数が1人から99人までの世帯（日々または1年未満の契約の雇用者は5）
□4. 3にあてはまらない常用勤労者世帯及び会社団体の役員の世帯（日々または1年未満の契約の雇用者は5）
□5. 1から4にあてはまらないその他の仕事をしている者のいる世帯
□6. 仕事をしている者のいない世帯
(9) 父母の職業　父の職業　母の職業

その他

届出人
□1.父 □1.母　□2.法定代理人（　）　□3.同居者　□4.医師　□5.助産師　□6.その他の立会者　□7.公設所の長
住所　番地 番　号
本籍　番地 番　筆頭者の氏名
署名　印　年　月　日生

事件簿番号

連絡先　電話（　）　自宅・勤務先[　]・携帯

記入の注意

鉛筆や消えやすいインキで書かないでください。

子が生まれた日からかぞえて14日以内に出してください。

届書は、1通でさしつかえありません。

子の名は、常用漢字、人名用漢字、かたかな、ひらがなで書いてください。

よみかたは、戸籍には記載されません。住民票の処理上必要ですから書いてください。

□には、あてはまるものに☑のようにしるしをつけてください。

筆頭者の氏名には、戸籍のはじめに記載されている人の氏名を書いてください。

届け出られた事項は、人口動態調査（統計法に基づく基幹統計調査、厚生労働省所管）にも用いられます。

子の父または母が、まだ戸籍の筆頭者となっていない場合は、新しい戸籍がつくられますので、この欄に希望する本籍を書いてください。

届出人は、原則として子の父または母です。届出人が署名押印したあと届書を持参する方は親族、その他の方でもかまいません。

◎母子健康手帳と届出人の印をご持参ください。

出生証明書

記入の注意

子の氏名　男女の別　1男　2女
生まれたとき　平成　年　月　日　午前 午後　時　分
(10) 出生したところ及びその種別
出生したところの種別　1病院　2診療所　3助産所　4自宅　5その他
出生したところ　番地 番　号
（出生したところの種別1〜3）施設の名称
(11) 体重及び身長　体重　グラム　身長　センチメートル
(12) 単胎・多胎の別　1単胎　2多胎（　子中第　子）
(13) 母の氏名　妊娠週数　満　週　日
(14) この母の出産した子の数　出生子（この出生子及び出生後死亡した子を含む）　人　死産児（妊娠満22週以後）　胎
(15) 1医師　2助産師　3その他
上記のとおり証明する。
平成　年　月　日
（住所）
番地 番　号
（氏名）　印

夜の12時は「午前0時」、昼の12時は「午後0時」と書いてください。

体重及び身長は、立会者が医師又は助産師以外の者で、わからなければ書かなくてもかまいません。

この母の出産した子の数は、当該母又は家人などから聞いて書いてください。

この出生証明書の作成者の順序は、この出生の立会者が例えば医師・助産師ともに立ち会った場合には医師が書くように1、2、3の順序に従って書いてください。

自分で書く欄

出生届

届出人（原則として子どもの父か母）が記入します。書き込みが不完全だと受理されない可能性があるので、不備がないように、丁寧に記入しましょう。

出産した施設で記入してもらう

出生証明書

出産した施設で医師や助産師などに記入してもらいます。退院するまでになるべく早く、記入、押印してもらうとよいでしょう。自宅出産の場合は、母や立会人が記入します。

1 日付

役所・役場に提出する日を記入します。出生日や用紙に記入した日ではないので、日付は提出当日に書くことをおすすめします。年は西暦表記ではなく平成などの元号で記載します。

2 子の氏名

赤ちゃんの名前と読み方を記入します。読みは戸籍には記載されませんが、住民票を作成するときに必要となります。離婚後300日以内に出生した場合は、婚姻時の姓となります。

3 父母との続き柄

両親と子どもの関係を記入します。「嫡出子」とは、婚姻関係のある夫婦の間に生まれた子のことで、「嫡出でない子」とは婚姻の手続きをしていない女性から生まれた子を指します。

4 生まれたところ

赤ちゃんが出生した施設の所在地を記入します。自宅出産の場合は自宅の住所となります。都道府県から書きましょう。

5 世帯主

住民登録上の世帯主の名前を記入します。「世帯主との続き柄」は、世帯主が父や母の場合は「子」、祖父母の場合は世帯主名に祖父母の名前を書き、続き柄は「子の子」となります。

6 本籍

戸籍に記載されている住所を記入します。本籍地が現住所と異なり、正しくわからない場合は、住民票などで確認しましょう。筆頭者とは、戸籍の最初に記載されている人のことです。

7 届出人

法律で定められた出生の届け出の義務がある人のことで、父親または母親となるのが一般的です。役所の窓口に出生届を持参した人のことではありません。

書くときに注意したいこと

ボールペンや万年筆で

記入は鉛筆ではなく、消えないボールペンなどで行いましょう。書き間違いが心配な場合は、鉛筆での下書きをおすすめします。

間違えたら訂正印を

書き間違えた部分は二重線を引き、余白に書き直します。訂正箇所へ押印するか、捨印を押しましょう。修正液、修正テープでの訂正はできません。

※訂正印・捨印には届人欄と同じ印鑑を使用します。

ていねいな文字で

くずし字や行書はやめ、新旧の字体などがはっきりとわかるように、楷書で読みやすく、ていねいに書きましょう。出生届に記入した文字が、そのまま戸籍原本に記載されます。

命名書の書き方

お七夜は赤ちゃんの健康と成長を祈って祝う、生まれて初めてのイベントです。命名書を書いて、名前を披露しましょう。

お七夜とは?

赤ちゃんの健やかな成長を願って行う祝宴のことをお七夜といいます。昔は赤ちゃんの死亡率が高かったため、生まれて無事に7日たつと儀式を行いました。命名書を飾り、名前を披露するため、命名式とも呼ばれます。

お七夜に命名式を行うのは、昔からのならわしで、江戸時代の女性の作法や心得が書かれた「女重宝記」という書物にも、子どもの名づけは、7日目の夜までにすませることが書かれています。

正式には奉書紙に筆で書いた命名書を三方にのせ、神棚や床の間に飾ります。現在は簡略化し、半紙や市販の用紙に書き、ベビーベッドの傍に飾ることが多くなっています。飾る期間は決まっていませんが、お宮参りの頃には下げるのが一般的です。

祝う日は?

古くからの習わしでは、お七夜は、赤ちゃんが生まれた日から数えて7日目に行います。

しかし、赤ちゃんやママの体調や、出席者の都合を考えて、無理に7日目にせず、日にちをずらしてもかまいません。

祝い方は?

以前は、親族や仲人、名づけ親などを招き、盛大に行っていました。最近は、命名書に赤ちゃんの名前を書いて部屋に飾り、パパとママが双方の家族を招いて、食事をすることが一般的です。ちょうどママの退院の時期に当たるので、退院祝いも兼ねて、できる範囲でお祝いしましょう。

＊書き方の例＊

正式

❶ 奉書紙を半分に折り、折り目の部分を下にします。さらに三つ折りにします。

❷ 下図のように、表の中央に赤ちゃんの名前、右に父親の名前と続柄、左に生年月日を書きます。

❸ 三つ折りの右部分に「命名」と、左部分には命名した日と両親の名前を書きます。

❹ 左側を折り、次に右側を折ります。それを別の奉書紙で包み上になった部分に「命名書」と書きます。三方にのせて飾りましょう。

＜一例＞

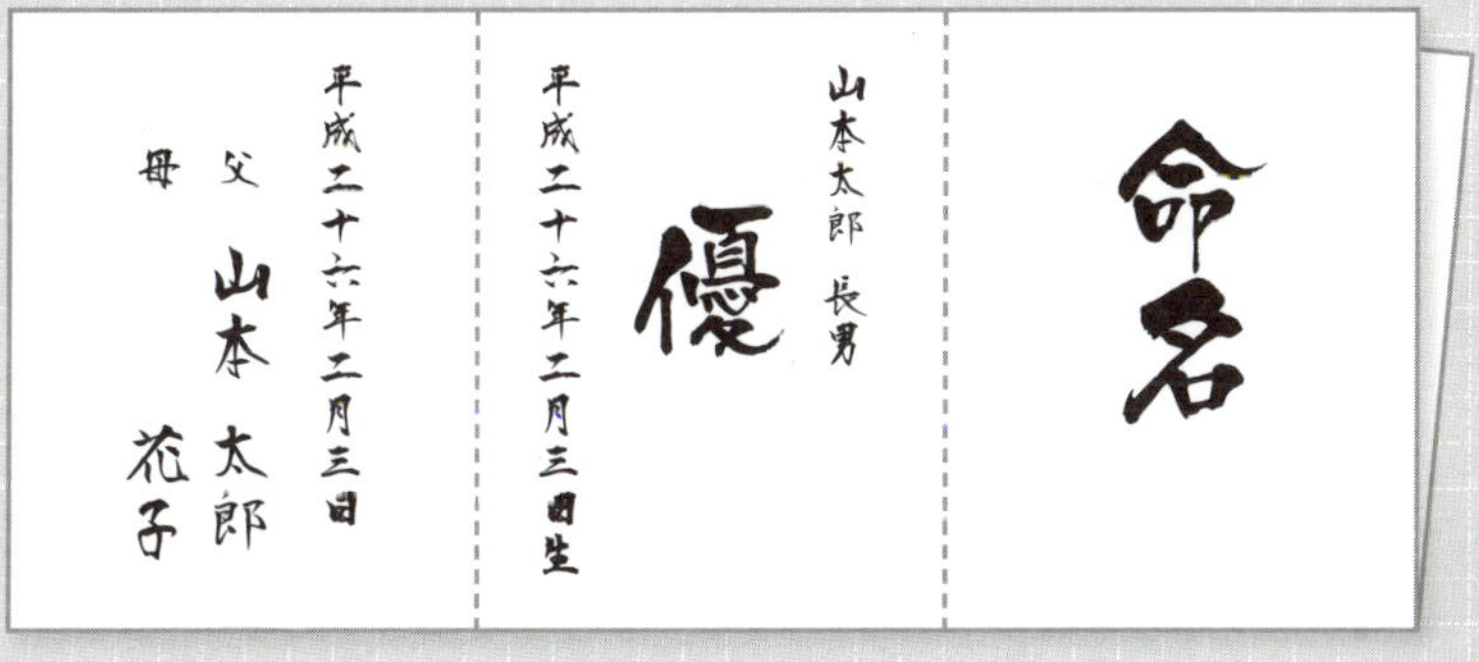
命名

山本太郎 長男
優
平成二十六年二月三日生

平成二十六年二月三日
父 山本太郎
母 花子

略式

❶ 半紙の中央に「命名○○」と赤ちゃんの名前を書きます。命名は名前よりも小さい字にしましょう。

❷ 右上に赤ちゃんの生年月日を、左下に両親の名前と続き柄を書きます。市販の用紙の体裁によっては、左上に赤ちゃんの生年月日を入れる場合もあります。

＜一例＞

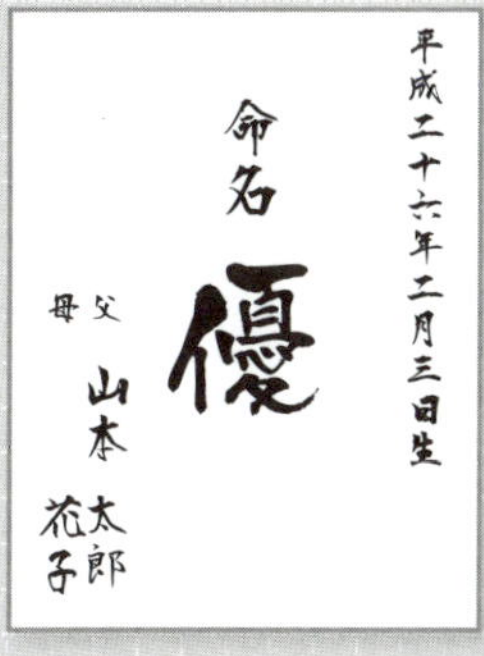
平成二十六年二月三日生
命名
優
父 山本太郎
母 花子

出産通知の出し方

**出産通知を送るかどうかや、送るタイミングは、
その相手との関係性によります。
書き方のポイントを押さえて、報告しましょう。**

出産通知はいつ誰にする?

出産報告は知らせるタイミングが大切で、それはその相手との関係によります。

妊娠したことを知っていて、生まれるのを楽しみにしている両親、親族、親しい友人には産後すぐに知らせましょう。出産関係の手続きがスムーズに進められるように、職場にもなるべく早いタイミングで報告します。今はメールが一般的ですが、改まった相手には手紙で報告するのがいいでしょう。

逆にあまり親しくない相手や遠い親戚には、出産通知を送らなくてもよいでしょう。送る側にその気がなくても、お祝いを催促されたと感じる場合や、子宝に恵まれない方には不快な思いをさせてしまう可能性があります。年賀状などでさり気なく伝えましょう。

書き方のポイント

1. 赤ちゃんの名前、性別、出産日は必ず文章に入れましょう。出生時の体重や、名づけの由来、現在のママと赤ちゃんの様子なども伝えるようにします。
2. 改まった方への報告の際は、頭語と結語、時候のあいさつなどを入れて、ていねいな文章を書きましょう。
3. 結びのあいさつで、今後も指導や力添えをお願いする旨を伝えます。

文例

改まった相手に

時候のあいさつは季節ごとに使い分けます

拝啓　盛夏の候、○○様にはますますご健勝のこととお慶び申し上げます。

　このたび、○月○日、体重○○グラムの元気な女の子を出産いたしました。

長女には○○という願いを込めて、○○○《(ふりがな)》と名づけました。

産後の経過も良く、おかげさまで今は母子ともに元気です。

今後とも、親子共々ご指導ご鞭撻の程、宜しくお願い申し上げます。

まずはご報告のみにて失礼いたします。

敬具

平成○年○月○日
○○○○様

○○○○○

頭語と結語はセットで使います。相手との関係によって正しく使い分けましょう

親しい友人に

親しい友人には頭語と結語を省略し、時候の挨拶から書き始めた方が硬い印象にならないでしょう

○○様
　春の陽気が待ち遠しい今日この頃ですが、お元気でお過ごしでしょうか。

　さて、かねてよりご心配いただいておりましたが、○月○日○時○分、体重○○グラムの男の子が生まれました。

おかげ様で毎日すくすくと成長し、母子ともに元気に過ごしております。

名前は、○○にちなんで○○○《(ふりがな)》と名づけました。

　初めての子育てに大変なこともありますが、夫婦で協力し合い育児に勤しんでおります。

今度、子育てについてのアドバイスを頂きたいと思いますので、宜しくお願いいたします。取り急ぎ、用件のみ。
○月○日

○○○○

赤ちゃんの名前にはふりがなをつけます

出産祝のお礼状&内祝

**お祝いを頂いたら、内祝やお礼状を送ります。
書き方の基本を押さえて、
相手への感謝の気持ちを伝えましょう。**

お礼状&内祝のマナー

出産祝いをいただいた際、生後1か月頃のお宮参りの時期をめどにお返しの品を内祝として贈ります。お礼状を添えて感謝の気持ちを伝えましょう。

お礼状には、義務的なニュアンスを感じさせる「お返し」という言葉は使いません。内祝いとはもともと、お祝いを頂いていなくても、出産の喜びを身内やお世話になった方と祝うというものだったので、頂いたから返したという表現は避けましょう。

また事情により子どもを授かることのできない方や、送る相手の状況によっては、言葉の配慮が必要です。子どもが生まれた喜びをストレートに表現するのは避け、相手への感謝の気持ちを一番に伝えるよう心がけましょう。

お礼状の書き方

改まった相手への手紙の場合は白い便せんに黒のインクで、縦書きで書きます。封筒は白の無地を用い、テープではなくのりで封をしましょう。親しい相手なら写真を添えるのもいいですね。

❶ 頭語と結語、時候のあいさつを入れます。時候のあいさつを省く場合は、前略と草々を使います。

❷ 改めて頂いた品物への感謝の気持ちを伝えます。

❸ 赤ちゃんとママの現在の様子を知らせます。伝えていなかった場合赤ちゃんの名前（読み方）や性別も。

❹ 結びのあいさつは、今後の支援をお願いする言葉、相手の健康を願う言葉を入れます。

＊文例＊

改まった相手に

時候のあいさつ、頭後と結語は相手や季節によって使い分けましょう

拝啓　師走の候、○○様にはますますご活躍のことと存じます。

さて、先日は長男・○○○《(ふりがな)》の誕生に際し、ご丁寧なお祝いをいただき、誠にありがとうございました。さっそく使わせていただいておりますが、すぐに○○は息子のお気に入りの品となりました。

○月○日に誕生した長男は、体重○○グラムの元気な子で、すくすくと育っております。

私も体力が回復し、健康に過ごしておりますので、どうぞご安心ください。

親として至らない私たちですが、力を合わせ育児に励んでまいりますので、今後とも宜しくご指導をお願いいたします。

末筆ながら○○様のご健康とご多幸を心よりお祈り申し上げます。取り急ぎ、御礼の書状にて失礼いたします。

敬具

子どもの名前にはふりがなをつけます

親しい友人に

親しい相手には時候のあいさつから始めると硬い印象になりません

○○○○様

初夏の風もさわやかな今日この頃、いかがお過ごしでしょうか。

この度は長女・○○○《(ふりがな)》の出産にあたり、お祝いの品をいただき本当にありがとうございます。お心遣いに感謝し、使わせていただいています。

子育てに奮闘する毎日ですが、おかげ様で母子ともに元気に過ごしております。

ささやかではありますが内祝の品をお贈りいたしますので、ご笑納くださいませ。

今後とも子育ての先輩として、変わらずご指導を宜しくお願いいたします。

暑い季節に向かいます。健康にはくれぐれもご留意ください。

○○○○

平成○年○月○日

今後の指導をお願いする言葉や、相手の健康や活躍を願う言葉を入れます

参考文献一覧

- 『「言いたいこと」から引ける 慣用句・ことわざ・四字熟語辞典』西谷 裕子 編／東京堂出版
- 『いちばんわかりやすい 俳句歳時記』 辻 桃子・安倍元気　著／主婦の友社
- 『ことばの手帳　故事成語』三省堂編集所　編／三省堂
- 『ジュニアのための万葉集（全4巻）』根元 浩 著／汐文社
- 『すてきな漢字に出あえる　赤ちゃんの名づけ事典』大修館書店編集部　編／大修館書店
- 『風の名前』高橋順子 著／小学館
- 『漢語新辞典』鎌田 正、米山寅太朗 著／大修館
- 『季別季語辞典』学研辞典編集部 編／学習研究社
- 『決定版！　しきたりから最新事情まですべてわかる！　赤ちゃん・子どものお祝いごとと季節のイベント』岩下宣子　監修／河出書房新社
- 『決定版「贈る」と「お返し」のマナー』松本繁美 監修／主婦の友社
- 『月の満ち欠けレシピ ココロとカラダにやさしいスピごはん』八木下美雪　著／ヴォイス
- 『定本 和の色事典』内田 広由紀 著／視覚デザイン研究所
- 『古今和歌集』佐伯梅友　校注／岩波書店
- 『最高の漢字が見つかる！　赤ちゃんの名前ハッピー漢字辞典』西東社編集部 編／西東社
- 『四字熟語辞典』東郷吉男　著／東京堂出版
- 『写真・和歌・前線図でめぐる72の季節　ニッポンの二十四節気・七十二候』環境デザイン研究所　編／誠文堂新光社
- 『集英社国語辞典』森岡健二ほか 編／集英社
- 『常用・ことわざ辞典』村石利夫 著／日東書院
- 『短歌・俳句 季語辞典』中村 幸弘・藤井 圀彦　監修／ポプラ社
- 『男の子・女の子の幸せ名づけ事典』阿辻哲治・黒川伊保子　監修／ナツメ社
- 『追跡！ 坂本龍馬　旅立ちから暗殺までの足どりを徹底検証』 菊地 明　著／PHP研究所
- 『天翔る龍 坂本龍馬伝』 山村 竜也　著／NHK出版
- 『二十四節気と七十二候の季節手帖』山下景子　著／成美堂出版
- 『日本の伝統色』浜田信義 著／ピエ・ブックス
- 『必携　季語秀句用字用例辞典』 齋藤愼爾・阿久根末忠　編／柏書房
- 『法務省 ホームページ』（http://www.moj.go.jp）
- 『未来にひろがる女の子の名前』田宮規雄 著／成美堂出版
- 『名字由来net』（http://myoji-yurai.net/）
- 『名前と人間』田中克彦 著／岩波書店
- 『名前力～名前の語感を科学する～』黒川伊保子　著／イーステージ
- 『用例でわかる　慣用句辞典』学研辞典編集部 編／学習研究社

Staff

カバー・本文デザイン
森高彩子
（ウララコミュニケーションズ）

イラスト
松木祐子

校正
株式会社ぷれす

編集
鈴木 幸／松井美穂子
（ウララコミュニケーションズ）

ライター
安藤陽子／伊原明日香／
片岡容子／近藤由美／
ささきみどり／笹島美由起／
松本玲子／山口紗佳／
渡辺真理

DTP
株式会社シーティーイー／
HIGENASHI GRAPHIX

ぴったりの名前がかならず見つかる！

赤ちゃんに贈るすこやか名前事典

2016年2月24日　初版第1刷発行

編者　赤ちゃんとママ社

発行人　小山朝史

発行所　株式会社赤ちゃんとママ社
〒160-0003 東京都新宿区本塩町23番地
電話：03-5367-6592（販売） 03-5367-6595（編集）
振替：00160-8-43882　http://www.akamama.co.jp

印刷・製本　図書印刷株式会社

ISBN978-4-87014-117-9